约翰·杜威

（John Dewey，1859—1952）

开卷测试（亚拉巴马州，费尔霍普）

学生们建造校舍（印第安纳州，因特拉肯学校）

在学校解决他们在校外一定会遇到的问题

（芝加哥，弗朗西斯·帕克学校）

通过从事有用的工作来训练手、眼和脑（印第安纳州，葛雷学校）

用市政建设代替体操（纽约市师范学校操场）

儿童对他们必须了解的东西很感兴趣

（印第安纳州，葛雷学校）

外国教育名著丛书

学校与社会
·
明日之学校

[美] 约翰·杜威　著
赵祥麟　任钟印　吴志宏　译

中国教育出版传媒集团
人民教育出版社
·北京·

图书在版编目（CIP）数据

学校与社会·明日之学校 /（美）约翰·杜威著；赵祥麟，任钟印，吴志宏译．--3版．--北京：人民教育出版社，2025．2．--（外国教育名著丛书）．--ISBN 978-7-107-37666-5

Ⅰ．G40-097.12

中国国家版本馆CIP数据核字第2025AR2220号

学校与社会·明日之学校

XUEXIAO YU SHEHUI　MINGRI ZHI XUEXIAO

责任编辑：冯卫斌　责任设计：惠凌峰　责任校对：曹　萌　责任印制：邢同锐

出版发行　人民教育出版社
（北京市海淀区中关村南大街17号院1号楼　邮编：100081）
网　　址　http://www.pep.com.cn
经　　销　全国新华书店
印　　刷　保定市中画美凯印刷有限公司
版　　次　2025年2月第3版
印　　次　2025年3月第1次印刷
开　　本　890毫米×1 240毫米　1/32
印　　张　14.125
插　　页　2
字　　数　315千字
印　　数　0 001～3 000册
定　　价　48.00元

“外国教育名著丛书”第三版说明

为贯彻落实邓小平同志1983年提出的“教育要面向现代化，面向世界，面向未来”的指示精神，我社精心策划，于1984年正式启动“外国教育名著丛书”的编辑出版工作，并特邀赵祥麟、王承绪、吴元训、瞿葆奎、任钟印、吴式颖等国内教育学界知名专家主持选编和翻译工作。本丛书第一版共38种44册。作为新中国首套汇集外国教育名著的大型丛书，其出版后屡获大奖，累计发行数百万册，成为教育学人的案头必备书。因本丛书封面主色调为绿色，故而被读者亲切地称为“绿皮书”。

2001年，我国启动新一轮基础教育课程改革，教师专业化发展方兴未艾。为满足基础教育改革和师范教育专业师生教学研究，尤其是中小学幼儿园教师阅读教育经典的迫切需要，我社于2004年全面启动了本丛书第二版的编辑出版工作。第二版中有少数著作是新译本，并对两种著作进行了拆分，共40种46册。

2024年，在本丛书正式启动编辑出版工作40周年之际，为深入贯彻落实《教育强国建设规划纲要（2024—2035年）》精神，我社启动第三版的编辑出版工作，以更好地适应读者需要，服务于新时代教育改革发展和教育强国建设。

希望广大读者继续提出宝贵意见和建议，以使本丛书更臻完善。

人民教育出版社

2024年12月

"外国教育名著丛书"第二版说明

在人类数千年的教育史上产生过无数鸿篇巨制，尤其是近现代以来，许多教育家、思想家、理论家和实践家，通过对人类教育所进行的长期艰辛的探索、严密的思考和审慎的研究，撰写了不少对人类教育发展产生了巨大而深远影响的伟大著作。即使人类历史进入了21世纪，这些著作仍然保持着强盛的生命力。

本着"服务教育、繁荣学术、积累文化"的宗旨，在原社长兼总编辑叶立群倡导下，我社组织专家学者从这些著作中精选了对世界、对中国教育产生过并将继续产生重大影响的作品，汇编成"外国教育名著丛书"。本丛书自1984年陆续出版以来，受到教育界、学术界的热烈欢迎和普遍好评。为满足读者尤其是高等院校教育专业师生教学与研究的迫切需要，我社决定对本丛书进行再版，其中有少数著作为新译本，并对两种著作进行了拆分，共40种46册。

希望广大读者对本丛书的编辑出版工作提出宝贵意见，以使之更臻完善。

人民教育出版社

2004年2月

“外国教育名著丛书”第一版说明

发展我国社会主义教育事业，建立具有中国特色的社会主义教育体系，不仅需要研究我国教育的历史和现状，总结我国教育的经验，而且需要研究外国教育的历史和现状，借鉴外国教育的经验。为了给我国教育工作者提供研究外国教育思想的理论著作，并给师范院校提供教学参考书，我社决定出版“外国教育名著丛书”，选收古代、近代、现代，对世界、对中国有较大影响的外国教育家和心理学家的代表性教育论著，包括整本专著、文章汇编或者著作节选。

毋庸置疑，本丛书所收选的书既闪耀着人类教育智慧的光辉，又由于作者所处时代、阶级的限制不可避免地存在着糟粕；有的虽非糟粕，但由于地区条件的不同，也可能并不适合于我国。因此，我们在阅读时一定要以马克思列宁主义、毛泽东思想为武器，对书中的内容进行分析，批判地吸收其中有益的东西，而不要照搬照抄。

为了帮助读者阅读和理解书的内容，我们请译者或专家为每一本书撰写了前言，有的书还附有年表、图片或其他参考资料。当然，前言只是一家之言，而不是对某书的定评，读者完全可以对这本书进行更加广泛和深入的研究。

由于我们水平有限，经验不足，本丛书定有不少缺点和错误，欢迎读者批评指正，以便我们改进工作。

人民教育出版社

1984 年 9 月

本书中文版前言

约翰·杜威是美国实用主义哲学家、教育家和心理学家。他于1899年辞去密歇根大学哲学系主任，到芝加哥大学担任哲学、心理学、教育学系主任。他兼任这三个方面的教授职位，而且被认为在每个方面都作出了贡献。很难说他自己更喜欢这些角色中的哪一种，是成体系的哲学家、科学心理学家，还是实验教育家？实际上他认为这三者是直接关联的。他也许认为在他指导下创设的芝加哥实验学校是这一时期他的主要成就。他反复强调，实验学校不是"实习学校"，也不是"模范学校"，而是"哲学、心理学、教育学的实验室"。①

杜威在芝加哥大学待了十年（1894—1904年）。在这一时期，他从事多方面的学术研究工作，并以专著、论文、讲演、报告和书评的形式，发表了关于哲学、心理学、伦理学、教育学、逻辑学、社会学的研究成果，其中教育著作占有极重要的地位。②

---

① 详见凯瑟琳·坎普·梅休、安娜·坎普·爱德华兹著，王承绪、赵祥麟等译：《杜威学校》，华东师范大学出版社1991年版；阿瑟·G.沃恩著：《作为教育家的杜威——他的教育工作的设计（1894—1904）》，纽约，1966年版。

② 仅在1895—1898年杜威就发表了以下一系列教育著作：《教育中的伦理学原理》《我的教育信条》《心理学上的反射弧概念》《兴趣和意志训练的关系》《想象与表现》《教育中的美感因素》《儿童研究的成果在教育上的应用》《幼儿园与儿童研究》《大学初等学校组织计划》《一个教育学的实验》《初等教育中的迷信》《评现在儿童研究的方法及其他》《作为大学的一门学科的教育学》等等，还有关于教育伦理学、教育心理学、教育哲学讲授提要等。见J. A.博伊兹顿编：《杜威全集（早期著作）》第5卷，南伊利诺伊大学出版社1972年版。

19世纪末美国资本主义发展过程中教育事业蓬勃兴起的整个历史背景和芝加哥实验学校的实际经验，在教育理论上给他提供了无限丰富的源泉。

1904年杜威离开芝加哥到哥伦比亚大学当哲学教授。在哥伦比亚大学期间，他每年在师范学院开一两门课，并继续撰写教育著作。他对与师范学院的联系很感兴趣，师范学院附设的幼儿园和贺拉斯·曼学校更引起他的注意。虽然他主要从事哲学研究，可是他与师范学院的联系和他的思想对师范学院的影响在不断地扩大，以至他的名字和师范学院的名字在许多地方专业教育家的心中是连在一起的。

杜威认为自己的一生“开始、最后和全部时间都从事哲学专业”①，他从来没有离开哲学。重要的是，他的哲学的形成和发展同教育理论直接联结在一起，在他的教育理论中到处可以看到他的哲学的阐明、应用并经受检验。正因为这样，他是一个专业哲学家，却作为一个有广泛影响的教育家而驰名于世界。

本书选译的是杜威在芝加哥大学期间和在哥伦比亚大学1915年以前的教育著作中最重要、最有代表性的几种。下面就这几种著作的主要内容和特点作些初步的介绍和说明。

一、教育信条

1897年，杜威应《学校日报》的要求，发表了著名的《我的教育信条》。这是杜威早期教育理论纲领性的著作，预示着他

① 杜威在其90岁生辰庆祝会上的讲话，见G.戴克威曾著：《杜威的生平和思想》，南伊利诺伊大学出版社1972年版，第315页。

后来大部分教育著作的内容，在教育史上具有很重要的意义。

杜威提出了五个信条。第一个信条说明什么是教育。他说，一切教育都是通过个人参与人类的社会意识进行的。这个过程几乎是出生时就在无意识中开始了。它不断发展个人的能力，熏染他的意识，形成他的习惯，锻炼他的思想，并激发他的感情和情绪。由于这种不知不觉的教育，个人便渐渐分享人类积累下来的智慧和道德的财富，他就成为一个固有文化资本的继承者。因为受教育的个人是社会的个人，而社会便是许多个人有机的结合。“如果从儿童身上舍去社会的因素，我们便只剩下一个抽象的东西；如果我们从社会方面舍去个人的因素，我们便只剩下一个死板的、没有生命力的集体。”①这里，杜威提出的关于个人与社会关系的基本原理，一直贯穿在他后来的许多著作中。

第二个信条说明什么是学校。他认为，学校主要是一种社会组织。“教育是生活的过程，而不是将来生活的预备。”学校作为一种制度，应当把现实的社会生活简化起来，缩小到一种“雏形”的状态。现代教育把学校当作一个传授某些知识、学习某些课业或养成某些习惯的场所。结果是，它们并不成为儿童的生活经验的一部分，因而并不真正具有教育作用。杜威把道德教育和

① 杜威在《大学初等学校组织计划》(1895)的开头写道：“教育上最后的一个问题是协调心理和社会的因素。……因此，这个协调要求儿童能表现自己，但必须按照实现社会的目的来表现自己。”(见《杜威全集(早期著作)》第5卷，第224页)在《教育中的伦理学原理》(1897)中杜威写道：“社会是许多个人的社会，个人总是一个社会的个人，他不由于他本身而存在，他在社会里，为了社会和由于社会而生活，正像社会除非为了和通过构成它的那些个人便不存在一样。”(同上书，第55页)

学校作为一种社会生活的形式这个概念联系起来，认为最好的和最深刻的道德训练，恰恰是人们在工作和思想的统一中跟别人发生适当的关系得来的。现在的教育制度，由于它对这种统一的破坏或忽视，使得达到真正的、正常的道德训练变得困难或者不可能。

在第三个信条里，杜威谈到了教材问题。儿童的社会生活是他的一切训练生长的集中或相互联系的基础。学校课程的内容应当注意到从社会生活的最初不自觉的统一体中逐渐分化出来。"学校科目相互联系的真正中心不是科学，不是文学，不是历史，不是地理，而是儿童本身的社会活动。"关于这些社会活动，杜威强调指出了烹调、缝纫、手工等的重要性。这些科目不是附加在其他科目之外，而是代表社会活动的基本类型，通过这些活动作为媒介，把儿童引入更正式的课程中。就在这个信条里，杜威指出了他的教育哲学中的几个观点，即"教育即生活""教育应该被认为是经验的继续改造，教育的过程和目的是完全相同的东西"。这几个观点在杜威后来的许多著作中都可以反复见到。在《民主主义与教育》中，杜威是以"教育即生长""教育的目的""教育即改造"等专章来详细论述的。

第四个信条说明教育方法的性质。他把方法问题归结为儿童的能力和兴趣的发展问题。在儿童本性的发展上，"自动的方面先于被动的方面"，如果使儿童置于被动的、接受的或吸收的状态，那就是不允许儿童遵循自己本性的法则，结果就会造成阻力和浪费。他相信，兴趣是生长中的能力的信号和象征。教育者应当经常细心地观察儿童的兴趣，这些兴趣不应予以放任，也不应予以压抑。压抑兴趣等于压抑心智的好奇性、灵敏性和创造性，并使兴趣僵化；放任兴趣等于以暂时的东西代替永久的东西。杜威强烈地指出："除了死板和呆滞、形式主义和千篇一律之外，威胁我们教育的最有害的东西莫过于感情主义。"

第五个信条认为教育是社会进步和社会改革的基本方法。改革仅仅依赖法规的制定或惩罚的威胁，或仅仅依赖改变机械的或外在的措施，都是暂时性的、无效的。教育在分享社会意识的过程中起着一种调节作用，而以这种社会意识为基础的个人活动的适应是社会改造的唯一可靠的方法。三四十年以后，杜威引证一百年前贺拉斯·曼的一句话："公共学校是人类的最大发现，其他社会机关是医疗的和补救的，这个机关是预防的和解毒的。"①杜威是就"学校作为政治民主的安全工具"来说而坚持这个信念的。最后，杜威以别具风格的语言表达教师在教育过程中无上的重要作用：教师不是简单地从事于训练一个人，而是从事于适当的社会生活的形成；每个教师应当认识到他的职业的尊严，他是社会的公仆，专门从事于维持正常的社会秩序并谋求正确的社会生长，这样，"教师总是真正的上帝的代言者，真正的天国的引路人"。

二、学校与社会

《学校与社会》（1899）是由杜威对芝加哥实验学校的学生家长和赞助人的三个讲演和他的著作中的一些材料汇集而成的，出版后引起教育界和公众的极大注意，立即成为畅销书，并被翻译为多种语言，是他早期著作中最重要的一部著作。罗素认为这是

① 杜威：《民主对教育的挑战》（1937），见赵祥麟、王承绪编译：《杜威教育论著选》，华东师范大学出版社1981年版，第415页。

他所有著作中影响最大的。①

“明显的事实是，我们的生活正在经历着一个彻底的和根本的变化。如果我们的教育对于生活必须具有任何意义的话，那么它就必须经历一个相应的完全的变革。”杜威是以比较广阔的社会观点面对19世纪美国资本主义工业发展过程中引起的社会急剧变革而提出上述观点的。他指出，教育方法和过程正在发生的变化，乃是社会情况改变的产物。他以手工训练的典型事例说明其他教育上的革新。必须把木工、金工、纺织、缝纫、烹调等各种作业看作是生活和学习的方法，而不是各种特殊的职业科目。通过它们，学校自身将成为一种生动的社会生活的真正形式，而不仅仅是学习功课的场所。芝加哥实验学校就是采用各种不同形式的主动作业，使学校的整个精神得到新生。

杜威回溯了几个世纪前的学术实际上是由一个阶级垄断的，绝大多数人缺乏任何手段去接近知识的源泉，于是不可避免地形成这样的情况，即一种学术上的高级僧侣防守着真理的宝库，而只在极严格的限制下才对民众作点儿施舍。可是在新的社会条件下，一场知识的革命已经发生。知识不再是凝固不变的东西，它已经成为变动不定的东西。它是在社会自身的一切潮流之中积极地活动着。在杜威看来，所有这一切意味着学校必须彻底改变。

杜威所寻求的是通过各种形式的主动作业，使学校成为一种生动的社会生活的真正形式，或者说，成为一种雏形的社会生活。“当学校能在这样一个小社会里引导和训练每个儿童成为社会的成员，用服务的精神熏陶他，并授予有效的自我指导的工具

① 罗素著:《西方哲学史》，纽约，1945年版，第819—820页。

时，我们将拥有一个有价值的、可爱的、和谐的大社会的最强大的并且最好的保证。”用L. A. 克雷明的话来说，杜威认识到一个新的社会正在形成，学校必须摆脱孤立的状态而成为为更好的生活而斗争的中心，归根到底，照杜威分析的新的主要的东西乃是他的社会改良主义。

关于学校与儿童的活动，杜威对传统的课堂组织形式作了批判性的描述，指出教室里课桌是一排一排地按几何顺序摆着挤在一起的，课桌都是一样大小，以便尽可能没有活动的余地。这些全是供“静听”用的。“静听”意味着是被动的、吸收的，其重心是在儿童以外，重心在教师、在教科书，以及你所喜欢的任何地方和一切地方，唯独不在儿童自己的直接的本能和活动中。他说：“现在，我们的教育中正在发生的一种变革是重心的转移。这是一种变革，一场革命，一场和哥白尼把天体的中心从地球转到太阳那样的革命。”在这种情况下，儿童变成了太阳，教育的各种措施围绕着这个中心旋转，儿童是中心，教育的各种措施围绕着他们而组织起来。

杜威深信，当我们按照这样的方式，以儿童的生活为中心并把儿童的生活组织起来的时候，我们就不会发现他首先是一个静听的人，而是恰恰相反。

关于“儿童中心”这个概念，杜威在《芝加哥实验的理论》（1936）一文中指出，与实验学校开办以来许多参观者带回的认为实验学校是“儿童中心”的印象相反，实验学校把社会方面的教育放在第一位，在意图上是“社会中心”的。①在这里，“儿

① 赵祥麟、王承绪编译：《杜威教育论著选》，华东师范大学出版社1981年版，第321页。

童中心”和“社会中心”交错在一起，似乎十分矛盾。不过，在杜威的心目中，“儿童中心”是就心理的因素，即方法论来说的，“社会中心”是就社会的因素，即目的论来说的。这一点杜威在《大学初等学校组织计划》里已明确提出：“一切教育最后的问题是协调心理和社会的因素，这种协调要求儿童能够表现自己，而且在这样的方式中认识社会的目的。”①这与上文提到的他在《我的教育信条》中所强调的教育过程中心理学和社会学两个方面必须有机地联系起来是完全一致的。杜威经常批评进步学校的一个缺点，是仅仅强调个人的本能和能力的倾向而忽视了和社会目的的协调，也是出于同样的理由。

杜威指出，在组织和指导活动时，我们应记住儿童具有四个方面的兴趣，即谈话或交际方面的兴趣、探索或发现方面的兴趣、制造东西或建造方面的兴趣以及艺术表现方面的兴趣。杜威称这四方面的兴趣是“天赋的资源”，是“不花钱的资本”，儿童的生动活泼的生长是依靠这些天赋资源的运用得来的。他举了矿物课、地理课的例子，证明这样做的结果是：儿童在这种工作中获得的关于科学、地理和人类学方面的知识，远远超过他们从那些自称以知识为目的的教学中、仅仅从指定学习的固定课本中所获得的知识。

我们从下面当时一个访问者的记录中，可以了解到芝加哥实验学校根据杜威的设计所采取的课堂组织形式和儿童活动不同于传统学校的情况。

---

① J. A. 博伊兹顿编：《杜威全集（早期著作）》第5卷，南伊利诺伊大学出版社1972年版，第224页。

访问者注意到每个地方表现出自由和不受拘束。在各个课堂里到处看到成群的小孩，由一个大人集中起来，大家在谈论似乎很有趣的事情。他最初以为自己迷失在一个大家庭里，在那里，每个人都有着很愉快的时光。

除了在会议室和图书馆里以外，没有桌子和固定的椅子；当要求一个由8岁或10岁的儿童组成的一个班不要在教师面前坐或站成一排时，他们只是顺便把很矮的椅子整了一下，任意地围绕着她，正像他们在家里一样，她给他们讲一个故事。如果他们要扭动扭动自己的四肢，他们完全有自由这样做；他们可以变换自己的位置，如果他们安静地去做；而且，的确，如果一个儿童由于讨论中的一些激动的事情从椅子上跳起来，轻轻地手舞足蹈，我不认为他受到的责备是很严厉的。他们在课堂或任何其他地方可相互交谈，而且常常兴致勃勃地讨论困难的问题。那里有免于受束缚的自由，但这种自由不允许流于放任。①

杜威意识到了他提出的学校与儿童的生活这个问题给人们带来的困难比任何问题都多。人们易于承认使学校成为儿童能真正生活和获得经验的地方，可是人们要问，怎样在这个基础上使儿童获得需要的知识和训练呢？对于这个问题，杜威认为，如果我们能了解和同情儿童的真正本能和需要，并通过适当的媒介来控制它们的表现，那么过去教育理想的专门知识和训练将会及时到来。杜威是根据芝加哥实验的具体情况作出上述论断的。不过他

① H. A. 法兰德：《杜威大学初等学校》，转引自G. 戴克威曾著：《杜威的生平和思想》，南伊利诺伊大学出版社1972年版，第98页。

强调并不希望别的学校机械地模仿他们的做法，因为重要的事情是发现和证明哪些原则以及实行这些原则的方法。

三、儿童与课程

《儿童与课程》(1902) 进一步阐明注重儿童现在的经验是芝加哥实验学校哲学和实践的中心。杜威既反对“旧”的教材中心课程，又反对极端“新”的儿童中心方法。对此，这部著作说得最为清楚。

杜威认为理论的深刻分歧，从来不是无缘无故和虚构的。这些分歧是从一个真正的问题的各种相互冲突的因素中产生的。解决的办法只有离开已经固定了的那些名词的意义，从另一种观点，也就是用新的眼光看待这些因素。但是这样的改造，意味着思想上的艰苦努力。一味坚持早已说过的东西，较之抛弃已形成的观念和摆脱已熟悉的事实，要容易得多。

在课程问题上，杜威认为儿童所关心的事物与其生活所带来的个人的和社会的兴趣的统一性是联系在一起的，可是他一到学校，多种多样的学科则把他的世界加以割裂和肢解。由于儿童和课程之间的脱节和差别，就产生了各种不同的教育理论派别。一个学派把注意力集中在课程教材方面，认为课程教材比儿童自己的经验重要得多。因此，重点就放在教材的逻辑性和顺序性上。“教材提供目的，同时也决定方法。”儿童的本分是被动地容纳或接受。另一个学派说，儿童是起点，是中心，而且是目的。儿童的发展，儿童的生活，就是理想的所在。可以毫不夸张地说，我们必须站在儿童的立场上，并且以儿童为自己的出发点。决定学习的质和量的是儿童而不是教材。

杜威认为，这种课程与儿童根本对立的观点是很难得到它们的逻辑的结论的，问题是要摆脱那种偏见，必须充分意识到教育过程中相互联系和相互作用的各种因素。他说："抛弃把教材当作某些固定的和现成的东西，当作在儿童的经验之外的东西的见解；不再把儿童的经验当作一成不变的东西，而把它当作某些变化的、正在形成中的、有生命力的东西；我们认识到，儿童和课程仅仅是构成一个单一的过程的两极。正如两点构成一条直线一样，儿童现在的观点以及构成各种科目的事实和真理，构成了教学。从儿童的现在经验进展到以有组织体系的真理，即我们称之为各门科目为代表的东西，是继续改造的过程。"

总的说来，"旧教育"的缺点是在未成熟的儿童和成熟的成年人之间作了极不合格的比较，把前者看作是尽快和尽可能要送走的东西；而"新教育"的危险就在于把儿童现在的能力和兴趣本身看作是决定性的重要的东西。其实，儿童的学习和成就是不固定的、变动的。它们每日每时都在变化着，在这两者之间，或者从外面强迫儿童，或者让它完全自流，两者都陷于根本性的错误。重要的事情在于必须把经验的逻辑方面和心理方面区别开来，并相互联系起来——前者代表教材本身，后者代表教材和儿童的关系。逻辑的并不是注定反对心理的。最广义地说，逻辑的立场，它的本身便是心理的。"需要把各门学科的教材或知识的各部分恢复到原来的经验。它必须恢复到它所被抽象出来的原来的经验。它必须**心理化**；反过来，变为直接的和个人的经验，在其中有着它的根源和意义。"值得注意的是，在儿童与课程问题上，杜威虽然对"旧教育"和"新教育"这两个派别的观点都作了分析，不过他不是折中主义者，他是始终立足于他所理解的"经验"这个基本概念之上而倾向于进步主义的。

在20世纪30年代课程问题的继续争论中，杜威出版了一部重要著作《教育混乱中的出路》(1931)。在他看来，美国教育正处于前所未有的不稳定之中。与30年前比较，初等、中等、高等学校课程的内容大大地丰富起来了，可是年青一代的教育是否按相应的比例丰富起来了，这是值得怀疑的。在科学、艺术的知识已经变得相互交错、相互依存的情况下，教学工作以彼此隔离的、独立的各门科目为基础，必然导致目前的混乱。他反对一些所谓“设计”采用的时间短、内容琐碎的作业，不过这不是“设计”本身固有的缺点，也有一些设计在学习者的经验和能力的范围内，能激发新的问题，创造新的知识的需要，但这种方法不是唯一的选择，即使对于初等学校也是这样。在目前，虽然激进地采取一些新教材，可是仍旧沿袭传统的方法，这如同“旧瓶装新酒”，从中看不出教育混乱中的出路。①

1936年杜威在《芝加哥实验的理论》一文里回顾实验学校创办时提出的一个任务是关于拟订一套“课程”和教材的思想。习俗和惯例使我们大多数人看不到传统课程在智育方面的极度贫乏和缺乏组织。这种课程大部分正是由若干互不联系的科目组成的，每个科目只不过是一些或多或少独立的题目。因此，关于“教材”，迫切的问题主要是在儿童当前的直接经验中寻找一些东西，它们是在以后的年代里发展成为比较详尽、专门而有组织的知识基础。但是他承认，“要解决这个问题是非常困难的，我们并没有解决好；这个问题到现在还没有解决，而且永远不可能彻底解决”②。在课程问题上，杜威经历了那么长时间的实验得出

---

① 杜威著:《教育混乱中的出路》，哈佛大学出版社1931年版，第40页。

② 赵祥麟、王承绪编译:《杜威教育论著选》，华东师范大学出版社1981年版，第323页。

的结论如此模糊，在实践上不能起指导作用。这一点，布鲁纳曾经指出，杜威强调直接经验和社会行动的重要性，这种强调意味着对教育上空洞的形式主义的批判，这种形式主义没有把学习同儿童的经验世界联系起来。不过布鲁纳认为，教育中教材问题的争论只能用人们对知识所采取的看法来解决。知识是我们赋予经验里有规律性的事物以意义和结构建造起来的模式。像杜威那样试图根据儿童的社会活动与教材的关系来论证教材，就会误解知识是什么和知识怎样可以被人们掌握。①布鲁纳是从过程—结构哲学的课程论提出上述看法的，尽管在他的思想指导下美国20世纪60年代课程改革没有取得成功，但这个看法仍然是值得重视的。

四、道德原理与教育

《教育中的道德原理》(1909)一书是杜威关于道德原理与教育的最明晰的论述。杜威从在密歇根大学时期(1889—1894年)代理莫里斯(George S. Morris)当哲学系主任到在芝加哥大学整个任职期间，一直讲授伦理学，并广泛地从事教育中的伦理问题研究，出版了《伦理学的形而上学方法》(1896)、《教育中的伦理学原理》(1897)、《伦理学讲授提要》(1897)等著作。《教育中的道德原理》是对《教育中的伦理学原理》略加修改、补充而成的，从中可以看到他所提出的理论和他在实验学校里从事的实践的密切联系。

在《教育中的道德原理》中，杜威首先把“道德的观念”

① J. S. 布鲁纳：《杜威之后，什么？》，载《周末评论》1961年第24期。

（moral ideas）和“关于道德的观念”（ideas about moral）区别开来。“关于道德的观念”是直接传授的道德知识，这些观念不能自动地转变为好的品格和好的行为。相反，“道德的观念”是能够影响和改进行为，使行为变得更好的观念。和“道德的观念”比较起来，“关于道德的观念”在数量上是少的，在影响上是微弱的。道德教育是通过学校生活的所有媒介、手段和资料来进行的。“学校的社会性”乃是衡量学校道德教育工作和价值的尺度。

杜威认为，社会道德与学校道德应是统一的。“不能有两套伦理原则，一套是为校内生活的，一套是为校外生活的。”我们必须从最广义上把儿童看作社会的一个成员，要求学校做的任何事情都必须使儿童能够理智地认识他的一切社会关系，并参与维护这些关系。他认为，“在美国，儿童要成为其中一个成员的社会是一个民主的、进步的社会。必须教育儿童既能领导，又能服从。他必须具有自我指导的能力和指导别人的能力、管理能力、承担负责职务的能力”。

离开了参与社会生活，学校既没有道德教育的目标，也没有什么目的。杜威谈到了某市的一所游泳学校，那里教青少年游泳，但不是在水里，而是反复练习游泳所需的各种动作。当有人问一个受过这种训练的年轻人在掉进水里时该怎样办时，他干脆地答道：“沉下去了。”这就是说，要培养对社会有益的和有用的习惯，唯一的途径就是参与社会生活，否则就是不折不扣地如同在岸上教儿童游泳一样。

关于道德教育方法的应用，杜威断言，习惯的做法以个人的接受和竞争性的背诵为基础，对于培养社会责任心是有害的。他指出，这种方法几乎没有机会让每个儿童完成一点专属于他自己的东西，同时又不能参与别人的制作活动，全体儿童都安排做同样的工作，制造同样的产品，社会精神就不可能得到培养。事实上，只要纯个人主义的方法进入儿童的工作中，社会精神由于没有起作用便将萎缩下去。杜威说，为什么学校里的朗读是拙劣的，一个理由是运用语言的真正动机即交流意见和学习的愿望没有得到利用。儿童的天然欲望是要发表、要做事、要服务。当这些愿望不能实现时，工作就变成了负担。

当学校缺乏建立在交流和社会协作基础上的动机时，教师便求助于各种外来的动机。例如，为了得到优良的成绩而竞争，结果比较弱的学生因自卑而丧失真正的能力，比较强的学生只是因为他是个胜利者而骄傲自满。在杜威看来，这种无目的的竞争是个讽刺，与真正智力的和艺术的事物是格格不入的；合理的要求是合作和共同参与。

杜威把教材和进行道德教育联系起来。他认为学校生活中使用的教材不但决定学校的一般气氛，而且决定教学和训练的方法。一种贫乏的“学科”不可能有助于形成生气勃勃的社会精神。因此，知道怎样将道德价值的社会标准应用于学校工作的教材上，是十分重要的事情。

杜威主张应当把学科作为认识社会活动情况的工具。这样就为判断知识、训练和文化的教育价值提供了一个标准。知识只有在引导学生看到新的关系和联系，增进他的“理解力”时，才是有教育性的。训练只有在引导个人为了社会的目的而控制他的行为时才是吸引人的。如果文化修养是有教育性的而不是装饰性的，它就要代表知识和训练的生动的联合。它标志着个人人生观的社会化。

在这里，杜威以十种学校科目作为例证，证明了他的观点。他说，第一个错误是认可科目的鸽子笼式的分类，如历史、地理、自然科学等等。事实上，这些科目只代表统一的社会生活的几个方面。地理研究人对自然环境的依赖和由人类造成的自然环境的改变。历史不能被看作是关于过去事情的单纯的汇集；它是富于生命力的或者是僵死的东西，根据它是否从社会学观点提供出来。“历史教学的伦理价值是根据将过去的事情用作为理解现在的工具能达到何种程度来衡量的。”杜威回想在实验学校里使用的方法，认为研究过去的文化史是有益的，因为现在的文明对于儿童来说太复杂了。这里提出了一个普遍的原理，那就是，“当一个学科是按照了解社会生活的方式去教的时候，它就具有积极的伦理上的意义”。

道德教育应贯穿在学校全部活动之中：（1）学校的生活；（2）学和做的方法；（3）学校科目或课程。杜威称这是“学校道德的三位一体”。

五、兴趣与努力

兴趣的概念和它在教育中的地位是19世纪末教育革新运动中最吸引人的问题。杜威于1896年发表的《兴趣和意志训练的关系》和1913年在上文基础上写成的《教育中的兴趣与努力》，对这个问题作了专门的论述，并提出了重要的教育原理。照克伯屈的话说，杜威这个著作是“划时代”的，是杜威对教育理论的特殊贡献。①

在《教育中的兴趣与努力》一书里，杜威把兴趣和意志、努

① 克伯屈：《杜威在教育上的影响》，见P. A. 拉特纳著：《杜威的哲学》，芝加哥，1939年版，第455页。

力和训练结合起来，他的第一个结论是：兴趣是统一的活动。他对当时几种兴趣学说作了这样的分析：主张“兴趣”的一方，把赫尔巴特的兴趣说曲解为“使事情变得有趣”，他们认为“努力”是毫无意义的；主张“努力”的一方，强调“努力”在形成坚强品格中的作用，他们认为求助于“兴趣”，把一切事情都裹上糖衣，只能毁掉孩子，这种理论无论在智力上、道德上都是有害的。杜威认为，对立的双方实质上都是错误的，都没有觉察到儿童是一直在活动的，不是毫无活力的、淡漠的，等待着引起兴趣，被迫去做什么。相反，在儿童和周围事物的相互作用中，他是激动的，开始是感官上的，后来是有意识地选择他所指望的东西。因此，兴趣和努力是密切相关的，不是两个对立的东西，而是同一样东西，同样是不断进行中的活动，有时从一个方面称呼它，有时从另一个方面称呼它。

杜威认为，“兴趣”这个词的根本意义似乎就是由于认清它的价值而集中注意、全神贯注和专心致志于某种活动的意思。“兴趣标志着在个人与他的行动的材料和结果之间没有距离，兴趣是它们的有机统一的标志。”

强制的方法恰恰与上述兴趣的根本意义相抵触。在强制的外在的条件下，儿童聪明地决定适应教师的需要。儿童可能全神贯注于掌握乘法表，并能在教师要他背诵时把它背诵出来。可是他不是直接地对乘法表感兴趣，而仅仅是间接的。他的直接兴趣是避免“留校”、低分，或教师的不喜欢，或一定的惩罚。因此，他要符合要求，其原因主要是外在的。从内心讲，他仍然对乘法表不感兴趣，他把剩余的精力用来探索感兴趣的事物。随之而来的是出现形成杜威所说的“分裂的自我”（divided self）的危险。如果儿童长期地在一种外在服从而内在抗拒的制度下学习，他将会变得性格乖戾，这就是杜威所说的“人格的失调”。

那么什么是我们真正珍视的叫作努力的东西呢？杜威说，从实践上看，我们所追求的是活动的持久性和连贯性，是克服阻力和通过障碍的忍耐性。只是增加能量耗费的紧张程度的努力本身不是我们所重视的东西，为努力而努力是我们所要避免的事。另一方面，有见识的家长不喜欢看到一个孩子在遇到障碍时过于轻易地丧失勇气，如果孩子的身体是健康的，放弃行动的过程就是一个坏的征兆。要求努力就是要求在面对困难时要有连续性。总之，努力的教育意义，它对教育性生长的价值，在于它能激发更多的认真思考，而不在于它有更大的压力。教育性的努力是从比较盲目的活动转变成更有意识的思考性活动的标志。杜威特别指出，这种努力绝不是与兴趣敌对的，它是从直接兴趣发展成为间接兴趣的活动过程的一个组成部分。教育者如能将困难和努力与思维的深度和广度的增加结合起来，就绝不会有太大错误。

杜威在对教育性兴趣类型作了叙述以后，再次概括了兴趣观念在教育理论中的重要意义。兴趣是各种各样的；每一个冲动和习惯，凡能产生一个目的，而这个目的又有充分的力量推动一个人为实现它而奋斗，就会变成兴趣。各种兴趣虽千差万别，但在原理上都是一样的。它们都标志着在行动上因而在欲望、努力和思想上自我与客体融合为一体；就是说，与活动所终至的客体（目的）融为一体，与活动赖以向目的前进的客体（方法）融为一体。

实际上，对兴趣的一切误解都来自不了解兴趣的活动发展的性质，它们将活动变成停滞不前的，将活动继续不断的生长割裂成一串静止的横断面。这样一来，除了把兴趣看作是客体所激起的一瞬间的兴奋以外，就什么也不剩了。客体与自我之间的这种关系不仅没有教育性，而且比没有教育性更坏。它浪费精力，养成依赖于一种毫无意义的兴奋的有害习惯。杜威强烈地指出："无论在哪里以兴趣的名义采取这种做法，都恰恰是在败坏兴趣的声誉。"

最后，作为结论，杜威说，如果认为兴趣本身就是目的和方法，必将一事无成。如果我们能发现一个儿童的迫切需要和能力，又如果我们能提供一个有内容、有用具、有资源的环境，指导它们充分地去运用，我们就不需要去考虑兴趣。所有这些都清楚地反映了杜威在芝加哥实验学校的经验。

六、明日之学校

20世纪初在美国进步教育运动中出现了许多新型学校，这些学校无论在目的、教学计划和模式上都有明显的多种多样性。有公立的，也有私立的；有实际工作者根据自己的设想创办起来的，只是在实验过程中求助于系统的理论阐明，也有为检验已经形成的理论而建立的。在这些改革家中，有的熟悉欧洲和美国教育理论的发展，有的则对这些教育理论一无所知。杜威和他的女儿伊夫琳合著的《明日之学校》(1915)是对当时正在实验中的一些有代表性的新型学校进行的革新所作的详细记述，主要包括约翰逊夫人的"有机学校"，梅里亚姆教授领导下的密苏里大学附属小学，印第安纳和芝加哥的公立学校，纽约市普拉特小姐的"游戏学校"，哥伦比亚大学师范学院附属幼儿园，芝加哥帕克学校，沃特领导的印第安纳葛雷学校等。这样的一部著作，即使仅仅作为记述20世纪初美国进步教育运动的资料，也是很有意义的。

杜威声明,《明日之学校》一书不是一本教育学教科书,它不考察任何“体系”,而只是对课堂工作的一种描述,并从理论方面作些说明。尽管这样,我们在本书中仍到处可以看到他的哲学的印记。因为实际上本书所描述的是“今日之学校”,称它为“明日之学校”,意味着在杜威看来,它们是代表新学校未来的共同的趋势。

本书开头第一章“教育即自然发展”,是杜威对卢梭的教育理论的最完整的阐明。他指出,卢梭关于教育应根据受教育者的能力这个主张,是现代一切教育改革家努力的基调,卢梭以来教育改革家所最强调的种种主张都是从这个概念中涌现出来的。杜威坚持认为,把单纯积累知识和教育等同起来是荒唐的;合乎理想的补充方法不是回到那种机械、贫乏的读写算的教学中去,而是要抛弃想把全部知识都列入课程,以期“包括一切”的良好愿望。他引用了卢梭的警句:“看看你的学生的知识和我的学生的无知之间的区别吧!你的学生学习地图,我的学生制作地图。”杜威以类似的警句结束了这一章:“在学校中获得知识的真正目的是,当它需要的时候,寻求怎样获得知识,而不是知识本身。”杜威的上述思想,在他所描述的明日之学校里的教学实践中随处可以看到。

本书中特别引人注意的是对印第安纳葛雷学校的详细记述。葛雷是新兴的钢铁城市,但葛雷学校不是专门为钢铁公司培养工人,或者满足工业某一类专业训练的要求。沃特认为,问题不是要传授各个人具体工作需要的知识,而是要保持和激发少年时期的自然兴趣和热情,使每个学生能控制自己的身心,并保证他成功地做一个人和一个公民。关于怎样获得生计也构成了这个理想的一部分,但是如果广泛的训练获得成功的话,这方面的要求就会随之而来。葛雷学校的课程与印第安纳一般公立学校所规定的一样，但是它力求把工作和社会的需要密切联系起来。"从做中学"是葛雷学校的基本要求，"所有儿童应当在适当的条件下忙着工作、学习和游戏"。①沃特的想法不只是广泛地给儿童提供教育机会——在游戏场、校园、图书馆、操场和游泳池、艺术和音乐教室、科学实验室、机器工场和食堂——而且使学校成为邻近社会的艺术和文化中心。②一位新闻记者R. 伯恩（Randolph Bourne）认为，葛雷学校是杜威的教育信条的例证。③特别是，与帕克学校和芝加哥实验学校不同，葛雷学校是一个教师面对40个儿童。由于沃特应用科学管理并采用"两校轮流上课制"，克服了校舍建筑和场地的浪费现象，把省下的钱用于改善教师待遇和学校设备，因此取得了很好的效果。"两校轮流上课制"在20世纪30年代为美国许多城市所采用。

在《明日之学校》的最后几章，杜威对通过工业进行的教育和有关问题作了广泛的论述。现行教育的许多问题和方法是在过去的社会条件下产生的。在贵族制和封建制国家，初等以上教育的课程和方法是为有闲阶级设计的；手工劳动是由奴隶和农奴承担的，对这些人的训练是一种奴隶式的教育。在这种社会条件下形成的一种关于知识和心智的观念是，身体的运用，尤其是手和感官的运用越少，就意味着这种智力活动的级别越高；真正的知识和思想完全是心的运用，而不是躯体任何部分的运用。于是，只有极少运用躯体的学科才属于自由的、高贵的学科。按照这个标准，哲学、神学、数学和逻辑是第一等的学科，其次是文学、

① 参见A. F. 弗雷特著：《教育与革新》，纽约，1987年版，第58、65页。

②③ L. A. 克雷明著：《学校的变革》，纽约，1962年版，第153、158页。

语言、文法、修辞等等。即使我们称为艺术的那种东西，也被贬入下等的学科。因为绘画、雕刻、建筑的成就需要技术和手工的训练，教育应当训练人去欣赏艺术，而不是去创造艺术。杜威指出，虽然产生上述这些观念和思想的政治和工业条件已经开始消退，但是在有闲阶级对于一切劳工阶级享有理所当然的巨大优越感的时候形成的传统的东西，却仍然在教育理论和实践中长期保留下来。

随着18世纪民主思想的广泛传播，在教育上形成了一种思想，即认为教育不只是上层阶级的特权，也是平民大众的需要和权利。杜威指出，人们在阅读卢梭和裴斯泰洛齐的著作时，可能不会注意到，他们关于所有人的教育与发展是社会所必需的想法，远比他们所主张的方法上的创新更为革命。尽管这样，"公立学校的课程和方法的发展却深受残存的闲暇阶级教育观的影响"，初等教育被看作是"一种政治的和经济的不得已的让步"，或者说，是"一种古老的学徒制的代替物"。

为了跟上时代的变化，杜威要求"学校教学的所有项目都应该在学校与维系人们的社会活动的网络的联系中反映出来"，"除非把广大工人当作像他们使用的机械上的盲目的大小齿轮一般，否则他们就必须对他们所使用的材料和器械的前前后后的物质和社会的事实有所了解"。他呼吁真正的问题是要对所有的教育进行改造，以适应随工业革命而来的科学、社会和政治生活条件的变化，因此，已经在进行的具有这种广泛目的的各种实验，就应被看作是特别值得同情和明智地考察的。

在最后一章，杜威对所描述的学校的相似之点作了概括：重视所有青少年的身体健康，并在此基础上培养他的品质和能力；运用自然的方法，"从做中学"；通过各种不同形式的实践活动，用这些活动取代通常孤立的书本学习，以取得积极的道德效果；强调发现学生感兴趣的工作，但不是在狭隘的意义上看待兴趣，一味迎合儿童，把传统的教材裹上一层糖衣，而是提出问题，使他全力以赴地投入工作，解决问题，目的本身将提供他坚持单调乏味的工作所需要的刺激。尽管这些学校的类型、结构、课程和方法有很大的差异，可是通过分析，它们显示出上述相似之点。相似的东西比相异的东西更为重要，因为它们表明了正在进行中的教育革新的方向。

全书最后归结到了“民主的教育”这个问题上。杜威认为，在最近150年间发生了改变人类生活和思维习惯的两大变化：一个是民主观念的发展要求教育作相应的变革；另一个是通过科学发明带来的变化，也必须在课堂中得到反映。把公立学校划分开来，结果表明一部分学校追求传统的过多的书本教育，另一部分为应付从事手工劳动的人进行过多的“实际”教育，这是与民主精神完全不相容的社会宿命论的计划。杜威的结论是，以机会均等为理想的民主教育，把学习和社会应用、观念和实践、工作和对于所从事的工作的意义的认识，从一开始并且始终如一地结合在一起。在这里，杜威再次表现出了他的教育理论中的主要东西是社会改良主义。

* * *

在哲学上杜威自称经常处于变化的过程中，像变色龙似的，不断地屈从于各种各样的甚至不一致的影响；①可是在教育思想上，自从他发表《我的教育信条》直到晚年，看不到什么十分明

① 杜威：《从绝对主义到实验主义》(1930)，见罗伯特·乌利希著：《三千年的教育智慧》，哈佛大学出版社1963年版。

显的变化。他的实用主义教育理论，包括关于教育的功能、目的、过程、教材和教学方法，都已经在他的早期著作中表述出来。如他自己所说，《民主主义与教育》是他的哲学被陈述得最充分的一部著作。实际上，书中的很多东西在他的早期著作中已有所预示，带着一种很熟悉的声音。值得注意的是，他的早期著作是在旧的传统教育和当时社会的急剧变化远远不相适应以及在哲学、心理学、社会学等领域里各种思潮相互激荡下出现的，因此显得更富于时代感和吸引力。他的教育思想就是通过这些著作传播到全世界的。同时，可以清楚地看到，他的这些著作是以美国的“经验”为素材加工构成的，是为维护资本主义社会秩序服务的。

杜威是彻底的联结主义者。黑格尔的唯心哲学在他的思想上留下了不可泯灭的痕迹，辩证法的因素弥漫在他的著作中。应特别提到的是达尔文学说对他的深刻影响。杜威表述的一些基本概念，如“经验”“生长”“教育中的目的和方法”等，往往牵丝攀藤，累赘，含糊不清，因此引起人们包括他的门徒的种种误解和争议。尽管这样，杜威仍提供了一个综合性的结构，这个结构几乎涉及教育理论的所有方面和本质，包括历史的和现实的，并把它们和社会、政治、文化传统及其历史背景联系起来进行批判性的研究和讨论，因此，它是富于启发性和生命力的。

本书选译的杜威较早时期的教育著作洋溢着乐观主义精神，与此不同的是，1928年他在就任美国进步教育协会名誉会长时发表的《进步教育与教育科学》一文则呼吁人们慎重对待教育事业，谨慎地和谦虚地使用“科学”这个词。教育是一切人类艺术中最困难和最重要的事业。他埋怨人们没有意识到教育事业的复杂性。他在最后一篇教育著作《〈教育资源的使用〉引言》里，回顾了半个多世纪以来他和进步运动的关系，认为这个运动最广泛、最显著的成就是引起了课堂生活气氛的重要变化，同时指出，“没有一种教育——或关于任何其他事物——是进步的，除非它不断取得进步”。杜威的这句话，对于人们清醒慎重地对待教育事业，从而创造更美好的未来，是意味深长的。

赵祥麟

1992年7月20日

总目录

我的教育信条

My Pedagogic Creed

by

John Dewey

本文译自J. A. 博伊兹顿编:《杜威全集（中期著作）》第5卷，南伊利诺伊大学出版社1972年版，第84—95页。

第一条　什么是教育

我认为一切教育都是通过个人参与人类的社会意识而进行的。这个过程几乎是在出生时就在无意识中开始了。它不断地发展个人的能力，熏染他的意识，形成他的习惯，锻炼他的思想，并激发他的感情和情绪。由于这种不知不觉的教育，个人便渐渐分享人类曾经积累下来的智慧和道德的财富。他就成为一个固有文化资本的继承者。世界上最形式化的、最专门的教育确实不能离开这个普遍的过程。教育只能按照某种特定的方向，把这个过程组织起来或者区分出来。

我认为唯一真正的教育是通过对儿童能力的刺激而来的，这种刺激是儿童自己感觉到的社会情景的各种要求所引起的。这些要求刺激他，使他以集体的一个成员去行动，使他从自己行动和感情的原有的狭隘范围里显现出来，而且使他从自己所属的集体利益来设想自己。通过别人对他自己的各种活动所作的反应，他便知道这些活动用社会语言来说是什么意义。这些活动所具有的价值又反映到社会语言中去。例如，儿童由于别人对他的牙牙的声音的反应，便渐渐明白那牙牙的声音是什么意思，这种牙牙的声音又渐渐变化为音节清晰的语言，于是儿童就被引导到现在用语言概括表达的统一的丰富的思想和情感中去。

我认为这个教育过程有两个方面：一个是心理学的，一个是社会学的。它们是平列并重的，哪一个也不能偏废；否则，不良的后果将随之而来。这两者，心理学方面是基础的。儿童自己的本能和能力为一切教育提供了素材，并指出了起点。除教育者的努力同儿童不依赖教育者而自己主动进行的一些活动联系以外，教育便变成外来的压力。这样的教育固然可能产生一些表面的效果，但实在不能称它为教育。因此，如果对个人的心理结构和活动缺乏深入的观察，教育的过程将会变成偶然性的、独断的。如果它碰巧能与儿童的活动相一致，便可以起到作用；如果不是，那么它将会遇到阻力，不协调，或者束缚儿童的天性。

我认为为了正确说明儿童的能力，我们必须具有关于社会状况和文明现状的知识。儿童具有自己的本能和倾向，在我们能够把这些本能和倾向转化为它们的社会对应物之前，我们不知道它们所指的是什么。我们必须能够把它们带到过去的社会中去，并且把它们看作是前代人类活动的遗传。我们还必须能把它们投射到将来，看看其结果会是什么。在前一个例子中，正是这样能够在儿童的牙牙的声音里，看出他将来的社会交往和会话的希望和能力，使人们能够正确地对待这种本能。

我认为心理的和社会的两个方面是有机地联系着的，而且不能把教育看作是二者之间的折中或其中一个凌驾于另一个之上而成的。有人说，心理学方面对教育所下的定义是空洞的、形式的——它只给我们一个发展一切心能的观念，却没有给我们怎样利用这些心能的观念。另一方面，又有人坚决认为，教育的社会方面的定义（即把教育理解为与文明相适应）会使教育成为一个强迫的、外在的过程，结果把个人的自由隶属于一个预定的社会和政治状态之下。

我认为假如把一个方面看作与另一个方面孤立不相关而加以反对的话，那么这两种反对的论调都是对的。要知道能力究竟是什么，我们就必须知道它的目的、用途或功能是什么，而这些是无法知道的，除非我们认为个人是在社会关系中活动的。但在另一方面，在现在的情况下，我们能给予儿童的唯一适应，便是由于使他们充分发挥其能力而得到的适应。由于民主和现代工业的出现，我们不可能明确地预言二十年后的文化是什么样子，因此也不可能使儿童为某种定型的状况作好准备。使儿童为未来生活作好准备，意味着要使他能管理自己，要训练他能充分和随时运用他的全部能量；他的眼、耳和手都成为随时听命令的工具，他的判断力能理解它必须在其中起作用的周围情况，他的动作能力被训练能达到经济和有效地进行活动的程度。除非我们不断地注意到个人的能力、爱好和兴趣——也就是说，除非我们把教育不断地变成心理学的名词，否则这种适应是不可能达到的。

总之，我认为受教育的个人是社会的个人，而社会便是许多个人的有机结合。如果从儿童身上舍去社会的因素，我们便只剩下一个抽象的东西；如果我们从社会方面舍去个人的因素，我们便只剩下一个死板的、没有生命力的集体。因此，教育必须从对儿童的能力、兴趣和习惯进行心理学的考察开始。它的每个方面都必须参照这些考虑加以掌握。这些能力、兴趣和习惯必须不断地加以阐明——我们必须明白它们的意义是什么，必须用和它们相对应的社会用语来加以解释——用它们在社会服务中能做些什么的用语来加以解释。

第二条　什么是学校

我认为学校主要是一种社会组织。教育既然是一种社会过程，学校便是社会生活的一种形式。在这种社会生活的形式里，集中了一切手段，以最有效地培养儿童分享人类所继承下来的财富以及运用自己的能力服务社会。

因此，我认为教育是生活的过程，而不是将来生活的预备。

我认为学校必须呈现现在的生活，即对于儿童说来是真实而生气勃勃的生活。像他在家庭里、在邻里间、在运动场上所经历的生活那样。

我认为教育如果不通过各种生活形式或不通过那些本身就值得生活的生活形式来开展，就只能是对真正的现实贫乏的替代，而且导致呆板，死气沉沉。

我认为学校作为一种制度应当简化现实的社会生活，应当把它缩小成一种社会雏形。现实生活是如此复杂，以致儿童不可能同它接触而不陷于迷乱或分心；他不是被正在进行的那种活动的多样性所淹没，以致失去自己有条不紊的反应能力，便是被各种不同的活动所刺激，以致他的能力过早地被发动，使他的教育不适当地偏于一面或者陷于解体。

我认为既然学校生活是如此简化的社会生活，那么它应当从家庭生活里逐渐发展出来，它应当开展并继续儿童在家庭里已经熟悉的活动。

我认为学校应当把这些活动呈现给儿童，并且以各种方式把它们再现出来，使儿童逐渐了解它们的意义，并能在其中起着自己的作用。

我认为这是一种心理学的需要，因为这是使儿童获得继续生长的唯一方法，也是对学校所授的新观念赋予旧经验的背景的唯一方法。

我认为这也是一种社会的需要，因为家庭是社会生活的一种形式，儿童在其中获得教养和道德的训练。加深和扩展他家庭生活中形成的价值观念，是学校的任务。

我认为现在教育上许多方面的失败，是由于它忽视了把学校作为社会生活的一种形式这个基本原则。现代教育把学校当作一个传授某些知识、学习某些课业或养成某些习惯的场所。这些东西的价值被认为多半要取决于遥远的将来；儿童所以必须做这些事情，是为了他将来要做某些别的事情；这些事情只是预备而已。结果是，它们并不成为儿童的生活经验的一部分，因而并不真正具有教育作用。

我认为道德教育应以把学校作为一种社会生活的方式这一概念为中心，最好的和最深刻的道德训练恰恰是人们在工作和思想的统一中跟别人建立适当的关系而得来的。现在的教育制度就它对于这种统一的破坏或忽视而论，使得达到任何真正的、正常的道德训练变得困难或者不可能。

我认为儿童应当通过集体生活在他的活动中受到刺激和控制。

我认为在现在的情况下，由于忽视了把学校作为社会生活的一种方式这个观念，来自教师的刺激和控制太多了。

我认为教师在学校中的地位和工作必须按同样的基本观点来加以阐明。教师在学校中并不是要给儿童强加某种概念，或形成某种习惯，而是作为集体的一个成员来选择对儿童起作用的影响，并帮助儿童对这些影响作出适当的反应。

我认为学校中的训练应当把学校的生活作为一个整体来进行，而不是直接由教师来进行。

我认为教师的任务仅仅是依据较多的经验和较成熟的学识来决定怎样使儿童得到生活的训练。

我认为关于儿童分班和升级的一切问题，都应当参照同样的标准来决定。考试不过是用来测验儿童对社会生活的适应力，并表明他在哪种场合最能起作用和最能接受帮助。

第三条　教　　材

我认为儿童的社会生活是其一切训练或生长的集中或相互联系的基础。社会生活给予他一切努力和一切成就的无意识的统一性和背景。

我认为学校课程的内容应当注意到从社会生活的最初无意识的统一体中逐渐分化出来。

我认为我们给儿童太突然地提供了许多与这种社会生活无关的专门科目，读、写和地理等，违反了儿童的天性，并且使最好的伦理效果变得困难了。

因此，我认为学校科目相互联系的真正中心不是科学，不是文学，不是历史，不是地理，而是儿童本身的社会活动。

我认为教育不能在科学的研究或所谓自然研究中予以统一，因为离开了人类的活动，自然本身并不是一个统一体。自然本身是时间和空间里许多形形色色的东西，要自然本身使它自己作为工作的中心，那便是提供一个分散的原理，而不是集中的原理。

我认为文学是社会经验的反映和阐明，因此，它必须产生在经验之后，而不是在之前。因此，它不能作为统一体的基础，虽然它可以成为统一体的总结。

我还认为，历史就它提供社会生活和生长的各个方面来说，是具有教育价值的。它必须参照社会生活而加以控制。假如只简单地作为历史来看，它便陷于遥远的过去而变成僵死的、毫无生气的东西。历史如被看作是人类的社会生活和进步的记录，那就成为有丰富意义的东西了。但是我认为，除非儿童也被直接引入社会生活，否则，对于历史是不可能这样看的。

所以，我认为教育最根本的基础在于儿童活动的能力，而这种活动应沿着现代文明所由来的同一的、总的建设路线来开展。

我认为使儿童认识社会遗产的唯一方法是使他去实践，使他从事那些使文明成其为文明的主要的典型的活动。

因此，我认为所谓表现的和建设的活动便是相互联系的中心。

这便给烹调、缝纫、手工等在学校中的地位提供了一个应有的标准。

我认为这些科目并不是附加在其他许多科目之外，作为一种娱乐、休息的手段，或者作为次要的技能的特殊科目而提出的。我更相信它们是代表社会活动的类型和基本形态的；而且，以这些活动为媒介把儿童引入更正式的课程中，这是可能的，也是值得向往的。

我认为科学研究就它显示了产生现代社会生活的各种资料和方法而言，是具有教育意义的。

我认为目前科学教学的最大困难之一是，这种资料是以纯客观的形式提供的，或者作为儿童能加于他已有经验之上的一种新的特殊经验。其实，科学之所以有价值，正因为它给我们一种能力去解释和控制已有的经验。我们不应当把它作为新的教材介绍给儿童，而应当作为用来显示已经包含在旧经验里的因素，作为帮助儿童更容易、更有效地调整经验的工具。

我认为现在我们丧失了许多文学和语言科目的价值，这是因为我们抛弃了社会的因素。在教育学著作里，差不多总是把语言只当作思想的表现。语言固然是一种逻辑的工具，但最基本、最重要的，它是一种社会的工具。语言是一种交往的手段，是一个人用以分享别人的思想和感情的工具。如果只是把它当作个人获得知识，或表达已经学到的知识的工具，那么就会失去它的社会的动机和目的。

因此，我认为在理想的学校课程中，各门科目并不是先后连贯的。如果教育即生活，那么一切生活一开始就具有科学的一面、艺术和文化的一面以及相互交往的一面。因此，某一年级的固定科目只是阅读和写字，而较高的年级里却开设阅读、文学或科学，这是不正确的。这个进度不是在于各门科目的连贯性，而是在于对经验的新态度和新兴趣的发展。

最后，我认为教育应该被认为是经验的继续改造，教育的过程和目的是完全相同的东西。

我认为如要在教育之外另立一个任何目的，例如给它一个目标和标准，便会剥夺教育过程中的许多意义，并导致我们在处理儿童问题时依赖虚构的和外在的刺激。

第四条　方法的性质

我认为方法的问题最后可以归结为儿童的能力和兴趣发展的顺序问题。提供教材和处理教材的法则就是包含在儿童自己本性之中的法则。由于情况正是这样，我认为下面的论述对于决定教育所赖以进行的那种精神是极端重要的。

（1）我认为在儿童本性的发展上，自动的方面先于被动的方面；表达先于有意识的印象，肌肉的发育先于感官的发育，动作先于有意识的感觉；我相信意识在本质上是运动的或冲动的，有意识的状态倾向于在行动中表现自己。

我认为对于这个原理的忽略便是学校作业中大部分的时间和精力被浪费的原因。儿童被置身于被动的、接受的或吸收的状态中。情况是不允许儿童遵循自己本性的法则，结果造成阻力和浪费。

我认为观念（理智的和理性的过程）也是由动作引起的，并且为了更好地控制行动。我们所谓理性，主要就是有顺序的或有效的行动法则。要发展推理能力、判断能力，而不参照行动方法的选择和安排，便是我们现在处理这个问题的方法中的一个重大错误。结果是我们把任意的符号提供给儿童。符号在心智发展中是必需的，不过它们的作用在于作为节省精力的工具；它们本身所表现出来的乃是从外部强加的大量毫无意义的和武断的观念。

（2）我认为表象是教学的重要工具。儿童从他所见的东西中所得到的不过是他依照这个东西在自己心中形成的表象而已。

我认为假如将现在用以使儿童学习某些事物的十分之九的精力用来注意儿童是否在形成适当的表象，那么教学工作将会容易得多。

我认为目前在课业的准备和传授上所付出的许多时间和注意力，可以更加明智地、更加有益地用来训练儿童形成表象的能力，使儿童将经验中所接触的各种东西不断地形成明确、生动和生长中的表象。

（3）我认为兴趣是生长中的能力的信号和象征。我相信，兴趣显示着最初出现的能力。因此，经常而细心地观察儿童的兴趣，对于教育者是最重要的。

我认为这些兴趣必须作为显示儿童已发展到什么状态的标志来加以观察。它们预示着儿童即将进入那个阶段。

我认为成年人只有通过对儿童的兴趣不断地予以同情的观察，才能够进入儿童的生活里面，才能知道他要做什么，用什么教材才能使他干得最起劲、最有效果。

我认为这些兴趣不应予以放任，也不应加以压抑。压抑兴趣等于以成年人代替儿童，这就减弱了心智的好奇性和灵敏性，压抑了创造性，并使兴趣僵化。放任兴趣等于以暂时的东西代替永久的东西。兴趣总是一些隐藏着的能力的信号，重要的事情是发现这种能力。放任兴趣就不能从表面深入下去，它的必然结果是以任性和好奇代替了真正的兴趣。

（4）我认为情绪是行动的反应。

我认为力图刺激或引起情绪而不顾与此情绪相应的活动，便等于导致一种不健全的和病态的心理状态。

我认为只要我们能参照真、善、美而获得行动和思想上的正确习惯，情绪大都是能够得到自我约束的。

我认为除了死板和呆滞、形式主义和千篇一律之外，威胁我们教育的最有害的东西莫过于感情主义。

我认为这种感情主义便是企图把感情和行动脱离开来的必然结果。

第五条　学校与社会进步

我认为教育是社会进步和社会改革的基本方法。

我认为改革仅仅依赖法规的制定，或是惩罚的威胁，或仅仅依赖改变机械的或外在的措施，都是暂时性的、无效的。

我认为教育在分享社会意识的过程中起着一种调节作用，而以这种社会意识为基础的个人活动的适应是社会改造的唯一可靠的方法。

我认为这个概念对于个人主义和社会主义的理想都予以应有的重视。它恰恰是个人主义的，因为它承认某种品格的形成是合理生活的唯一真正的基础。它是社会主义的，因为它承认这种好的品格不是由于单纯的个人的告诫、榜样或说服所形成的，而是出于某种形式组织的或社会的生活施加于个人的影响，社会机体以学校为它的器官，决定道德的效果。

我认为在理想的学校里，我们得到了个人主义和集体组织的理想之间的调和。

因此，我认为社会对于教育的责任便是它的至高无上的道德责任。通过法律和惩罚，通过社会的鼓动和讨论，社会就会以一种多少有些机遇性和偶然性的方式来调整和形成它自身。但是通过教育，社会却能够明确地表达它自己的目的，能够组织它自己的方法和手段，因而明确地和有效地朝着它所希望的前进目标塑造自身。

我认为当社会一旦承认了朝着这种目标前进的可能性以及这些可能性所赋予的义务时，人们便不可能去设想听任教育者随意地使用时间、注意力和金钱等资源。

我认为为了提醒社会认识到学校奋斗的目标，并唤起社会认识到给予教育者充分设备来进行其事业的必要性，坚持学校是社会进步和改革的最基本的和最有效的工具，是每个对教育事业感兴趣的人的任务。

我认为这样设想的教育是标志着人类经验中所能想象得到的科学和艺术最完善、最密切的结合。

我认为这样形成人类的各种能力并使它们适应社会事业的艺术是最崇高的艺术；能够完成这种艺术的人，便是最好的艺术家；对于这种事业，具有任何见识、同情、机智和行政的能力都不会是多余的。

我认为心理学事业的发展增长了我们对于个人的心理结构和生长的法则的观察能力，社会科学的发展增长了我们关于正确组织个人的知识。一切科学的资源都可以为教育的目的而使用。

我认为当科学和艺术这样携手以后，支配人类行动的最高动机已经达到了，人类行为的真正动力将被激发起来，人类本性中所能达到的最好的事业便有保障了。

最后我认为教师不是简单地从事于训练一个人，而是从事于适当的社会生活的形成。

我认为每个教师应当认识到他的职业的尊严；他是社会的公仆，专门从事于维持正常的社会秩序并谋求正确的社会生长。

这样，我认为教师总是真正的上帝的代言者，真正的天国的引路人。

（赵祥麟译）

学校与社会

The School and Society

by

John Dewey

The University of Chicago Press

Chicago, Illinois, U. S. A.

1916

献　给

埃蒙斯·布莱恩夫人

本书的出版
缘于她对教育改革的关注

出版者说明

本书前三章是杜威先生1899年4月对关心大学初等学校①的家长和人士发表的演讲。杜威先生对速记记录作了部分修改，并且，由于出版的需要，未经他过目作了一些琐细的变动和微小的调整。因此，这些演讲不仅保留了口语的力量，也保留了即席讲话的特点。由于他们多少熟悉大学初等学校的工作，因此把杜威先生对本书的补充叙述增补进来了。

（赵祥麟译）

① “大学初等学校”（University Elementary School）是正式名称，附属于芝加哥大学，后来叫芝加哥实验学校，简称“杜威学校”。——译者注

作者说明

第二次印刷提供了一个感激的机会，使我回想到这本小册子是许多人协作的思想与赞助的标志。对埃蒙斯·布莱恩夫人的感激在献词中已部分地指出了。由于我的朋友G. H.米德（George H. Mead）先生和夫人的关心、对细节的不倦注意以及艺术品位，在没有我过目的情况下，他们修改了我的口头讲话，直到它们适宜付印为止，然后看到它们以现在吸引人的成果出版，即使它成为流畅易读的形式。对此，我要向别人称赞十分幸运有这样的朋友。

许多朋友及时地、坚持不懈地给予了慷慨的帮助，使大学初等学校得以存在。正是这所学校激发并明确了接下来这么多页的想法。要把所有这些朋友的名单列出来，将是相当长的一段。我相信，这些朋友中首先大家认为最宜于提到的是C. R.克兰夫人（Mrs. Charles R. Crane）和W. R.林夫人（Mrs. William R. Lin）。

而且，大学初等学校本身的教育工作是一项共同的事业。许多人参与了这个事业的过程。我妻子那清晰和富于经验的智慧在这个机构的任何地方都表现了出来。教师们的智慧、机敏和献身的精神使它原来的不定型的计划转变成明确的形式、生活的实体和它们本身的活动。不管这本书里提出的各种概念上的争论之点是什么，从许多从事扩大儿童生活的人的不同思想和行动协作中得来的满足是持久的。

约翰·杜威

（赵祥麟译）

第二版作者说明

现行版本包括略有文字改动的三个演讲，它们构成本书的第一部分。后一个部分是首次收录的，其中包括取自作者给《初等学校纪要》杂志的投稿材料，并作了一些改动，这个《纪要》久已绝版了。

也许可以允许作者本人用言语表达他的满意，那就是：本书中提出的教育观点不像15年前那样新颖了；他期望相信这个教育实验——本书是它的一个副产品——在变革中不是没有影响的。

约翰·杜威

1915年7月于纽约

（赵祥麟译）

目　录

一、学校与社会进步

我们往往从个人主义观点去看学校，以为它不过是师生之间或教师和家长之间的事情。因此，最令人感兴趣的当然是我们所熟悉的个别儿童的进步，他的体格的正常发展，他的读、写、算能力的提高，他的史地知识的增长，态度以及敏捷、守秩序和勤劳的习惯的改善——我们正是从这类标准来判断学校的工作。这诚然是对的。但是，眼界需要扩大。最贤明的父母所希望于自己孩子的一定是社会所希望于一切儿童的。关于我们学校的任何其他想法都是狭隘的、不恰当的；如要那样做，就会破坏我们的民主。社会通过学校机构，把自己所成就的一切交给它未来的成员去安排。社会所实现的关于它自身的一切美好的想法，就这样希望通过各种新的可能途径开辟给自己的未来。这样，个人主义和社会主义是一致的。社会只有致力于构成它的所有成员的圆满生长，才能尽自身的职责于万一。这里所指出的社会的自我指导，没有什么会比学校更为重要，因为，正如贺拉斯·曼①所说的，"凡是任何事物在生长的地方，一个创造者胜过一千个改造者"。

任何时候我们想要讨论教育上的一个新运动，都必须特别具有比较宽阔的或社会的观点，否则，我们会把学校制度和传统的变革看成是某些教师的任意创造。最坏的是赶时髦，最好的也只是某些细节上的改善——这就是我们通常过于习惯地用来考虑学

① 贺拉斯·曼（Horace Mann，1796—1859），美国教育家。——译者注

校的变革的那种观点。这好比把机车和电报机看成是个人的发明一样。教育方法和课程正在发生的变化如同工商业方式的变化一样，乃是社会情况改变的产物，是适应形成中的新社会的需要的一种努力。

对于这个问题，我要特别提请你们注意，即按照社会上的重大变化，努力设想一下我们大体上可以称之为“新教育”的含义是什么。我们能否把这种“新教育”同社会事态的一般进程联系起来呢？如果可能的话，那么“新教育”就会消除和社会隔离的特点，就不再仅仅成为那些具有非常才能的教师们处理特定学生的事情了。它将显出作为整个社会进化的重要部分，至少就它的大体来讲必然是这样。那么让我们先探讨一下社会运动的一些主要方面，然后转到学校方面来，找出学校本身必须循着这个方向作出努力的依据。由于绝对不可能涉及整个的范围，我将大体上把自己限制在近代学校运动中叫作手工训练这一典型的事件上。我相信，如果能够把手工训练跟改变了的社会状况之间的关系显示出来的话，那么我们也就能够据此来看其他教育上的革新。

我不打算就自己不对社会变革的问题作过细阐述这一点进行辩解。我将提到的那些东西写得非常明白，一目了然。首先引人注意的那个笼罩一切甚至支配一切的变化是工业上的变化——科学的应用已经导致大规模地和廉价地使用各种自然力的重大发明，以生产为目的，世界市场、供应这个市场的大规模制造业中心以及遍布各地的廉价而快捷的交通工具和分配方法在发展起来。这个变化，即使从它的萌芽时期算起也不过一百多年；许多最重要方面的变化还是属于最近的事。人们难于相信，在整个历史上有过这样迅速、这样广泛和这样彻底的革命。经历了这个革命，世界的面貌，甚至它的自然形态都在改变着；政治疆界被抹掉或移动了，似乎它们只是绘在地图上的线条一样；人口从世界的各个角落急匆匆地集中到大城市；各种生活习惯也正发生着惊人的突然而彻底的改变；对自然真相的研究无限地被刺激着、鼓励着，它们在生活上的应用不仅是切实可行的，而且也为商业上所必需。即使那深入人心的最保守的道德和宗教观念以及各种爱好，也深刻地受到影响。因此，认为这个革命对于教育只有形式上的和表面上的影响，那是难以想象的。

在工厂制度之前，存在着家族和邻里制度。今天我们这辈人，只要回溯一代、两代，至多三代以前，就能发现那时候一切典型工业实际上在家庭里进行，或者群集在它的周围。穿的衣服绝大部分是在家庭里缝制的，家庭的成员一般都熟悉剪羊毛、梳理羊毛和纺羊毛以及纺织机的操作。室内照明的整个过程，不是按一下电灯开关就行，而要经历宰杀牲畜、提炼油脂、制成烛芯、制造蜡烛这样长时间的辛勤劳动。面粉、木头、食物、建筑材料、家具，乃至金属用品，如钉子、铰链、锤子等等的供给，都是附近的作坊生产的。这些作坊经常供人参观，往往是邻近地区集会的中心。因此，从田间原材料的生产到成品的实际应用这一整个过程，都明显地展现出来。不仅如此，而且实际上每个家庭的成员都分担了工作。当儿童有一定的力气和能力时，就逐步地传授给各种生产过程中的诀窍。这是直接和亲身关切的事情，甚至可以说是到了实际参与的程度。

我们不能忽视这种类型的生活中所含有的训练和品格形成的因素，即养成守秩序和勤劳的习惯，对于世界的责任感以及应当做某些事和生产某些东西的义务感。每个家庭总是有些事情需要去完成，它的每个成员必须竭尽自己的本分，并与其他成员相协作。在行动中具有实效的人格被培育出来并通过行动得到检验。

再者，直接地去接触自然、实际的事物和素材，它们的手工操作的实际过程，以及关于它们的社会需要和用途的知识，对于教育目的极为重要，我们对此不能忽视。这一切，都在不断地培养观察力、创造力、建设性的想象力、逻辑思维，以及通过直接接触实际而获得的那种现实感。家庭纺织、锯木工场、磨坊、制桶工场和铁工场的教育力量，都不断地在起着作用。

为灌输知识而组织的实物教学，不管有多少，绝不能代替关于农场和田园的动植物的直接知识，这种直接知识是通过在动植物中的实际生活和照料动植物而获得的。学校中为了训练而设的感官训练的学科，总不能跟从每天亲切有味的普通的职业活动中得来的那种生动的、丰富的感官生活相比拟。文字记忆力在所指定的课业中能得到训练，推理力也能在数理课里得到一定的训练。但是，这同必须去做些事情，有实际的动机在推动并预见到实际的效果，从而获得注意力和判断力的那种训练相比较，毕竟总是有点间接的、空洞的。当前，工业的集中和分工实际上已经消灭了家庭和近邻的各种职业——至少对于教育的目的来说是这样。但是，哀叹美好往日里孩子们的质朴、谦恭和绝对服从的消失，而一味希望仅仅靠哀叹和说教把它们挽回过来，那是无济于事的。根本的状况已经改变了，在教育方面也只有相应的改变才行。我们必须认识到由于这个根本改变所得到的一些好处：宽容精神的增长，社会见识的扩大，对于人性的更多的直接知识，从外在的表现识别人的性格和判断社会状况的敏锐性，适应各种不同人格的准确性，接触更多商业上的活动。这些取得的好处，对于今天在城市里成长的儿童极为重要，可是也有一个实际问题，即我们应当怎样保留这些好处，同时又应当怎样把代表生活的另一些东西——严格要求个人负责和培养儿童同外界现实生活有关的各种作业——引进到学校中来呢?

当我们再来看看学校的问题时，我们就发现目前最引人注目的倾向之一，是采用所谓手工训练、工场作业以及家庭技艺如缝纫、烹调等。

这样做还没有充分地意识到现在学校必须提供过去由家庭负责的那些教育因素，“有目的地”去做，就是出于本能、经过试验发现这类作业能生动地吸引住学生，并授予他们在任何其他方式里得不到的某些东西。由于对这类作业的真正重要性的意识还很不够，因此往往以一种漫不经心的、混乱的和不相连贯的方式去从事。用来为它辩解的那些理由不适当到令人厌烦的程度，或者有时甚至是绝对错误的。

如果我们仔细询问那些甚至最乐于把这种作业介绍到我们学校里来的人们，我想，我们就会发现其所以这样做的主要理由是，这种作业能抓住儿童强烈的自发兴趣和注意力。它使得他们主动、活泼，而不是被动、呆板；它使得他们更有用、更能干，因此对家庭也更有帮助；它为他们对未来生活的实际责任在某种程度上作好准备——女孩即使将来不是实际去搞烹调和缝纫，但也成为更能干的家务治理者；男孩（如果我们的教育制度只不过成为职业学校）可以为将来的职业作准备。我不想低估这些理由的价值。我在下一讲里谈到学校对儿童的关系时，还将讨论到儿童态度的改变所揭示的那些方面。但是，总的说来，对这一问题的分析不必这么狭隘。我们必须把木工、金工、纺织、缝纫、烹调看作是生活和学习的方法，而不是各种特殊的科目。

我们必须按照这种作业的社会意义把它们看作是社会自身赖以前进的各种过程的模式，看作是使儿童确实感到社会生活的一些基本需要的手段，看作是使这些需要由于日益发展的人的理解力和创造力而得到满足的方式。总之，把它们看作是一些方法，通过它们，学校自身将成为一种生动的社会生活的真正形式，而不仅仅是学习功课的场所。

社会是由一些循着共同的路线，具有共同的精神，并参照共同的目的而活动的个人聚集在一起而成的。这种共同的需要和目的，要求日益加强思想的交流和感情的和谐一致。目前学校不能把自己组成为自然的社会单位的根本原因，正是由于缺乏这种共同的和生产性的活动的因素。在运动场上，在竞赛和游戏中，社会的组织是自发地和必然地产生的。在那里，有事情要做，有活动要进行，还有自然的分工，挑选领袖和成员，互相合作和竞赛。在课堂里，社会组织的动机和凝固剂也同样是缺乏的。在伦理方面，目前学校可悲的弱点在于，它所致力的是在社会精神的条件显然十分缺乏的情况下培养符合社会秩序的未来成员。

当各种作业成为学校生活的联结的中心时，由此而出现的差别是不容易用语言描述的。这是一种目的、精神和气氛上的差别。当一个人走进忙碌的厨房，在那里，一群儿童正在积极地准备食物，面对着那种心理上的差别，即从多少有点被动的、呆板的接受和拘谨变为生气勃勃的状态，他是那么显然受到触动。的确，对于那些把学校的形象僵化了的人来说，这样的改变必定使他们大为惊讶。但是，社会态度的改变也是同样显著的。单纯地吸收事实和真理，完全是个人的事情，很自然地流于自私自利。缺乏鲜明的社会动机而只求单纯的学习收获，即使有了成绩，也不能明显地有益于社会。的确，竞赛（就这个名词的坏的意义而言）几乎成为衡量成绩的唯一手段，即比较背诵和考试的结果，去识别哪个儿童在强记和积储大量的知识方面所取得的成绩，是否优于其他儿童。这种流行的风气是如此普遍，以致一个儿童对其他儿童的学习有了帮助就算是犯罪。哪些地方学校的作业只在于学习课文，互相帮助就不是一种合作的和联合的自然形式，而变成了解除邻近同学固有的义务的一种秘密行为。哪些地方主动的作业在进行，所有这种情况便都改变了。帮助别人不是使接受者更加依赖别人的一种施舍形式，而仅仅是一种帮助，它使被帮助者舒展力量，继续前进。自由的交往，观念、暗示、心得，过去的成功和失败两方面经验的交流，这种精神却变成了课堂练习的主要特点。即使有竞赛，也是个人之间的比较，这不是关于个人吸取的知识有多少，而是按照所完成的作业的质量，即真正的社会价值的标准来比较的。在一种非正式的但更普遍深刻的方式下，学校生活是以社会为基础而组织起来的。

在这个组织里面，可以看到关于学校的训练或纪律的原则。当然，纪律只能是和目的有关的东西。如果你的目的是使40—50个儿童学习某些现成的课文，并在教师面前背诵出来，那么你的训练方法必定力求达到这个结果。但是，如果目的是培养一种社会合作和社会生活的精神，那么训练方法必须从这个目的出发并和这个目的相联系。在活动正进行的过程中，就会缺少一定的纪律；在繁忙的工场里，就会出现一些纪律不好的情况：不是默然无声，他们不是保持固定的姿态，他们不是交叉着双臂，他们不是捧着书本，如此等等。他们在做许多事情，而且由于活动结果造成了混乱和喧扰。但是，从这种作业当中，从可能产生各种效果所做的事情当中，以及从这些以社会的和合作的方式所做的事情当中，就出现了一种具有它自己风格的训练方法。当我们有了这样的认识时，我们关于学校训练的整个观念就改变了。在关键时刻，我们大家都认识到，我们所依赖的唯一训练，也就是成为直观的唯一训练，是通过生活本身得来的。从经验中学习，从只是跟经验有关的书本或别人的言论中学习，这并不是一句空话。但是学校却同社会生活的通常情况和动机如此隔离，如此孤立起来，以至于儿童被送去受训练的地方正是世界上最难得到经验的场所，而经验正是一切有价值的训练的源泉。只是当传统学校训练的狭隘而死板的形象统治一切时，人们才有轻视更为深刻而无限广泛的训练的危险，而这种训练来自参与建造活动，儿童在这一过程中贡献出自己的力量并取得一定的成果，这成果从精神上说是社会性的，从形式上说，仍然是显而易见的，可以感知的。因此，关于这一形式，要求有责任心，要求有正确的判断力。

因此，我们应注意关于学校采用各种不同形式的主动作业这一重大的事情，通过它们，学校的整个精神得到新生。它使学校有可能与生活联系，成为儿童生长的地方；在那里，儿童通过直接生活进行学习，它不只是学习课文的地方，这些课文对于将来可能从事的生活来说，乃是抽象的和间接的东西。这样的学校有可能成为一个小型的社会，一个雏形的社会。这就是一个根本的事实，而且，以此为起点，继续不断地和有组织地出现各种教学的活动。在如前所说的工业制度下，儿童毕竟要参与工作，但不是为参与而参与，而是为了生产成品。由此所得的教育成果虽然切实，但只是偶然得来的和附带的。然而学校里所从事的各种典型的作业是摆脱了经济压力的，其目的不在于生产成品的经济价值，而是要发展儿童的社会能力和洞察力。这就摆脱了狭隘的功利，开辟了人类精神的各种可能性，也因此使学校里的这些实际活动与艺术结合，成为科学和历史的中心。

各种科学的统一性可以从地理科学中看出。地理的重要性在于它显示出地球是人们各种职业最永久的根据地。世界如与人类的活动没有关系，就不成其为世界。人类的工业和成就，离开了地球上的根据地，那就什么设想也说不上，更难给它一个什么名称。地球是所有一切人类食物的最终来源。它是人类持久的庇护所和保护者，是人类一切活动的原材料，是人类一切成就人文化和理想化的发祥地。它孕育着伟大的田野、矿山以及热光电的伟大能源；它那海洋、河流、高山、平原等伟大景象，我们一切农业、矿业、伐木业，我们一切制造和分销机构都只是它的局部的成分和因素。通过这个环境所决定的各种职业，人类取得自己历史的和政治的进步。通过这些职业，发展了关于自然的那种理智的和情感的解释。正是通过我们在这个世界中的活动并同它互动，我们才能认识世界的意义并衡量它的价值。

用教育的术语来说，学校里的这些作业不应该是一般职业的单纯的实际手段或方法，使学生得到较好的专门技术，如厨工、缝纫工或木工那样，而是作为科学地去理解自然的原料和过程的活动中心，作为引导儿童去认识人类历史发展的起点。这种作业的实际重要性，通过从学校的实际作业中选取的一个例证，将比一般讨论更能说得清楚些。

对于一个认识水平一般的参观者来说，没有别的事情比得上看到10岁、12岁和13岁的男女儿童从事缝纫、织布等工作更使他感动并惊奇的了。如果我们从儿童们准备钉钉纽扣、打打补丁的观点来看这种情况，那么我们所得到的就是狭隘的、功利主义的看法，这种看法不会提供什么理由，使这一类作业在学校里占有一个显著的地位。但从另一角度来看，我们发现，这种作业提供了一个起点，由此出发，儿童可以循着历史上人类的进步足迹前进，能真正懂得所使用的材料和所包含的机械原理。把这些作业联系起来，就无异于把人类历史的发展过程重演一番。例如，首先给儿童一些原料如亚麻、棉花和羊身上剪下的羊毛（如把儿童带到剪羊毛的地方更好），然后要儿童就哪种原料宜于什么用途的观点进行研究。例如，把棉花和羊毛的纤维进行比较。在儿童告知我以前，我并不懂得棉织业之所以比毛织业发展得迟一些的原因，乃是用手去掉棉籽比较困难。有一组儿童劳动了三十分钟之久，所得皮棉不到一盎司。他们很快就相信，一个人用手工全天只能得到皮棉一磅，因此推知他们的祖先为什么要穿羊毛衣而不穿棉衣。儿童们还发现影响它们用途的别的因素是棉花的纤维比羊毛的纤维短些。一般羊毛长达三英寸，棉花只有三分之一英寸；棉花纤维平滑，不容易粘连在一起，羊毛纤维比较粗糙，易于粘连，因此便于纺织。所有这些都是在教师的提问和暗示的帮助下，儿童们在实际材料中自己研究出的结果。

然后，儿童们研究把纤维织成衣料的必经过程。他们重新发明了原始的梳理羊毛的用具，即在两块木板上按上尖钉，以便爬梳。他们又设计了最简单的纺毛程序，这就是利用一块穿孔的石头或其他重体，羊毛通过洞孔，石头快速转动引出纤维；接着，用一个陀螺，陀螺在地上旋转，儿童们手中抓着羊毛，逐渐拉成毛线，卷绕在陀螺上。然后，还使儿童知道了纺织史上别的发明，进行了反复试验，以观察它的重要性和探索它的效果，不仅研究了发明对纺织工业的影响，还研究了它对社会生活方式的影响。就这样，儿童重演了从原始的到现代的纺织机全部发展过程，研究了应用科学在使用我们今天有用的物力中的作用。我没有必要详述关于纤维、地貌、原料生长的条件、制造和分配的巨大中心以及与生产机械有联系的物理学等科学问题；也没有必要阐述历史方面的问题，即这些发明对于人类曾经发生的影响。你可利用麻、棉和羊毛纤维做成衣服的演进史来集中地阐明人类的历史。我不是说这就是唯一的或最完善的中心，但这样做确实开辟了人类史研究的某些很实际和重要的途径，使人们注意到更基本的和具有支配作用的影响，而不是注意于通常被当作历史看的那种政治的和编年的记录。

那么，儿童把棉花和羊毛的纤维用于纺织品这个例子的一些情况（当然，我只讲了它的一两个基本的方面），对于每种作业所使用的材料和所采用的工序在某种程度上也是适用的。这种作业给儿童提供真正的动机和直接的经验，并使他接触现实。它做到了这一切，另外，通过展现其历史的、社会的价值和科学的效用，它的作用范围就更大了。随着儿童的心智在能力和知识上的成长，这种作业不仅是一种愉快的东西，而且越来越成为理解事物的媒介、工具和手段，因而相应地改变了它的作用。

反过来，这种作业对科学的教学也有关系。在目前情况下，一切活动要取得成功，在某些方面和某种做法上就必须受科学专家的指导——这是关于应用科学的问题。这种联系应当决定它在教育中的地位。学校中的作业即所谓的手工或工艺不仅能提供应用科学的机会，科学阐明这些作业，使它变得更重要而富有意义，不是单纯的手和眼的事情；而且，由此所得的科学的洞察力，乃是自由而主动地参加现代社会生活不可缺少的工具。柏拉图曾在什么地方说过，奴隶之所以为奴隶，乃是他的行为不是代表自己的思想而是代表别人的思想。我们今天的社会问题要比柏拉图时代更为迫切，因此做事的方法、目的与理解必须存在于做事的人自己的意识当中，使他的活动对他自己应当是有意义的。

当我们用这样广泛而富有意义的方式来构想学校中的作业活动时，还经常听到各种反对论调，认为这种作业在学校中不应该占有地位，因为它们是物质主义的、功利主义的，或者它们的倾向是卑贱的。这真使我惶惑不解。有时在我看来，持这种反对论调的人简直是生活在另一世界！然而，我们大部分人生活于其中的世界是这样的一个世界，其中每一个人都有一个任务和职业，都有一些事情要做。有些人是经理，有些人是下属，不过前者和后者重要的事情都是：每一个人都应该受教育，这种教育使他能够在他的日常工作中认识它含有重大的人生的意义。今天有多少被雇用的人不过是他们所使用的机器的附属品！这或者一部分由于机器本身或者非常偏重机器生产的制度，但是大部分确是由于工人没有机会发展他的想象力和他的同情的眼光来领略他工作中社会的和科学的价值。目前，存在于工业制度基础上的各种冲动，在学龄时期，不是实际上被忽视了，就是确实被歪曲了。除非在儿童和少年时代他们的建设和生产的本能就被有系统地抓住了，除非它们按照社会的方向加以训练，并为历史的解释所丰富，为科学方法所控制和阐明，否则，我们的确甚至不能找出我们经济罪恶的根源，更不能有效地处理它。

如果回溯到几个世纪前，我们就会发现一种学术上的实际垄断。的确，“有学问”是一个令人高兴的名词。学问曾是一个阶级的事。这是当时社会条件的一个必然结果。绝大多数人缺乏任何手段去接近知识的源泉。这些知识都积储和密藏在手抄本中。其中只有少数是有价值的，而且需要穷年累月和辛勤的预备，才能从中有所收获。因此，不可避免地形成这样的情况，即一种学术上的高级僧侣防守着真理的宝库，而只在极严格的限制下才对民众作点儿施舍。但是如我们曾经指出的，作为工业革命的直接结果，这种情况改变了。印刷术发明了，而且商业化了。书报、杂志大量出版，价格便宜了。由于机车和电报的发明，频繁、迅速和廉价的邮递、电信、交通也出现了。旅行变得更方便了，迁徙自由，随之而来的思想交流也无限地便利起来。一场知识的革命已经发生。学术已进入流通状态。尽管今后仍然有、也许永远有特别的一群人以从事研究为专门职业，可是，一个特殊的学者阶级从此不可能有了，这是与时代精神不调和的。知识不再是凝固不变的东西，它已经成为变动不定的东西。它是在社会自身的一切潮流之中积极地活动着。

显而易见，就知识的素材而言，这个革命使个人的态度发生了显著的变化。知识方面的刺激，通过各种不同的途径，源源不绝地向着人们倾注而来。那种单纯地从事知识的生活，即学者派头的生活，因此得到了完全不同的评价。学究式的人物和院士不再是光荣的称号，而正在变成嘲弄人的名词。

但是，所有这一切意味着学校态度必须改变，而其中的一个方面，我们还远远地没有认识到它的全部意义。我们学校的各种方法以及绝大部分的课程，都是从旧时代承袭下来的，当时作为接近学术的唯一门径的某些符号的学习和自由运用是最为重要的。这些方法和科目虽然表面已经改变了，可是旧时代的各种思想大体上仍控制一切。我们有时听到，初等学校甚至中等学校里所设的手工训练、艺术和科学遭到反对，理由是这些科目倾向于培养专家，因此贬低了我们当前广博的自由文化的结构。这种反对论点即使不会导致可悲的结果，也将是非常可笑的。今天我们的教育才是非常专门化的、片面的和狭隘的。这是一种几乎完全被中世纪的学术观念所支配的教育。这种教育大体上只能投合人性的理智方面，投合我们研究、积累知识和掌握学术的愿望；而不是投合我们的制造、做、创造、生产的冲动和倾向，无论在功利的或艺术的形式上都是这样。把手工训练、艺术和科学当作技术的和倾向于纯粹专门化的而加以反对这个事实，其本身就是为统治当前教育的那种纯粹专门化的目的提供的最好证据。如果教育不是实质上视同纯知识的、学术的研究，那么所有这些教材和方法将受到欢迎，受到最殷勤的采纳。

当把学术专业看作是文化或自由教育的类型时，一个机械师、一个音乐家、一个律师、一个医生、一个农民、一个商人或者一个铁路管理员的训练，就会被看作是纯技术的和专业教育的类型。它的结果是我们到处所看到的“文化人”和“工人”的区分，理论和实际的脱离。全国学生中受高等教育的不足1%，进中学的只占5%，半数以上的学生于读完小学五年级或者在此之前就离开学校了。这一情况的最简单的事实是，在大多数人中间，突出的理智的兴趣并不占有主要的地位。他们有所谓实际的冲动和倾向。其中不少人虽有天生的强烈的理智兴趣，但社会的情况却阻碍它的充分实现。其结果，大量的学生一经获得初步的知识，获得足够的在生活上实际应用的读、写、算的符号，就离开学校。尽管我们的教育界领袖们谈论着教育的目的在文化的陶冶，在人格的发展，等等，可是大多数学校里的受教育者却把它当作是获得足够的面包和黄油，以勉强维持一定生活的一种狭隘的实用的手段。如果我们要从不那么狭隘的方面去设想我们的教育目的，如果我们要给教育的过程添加一些活动，而这些活动投合于那些其主要兴趣是要做和制造的人，那么我们就会看到学校所施加于它的成员的影响将更为生动，更为持久，含有更多的文化意义。

然而我为什么要不厌其烦地作这个说明呢？明显的事实是，我们的社会生活正在经历着一个彻底的和根本的变化。如果我们的教育对于生活必须具有任何意义的话，那么它就必须经历一个相应的完全的变革。这个变革并不是突然出现的，也不是凭着预想的目的在朝夕之间就能完成的。这个变革已经在进行。我们学校制度的那些改革，通常表现为仅是细节上的变更和学校内部机构的改良（即使那些最积极关心它们的人也这样看，至于那些旁观者就不用说了），实际上这就是发展的标志和证明。采用主动作业、自然研究、科学常识、艺术、历史，把单纯的符号和形式的课程降低到次要的地位，改变学校的道德风尚、师生关系和纪律，引进更生动的、富于表情的和自我指导的各种因素——所有这一切都不是偶然发生的，而是出于更大的社会发展的需要。现在要做的事是把这一切因素组织起来，理解它们的全部含义，把它们所含的理念和理想彻底地、不妥协地在我们的学校制度中体现出来。这样做意味着使每个学校都成为一种雏形的社会生活，以反映大社会生活的各种类型的作业进行活动，并充满着艺术、历史和科学的精神。当学校能在这样一个小社会里引导和训练每个儿童成为社会的成员，用服务的精神熏陶他，并授予有效的自我指导的工具时，我们将拥有一个有价值的、可爱的、和谐的大社会的最强大的并且最好的保证。

（赵祥麟译）

二、学校与儿童生活

上星期我曾试图向你们阐明学校与更广大的社会生活之间的关系以及对教材和教学法进行一些改革，使它能更好地适应当前社会需要的必要性。

今天我想从另一个方面考察这个问题，考虑一下学校与在校儿童的生活和发展之间的关系。由于难以将一般原理与像教育小孩子这样十分具体的事情联系起来，我冒昧地从“大学初等学校”的工作中介绍大量可以说明问题的材料，在一定程度上你们也许会赞赏这个方法，即这里提出的这些观念本身是从具体实践中产生出来的。

几年前，我曾在本市四处寻找供应学校用品的商店，打算找到从艺术、卫生和教育的观点看来完全适合儿童需要的课桌椅。我们历经了很多困难去找我们所需要的东西。最后，一个较机智的商人说了这样的话：“恐怕我们没有你们所需要的东西，你们所要的东西是儿童能用来工作的，而我们这些全都是供静听用的。”他的话是对传统教育的真实情况的描述。正如一个生物学家能用一两块骨头重新构成完整的动物一样，如果我们想象一下普通的教室，一排排难看的课桌按几何顺序摆着挤在一起，以便尽可能没有活动的余地，课桌几乎全都是一样大小，桌面刚好放得下书本、铅笔和纸，外加一张讲桌，几把椅子，光秃秃的墙，可能有几张图画，凭这些我们就能重新构成仅仅能在这种地方进行的教育活动。一切都是为“静听”准备的，因为仅仅学习书本上的课文不过是另外一种“静听”，它标志着一个人的心理依附于另一个人的心理。比较说来，静听的态度是被动的、吸收的，它还意味着已经有一些现成的材料，是地方教育官员、教育局和教师准备好了的，儿童要在最少的时间内接受这些教材，接受越多越好。

在传统的教室里，让学生活动的余地是非常少的。儿童能用以从事建造、创造和积极探究的工场、实验室、材料、工具甚至必要的空间大都是缺乏的。和这些过程有关的事情在教育中甚至没有明确公认的地位。这些都是在报纸上写社论的教育界的权威们通常称之为“赶时髦”和“不必要的装饰”的东西。昨天一位女士告诉我说，她参观了各种各样的学校，想找到一所学生的活动比教师给予知识更重要的学校，或学生具有求知动机的学校，她参观了24所不同的学校，才找到前述的例子。我可以补充一句，那所学校不在本市。

这些有固定课桌的教室说明的另一件事就是：一切事情的安排都是为了尽可能管理更多的学生，把他们看作单个人的集合体；这些教室还同时意味着，学生被看成是被动的。然而，当儿童一旦行动起来，他们就使自己变成了个人，他们不再是一个人群，而变成了我们在校外、在家里、在游戏场上和在邻里中所习见的有显著个人特点的人。

在同样的基础上，可以看到方法和课程的划一性。只要一切事情都是以“静听”为基础的，就会有统一的教材和方法。耳朵和反映耳朵的书本构成了同样适用于一切人的媒介。几乎没有机会适应不同的能力和需要。有一大堆——数量是固定不变的——现成的结果和技能要所有儿童在同一时间内同样地学会。为了满足这种需要，产生了从小学一直到大学的课程。世界上需要的知识、需要的专门技能实在太多了。于是产生了把这些课程按6学年、12学年或16学年划分的数学问题。现在每年仅仅只将总数中的相应部分给予儿童，在他们学完以后，他们就掌握了全部课程。每小时、每天、每周或每学年涉及的东西十分多，每一样东西都是极其均匀地提出的——假定儿童没有忘记前面学过的东西。这一切所产生的结果就是马修·阿诺德①所转述的一位法国教育当局人士自豪地告诉他的，成千上万的儿童在某一小时，就说十一点钟吧，都在上地理课；在我国西部的一个城市，教育局局长照例对陆续前来的参观者重复这种得意的吹嘘。

我也许说得夸张了些，但这是为了说清楚旧教育的几个主要特点：消极地对待儿童，机械地使儿童集合在一起，课程和教学法划一。概括地说，重心是在儿童以外。重心在教师、在教科书，以及在你所喜欢的任何地方和一切地方，唯独不在儿童自己的直接的本能和活动。在那个基础上，儿童的生活就说不上了。关于儿童的学习，可以谈得很多，但学校不是儿童生活的地方。现在，我们的教育中正在发生的一种变革是重心的转移。这是一种变革，一场革命，一场和哥白尼把天体的中心从地球转到太阳那样的革命。在这种情况下，儿童变成了太阳，教育的各种措施围绕着这个中心旋转，儿童是中心，教育的各种措施围绕着他们而组织起来。

如果我们从一个理想的家庭找一个例子，这个家庭的父母十分贤明，懂得什么对儿童最有益，并能满足儿童所需要的东西，我们就会看到，儿童是通过社交性交谈和家庭的组织进行学

① 马修·阿诺德（Matthew Arnold，1822—1888），英国诗人及批评家。——译者注

习的。在进行谈话时，有些是对儿童有兴趣、有价值的东西：进行了叙述，提出了询问，讨论了问题，儿童继续不断地学习。他陈述自己的经验，他的错误概念得到纠正。而且儿童参与了家庭事务，因而获得勤勉、有序的习惯，关心他人的权利和意见，以及使他的活动从属于家庭成员的共同利益的重要习惯。参与这些家务工作变成了获得知识的机会。理想的家庭必然要有一间工作室，儿童可以在这里发挥他的建造的本能。要有一个小型实验室，他的探究可以在这里得到指导。儿童的生活可以在户外扩展到公园、周围的田野和森林。他将有自己的远足、步行和谈话，由此就为他打开了一个户外的更广阔的世界。

因此，如果我们将这一切加以组织和推广，我们就会拥有理想的学校。这里没有什么神秘的东西，没有教育学或教育理论上的惊人发现。它不过是将大多数家庭中有各种理由能够做到而只是偶然做了又做得很少的事情系统地、大量地、明智地、适当地去做的问题。首先，理想的家庭应当加以扩大。儿童必须与更多的成人和儿童接触，才能有最自由最丰富的生活。此外，家庭中的工作和人际关系不是为儿童的生长而经过专门选择的；主要的目的不在这里，儿童从中能获得的东西是偶然的。因此才需要学校。在这种学校里，儿童的生活成了压倒一切的目标。促进儿童生长所需的一切媒介都集中在那里。学习？肯定要学习，但生活是首要的，学习是通过这种生活进行并与之联系起来的。当我们这样以儿童的生活为中心并组织儿童的生活时，我们就看到他首先不是一个静听着的人，而是完全相反。

人们常说，教育就是“引出”（drawing out），如果只是与注入式的过程相对而言，这种说法是十分好的。但是要把引出的观念与3岁、4岁、7岁或8岁儿童的平常活动联系起来毕竟是困难的。他的各种活动已经太多、太充足了。他并不是处于休眠状态的人，并不需要成人非常小心、非常巧妙地接近他，以便逐渐把潜藏着的活动的幼芽引发出来。儿童已经是十分积极的。教育的问题就是要抓住他的活动并予以指导。通过指导，通过有组织的运用，它们就会朝着有价值的结果前进而不致成为散乱的，或听任其流于仅仅是冲动性的表现。

如果我们能认清这一点，我认为很多人心目中的最大难题，即什么叫新教育的问题，与其说是得到解答，不如说是消失了，它迎刃而解了。人们常常问：如果你从儿童的观念、冲动和兴趣出发，一切都是如此粗率，如此不规则，如此散乱，如此没有经过提炼、没有精神上的意义，他将怎样获得必要的训练、陶冶和知识呢？如果除了激发和迁就儿童的这些冲动以外，我们就别无其他道路可走，这个问题就是问得有道理的。那样的话，我们就应当不理睬和压制这些活动，不然就迁就它们。但是，如果我们对设备和材料有系统的安排，在我们面前就开辟了另一条路径。我们可以指导儿童的活动，使它们沿着一定方向运行，把它们渐渐引导到这条道路逻辑上必然要达到的目标上。

“如果愿望等于现实，乞丐也会发财。”由于愿望不等于现实，由于真正满足一个冲动或兴趣就是要努力工作，要努力工作就会碰到障碍，就要熟悉材料，运用独创性、忍耐性、坚持性、机智，它必然包含有训练——力量的运用——并提供知识。试以要制作一只盒子的幼儿为例。如果他停留于想象和愿望，他肯定得不到训练。但当他打算实现他的冲动时，他就要使自己的观念明确起来，把它制订成计划，选择合适的木块，测量所需的部件，使它按需要形成比例，等等。这里包含有准备材料、锯、刨、用砂纸擦光、使所有的边和角都恰如其分。这就不可避免地有了关于工具和制作方法的知识。如果这个儿童实现了他的本能，制成了这只盒子，他就有了充分的机会获得训练，坚忍不拔，努力克服困难，同时获得大量知识。

因此，无疑地，想要从事烹饪的幼童对于烹饪意味着什么、要花什么代价或需要什么，是一无所知的，它只是一个“消磨时间”的欲望，也许是为了模仿大人的活动。要我们自己降低到那种水平而仅仅迁就那种兴趣，无疑是可以做到的。但是在这里，如果冲动得到运用、利用，它就会遭遇充满困难的真实世界，它必须使自己适应这种挑战，这就有了训练和知识的因素。最近有一个儿童，当他必须用一个长时间的实验方法把事情做完时，变得不耐烦了。他说：“我们为什么要在这上面自找麻烦呢？让我们照烹饪书上的烹饪法去做吧。”教师便问儿童烹饪法是从哪里来的，谈话中指出，如果他们只是照烹饪法办事，他们就不会懂得他们所做的事的道理。于是他们表示愿意继续进行实验工作。注意看一下那种工作，的确就为问题的真正要点提供了一个例证。他们那天的工作恰好是煮鸡蛋，这是从炒蔬菜到烧肉的过渡。为了获得比较的根据，他们首先总结了在蔬菜中食物构成的成分，并与肉中的成分作了一个初步比较。于是，他们发现蔬菜中的木质纤维或纤维素相当于肉中的结缔组织，是形体和结构的成分。他们发现淀粉和淀粉制品是蔬菜所特有的，而矿物质盐则在蔬菜和肉中都可以找到。他们还发现，蔬菜和肉中都有脂肪，在植物性食品中脂肪含量很少，而在动物性食品中脂肪含量则很多。然后，他们准备研究相当于蔬菜中的淀粉的动物性食品所特有的蛋白质，并准备好了要考虑一下正确处理蛋白质的必要条件——以鸡蛋作为实验材料。

他们首先用不同温度的水做实验，看它何时达到烫手的程度，何时达到即将沸腾的程度，何时沸腾，并弄清各种不同的温度对蛋白的影响。做完那些事以后，他们不仅学会了煮鸡蛋，而且懂得了煮鸡蛋中的原理。我不想忽视这件特殊事件中的普遍性。如果一个孩子只是想煮一个鸡蛋，因而把它放在水里煮三分钟，叫他取出时他就取出，这是没有教育性的。但是，如果一个孩子由于认识了事实、材料和所包含的条件而实现他自己的冲动，然后按照那种认识去调整他的冲动，这就有了教育性。这就是我所坚持主张的引起或满足一种兴趣和通过对兴趣的指导实现它这二者之间的区别。

儿童的另一个天性是使用铅笔和纸。所有的儿童都喜爱以形式和色彩来表现自己。如果你放任这种兴趣，让儿童漫无目的地去做，那就没有生长，而生长不是出于偶然。但是，如果让儿童先表现他的冲动，然后通过批评、提问和建议引导他认识他已经做了的事，他需要做什么，结果就会完全不同。这里举一个7岁儿童的工作为例。它不是平常的工作，它是幼年儿童所做的最出色的工作，但是它足以说明我现在所说的特定原则。儿童们在谈论穴居人社会生活的原始状态。儿童对此的观念是这样表达的：洞穴以一种不可思议的方式整齐地排列在山坡上。你看见常见的那种儿童画的树——一条垂直线的两边画着水平状的树枝。如果允许儿童日复一日地继续这些事情，他就会满足他的本能而不是运用它。但是现在要求儿童仔细地观看真正的树，将看到的树与他画的树作比较，更仔细更有意识地检查他的工作情况。然后，他再根据观察的结果画树。

最后，他又结合着观察、记忆和想象画树。他又画了一幅随意创作的插图，以表达他自己富有想象力的思想，但这种思想仍受他对真实的树的详细研究的指导。结果这幅画是表现一片树林的风景。就其本身而言，我们似乎觉得它像成人的作品那样富有诗意，而同时画中的树又是实际可能有的树，而不只是树的象征。

如果我们把学校中可以见到的冲动粗略地加以分类，可以把它们分成四类。首先是在儿童的谈话、亲身交往和交流中表现出来的社交本能。我们都知道4—5岁的幼儿是多么地以自我为中心。如果向他提出任何一个新的话题，如果他有任何话要说，那就是“我已经知道”，或者说“那是我的爸爸妈妈告诉我的”。他的视野不大，如果他有充分的兴趣把他的经验跟别人的经验联系起来并反过来探询别人的经验，那么这经验必定是他立刻就能直接领会的。然而，幼儿的以自我为中心的有限兴趣是能够用这种方式无限扩展开来的。语言的本能是儿童的社交表现的最简单的形式。因此，它是一切教育资源中重要的，也许是最重要的资源。

然后是制作的本能——建造的冲动。儿童想做点什么事的冲动首先在游戏、运动、手势和假装①中表现出来，然后就变得更确定，并在将材料制作成更具体的形状和永久性的具体物中寻找发泄的方法。儿童对抽象的探究没有多少本能。探究的本能似乎是在建造性的冲动与交谈的冲动相结合中产生的。对于幼年儿童，实验科学和木工工场中所做的工作是没有区别的。他们在物理学和化学中能做的工作目的不在于作出专门技术上的概括或甚至达到抽象的真理。儿童只是喜爱做些事并密切注视着要发生的事。但是，可以利用这一点，可以指导他走上能产生有价值的结果的道路，又允许他随意继续进行。

---

① 例如假装自己是大人。——译者注

同样，儿童的表现性冲动即艺术本能也是从交流和建造性本能中产生的。它是交流的本能和建造性本能的升级和完满的表现。使建造适当，使它完满、自由而灵活，赋予它以社会的动机，使它具有说明某种事情的意义，你就有了一件艺术作品。试以纺织工作——缝制和织布为例来说明这个问题。儿童在工作室制作了一架原始的织布机，这里就用得着建造的本能了。于是，他们想用这架织布机做点什么事情，制作点东西。它是一架典型的印第安人的织布机。人们曾把印第安人织的毯子给他们看过。每个儿童画了一幅与那伐霍人①的地毯上的图案相类似的图案。从中选出了一幅似乎最适宜于眼前工作的图案。技术上的办法是有限的，但儿童还是把染色和式样做出来了。上面所举的例子是12岁的儿童做的。经过检查表明做这项工作要有忍耐性、彻底性和坚韧性。它不仅包含有历史方面的和技术设计原理方面的训练和知识，而且包含有以艺术的态度恰如其分地传达观念的因素。

艺术的方面与建造的方面相结合的另一个事例是：儿童在学习纺纱和制作卡片，其中一个12岁的孩子当时画了一张正在纺纱的一个年龄较大的孩子的画像。这是又一件很不平常的作品，它比一般的作品要好。画中画的是两只手正在把羊毛拉长以备纺织之用。这是一个7岁儿童画的。但是，整个说来，特别是较年幼的儿童，艺术的冲动主要是与社交的本能——要说、要表现的欲望——联系在一起的。

于是，当我将这四类兴趣——交谈或交流方面的兴趣、探究

① 居住在美国亚利桑那、新墨西哥和犹他等州印第安人保留地的一支印第安主要部族。——译者注

的或发现的兴趣、制作或建造的兴趣和艺术表现的兴趣——牢记在心时，我们就可以说，它们是自然的资源，是未投入的资本，儿童的积极生长仰赖于对它们的运用。我想举一两个例子。第一个例子来自7岁儿童的工作，它在一定程度上说明了儿童占主导地位的欲望是要谈话，特别是谈人和与人有关的事情。如果你观察幼年儿童，你就会看到，使他们感兴趣的事主要是与人有关的，是人类所关心的事情的背景和媒介。许多人类学家告诉我们，儿童的兴趣与原始生活的兴趣有某种一致之处。在儿童的心理中有对原始人的典型活动的一种自然的重演，儿童喜爱在场院里建造棚屋，用弓、箭、矛等等做打猎的游戏可以证明。另一方面，问题又出现了：我们该怎样对待这种兴趣——置之不顾，或者加以激发并把它引发出来呢？或者掌握它和指导它有所前进、有所提高？我们为7岁儿童计划的工作有一些是着眼于后一个目的——利用这种兴趣，使它成为了解人类进步的一个手段。儿童在直接接触自然界以前，先是想象那些远离他们目前的情况。这种想象，使他们追溯到狩猎民族，追溯到住在洞穴或树林里靠渔猎维持不安全生活的人。他们尽量想象适应于那种生活的自然界的物质条件，比如，位于山脉附近的陡峭的、森林茂密的山坡，渔产丰富的河流。然后，他们继续想象从狩猎阶段到半农业阶段，又由游牧阶段到定居的农业阶段。我想指出的重要之点是，这样就为真正的学习，为最终能获得知识的探究提供了丰富的机会。因此，当本能主要是对社会方面感兴趣时，儿童对人和他们所做的事的兴趣就被引入一个更广阔的现实世界。例如，儿童已具有一些关于原始武器、石制箭头等等的观念。这就为他们测试材料的脆性、形状、结构等等提供了机会。当他们检验各种不同的石头，去发现哪一种最适合于这个目的的时候，就出现了一堂矿物学的课。对铁器时代的讨论提出了建造一座土制大熔炉的要求。因为儿童开始画的草图不对，炉嘴的大小和位置与排气孔不配套，于是就需要有关燃烧的原理、关于制图和燃料的性质的教学。然而这种教学不是预先准备好的，它是首先被感觉到需要，然后边实验边进行的。接着，儿童拿了一些像铜一类的材料来进行一系列实验，熔化它，把它制成物件，又用铅和其他金属做同样的实验。这种作业就成了地理课的延伸，因为儿童必须想象并创造出不同类型的社会生活所必需的自然条件。什么样的自然条件适合畜牧生活？什么样的自然条件适合农业初期、适合渔业？这些人们之间进行交换的惯常方法是什么？在交谈中提出这些问题之后，他们就在地图上和沙盘上把它们描绘出来。这样一来，他们就获得关于地球构造的各种地形的观念，同时，他们也看到了它们与人类活动的关系。因此，这些关于地球构造的各种形状的观念，已不是单纯的外部事实，而是与关于人类生活和进步的社会概念融合、结合成一体。我认为，这样做的结果完全证明了一个信念，即儿童在一年内的作业（每周共五小时）中获得的关于科学、地理和人类学的事实，较之声称以知识为目的和目标，只是为了给固定的课文提供事实的课堂中所获得的东西要多得多。至于训练，较之单纯为了训练而要他们解答任意提出的问题，他们能得到更多注意力的训练，更多说明问题、推理、敏锐观察和连续思考的能力。

说到这里，我想提一下口述课（recitation）。我们大家都知道它已经成了什么样子——成了一个儿童向老师和其他儿童炫耀他成功地从教科书中吸取的大量知识的场所。与这种旧时的观点不同，口述课现在出色地变成为一种社交聚会的场所，它在学校中的地位犹如即兴的谈话在家中的地位，只不过它更有组织，遵循着明确的方向。口述课变成社交的情报交换站，经验和观念在那里进行交换并受到评论，错误的思想在那里得到纠正，新的思维方式和探究方式在那里形成。

口述课的这种变革，即从检查已经获得的知识转变为让儿童的社交本能得到无拘无束的运用，影响和改进了学校中的一切语言课。在旧制度下，要学生有充分而无拘无束地使用语言的机会，无疑是一个最严重的问题，理由是不言而喻的。这是因为它极少提供自然的语言动机。在教育学教科书中，语言被定义为表达思想的工具。这对思想受过训练的成人来说或多或少是合适的。但几乎已不需要说，语言主要是一种社交的事情，是我们把经验传递给别人，又从别人那里取得经验的工具。当人们使语言离开了它的固有目的时，语言教学就变成了一个复杂的困难问题。想一想，为语言而进行语言教学是多么荒谬。如果儿童在入学以前有任何事要做，那就是谈论他感兴趣的事物。但是，如果学校中没有东西足以引起浓厚的兴趣，如果使用语言只是为了背诵课文，本国语的教学就成了学校工作中主要的困难之一，这是不足为奇的。由于语言教学是不自然的，不是从交流生动的印象和信念的现实愿望中产生出来的，儿童使用语言的自由就渐渐消失了，直到最后中学教师不得不竭力设法帮助学生自然而充分地使用语言。此外，如果以社交的方式求助于语言本能，就会不断与现实接触。结果是儿童心里总是有事要讲，有话要说，有思想要表达，而思想如果不是一个人自己的思想，就不成其为思想。按照传统方法，儿童必须就他刚刚学过的东西说点什么。在世界上有话要说和不得不说点什么这两者之间是完全不同的。当儿童有了各种材料和事实要求谈论它们时，他的语言就变得更优美、更完整，因为它是受现实所制约又来源于现实的。读和写也和口语使用一样，可以在此基础上进行教学。它可以用叙述的方式来进行，因为儿童要叙述自己的经验又反过来得到别人的经验的社交欲望，是在与对所交流的真理起决定作用的事实和活动的人物的接触中产生的。

我没有时间谈到年龄较大的儿童的工作，他们天生的粗率的建造和交流的本能已经发展成为有点像有科学指导的探究了，但是我要从继续进行的这个实验工作中举一个例证。这项工作是在最普通的简单实验的基础上逐渐引导儿童到校外学习地质学和地理。下面我要引用的文句在我看来似乎既是诗一般的，又是"科学的"。"很久以前，当地球初形成时，当它还是熔岩时，地球上没有水，地球上到处是水蒸气，一直弥漫到高空，而在高空有很多气体，其中之一是二氧化碳。水蒸气变成了云，因为地球开始冷却，过了一阵它开始下雨，水落下来，溶解了空气中的二氧化碳。"较之开始时也许带有表面性的知识，这里有着更多的科学。它体现了儿童三个月左右的工作。儿童坚持每天、每周作记录，但这只是全部学季工作的一部分。我把这些文字称为诗一般的，因为儿童有一个明晰的形象化的比喻，对所比喻的真实情况有亲身的感受。我再从另外两份记录中摘引几句，以进一步证明在有生动的经验作背景时对语言的生动的运用。"当地球冷却到能凝结时，水借助二氧化碳从岩石中把钙拖出来，溶在大量的水里，小动物在水里可得到它。"另一段记录如下："当地球变冷以后，钙存在于岩石中。然后二氧化碳和水结合起来形成一种溶液，当它流动时，把钙拽出来并把它带进海里，海里的小动物从溶液中摄取它。"联系化学化合过程，使用"拖""拽"这些字眼，证明了一种亲身的实感，这种实感使儿童作出恰如其分的表达。

如果在其他例证上没有花太多时间，我要指出儿童怎样从很简单的实物开始被引导到更大范围的研究，并引导到作为这种研究的伴随物的智力训练上去。我简单提一下工作开始时的实验。这个实验在于制造用来擦亮金属的垩粉。儿童用简陋的设备——一个滚筒、石灰水和一根玻璃管——从水中沉淀出碳酸钙；从这里开始，继续研究各种岩石——火成岩、水成岩等等——在地球表面形成的过程以及它们所在的位置；然后在美国地理中指出夏威夷和波多黎各；直到研究结构不同的各种岩石对人类从事的活动的影响；以便使这样的地质记录最后以进入现代人的生活而结束。儿童懂得了也感受到了这些在亿万年以前发生的地质过程与决定着今天的工业工作的自然条件的联系。

从“学校与儿童的生活”这个题目可能涉及的一切问题中我仅仅挑选了一个问题，因为我已发现这个问题给人们带来的困难比任何其他问题都多，也是给人们增添了一块绊脚石。人们可能易于承认，最吸引人的是使学校成为儿童能真正生活、获得他所喜爱的生活经验、发现经验本身的意义的地方。但是，有时我们听到这样的询问：在这个基础上，儿童怎能得到必要的知识？他怎样经受必要的训练？是的，对于很多人，即使不是大多数人来说，正常的生活过程似乎是与获得知识和训练不相容的。他们所说的无非就是这个意思。因此，我曾试图十分概括地、粗略地指出（因为只有学校本身在它的日常运作中才能作出详细的有价值的描述）这个问题是怎样产生的——怎样能抓住人性中的基本本能，并通过提供适当的媒介控制它们的表现，从而不仅促进并且丰富每个儿童的生长，也能提供同样的甚至更多的曾经是过去的教育理想的专门知识和训练的成果。

但是，虽然我选择了这种特别的研究方式（作为对几乎普遍提出的这个问题的让步），我却不愿停留于这种多少有点消极的和解释的情况。生活毕竟是重要的事情，儿童时代的生活在程度上不亚于成人的生活。的确，如果认为理智地、认真地重视儿童在丰富的、有价值的和扩展了的生活中现在的需要和力所能及的事，与以后成人生活的需要和可能做到的事有什么冲突，那是奇怪的。“让我们与儿童生活在一起”肯定意味着，首先，我们的儿童一定要生活——不是那种强迫他们在各种不同条件下压制和阻碍他们生长的生活，对那种条件的最长远的考虑是与儿童现在的生活联系起来的。如果我们寻求教育上的天国，其他一切问题就会迎刃而解——换句话说就是，如果我们了解和同情儿童时代的真正本能和需要，并且探求它的最充分的要求和发展，那么，成人生活的训练、知识和文化修养都会及时到来。

谈到文化修养，使我想到在一定程度上我只讲了儿童活动的外表——只讲到了他的冲动对说话、制作、发现和创造的外在表现。几乎不用说，现实的儿童是生活在只有不完善的外在表现的想象的价值和观念的世界中。最近我们听到很多关于培养儿童的想象力的议论。于是，我们取消了不少我们自己的谈话和工作，因为我们相信，想象力是在某一特殊方面——一般来说，是在不真实的假装的方面，在神话和虚构故事方面——得到满足的儿童的一种特别作用。我们为什么如此铁石心肠、如此迟缓才相信？想象力是儿童生活的媒介。对儿童来说，在所有地方、在他的心思和活动从事的一切事情上，想象力的价值和意义是用不完的。学校与儿童生活的关系问题，实际上不过是这样一个问题：我们是不顾这种天生的背景和倾向，完全不与活泼的儿童打交道而与我们已经建立的僵死的概念打交道，还是使这种天生的倾向发挥作用，给它以满足？一旦我们信任生活，信任儿童的生活，那么，所说的一切作业和价值，一切历史和科学都将成为感染力的手段和培养想象力的材料，并由此而使他的生活变得丰富和有条理。凡是我们现在只看到外部所做的事和外部产品的地方，在一切看得见的结果的背后，都有心理定势的调整、扩大了的富有同情的眼光、对生长着的力量的感受，以及甘愿使见识和能力与世界的和人的利益一致起来的能力。如果文化修养不是表面的装饰品，不是镶饰在普通木器上的桃花心木，它就一定是这样——在灵活性、视野和同情心方面的想象力的生长、直到个人所过的生活充满着自然的和社会的生活。当自然和社会能够进入课堂的时候，当学习的方式和工具都从属于经验的本质的时候，那时就有了实现这种融为一体（identification）①的机会，而文化修养就会成为一个民主的口令。

（任钟印译）

① 指儿童生活与自然和社会生活融为一体。——译者注

三、教育中的浪费

今天要讲的题目是《教育中的浪费》。我想先就这一讲与前面两讲的关系作简短的说明。第一讲从社会的角度讨论学校，以及必须作一些必要的调整，使学校在现代社会条件下发挥作用。第二讲讨论学校与各个儿童的生长的关系。现在第三讲是讨论学校本身作为一种机构与社会和学校自己的成员——儿童——这两方面的关系。这一讲要讨论组织机构问题，因为一切浪费都是缺乏组织的结果，而组织背后的动机是促进节约，提高效率。这个问题不是金钱的浪费或物力浪费的问题。这些问题也算是浪费，但主要的浪费是人的生命的浪费，儿童在校时的生命的浪费和以后由于在校时不恰当的和反常的准备工作所造成的浪费。

因此，当我们谈到组织时，我们所想到的不仅是那些外表的东西，那些被称作“学校制度”的东西——校董会、教育厅（局）长、校舍、教师的聘用和提升等等。这些事情都要讨论，但基本的组织是与其他各种社会生活形式联系的作为个人的共同体的学校本身的组织。一切浪费都由于彼此的隔离。组织不过就是使事物互相联系起来，使它们运转得容易、灵活、充分。因此，当谈到教育中的浪费这个问题时，我想请你们注意到学校制度各个部分的隔离现象，注意到在教育目的上缺乏统一性，在学科和教学法上缺乏一贯性。

我绘制了一张图（图1），当我说到学校制度本身的彼此隔离时，也许可借助于视觉，以节省点口头解释的时间。我的一个爱诡辩的朋友说，再没有别的东西比图解使人糊涂了，我打算用图来说明我的观点，很可能只是证明了他的话是对的。

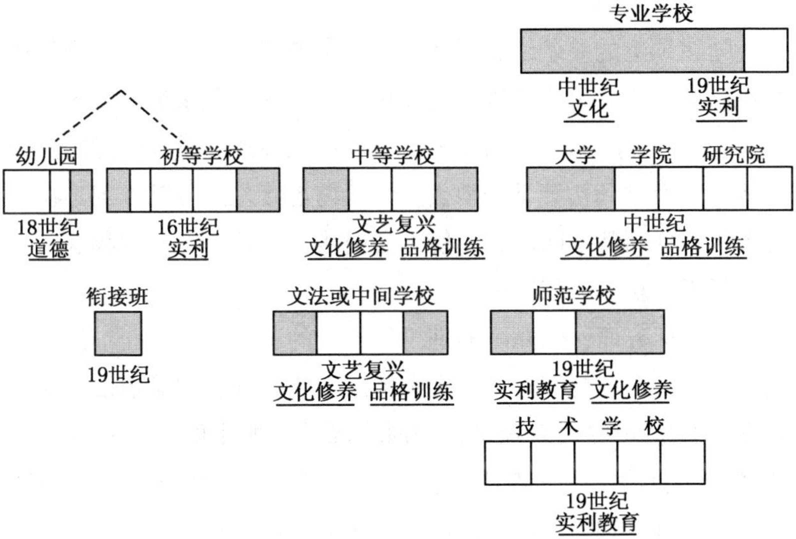

图1

图中的方块代表学制的不同组成部分，旨在粗略地指出每一段的时间长度以及在时间和学科上学制中各个部分的交错之处。在每个方块下面标明了它产生的历史条件和主导理想。

从整体上看，学校制度是自上而下发展起来的。在中世纪，主要是一批专业学校——特别是法学和神学学校。我们现在的大学是从中世纪发展而来的。我不是说现在的大学是中世纪的制度，但是它发源于中世纪，而且中世纪关于学术的一切传统直到现在还没有消失。

20世纪兴起的幼儿园是保育室和谢林哲学结合的产物，是母亲为她的孩子们进行的游戏和运动与谢林的高度浪漫主义和象征主义哲学相结合的产物。来自对儿童生活——保育室工作的继续——的实际研究的各种因素仍然是一切教育中富有生命力的力量；谢林式的因素在幼儿园和学制的其余部分之间造成了阻隔——产生了隔离。

画在顶上的一条线表示在幼儿园和初等学校之间有一定的相互作用；因为，只要初等学校在精神上还是与儿童生活的天然兴趣无关的，它就与幼儿园隔离了，以致现在的问题是要把幼儿园的教学法引进到初等学校中去，即所谓衔接班的问题。困难在于两者从一开始就不同。为了使二者衔接，教师不得不“翻墙”进去，而不是从“大门”进入。

在目标方面，幼儿园的理想是儿童的道德发展，而不是教学或训练；这个理想有时强调到感情用事的程度。初等学校实际上产生于16世纪的民众运动，当时，随着印刷术的发明和商业的发展，学会读、写、算成了商业上的需要。目标显然是实用性的，那就是实利；掌握这些作为学问的象征的工具，不是为了学术，而是因为它为人生的事业打开门径，不掌握它们大门就会关闭。

初等学校以后的一个阶段是文法学校。在我国西部各州，这个名称用得不多，而在东部各州则被普遍使用。这种学校要追溯到文艺复兴时代——也许略早于初等学校的产生年代，而且，即使它们是同时存在的，也各有不同的理想。它必须学习更高意义上的语言，因为在文艺复兴时期，拉丁语和希腊语把人们与过去的文化、与罗马和希腊世界连接起来。古典语言是从中世纪的桎梏下摆脱出来的唯一工具。于是出现了文法学校的原型，它比大学（主要是专业性的）更富有通才教育（liberal）的精神，其目的是使人们掌握研究古代学术的钥匙，使人们能以更广阔的视野观察世界。它的目标首先是文化修养，其次是品格训练。它体现的内容远远超出现在的文法学校。这是大学中的通才教育元素，它向后扩展就变成文实学校和中学。因此，中等学校仍旧部分地只是一所较低的学院（其课程甚至比几个世纪以前的学院更高）或学院的预科，部分地是初等学校的实利性质的综合。

然后出现了19世纪的两种产物——技术学校和师范学校。工科学校、工程学校等等当然主要是19世纪商业条件发展的产物，正如初等学校是16世纪商业条件发展的产物一样。师范学校的兴起是因为培养教师的需要，其意图部分是专业训练，部分是文化修养。

无须详述，如图1所示，在学制中大约有八个不同的组成部分，其中每个部分都是在历史上不同的时期出现的，每一种都有着不同的理想，因此方法也不相同。我不想指出，过去存在于学制的各个不同部分之间的隔离、分离现在仍然存在。然而，必须承认，迄今为止，它们从来也没有结合成为一个完全的整体。教育管理方面的重要问题是如何将这些不同的部分统一起来。

试考虑一下培养教师的学校——师范学校。这些学校目前多少处于不正常的地位，它们介于中学和学院之间，需要中学作为预备阶段而又包含着一定数量的学院课程。它们与学术性的高等教材分离，因为从总体上看，它们的目标是培养人*怎样教*，而不是*教什么*。可是，如果我们到学院去，又发现这种隔离的另一半——学习*教什么*，而对于教学方法几乎是蔑视的。学院是与儿童和青少年隔离的。它的学生大都离开了家庭，忘记了他们自己的儿童时代，结果成为掌握了大量教材而很少知道如何将教材与那些受教育者的心理联系起来的教师。在教什么和怎样教之间存在的这种划分中，每一方都由于这种分离而受到损害。

深入探究一下初等学校、文法学校和中学之间的相互关系是很有趣的。初等学校始终很拥挤，采用的是过去新英格兰文法学校所学习的学科。中学已经把它的学科往下移了。拉丁语和代数安排在高年级，因而第七、八两个学级最后全部是旧式文法学校遗留下来的学科。它们是乱七八糟地组合起来的，一部分是儿童继续学习已学过的学科（读、写、算）的地方，一部分是为升中学作准备的地方。在新英格兰有些地区，这些高年级的名称叫"中间学校"。这个名称是个巧妙的名称；其作用不过是介于已有的和将要有的事物之间，它本身没有特别意义。

正如学制的各个部分被隔离开来一样，它们的理想也各不相同——道德的培养、实际的功用、一般文化修养、精神训练和专业训练。这些目标中的每一个都专门代表教育制度的不同部分，而且由于各部分之间的关系日益增长，每个部分都要求提供一定的文化修养、训练和实利教育。但是，事实上证明缺乏基本的统一性，仍然认为某一学科有利于训练，另一门学科有利于文化修养。例如，认为算术的有些部分有利于训练，而另一部分有利于应用；文学有利于文化修养，文法有利于训练；地理部分地有利于实利，部分地有利于文化修养；等等。教育的统一性烟消云散了，各门学科变成了离心的，这门学科完全是为了达到这个目的，那门学科完全是为了达到另一个目的，直到全部学科变成完全是互相竞争的目标和互不联系的学科之间的折中妥协和大杂烩。教育管理方面的重要问题是在一连串多少互不联系而又交叉重复的地方求得整体的统一性，从而减少由于互相摩擦、彼此重复和没有适当的衔接过渡所造成的浪费。

在第二个示意图（图2）中，我想建议，实际上把学制的各个部分结合起来的唯一方法就是使每一部分与生活结合。只要我们的视线局限于学校制度本身，我们就只能获得一种人为的统一性。我们必须把学校制度看作社会生活的更大整体的一部分。中央的（A）方块代表学制的整体。一边的（1）是家庭，两个箭头代表家庭生活和学校生活之间在各种影响、材料和观念上无拘无束的相互作用。下面的（2）是与自然环境的关系，即最广义的地理课的主要领域。校舍周围有自然环境。它应该成为一座花园，并将儿童从花园引向周围的原野，然后再进入有着一切实际情况和各种势力的更广阔的乡村。上面的（3）代表商业生活以及学校和工业的需要与各种势力之间必要的自由活动的余地。另一侧的（4）是严格意义上的大学及其各个方面，它的实验室，它的由图书馆和专业学院组成的资源。

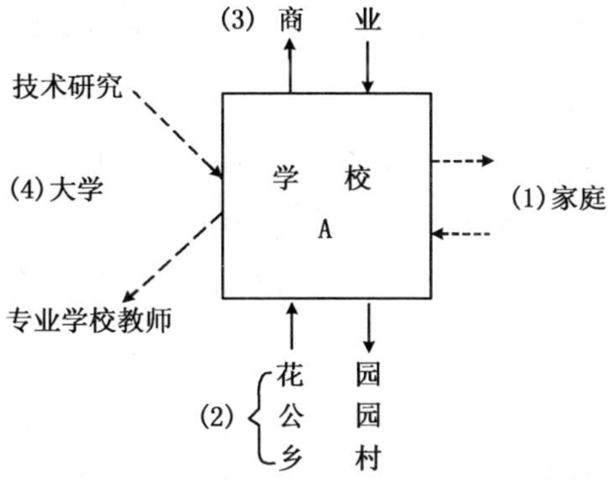

图2

从儿童的观点来看，学校的最大浪费是由于儿童完全不能把在校外获得的经验完整地、自由地在校内利用；同时另一方面，他在日常生活中又不能应用在学校学习的东西。那就是学校的隔离现象，就是学校与生活的隔离。当儿童走进教室时，他不得不把他在家庭和邻里间占主导地位的观念、兴趣和活动搁置一旁。学校由于不能利用这种日常经验，于是煞费苦心地采用各种方法和手段，以激发儿童对学校功课的兴趣。几年前我访问摩林市的时候，教育局局长告诉我，他们发现每年都有很多儿童在知道了教科书中的密西西比河与流经他们家旁边的小河有关时都感到惊讶。尽管地理课仅仅是教室中的事情，但它多少可以启发很多儿童认识到，整个说来它不过是他们每天看到、感受到和接触到的事实的更正式更明确的说明。如果我们想一想我们都住在地球上，我们生活在大气中，我们生活的一切方面都受到土壤、植物群、动物群的影响，受到与光和热有关的事物的影响，然后再想一想学校的地理课成了什么样子，我们对于儿童的日常经验和学校大量提供的隔离的教材之间存在的鸿沟就有了一个典型的概念。这不过是一个例子，并且早在我们把现在学校中的矫揉造作看作是不自然的、不必要的以前，它就是我们多数人可借以反思的一个例子。

虽然在学校与商业生活之间应当是有机联系的，但它的意思不是说要使儿童预备从事某种特定的商业，而是说儿童的日常生活与他周围的商业环境之间应当有自然的联系；学校要做的事就是要阐明这种联系，解除对这种联系的限制，不是靠引进如商业地理、商业算术一类的专门学科，而是通过使普通的联系纽带富有生气来阐明这种联系，解除对这种联系的限制，使之成为有意识的活动。混合商业合股（compound-business-partnership）问题在现在的很多算术课本中也许没有，虽然在不到一代人以前是有的，因为教科书的出版者说，如果他们遗漏了任何内容，他们的书就卖不出去。这种混合商业合股远在16世纪时就产生了。那时还没有发明合股公司，当与印度和美洲的大宗商业兴起时，就必须有资本的积聚用来操纵商业。一个人说：“我投入这么多资金，为期六个月。”另一个说：“我投入这么多资金，为期两年。”这样一来，他们依靠联合就获得了足够的资金创办他们的商业企业。于是，学校自然地要教“混合合股”（compound partnership）。人们发明了股份公司，混合合股消失了，但是与它有关的问题在算术中保留了200年。在它们不再具有实际用处以后，它们还是被保留了下来，作为心智训练之用——它们是“如此困难的问题，你知道”。现代算术中在“百分比”这个标题下讲的很多东西都具有同样的性质。12岁和13岁的儿童要学完盈亏的计算，而各种形式的银行贴现如此复杂，连很久以前的银行家都不再为此费脑筋了。如果指出商业不是这样进行的，我们就又会听到“心智训练”。然而，在儿童的经验和商业环境之间有大量真实的联系需要加以利用和阐明。儿童应该学习他的商业算术和商业地理，但不是作为被它们自己孤立开来的东西来学习，而是与社会环境联系起来学习。青少年必须知道作为现代生活中的一个因素的银行，知道它做什么、怎么做，然后，有关的算术方法才有点意义——与我们所有算术中关于百分比、分期付款等等消磨时间和摧毁心灵的例子是迥然不同的。

与大学的关系，如图2所示，毋庸详述。我只想指出，在学制的各部分之间都应有自由的相互作用。在初等教育和中等教育的教材中，有很多完全是琐碎的东西。当我们对它加以研究时，我们就会看到所教的东西充满了不成其为事实的事实，这些东西在以后是可以不学而知的。这种现象的发生是由于学校的“较低层次”的部分与“较高层次”的部分没有充满活力的联系。大学和学院的含义是在那里继续进行研究工作的研究场所，是图书馆和博物馆的所在地，在那里搜集、保管、组织了过去时代的最优秀的资料。然而，探索的精神只有通过和依靠探索的态度才能得到，在中学和大学都是如此。学生必须学习有意义的事，能扩大他的眼界的事，而不仅仅是学习细枝末节的琐事。他必须知道实际情况，而不是知道50年前人们对事物的看法，或者从偏见中培养出来的教师的错误理解所认为有兴趣的东西。教育制度的最高部分若不与最低部分有完善的相互作用，要看到这些目的怎能达到是很困难的。

下图（图3）是图2的扩大。校舍增大了，可以这样说，周围的环境还是一样，家庭、花园和乡村，与商业生活和大学的联系。目的是要表明，学校要摆脱它的隔离状态并与我们说到的社会生活保持有机联系，它必须成为什么样子。这不是我们所希望有的我们的建筑师的校舍建筑计划，而是我们需要在学校建筑中体现出来的那种理想的一个示意图。在下方有餐厅和厨房，上方有木工车间和金工车间以及从事缝纫和纺织的纺织室。中心代表一切都汇集于图书馆，也就是说，一切都汇集成为有助于理解实际工作的、赋予工作以意义和丰富价值的各种智力资源的集合体。如果四个角代表实践，内部就代表实践活动的理论。换句话说，学校中各种实践的目的不在于它们本身，不在于厨工、女缝

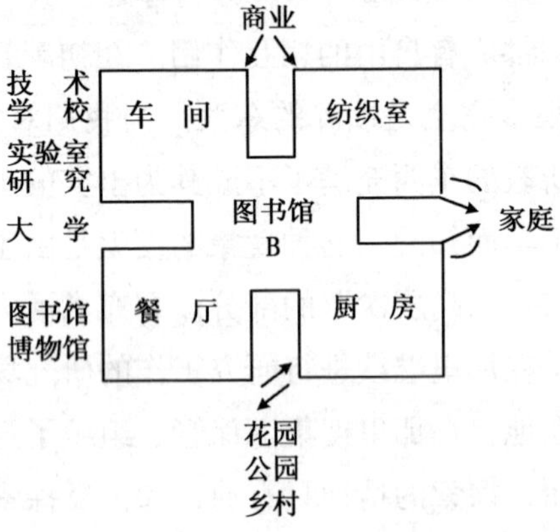

图3

工、木工和泥水工的专门技巧，而在于它们在社会方面与校外生活的联系；同时，在个人方面，它们回应了儿童在行动、表现、做事的欲望等方面的需要，使他所做的事是建设性的、创造性的而不只是被动的、奉旨办事的。它们的重大意义在于保持社会方面和个人方面的平衡——图示特别象征着与社会的联系。图的一边是家庭。连接线在家庭、厨房和学校的纺织工场之间来回运行得多么自然！儿童可以把他在家中学到的东西继续利用于学校，又将在学校学到的东西应用于家中。这是打破隔离状态的两件大事——使儿童带着在校外获得的一切经验来到学校，离开学校则带着可立即在他的日常生活中应用的一些东西。儿童是带着健康的身体和有点并不心甘情愿的心理来到传统学校的，实际上他并没有将身心两者一起都带到学校；他不得不把他的心智（mind）弃置不用，因为他在学校里没有办法运用它。如果他有纯粹抽象的心智，他可能把它带到了学校；但他的心智是具体的，是对具体事物感兴趣的，这些事物若不超过围墙进入学校生活，他就不能带着他的心智一道进入学校。我们所要求的是使儿童带着整个的身体和整个的心智来到学校，又带着更圆满发展的心智和甚至更健康的身体离开学校。说到身体，尽管在这些图里没有健身房，在它的四个角上进行的积极生活却带有经常性的身体锻炼，而我们的严格意义上的健身房将针对儿童的特殊缺陷并加以矫正，旨在更有意识地培养健全的心智寓于他强壮的身体。

餐厅和厨房与乡村以及它的生产方法和产品联系在一起，这几乎是不言而喻的。烹饪的教学可能与乡村生活和统一于地理课中的各种科学没有联系。也许通常是在没有真正建立这些联系的情况下进行教学的，但是，所有进入厨房的材料都来源于乡村，它们来自土壤，是通过阳光和水的影响培植起来的，并象征着许许多多各不相同的地方环境。通过这种联系，从校园扩展到更广大的世界，儿童就会最自然地被引导到科学的学习上去。这些东西生长在哪里？它们的生长需要什么条件？它们与土壤有什么关系？不同的气候条件有什么影响？如此等等。我们都知道旧式的植物学是什么：有的是采集美丽的花卉，把它压平，制成标本；有的是把花一片一片扯下来，给不同的部分安上专有名称，找出所有互不相同的叶子，按照它们的不同形状、不同样式给以名称。这是学习植物，而不问土壤、乡村或它们生长的情况怎样。与此相反，真正的学习植物是结合它们的自然环境以及它们的用途，不单是把它们作为食品，而是从它们对人类社会生活的一切适应性进行学习的。烹饪也变成了学习化学的最自然的入门，这里也给予儿童一些他立即就能运用于日常经验的东西。我曾经听一位很明达的女士说，她无法理解怎样才能把科学知识教给年幼儿童，因为她不知道他们怎样才能懂得原子和分子。换句话说，由于她不知道在脱离日常经验的情况下把高度抽象的事实提供给儿童，所以她根本不能懂得怎样教授科学知识。在我们对这种话发笑以前，我们要自问一下，像她这个样子的是否只有她一人？或者说，它是否概括了几乎所有我们的学校实践中固有的原则？

木工车间和纺织室也同样与外部世界有联系。它们在材料的来源上与乡村有关，在应用能量的科学知识上与物理学有关，在建筑和装饰的发展上与商业、销售和艺术有关。在它的技术学校和工程学校方面也与大学有亲密的关系，与实验室及其科研方法和科研成果有关。

让我们再回到标有“图书馆”（图3B[①]）的方块上。如果你

① 原文误为图3A。——译者注

想象房间有一半在四个角上，一半在图书馆，你就会明白关于口述室的概念。在这个地方，儿童带来各种经验、疑难问题和他们发现的特殊事实，并进行讨论，以便使他们有新的认识，特别是从别人的经验中、从世界所积累的智慧中——以图书馆为象征——获得新的认识。这里有理论与实际的有机联系，儿童不仅做事，而且获得他所做的事的概念，从一开始就获得一些指导他的实践又丰富他的实践的理智的概念；同时每一个概念都可以直接或间接地在经验中应用，对生活产生影响。几乎不用说，这就确定了“书本”或阅读在教育中的地位。用书本或阅读代替经验是有害的，而用它们阐明经验、发展经验则是至关重要的。

图4正是说明了这个同样的概念。它提示了这所理想学校象征性的第二层楼的情况。上方两个角上是实验室；下方的两个角上是包括绘画和音乐的艺术工作室。凡厨房和车间中发生的化学和物理的疑难问题，都带到实验室来寻求解答。例如，上周从事包括使用纺轮的织布的实际工作的一组年龄较大的儿童绘制出了踏板和轮子的方向与力、轮子与锭子之间速度比例的图解。用同

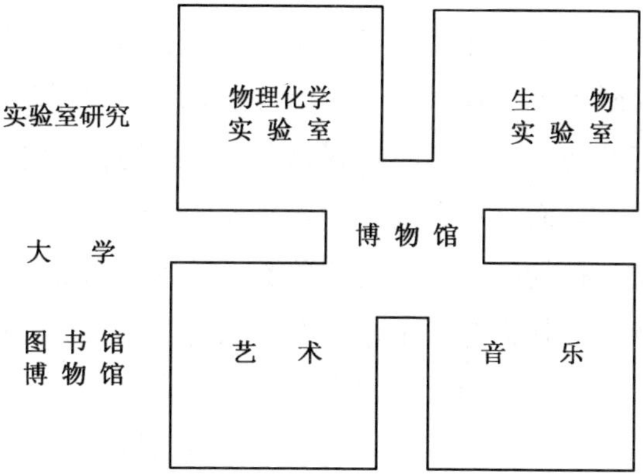

图4

样的方法，儿童在烹饪中要打交道的植物构成了对植物学发生兴趣的基础，可以由他们自己选取，自己学习。在波士顿的某所学校里，几个月的科学知识的学习集中在棉花作物的生长上，然而每天都要加进一些新东西。我们希望用为缝纫和织布提供材料的各种植物做类似的工作。我希望这些例子也适用于学校中的实验室与学校其他部分之间的关系。

绘画和音乐或绘画的和听的艺术是代表所进行的一切工作的顶点、理想化和优美的极致。我想，凡不是从纯书本观点看待这一学科的每个人都承认，真正的艺术是出自手艺人的作品。文艺复兴时代的艺术之所以伟大，是因为它是出自手工制作的模拟实物的艺术品。它不是在与世隔绝的环境中产生的，不管这环境多么合乎理想，而是把素朴的、日常的生活方式中见到的各种过程继续进行，使它们具有精神的意义。学校应当注意到这种关系。那种全然属于手艺人方面的东西是狭隘的，但是为艺术而艺术的纯艺术和从外面移植的艺术趋向于变成不自然的、空洞的、伤感的。当然，我的意思不是说，一切艺术作品都必须在细节上与学校的其他工作联系起来，我只是说，统一的精神赋予艺术以生命力，赋予其他工作以深度和丰富性。一切艺术都要运用人体的各种器官——眼和手、耳和嗓子，但又不只限于表现器官所必需的单纯的专门技巧。它包括一种观念，一种思想，一种对事物的心灵上的反映，然而它不是任何独立自存的若干观念。它是思想与表现手段的生动的统一。作为这种统一的象征的说法是，在理想的学校中，可能是把艺术工作看作车间的工作，它经过图书馆和博物馆的提炼重新回到行动中去。

且以纺织室为例说明这种综合性。我所说的是一所未来的学校，是我们希望有一天会出现的学校。在那间纺织室里，基本的事实是它是进行实际的缝纫、纺纱和织布的车间；儿童得以直接与材料，与各种丝织品、棉花、亚麻和羊毛发生联系。知识随着这些材料也就立即出现了：它们的产地、历史，它们对特殊用途的适应性，利用原料的各种机器。在解决理论问题和实际问题中，品格训练也因而产生了。文化修养从哪里得来呢？部分来自以这些事情的科学的、历史的状况为媒介，以儿童赖以学会重视它们，把它们看作技术成就和凝结于行动中的思想这种联想作媒介，对所有这些事情进行思考；部分是由于将艺术概念引入纺织室。在理想的学校中，将会有这样一种东西：首先是一座齐全的工艺博物馆，陈列制造业发展的各个阶段的各种原料的样品和用来处理这些材料的从最简单到最复杂的工具；然后，有一批能说明这些材料的产地、它们的故乡和制造地的风景和风光的照片和图片。这些照片和图片将成为艺术、科学和工业综合起来的生动的延续的课业。还要有式样更完美的纺织品的样品，如意大利的、法国的、日本的和东方的。还要有说明已投产的设计和装饰的花纹颜色的样品。文学在对世界工业作理想化的表现中也会作出自己的贡献，如《奥德赛》中的佩内洛普①——《奥德赛》是一部文学名著，因为这个人物是社会生活的一定工业阶段的恰当的体现。在荷马以后直到现在，都在继续不断地把口头讲述的事实用艺术作品表现出来。音乐作出了它应有的贡献，从苏格兰的纺车曲到玛格丽特②的纺纱曲或瓦格纳③的《撒旦》(*Senta*)。车

① 佩内洛普（Penelope），《荷马史诗 · 奥德赛》中的主人公奥德修斯（Odysseus）的妻子。——译者注

② 玛格丽特（Marguerite），一个女性的名字。——译者注

③ 瓦格纳（Richard Wagner，1813—1883），德国作曲家、指挥家。——译者注

间变成赏心悦目的如在画中的博物馆。它不仅有材料——漂亮的木材和图案——而且将成为用绘画和图片表示的建筑的历史演变的概览。

因此，我已经试图指出，学校怎样才能与生活联系起来，使儿童随便地、平常地获得的经验能带到学校去并加以利用，而儿童在学校里学到的东西又带回去并应用于日常生活，使学校成为一个有机的整体，而不是彼此隔离的各个部分的混合物。这样一来，学科之间的彼此隔离和学制的各部分之间的彼此隔离就消失了。经验有地理方面的，有艺术和文学方面的，有科学和历史方面的。一切学科都来自同一个地球的各个方面和生存于地球上的同一种生活的各个方面。地球并不分成很多层次，其中一层是数学的，一层是物理的，一层是历史的，等等。仅仅依靠其中的任何一层，我们就无法长期生活下去。我们生活于其中的世界，它的一切方面都是紧紧联结在一起的。一切学科都是在这个伟大的共同世界的各种关系中产生的。当儿童生活于这个共同世界的各种各样的而又具体和生动的关联之中，他的各门学科就自然地是统一的，使各种学科互相联系起来就不再成为一个问题。教师不必穷思竭虑地在历史课中编排一点算术，如此等等。使学校与生活联系起来，那么一切学科就必然相互联系起来。

此外，如果学校作为一个整体和生活作为一个整体结合起来，那么它的各种目的和理想——文化修养、训练、知识、实用——就不再是各不相同的东西，就不再需要为其中的一个目标挑选某一门学科，为另一个目标挑选另一门学科。儿童在社交能力和社会服务方面的生长，他与生活更广阔更有生气的联合变成了统一的目的；训练、文化修养和知识构成这种生长的各个方面。

我想再说几句关于我们这个特殊的学校与“大学”①的关系。问题是要把教育作为一个整体与日常生活有机地联系起来，借以统一教育、组织教育，并把它的种种不同的因素结合起来。这所附属于大学教育系的特殊学校，对于从4岁儿童一直延伸到大学研究生的工作，有必要提出某些东西，用来作为这种统一的典型。我们已经从大学各系系主任制定的有时甚至是详细的科研工作计划中得到了很多帮助。研究生带着他的研究课题和教学法、建议和问题来到我们这里。图书馆和博物馆随时可以利用。我们要把一切教育上的事情结合起来，打破把幼年儿童的教育和正在成熟的青少年的教学分割开的障碍，使低年级的教育和高年级的教育统一起来，使它看起来不存在低年级教育和高年级教育的区分，而仅仅是教育。

再特别讲一下教育学方面的工作。我想我国最早的大学教育学讲座已有大约二十年历史——密歇根大学在70年代后期建立的讲座。但是只有一两个教育学讲座曾尝试把理论与实践结合起来。它们大多是用理论、用讲义、用参考书进行教学，而不是通过教学的实际工作本身。在哥伦比亚大学，通过师范学院，在大学与师资培养之间建立了广泛而密切的联系。按照同样的方式进行工作的还有一两处。我们要求在这方面有更密切的联系，大学应当把它的一切资源，供初等学校自由使用，对发展有价值的教材和正确的方法作出贡献；而初等学校反过来又成为一个实验室，在这个实验室中，学教育的学生可以看到各种理论和观点得到验证、检验、批判、实施和新的真理的发展。我们希望这个学

① “大学”指芝加哥大学，“特殊的学校”即杜威于1896年创设的芝加哥实验学校，以下同。——译者注

校在与大学的关系上成为统一教育的有效的典型。

略说一点关于本校与一般教育界同仁的关系。我听说采用我校所用的某种教学法曾遭到一位教师的反对，其理由是："你知道，那是一所实验学校，他们的工作条件和我们的不一样。"进行一项实验的目的就是使别人不需要实验；至少是不需要做那么多实验，这里可能有些确定的积极的东西要顺便提一下。进行一项实验需要有特别的方便条件，以便能不受阻碍地可靠地达到结果。它必须使工作不受妨碍，有一切人力物力可随时使用。在今天所有的商业企业的背后，每一家大工厂、每一个铁路网和轮船网的背后都有实验室。然而实验室不是商业企业，它的目标不是要得到商业生活的条件，也不是要商业企业重复实验室的工作。完成一项工作和检验一个新的真理或新的方法并将它大规模应用，使它成为很多人能够用上的东西，使它成为商业性的，这是大有区别的。但是，首要的事是要发现真理，是要提供一切必要的便利条件，因为从长远看来，这毕竟是世界上最实际的事情。我们不指望使别的学校刻板地模仿我们的做法。一个工作模型不是要照抄照搬的东西，它只是为原理的可行性和使原理可行的方法所做的一次演示。因此，（回到我们自己的观点）我们这里所要求的是解决学校制度本身的统一和组织问题，做到这一点是通过使它与生活的密切联系，用以证明在一切教育中实现这种组织的可能性和必要性。

（任钟印译）

四、初等教育心理学

公众的大多数对于与儿童有直接关系的学校中日复一日地继续进行的工作感兴趣，这是自然的。对于为了他们所希望得到的个人的成就而不是为了对教育理论作贡献而送孩子上学的父母来说是这样。大体上，对于在不同程度上认可他们所看到的儿童实际做的工作，但在这种工作与根本问题的关系上既很少有兴趣又很少有时间去考虑的一所学校的参观者来说，也是这样。一所学校不能忽视它的工作的这一方面，因为只有注意了这个方面，学校才能保持它的资助人的信任和学生的入学。

然而，一所由大学的一个系管理的学校必须有另一方面。从大学的立场看，它的工作中的最重要部分是科学的——是它对教育思想的进步所作的贡献。以教育一定数量的儿童为目标，简直不能证明这所大学已脱离了它局限于培养中学毕业生的传统。唯有科学的目标，开办实验室，可以与其他科学实验室媲美的实验室，才能使大学有理由维持一所初等学校。这样的一所学校是应用心理学的实验室。那就是说，它是研究在儿童身上显露出来和发展了的心理的场所，是探索似乎最可能实现和推进正常生长的条件的材料和媒介的场所。

它不是一所师范学校或一个培养教师的系。它不是一所模范学校。它不打算论证任何一种特别的观念和学理。它的任务是按照现代心理学所阐明的智力活动和生长过程的原理来观察儿童教育的问题。这个问题在性质上是个不可穷尽的问题。任何一所学校所能做的一切事情都是在某些方面作出了贡献，都意味着在理论和实践两方面必须以这种眼光去考虑教育。既然目的是这样，当然学校的条件必须与之相适应。在这种阻碍儿童生活中的主要事实表现出来的不自然的条件下致力于研究生长的过程和规律，这显然是不合理的。

在实践方面，这个实验室问题采取建立一系列课程的形式，这些课程是与儿童的能力和经验生长的自然历史协调一致的。问题在于选择能最确定地满足某一特定生长时期的需要和能力的教材的性质、种类和恰当的比例，在于选择表现的方式，使选定的教材生动地进入生长中。对于我们在这些问题上的知识的局限性和无知的深度，不论怎样充分地或坦率地承认，都不算过分。没有人完全科学地掌握了儿童生活中任何一年的主要心理事实。声称最适合促进这种生长的材料现在已被发现，这是纯粹的自以为是。建立教育实验室的设想倒是认为对于使理智的探索成为可能的生长的条件和方式已有足够的了解，只有按照已经知道的去行动才能找出更多的东西。主要之点是这种实验要能增强我们合理的信心。要求是，保证各项安排允许并鼓励自由研究，确保重要的事实不致被忽视，保证具备使探寻所指引的教育实践能够赖以进行的各种条件，保证没有来自不正当地依赖于传统和先入之见的歪曲和压抑。正是在这个意义上，这所学校将成为教育上的实验站。

那么，从心理学中采纳的主要的工作假设是什么呢？在一定程度上与所采纳的心理学一致相应的教育观点已经找到了哪些呢？

这些问题的讨论，可以通过指出当代心理学与旧时心理学之间的明显差别来进行。这个差别可分为三层。首先，以前的心理学把心理看作纯粹是与一个外部世界直接地、赤裸裸地接触的个人的事情。要问的唯一问题是外部世界与心理相互作用的方式。如果宇宙间有一个独自生存的心理，人们认识到的整个过程从理论上说就一定是完全相同的。现在的趋势是把个人的心理看作社会生活的功能——看作不能自己运作和发展的而是需要来自社会媒介的不断刺激并从社会的供应中获得营养的。遗传观念使人们熟悉了一种见解，即认为个人在精神和身体方面的素质是从种族遗传而来的，是由个人从过去继承下来又受托为未来保管的遗产。进化论使人们熟悉了一种见解，即不能把心理看作个人的、垄断者的所有物，而是代表了人类的努力和思想的成就，它是在社会环境和自然环境中得到发展的，社会需要和社会目标是形成心理的最强大的力量——野蛮和文明之间的主要区别不是每个人面对的赤裸裸的自然界，而是社会遗产和社会媒介。

对儿童的研究也同样阐明了这种在社会中获得的遗传性只有在现在的社会刺激的作用下才能在个人身上发挥作用。自然界的确必然提供光、声、热等物质刺激，但是这些刺激的意义，它们能说明什么问题，却有赖于儿童生活于其中的社会对它们作用和反作用的方式。仅有光的物质刺激不是全部的现实，通过社会活动和思想对它的解释才赋予它以丰富的意义。通过模仿、暗示、直接的教导甚至更间接的教诲，儿童学会了评价和处理纯物质刺激，通过社会媒介，在短短的几年之内，他就重演了种族花了缓慢的几个世纪才完成的进步。

教育实践表明它与流行的心理学不知不觉地相适应和协调，两者都从同样的土壤中产生出来。正是因为假定心理靠直接与世界接触才得以填满东西，所以，认为只要使儿童直接与各种称为地理、算术、文法等等的外部事实发生联系，教学的需要就可以得到满足。至于对事实的这种分类只是经过过去的社会生活的选择而来则被忽视了；它们是从社会情境中产生出来并且是被人们发现的对社会需要的回答，这点也同样被忽视了。无论是在教材中还是在教材对儿童产生的固有感染力中都见不到社会的因素，它完全被搁置在教材之外——在教育者使用的鼓励、告诫、要求和巧计中。为了使儿童用心学习的只是偶尔闪烁一线社会性微光的教材。忘记了只有当学科不是以纯外来的学科出现，而是从它与社会生活的关系的立场出现时，最大的感染力、儿童生活中的全部意义才能得到保证。忘记了要使学科成为儿童的行为和品格的必要组成部分，就必须使它们不是仅仅作为一条条的知识，而是作为儿童现在的需要和目标的有机组成部分而被吸收——这些需要和目标反过来又是社会性的。

其次，旧的心理学是知识心理学、智力心理学。情绪和努力只占附带的、派生的地位，关于感觉谈得很多，关于行动几乎什么也没有说。人们曾讨论过观念，讨论它们是来源于感觉，还是来源于某种固有的精神官能；但是，它们的根源在于和来自行动的需要的可能性却被忽视了。观念对行动、行为的影响被看作一种外部的附属品。现在我们相信（用詹姆士先生的话说），智力、感觉和观念的地位只是“中间部门，而我们有时把它们看作最后的，在可能充满于这个中间部门的、在时间长度和复杂性上千差万别的思考中，我们没有看到它只能有一个基本职能——为我们眼前的或长远的活动定向的职能”。

在教育实践和心理学理论之间，在这方面也有一个预先建立的协调一致。学校中的知识是互相隔离的，是为知识而求知。事实、定律、资料成了课程中的主要成分。教育理论和实践中的争论是在两种人之间进行的：一种人更多地依靠知识中的感觉因素，依靠与事物接触，依靠实物教学，等等；另一种人强调抽象观念、概括等等——所谓理论，实际上是在书本上系统阐述的别人的观念。这两方面的人既不打算让感觉训练又不打算让逻辑工作与实际生活中的问题和利益接触。如果我们的教育理论支持任何生活的真理，这里就再一次指明了一种教育上的改造。

第三个差别是把心理主要看作一个过程的现代概念——是一个生长的过程而不是固定的东西。按照从前的观点，心理就是心理，这就是全部问题。心理从始至终都是一样的，因为不论儿童或成人的心理都装备有同类的官能。如果有任何差别的话，那只是有些现成的官能——例如记忆——开始起作用的时间较早，而另一些官能，如判断和推理，只是在儿童经过识记的训练已经变得依赖别人的思想以后才出现。人们所承认的唯一重要差别只是数量的、总量的差别。儿童是小大人，他的心理是小心理，除了形体的大小以外，一切都和成人是一样的，有着自己已装备好了的注意、记忆等官能的装备。现在我们相信心理是生长着的东西，因而在本质上是变化着的，在不同时期呈现出能力和兴趣的不同特点的东西。从生活的连续性这个意义上说，这一切都是同一回事，但是，从每一个都有自己特殊的要求和功能来看，一切又都不相同。“先长叶，后抽穗，最后才是饱满的谷穗。”

教育与心理学在这一点上的契合，无论怎么说都不算过分。即使是不自觉的，课程仍完全受制于一个假设，即由于心理和它的官能都是完全一样的，所以成人的教材即逻辑地编排的事实和原理，自然也就是儿童的“学科”——当然是简化了的、变得更容易了的，因为被剪过羊毛的羔羊经不住强风。其结果便是传统的课程，在这种课程中，儿童的心理和成人的心理还是绝对一样的，只有在总量上或能力的分量上除外。整个宇宙首先被分割成叫作学科的一个个部分，然后又把这些学科分割成为一些小块，指定某一小块为某一年的课程。不承认发展的顺序——只要较早的部分比较晚的部分容易点就够了。用杰克曼①先生在说明这种课程的荒谬时所举的贴切的例子来说，“地理教师一定觉得天老爷注定只有四五个大洲是对他们的青睐，因为从很远的地方开始依次学下去，每个学年学习一个洲，然后在八年之内全部学完，这是很容易的，看来确实也是很自然的”。

如果我们再一次认真地对待把心理看作生长的观点，认为这种生长的各个不同阶段都有不同的典型特征，那就很清楚，这里又一次指明了一种教育的改造。显然，课程中的材料的选择和分类必须联系到某一特定时期活动的主导方向所需的适当营养来安排，而不是联系到由现成的知识整体切割成的各个部分来安排。

当然，提出像前面所述的一般建议是比较容易的，用这些建议来批评现存的学校状况是容易的，利用这些建议提出一些不同的主张的必要性也是比较容易的。但是，艺术非一日之功。困难的问题在于将这些概念付诸实施——看看在某一特定时期内什么教材和教学法、什么比例和何种安排是可行的，是有益的。说到这里，我们必须再一次回到实验室的想法上。对这样一些问题没有预先的答案。传统教育才能给予答案，因为传统教育是建立在根本不同的心理学之上的。光靠推理不能给予答案，因为它是一个事实问题。只有靠尝试才能找到这些答案。拒绝尝试，盲目地固守传统，这就是拒绝能给教育带来合理信念的唯一步骤，因为真理的探索包括了在未知的领域进行实验。

因此，下面所讲的只是报告一下在过去五年中开始的几个

① 杰克曼（W. S. Jackman，1855—1907），美国教育家。——译者注

方面的探索。当然，这些结果除了在更明确地认识了问题的所在——为未来更明智的行动扫清道路——方面是一个决定性的进步以外，不能不说是实验性的。还应当说，实际上，直到现在，在很多情况下它还未能充分地按照已有的最佳见解去行动，这是由于管理上的困难，由于缺乏基金——困难集中在缺乏适当的校舍和用具，集中在没有力量支付必要数量的经费以保证获得某些重要方面的全日制教师。诚然，随着本校学生在人数、年龄、成熟程度上的增长，在没有更合用的便利设施的条件下，这项实验继续进行多长时间才是合理的，这已成了一个严重的问题。

现在开始说到已经为心理学的假设找到的教育上的答案时，从生长的阶段问题开始是适宜的。第一阶段（比方说从4岁到8岁的儿童中看到的）是以直接的社会兴趣和个人兴趣、印象、观念和行动之间的直接的即时的关系为特征的。为原动力找到表现出来的出路的要求是迫切的、刻不容缓的，所以，这个年龄阶段是从参与儿童自己的社会环境中的生活状况选择教材，尽量让他自己重演接近于社会方式的事情——从事游戏、竞赛、作业或微型工艺、讲故事、富于想象力的图画和交谈。开始的时候，材料应是与儿童最切近的，与他的家庭生活和邻里的环境最切近的；然后就继续进行稍远一些的事情，社会上的职业（特别是与城市生活和乡村生活的互相依赖有关的事情），然后，扩展到典型职业和与它们有关的社会方式的历史演变。材料的提出不是作为要学习的功课，而是作为通过他自己的编织、烹饪、商店工作、模型制作、戏剧表演、交谈、讨论、讲故事等等吸收到他自己的经验中去的东西，这些东西反过来又是直接的媒介，它们是原动力的形式或表现性的活动。它们受到重视，直至把它们看作在学校课程中占主导地位，以便保持作为这一时期儿童生活特征的知与行之间的密切联系。目标不是让儿童上的学校是一个隔离的场所，而是在学校重演他的校外经验的典型方面使它扩大、丰富并逐渐系统化。

在第二个时期，即从八九岁到十一二岁，目标是认识在儿童身上所发生的变化并对它作出反应。这种变化是来自儿童对于更持久的更客观的结果的可能性、对于为达到这种结果所必需的技能而对各种媒介进行控制的必要性的日益增长的意识。当儿童认识到特别明显的、本身就要求予以注意的、截然不同而持久的目的时，以前模糊而不固定的生活统一体就瓦解了。他不再直接地满足于仅仅是游戏的活动。他必然感到要完成某种事情——达到一个明确的、持久的结果。因此就有了对行动规律的认识，就是说，对适合达到永久结果的固定的方法的认识，就有了对掌握特殊制作方法的价值的认识——运用这种制作方法能获得技能。

因此，在教育方面，关于教材的问题就是要将模糊的经验的统一体化作具有特征的典型阶段，要这样来选择教材，使它能明白地说明人类驾驭特殊的媒介和思想方法及实现最高目的的行动的重要意义。教学方法方面的问题是一个类似的问题：引导儿童认识自己内部的类似发展的必要性——必须获得对实现结果的工作方法和探究方法进行实际的理智的控制。

关于更直接的社会方面，美国史（特别是殖民时期的历史）被选作一个关于忍耐、勇气、机智以及纵然面临巨大危险和阻碍也要使方法适应于目的的不断的判断的范例；同时材料本身是明确、生动和充满人性的，是儿童的描述性和创造性的想象力所能及的，从而至少是由于共鸣而变成他的发展着的觉悟的一部分。由于我们的目标不是要“包揽无余”，而只是在于用以取得社会结果的社会过程的知识，我们没有打算按年代顺序从头至尾学习全部美国史，只选取了一系列典型：芝加哥和西北部密西西比河河谷，弗吉尼亚、纽约和新英格兰的清教徒和早期移民。目标是展示不同的气候和地区条件，展示各类不同的阻力和人们找到的解决办法、不同历史传统和习惯以及不同民族的不同目的。

这种方法涉及介绍大量详细材料、大量有关周围环境的细节、工具、布、家用器皿、食物、每天的生活方式，使儿童能逼真地复制材料，而不仅仅看作历史资料。用这种方法，社会过程和结果就变成了真情实况。在关于所研究的作为儿童早期特征的社会生活的个人的与戏剧性的参与之外，现在又伴随着产生了理智的参与——儿童设身处地地对待要碰到的问题并尽一切力量发现解决问题的方法。

一般的观点——使方法适合于目的——也支配着科学工作。为了方便起见，可以把这种工作分为两个方面看待——地理的和实验的。如前所述，历史作业有赖于对提供资源的和提出迫切问题的自然环境的理解，所以对自然地理、山岳、河流、平原、自然界的运动和交换、各殖民地的植物群和动物群等给予了很大注意。这是结合野外短途旅行进行的，以便使儿童能从观察中尽量提供在重现更远的环境时可用于创造性想象的资料。

实验的方面是致力于研究能产生对人类有价值的结果的制作方法。早期儿童的活动直接是生产性的，而不是研究性的，他的实验是积极做事的模式——几乎像他在游戏时和运动时一样地积极做事。以后他就尝试着发现怎样处理各种不同的材料和媒介以便达成一定的结果。这样就使它与科学意义上的实验——如适合于第二阶段的那种实验——区别开来了，后者的目的是发现事实和原理的证明。因为实际利益占主导地位，它是一种应用科学的研究而不是纯科学。例如，选择的制作方法是殖民地时期的生活中有重要意义的——漂白、染色、制造肥皂和蜡烛、制造锡镴盘碟、生产苹果酒和醋，直到对某些化学媒介、油、油脂、初级冶金术的一些研究。“物理”同样是从应用的角度开始。曾进行了一次利用能量和将“能”传送到纺轮和织机上去的研究。曾从事机械原理的日常利用的研究——锁、天平等等，以后继续研究电气用具和器具——电铃、电话等等。

在其他方面的工作中也强调方法与目的的关系。在艺术中，注重透视、空间和质量的比例、平衡、颜色结合和对比的效果等实际问题。在烹饪中，研究了食物构成原理和各种媒介对这些成分的作用的原理，使儿童能尽量推演出他们自己的规律。在缝纫中，提出了裁剪、使衣服合身（用于布娃娃的衣服），以后，学习缝织法的工艺程序，等等。

显然，随着工作和兴趣涉及的方面日益增长的分化，各门学程有了更大的个性和独立性，这时必须特别注意在两个方面保持平衡：一方面是不适当地分割和彼此隔离，另一方面是不分青红皂白地、随意地注意大量的课题，对任何一个都没有相应的重点和突出特点。前一个原则使工作变成机械的、形式的，使它与儿童的生活经验分离，与对行为的有效影响分离。后一个原则使工作成为散漫的、模糊的，听任儿童对自己的能力没有明确的驾驭或对目的没有清楚的认识。也许只是在今年，方法与目的的自觉关系这条特殊原则才成为这个时期的统一原则；我们在各方面工作中强调这一点将对儿童的发展有着决定性的逐渐增加的和统一的效果。

直到现在，还一点没有讲到扩大和控制经验的最重要的媒介和工作之一——控制社交的或传统的符号——语言的符号，包括数量的符号。这些媒介具有如此重要的意义，传统的或3Rs（reading，writing and arithmetic，读、写、算）的课程是以它们为基础的——初等学校前四年或前五年的课程计划有60%—80%的时间用于学习它们，这一较小的数字代表的是少数精选的学校，而不是一般学校。

这些学科在双重意义上是社会性的。它们代表社会在过去时代逐渐发展起来的作为它的理智探索工具的手段。它们代表开启儿童社会资本的财富的钥匙，他个人的有限经验对这种财富是不可企及的。这两个观点必然永远赋予这些艺术在教育中极为重要的地位，同时它们也要求在介绍和利用这些艺术时应当遵守一定的条件。现在与3Rs有关的主要问题是认清这些条件并使其工作适合于这些条件。

这些条件可以归纳成两方面。（1）儿童在他自己亲身的生动的经验中需要有一个接触和熟悉社会与自然的实际情况的各种背景。这是使符号不致成为现实的纯粹第二手的、传统的代替物所必需的。（2）必须使儿童有更多平常的、直接的和亲身的经验，从经验中提供问题、动机和兴趣，而为了它们的解决、满足和探求，就必须求助于书本。不然的话，儿童接近书本时就没有理智上的渴求，没有机警，没有探询的态度，其结果就是令人遗憾地共同存在的结果：这种对书本的可怜的依赖削弱了思维和探询的活力并使之丧失活动能力，与阅读的结合仅仅是为了偶尔的幻想的刺激、情绪上的嗜好，从而脱离现实的世界，进入假装（make-believe）的境地。

因此，这里的问题是：（1）供给儿童在作业、表现、交谈、建造和实验中足够的亲身活动，使他在道德上和智力上的个性不致被书本介绍给他的过多的别人的经验所淹没；（2）这样来指导这种更直接的经验，使儿童感到需要求助于传统的社交工具、驾驭传统的社交工具——给他提供动机，使他理智地求助于传统社交工具，使之增强他的能力，而不是奴性的依赖。当这个问题得到解决时，语言、文学和算术的作业就不致成为机械训练、形式分析，以及即使不自觉地求助于感官兴趣的结合，也没有任何理由去担心书本和与书本有关的一切不会占有它们应有的重要地位。

不用说，问题还没有解决。人们的共同抱怨是儿童为列入课程中的更新的学科牺牲了在传统的学科中取得的进步，这就充分证明精神的平衡还没有达到。本校迄今为止的经验即使不是示范性的，至少也指出了如下几种可能的结果。（1）更直接的活动方式、建造性工作和作业、科学观察、实验等等，为必须利用读、写（和拼音）、算提供了大量的机会和场景。于是，这些事情可以不是作为彼此隔离的学科而是作为儿童经验的有机结果来加以介绍。问题是要以系统的、渐进的方式利用这些机遇。（2）这些学科用这种方式增加了活动和意义，使有可能将通常用于它们的时间大为缩减。（3）无论在阅读中、计算中或作文中，最后对符号的利用是理智增加了，机械性减少了；积极性增加了，被动性接受减少了；能力的增长加多了，单纯享受的方式减少了。

另一方面，不断增加的经验似乎清楚地说明了如下几点。（1）在早年认识和使用符号的教学中，求助儿童的制作能力和创造能力是可能的；在表面上似乎更直接的其他方面的功课中大体上也是如此，而且有着有限的明确结果这个有利条件，儿童可以根据这种结果检验自己的进步。（2）不充分考虑到这个事实，就会使这些工作的一些方面出现过分延迟的结果，其后果是，在智力上已经进到更高水平的儿童会感到，在早期可能是表现力量和创造性的形式，现在成了令人讨厌的任务。（3）要求学校计划中用于这些学科——以及一切有技术和特别方法值得掌握的学科——的时间要定期集中和轮流交替。这就是说，不是所有的学科同时并进，不是按计划同时进行，有时一门学科必须处于突出地位，而其他学科被降到后台，直到儿童认识到他已具有了能走到前面并独立地加以利用的能力和技巧。

初等教育的第三个时期与中等教育交界。当儿童对现实的各种形态和各种活动方式有了充分的直接的了解时，当他充分掌握了与经验的各个方面相适应的方法，掌握了思维、探究和活动的工具，能够为了专门的、智力的目的而对不同的学科和艺术进行专门研究时，这个时期就到来了。虽然这所实验学校有一批属于这个时期的儿童，当然，这所学校存在的时间还不长，还不足以有把握地作出具有典型意义的逻辑上的结论。然而，我们似乎有理由希望，有了对过去五年的经验中获得的困难、需要和资源的认识，儿童能够被引入这个时期并通过这个时期而不至于牺牲全面性、精神训练或对专门的学习工具的掌握，并且，生活得到积极的扩大，对生活的视野更加广阔、更加自由、更加开放。

（任钟印译）

五、福禄培尔的教育原理

芝加哥大学初等学校的传统之一来自学校成立之初要求参观幼儿园的一位来访者。当这位来访者被告知学校还没有建立幼儿园时，她问学校是否有唱歌、绘画、手工训练、游戏、戏剧，以及是否注意到儿童的社会关系。当她的问题得到肯定的答复时，她既得意扬扬又愤愤不平地说，那正是她所理解的一个幼儿园，还说，她不理解说这个学校没有幼儿园是什么意思。她的说法即使在字面上不正确，在精神实质上也许是正确的。无论如何，它意味着在某种意义上，这个学校在其自始至终的全过程中——现在包括4—13岁的儿童——贯彻了也许是福禄培尔首先自觉地提出的某些原理。概括地说，这些原理是：

1. 学校的首要职责是在合作的和互助的生活中培养儿童，在他们身上培养相互依存的自觉性；实际上帮助他们调整自己，把这种精神贯彻到公开的行动中去。

2. 一切教育活动的首要根基在于儿童本能的、冲动的态度和活动，而不在于外部材料的呈现和应用，不管这些外部材料是来自别人的观念还是来自感官。因此，儿童无数的自发活动、游戏、竞赛、模仿的努力，甚至婴儿的显然没有意义的动作——从前被看作微不足道的、无益的而被忽视了的表现——都可能具有教育上的用途，更确切地说，都是教育方法的基石。

3. 将这些个人的倾向加以组织和指导，是通过在保持前述的合作生活中运用这些倾向和活动；利用它们，按照儿童的水平再现他最终要进入的那个更大、更成熟的社会中的典型的活动和作业；正是通过制作和创造性的运用，才能获得并巩固有价值的知识。

如果这些表述确切地阐明了福禄培尔的教育哲学，就应当把实验学校看作这种哲学的体现。目前正在试图将运用于12岁儿童的这些原理，以同样的信心和真诚将它们运用于4岁的儿童。然而，企图把可以称为幼儿园态度的东西推广到全校，必须将严格意义上的幼儿园时期——即4—6岁儿童——所做的作业作某些修改。只需要陈述一下理由以使人相信，尽管有些修改具有明显的激进的性质，但它们是符合福禄培尔精神的。

关 于 游 戏

游戏不等于是儿童的外部活动。更确切地说，它是儿童的精神态度的完整性和统一性的标志。它是儿童全部能力、思想、以具体化的和令人满意的形式表现的身体运动、他自己的印象和兴趣等的自由运用和相互作用。从消极方面说，它是摆脱了经济压力——谋生和供养别人，摆脱了受成人的专门职业约束的固定责任的活动。从积极方面说，它意味着最高的目的是儿童的充分生长——他的正在萌芽的能力的充分实现，这种实现继续不断地引导他从一个水平前进到另一个水平。

这是很一般的表述，从它的一般原则去理解，它是空泛而没有实际意义的。然而，它在应用中的详细意义意味着有可能、在许多方面也有必要对幼儿园的工作程序作出极其根本性的改变。直截了当地说，“游戏”是指儿童的心理态度，而不是指他的外部表现。这一事实意味着从遵循某种既定的或规定的制度，或遵循恩物、表演和作业的程式的必要性中完全解放出来。明智的教师一定会从福禄培尔（在他的《母育游戏》中和其他地方）提出的活动中、从他的追随者所详尽规定的活动中寻找启示。但是，她要记住，游戏的原理要求她对这些东西进行审慎的研究和批评，确定这些东西是不是她自己的儿童的真正活动，决定这些东西在过去对于各种不同社会状况的儿童生活是不是正当的事情。只要作业、游戏等等不过是将福禄培尔和他早期的追随者所规定的那些活动变成永恒不变的东西，就有正当理由说，在许多方面推论是与它们相反的——这个推论就是，如果崇拜福禄培尔所讨论的外部活动，我们就不再是忠于他的原理了。

教师必须有从任何一个来源、从一切来源获得启示的绝对自由，她只需要向自己提出两个问题：所提出的游戏方式是儿童自己所喜爱的吗？它是否基于儿童自己的本能，是否能促使儿童力图表现自己的能力趋向成熟？此外，所提出的活动激起的这些冲动的表现是否足以引导儿童的自觉性和行动向更高水平前进，而不仅仅是引起他的兴奋，然后又让他停留在原有的水平，然后又殚思竭虑地投其所好以引起未来更多的兴奋？

一切证据足以说明，福禄培尔精心地（我们现在可以说是先导性地）研究了他那个时代的儿童游戏和母亲们与自己的婴儿所玩的游戏。他也曾煞费苦心地指出——例如在他的《母育游戏》中——有一些意义重大的原理是复杂难解的。他必须使他的同时代人认识到，不能因为这些游戏是儿童玩的，就认为它们是微不足道的、幼稚的，相反，它们是儿童生长的重要因素。但是，我看不出有任何证据足以说明他曾假定只有这些游戏，而且仅仅只有这些游戏具有意义，或者假定他的哲学阐明还有任何刚才提到的以外的其他目的。相反，我相信，他期望他的后继者对他的追随是继续对当代情况和活动的研究，而不是照本宣科地照搬他所搜集的游戏。此外，福禄培尔本人估计也会承认，在他对这些游戏的说明中他也只是利用了他那个时代所能得到的最优秀的心理学和哲学见识，除此以外，他也不能有更多的作为。我们还可以设想，他一定是第一个欢迎一种更完善、更广博的心理学（不论是普通心理学、实验心理学或儿童研究）的发展的人，他自己一定会运用这种心理学的成果重新解释活动，以更富有批评性的态度讨论这些活动，从新的立足点去探究使这些活动具有教育上的价值的理由。

象征主义

必须记住，福禄培尔的象征主义有许多是他自己的生活和工作的两个特殊条件的产物。首先，由于那个时代对儿童生长的生理学和心理学上的事实和原理的认识不足，他往往不得不求助于对游戏等等的价值作出牵强附会的矫揉造作的解说。对于不偏不倚的旁观者来说，显而易见的是，福禄培尔的许多解释是笨拙的、牵强附会的，他对现在可以用简单的、平常的道理加以系统阐明的事情提出抽象的、哲理上的理由。其次，德国的一般政治、社会条件不允许想象幼儿园的自由、合作的社会生活和外部世界的生活之间的连续性。因此，他不可能将教育中的“作业”看作是社区生活中的伦理原则的不折不扣的再现——后者往往过于严格，过于威严，不值得作为典范。

因此，他不得不把它们看作抽象的伦理——哲学原理的象征。和福禄培尔时代的德国社会条件相比，今天美国的社会条件肯定有了足够的改变和足够的进步，足以证明有理由可以使幼儿园的活动较之福禄培尔的信徒们所做的更加自然、更加直接、更加真实地表现现在的生活。事实正是如此，福禄培尔的哲学和德国的政治理想之间的鸿沟使德国当局怀疑幼儿园，并毫无疑义地迫使福禄培尔对幼儿园的简单明了的社会意义作复杂难解的机智的阐释。

想象与游戏

过分重视象征主义，一定会影响到对待想象的态度。年幼儿童生活在想象的世界中，这自然是正确的。从某种意义上说，他只能“装假”。他的活动代表或象征他所看到的在他周围进行的生活。因为它们是如此具有代表性，可以将它们称作象征性的，但必须记住，这种“假装”或象征性与暗示的活动有关。除非它们对儿童是真实的、确切的，如同成人的活动对成人是真实的、确切的一样，不可避免的结果就是人为的、劳精疲神的，它不是身体上和情绪上的激动，便是能力的减退。

在幼儿园里存在着一种奇异的、几乎是不可理解的倾向，这种倾向假定，因为活动的价值在于它对儿童的象征意义，因此所用的材料必须尽可能是人造的，必须谨慎地避免对儿童来讲是真实的事物和真实的行动。于是，我们听说在进行园艺活动时撒播沙粒作为种子，儿童用假装的扫帚和抹布为假装的房子打扫清洁，在房间里的桌子上摆设的不过是纸剪的餐具（甚至这些餐具也是按几何图形而不是照真正的盘碟剪成的），以代替儿童在幼儿园以外玩耍的玩具茶具。布娃娃、玩具火车头、玩具列车等等都被视为真实得太过于粗俗而禁止使用——因为它们不能培养儿童的想象力。

这一切都不过是十足的迷信。儿童头脑中的想象力的运用来源于由他所使用的物件引起的一连串暗示、回忆和期待。这些物件愈是自然、简单易懂，唤起并凝聚使他的想象力的运用真正具有代表性的一切相关的暗示就有了更为确定的基础。儿童所做的烹调、洗盘子、打扫卫生等等，对于他们来说，已经不再像他们玩比如简单的五个骑士（five-knights）的游戏那样具有平凡的、功利的性质。对儿童来说，这些作业在年长者所关切的事情之外又添加了一种具有不可思议的价值的意义。因此，只要机会允许，材料必须尽可能是“真实的”、直接的和简单易懂的。

但是，这一原理并不到此为止——所象征的实在事物必须是儿童自己的理解能力所能达到的。有时人们认为，想象力的运用愈是代表着模糊的、抽象的和超自然的原理，就愈是有益。在绝大多数这种情况下，完全可以肯定地说，这是成人在欺骗自己。他既知道实在的事物，又知道象征，因而更知道它们之间的关系。但是，由于所表示的真理或实在事物远非儿童所能理解，他所设想的象征对儿童来说完全不是象征。它只是一种为了自己的理由而存在的确定事物。实际上，他从中获得的一切几乎都只是它自身物质上的或感觉上的意义，往往再加上他知道是教师期待于他的流利的言语和灵巧的态度——然而没有任何相应的智力上的获益。当我们自以为是在用象征教给超自然的真理时，我们往往是在教以伪善，灌输感情主义，培养激情主义。所以，儿童所重演的实在事物应当尽可能具有近似的、直接的和真实的性质。主要是由于这个原因，实验学校幼儿园的工作完全是以重演家庭和邻里的生活为中心。因此，我们要谈谈教材问题。

教　材

布置房间、家具、用具等的家庭生活和家庭中经常进行的作业结合在一起，由此就提供了与儿童有着直接的真正的关系和他自然地倾向于以想象的形式再现出来的教材。给儿童提供丰富的道德食粮也就充满了伦理的关系和道德义务的暗示。和许多幼儿园的课程计划相比，这个计划是比较不显眼的，但问题在于，对教材的这种限制是否有积极的益处。如果将涉及面加以扩大（例如，复演工业社会、军队、教会、国家等等的作业），这种作业的趋向就变成过于象征性的东西了。这种教材远远脱离4—5岁儿童的经验和能力，以致实际上他从中所得到的一切都是物质上的和情绪上的反射——他对教材本身没有任何真正透彻的了解。此外，在这些雄心勃勃的课程计划中，也存在着对儿童自己的理智态度产生不利的反作用的危险。由于把整个宇宙几乎全部都包括在纯粹是假造的模式中，他就变得厌弃了，丧失了对直接经验的简单事物的自然渴望，以一种他全都已经掌握的情感对待小学一年级的教材。儿童生活的以后年月有其自己的权利，而表面上的、单纯情绪上的提前学习很可能对儿童产生严重的伤害。

此外，还存在着一种危险，即在心理上养成从一个题目快速跳跃到另一个题目的习惯。幼年儿童有相当多的某种类型的坚忍性和耐力。他的确喜爱新奇的事物和变化多样；对于不能开始进入新的领域并为探究开辟新道路的活动，他很快就会感到厌倦。然而，我不是为单调划一辩护。在儿童得以不断变化其花样的家庭活动中，设备和工具中有着足够的变化多样。它在这一点或那一点上涉及公民的和工业的生活，如果必要，只要不脱离主题的统一性，这些事物都可以加以引进。这样一来，就有机会培养作为注意力和一切智力生长的基础的意识——连续性的意识。

这种连续性往往受到为达到连续性的目的而采用的方法本身的干扰。从儿童的立场看，单一性在教材之中——这里所指的是在他总是只和一件事即家庭生活打交道之中。重要之点是要继续不断地从这种生活的一个侧面转向另一个侧面，注意一种作业接着另一种作业，一件家具接着另一件家具，一种关联接着另一种关联，等等；但所有这一切又都隶属于建立同一种生活方式，虽然时而突出这一方面，时而突出另一方面。儿童自始至终是“在一个整体内”（within a unity）进行工作，从不同的侧面表现它的明确性、确定性，使它们相互紧密联结起来。如果教材五花八门，容易单纯从形式上，就是说，用系列活动的方案、“工作学校”、附有各种问题的严格的发展纲要、不允许偏离的“每日计划”等，去追求连续性。一般说来，这样的连续纯粹是理智上的，因而只有教师才能领会，它完全忽视了儿童的头脑。所以，一年、一学期、一个月、一周等等的计划的制定应以估计在该段时间内能完成总教材的多少为基础，而不应以理智上的或伦理上的原理为基础。这样做既有确定性，又有伸缩的余地。

方　法

低年级的特殊问题当然是要抓住儿童的自然冲动和本能，利用它们使儿童的理解力和判断力提到更高水平，使之养成更有效率的习惯；使他的自觉性得以扩大和加深，对行动能力的控制得以增长。如果不能达成这种结果，游戏就会成为单纯的娱乐，而不能引起有教育意义的生长。

就总体而论，建造性的或“构建性的”工作（当然，必要时，要用可以与建造中包含的观念联系起来的讲故事、唱歌和游戏进行适当的变换）似乎比任何其他事情更能保证这样两个因素——以儿童自己的冲动为起点，以达到最高水平为鹄的。它让儿童接触到各种各样的材料：木块、铁皮、皮革、纱线等；它为以实际方法利用这些材料提供动因，而不是去完成除了抽象的象征意义以外毫无意义的练习；它使感官的灵敏性和观察力的敏锐性发挥出来；它要求对所要达到的目的有明晰的意象，并要求在制订计划时有机智和创造力；它要求执行计划时必须集中注意，必须有个人的责任心，而结果应是可感触到的明确的形式，能引导儿童评判自己的工作，改进他的标准。

关于与幼儿园工作有关的模仿和暗示的心理学在这里应略提一下。无疑地，幼儿具有很高的模仿性并易于接受暗示；无疑地，他的粗率的能力和未成熟的意识需要继续不断地加以丰富，并通过这些渠道加以指导。但是，正因为如此，必须辨别清楚对模仿和暗示的外部的因而完全是不合心理学的运用和从它与儿童自己的活动的有机联系来看是正当的运用。总的原则是，任何活动都不应**根源于**模仿。起点应始于儿童本身；然后才可以提供模型或样本，以帮助儿童更明确地去想象他真正需要的东西——使他进行思考。模仿的价值在于它不是作为在行动中照搬的模型，而是发展明晰而适当的想象力的指南。除非在它出现于实行中的时候儿童能够为了他自己的意象而摆脱它①，否则就会使他变成奴性的、依赖的而不是发展的。模仿起援助和帮助的作用，而不是起创造的作用。

认为在儿童自觉地表明在哪方面的需要以前教师不应当向儿童暗示任何东西，这是没有根据的。一个富于同情心的教师很可能比儿童自己更清楚地知道他的本能是什么，意味着什么。但暗示必须符合儿童内在生长的主要方式；它必须仅仅作为刺激，以便使儿童已经盲目地努力去做的事更充分地产生结果。只有靠注视儿童和观察他对暗示所采取的态度，我们才能知道这些暗示是作为促进儿童生长的因素在起作用，还是妨碍正常生长的外来的、专断的要求。

这一原理甚至可以更有力地应用于所谓命令的工作。认为或者听任儿童自己的无指导的幻想和爱好，或者以一系列正规的指令性的指示控制他的活动，在这二者之间没有中项，这种看法的荒谬是无以复加的。正如刚才所表明的，教师的职责是了解在儿童发展的某一时期力求表现出来的是什么能力，哪一类活动能使这些能力有益地表现出来，以便据此提供所需的刺激和需要的材料。例如，儿童游戏室的暗示、从观察已经做好的布置游戏室的物件而来的暗示、从观看其他正在工作的儿童而来的暗示，就足以明确指导5岁正常儿童的活动。模仿与暗示是自然而然地、不可避免地起作用的，但只是作为帮助他实现自己的愿望与意念的工具而起作用。它们足以使他明白，使他意识到他以一种含糊不清的、混乱的因而是无效的方法已经为之奋斗的东西。从心理学的观点看，可以有把握地说，当一个教师不得不依赖于一系列指

① 指模型或样本。——译者注

令性指示时，这恰恰是因为儿童对于他要做什么或为什么要做那事没有自己的意象。所以，依靠遵守指令，他不是获得控制能力，而是实际上失去这种能力——变得依赖于一个外来的源泉。

总而言之，可以指出，这种题材和方法与6岁儿童（相当于小学一年级）的功课直接相关。复演家庭生活的游戏自然而然地会过渡到对家庭所依赖的更广大的社会职业作更广阔更认真的学习，而依靠儿童自己计划和执行的能力所产生的不断增加的需要又推动他对更显著的智力问题更加有控制地运用注意力。不要忘记，为保证幼儿园和一年级之间的连续性所需的调整不能完全由后者来实现。学校的改变必须像儿童的生长那样是逐渐的、觉察不到的。除非小学以下的工作放弃一切使之孤立的东西，殷切地欢迎一切能与儿童能力的充分发展相协调的材料和资源，从而使他为下一步要做的工作经常作好准备，否则，要做到这一点是不可能的。

（任钟印译）

六、作业心理学

作业不是指为使儿童坐在桌子边不淘气、不懒散而给予他的任何一种“忙碌的工作”或练习。我所说的作业是指复演社会生活中进行的某种工作或与之平行的活动方式。在大学初等学校，这种作业是通过以木块和用具进行的商店工作，通过烹饪、缝纫以及通过这里要顺便提到的纺织工作来进行的。

作业心理学的基本点是它在经验的智力方面和实践方面之间保持平衡。作为一种作业，它是积极的或机动的；它通过身体的器官——眼、手等等表现出来。但它也包含了对材料的继续不断的观察、不断地制订计划和反省，以便使实践的或实行的东西得以成功地进行下去。所以，这样理解的作业必须与主要是为了培养一种职业的工作仔细地加以区别。它之所以不同，是因为它以自身为目的，是在于来自观念的不断相互影响及其在行动中体现的生长，而不是在于外部的实利。

这种类型的工作也可能在非职业学校中进行，这样一来就使全部重点落到手工和身体方面。在这种情况下，这种工作就降低成为单纯的例行公事或惯例，它的教育价值丧失了。例如，在手工训练中，如果掌握某些工具或生产某些物品变成了主要目的，如果在可能条件下不能赋予儿童以理智的责任心去选择最合用的材料和工具，如果不给他机会去想出他自己的工作方式和工作计划，如果不引导他发觉他自己的错误并找到纠正错误的方法——当然是他力所能及的，那么，这就是一种不可避免的倾向。只要着眼点在于外部的结果而不在于包含在达到结果的过程中的心理的和道德的状况和生长，这种工作可以叫作手工的工作，而没有理由称为一种作业。当然，一切都不过是习惯、例行公事或惯例的这种倾向导致不自觉的机械的结果。作业的倾向则是要把最大限度的自觉性贯注于所做的工作中。

这就使我们有可能对两个重点加以解释：（1）与纺织工作有关的个人的实验、计划和再创造；（2）它与历史发展线索相对应的东西。前者要求儿童将他所复演的社会生活暗示的价值贯注其中，以丰富、深化他的工作。

这样理解的作业为感官训练和思维训练这两方面提供理想的机会。旨在训练感官的通常的观察课的弱点是除了课业本身以外就没有出路，因而没有必要的动因。而在个人和种族的自然生活中则总有进行感知——观察的理由。总是有着来自有待达到的目标的某种需要，它使人对周围进行观察，以便发现并辨别对他有帮助的东西。正常的感觉在指引必须进行的活动中起着线索、助手和促进因素的作用；它们本身不是目的。离开了真实的需要和动因，感官训练就成为纯粹的体操训练，易于沦为获得几乎无异于观察中的窍门和戏法的东西，不然，就沦为对感觉器官的单纯刺激。

这一原理适用于正常的思维。它也不是因自身而出现，不是以自身为目的。它的产生源于对付某种困难的需要，源于思考克服困难的最好办法，因而它导致在思想上计划和设计所要达成的结果，确定必要的步骤及其程序。这种具体的行动的逻辑远远早于纯思辨的逻辑或抽象的探究，通过它所形成的智力习惯，这种具体的行动逻辑乃是后者的最好准备。

作业心理学以有益的光芒照射的另一个教育上的论点是兴趣

在学校工作中的地位。通常反对在学校工作中赋予儿童的兴趣以重要的、积极的地位的论据之一是说，在这样的基础上要进行恰当的选择是不可能的。据说，儿童有各种各样的兴趣，有好的，也有坏的，也有不好不坏的。必须确定哪些是确实重要的兴趣，哪些是微不足道的兴趣；哪些是有益的，哪些是有害的；哪些是转瞬即逝的或标志着一时的兴奋，哪些是能持久的、永远有影响的。似乎我们要利用兴趣，就不得不远离兴趣以获得任何论据。

可是，对儿童来说，作业工作具有强烈的兴趣，这是无可置疑的。只要看一眼进行此项工作的任何一所学校，就会对这一事实提供充足的证据。在校外，儿童的大部分游戏都不过是或多或少复演社会职业的缩影和漫无计划的尝试。有确定的理由可以相信，随着这些作业而出现的兴趣是一种完全健康的、持久的、真正具有教育意义的类型；通过赋予作业以重要地位，我们应能得到求助于儿童的自发兴趣的卓越的、也许是无与伦比的途径，而同时又保证我们所安排的不是单纯使人愉快的、令人兴奋的或临时的活动。

首先，每一项兴趣都是源于某种本能或反过来又最终基于一种原始本能的习惯。不能因此就说一切本能都具有同等价值，或者说我们不要继承为了有益于生活而需要加以改造而不是满足于原状的许多本能。但是，在作业中得到出路和表现的本能必须是一种极根本的、持久性的本能。生活中的活动需要使自然的材料和力量受到我们的目的的控制，使它们为生活的目的作贡献。人必须为生存而工作。在他们的工作中，通过他们的工作，他们已经征服了自然，他们已经保护了、丰富了他们自己的生活条件，他们已经清醒地意识到了他们自己的能力——已经使他们从事发明、计划并为获得了技巧而欣喜。大致地说，一切作业可以分为：通过获取食物以维持生活去搜集关于人与他生活于其中的世界之间的关系；取得衣服和避免伤害的庇护所并加以装饰；最后是提供使一切更高尚、更神圣的兴趣可以集中于其中的永久性的家。有理由设想有这样一种历史作背景的兴趣一定是一种有价值的兴趣。

其次，当这些兴趣在儿童身上发展起来的时候，它们不仅重演着种族过去的重要活动，而且再现着儿童在现在环境中的活动。他继续目睹着从事此种事务的他的长者们。他每天都必须对付正是这些作业的产物的事物。他开始接触除与本身有关以外别无意义的事实。试从现代社会生活中抽去这些事物，看一看剩下的是多么少——这不仅是就物质方面而言，而且是关于智力的、美学的和道德的活动，因为这些都在很大程度上必然地与作业紧密相关。所以，儿童在这方面的本能的兴趣常常是从他所见到、感到和听到的在他周围进行的事物而得到加强。他继续不断地接受沿着这种路线而来的暗示，他的动机被唤醒了，他的能力受到激励去行动。此外，设想经常在很多方面都碰到的兴趣是属于有价值的、经久的一类兴趣，这是没有道理的。

最后，反对教育中的这一兴趣原理的论点之一是，它经常以此种或彼种方法激发儿童，破坏连续性和彻底性，因而导致智力系统的崩溃。但是，一种作业（如像这里顺便报告的纺织作业）必须是一桩连续的事情。它不只持续数天，而是持续数月、数年。它不是代表孤立的表面的能力的一种激动，而是代表沿着确定的总方针的一种稳定的、连续的能力的有机体。当然，任何其他作业也同样是如此，例如以工具进行的商店工作或烹饪。作业将大量各种各样的、不然就是隔离的、间歇性的冲动连接成一个首尾连贯的有着坚固脊骨的骨架。有充分理由可以怀疑，如果完全撇开某种上述正规的、进步的行动方式而不把它扩大成为整个学校的核心，是否还能长期保证在学校工作中赋予“兴趣”原理以任何重要地位。

（任钟印译）

七、注意力的发展

学前部门或幼儿园部门正在从事教育问题的研究，这些问题来源于想把幼儿园工作与初等学校工作紧密衔接起来，并改革传统的教材和教法，使之适合现代社会条件和我们现在的生理学、心理学知识。对这项工作的详细陈述将在以后发表。

幼年儿童所具有的观察和思考都是针对人的：人们做什么，怎样行动，从事什么工作，他们的工作产生什么结果。幼年儿童的兴趣是一种个人的，而不是属于客观的、理智的一类。它的理智的对应物是故事的形式，而不是具有清醒的确定目的的任务或问题——所谓故事形式是指通过一个触及感情的共同观念将各种不同的人物、事件和偶发事故结合在一起的某种心理上的事情，而不是指外表的关系或想象的故事。他们的头脑追求情节各异、有生动活泼的行动而又叙述得有显著特征的完整故事——必须有进行、活动、运用和操作的感觉——对于与使他们感兴趣的观念不相干的事情进行审查。对故事的形式和结构的孤立的细节进行分析，既缺乏吸引力，也不感到满意。

由现存社会性作业提供的材料正是为了适合和供给这种态度的需要。在开头几年已经使儿童涉及家庭作业、家庭与家庭的联系以及家庭与外部世界生活的联系。现在他们可以开始整个社会的典型作业——从儿童的以自我为中心的、为自己打算的兴趣向前跨进一大步而又仍然处理一些个人的事情和对他有影响的某些事情。

从教育理论的观点看，下述各点值得一提。

1. 在人的背景下研究自然的对象、过程和关系。在这一年中，对种子及其生长，对植物、树木、石头、动物的某些构造形态和习性，风景区的地理条件、气候，陆地和水的分布，作相当细致的观察。教育上的问题是指导儿童的观察能力，培养他对生活于其中的世界的特点具有同情的兴趣，为以后更专门的学习提供解释性的材料，通过在儿童身上占主导地位的自发情绪和思考为各种各样的事实提供传送的媒介，从而使它们与人类生活结合起来。绝对不可将工作的“社会的”方面、它与人们的活动的关系和他们的相互依存与关于自然事实和力量的“科学”分隔开来——因为自觉地区分人和自然是以后的思考和抽象的结果，在这里将它强加于儿童不仅不能保证他的完整的精神活力，而且造成他混淆不清、迷惑不解。环境总是生活所处的境地以及它给生活造成的境况；把它孤立起来，使它单独成为儿童观察和注意的对象，就是轻率地对待人的本性。最后，对待自然的原始开放的自由的态度被毁掉了。自然变成了一堆没有意义的琐碎的东西。

当现代教育学理论重视“具体”和“个别”时，往往看不见这样的事实：一件个别的自然物——一块石头、一个橘子、一只猫——的存在和表象不是**具体性**的保证；这是一桩心理学上的事情，不论作为一个整体，作为兴趣和注意的自给自足的中心对于心理的吸引力是什么东西。然而，来自这种肤浅的、有点呆板的观点的反映，往往是假定对人具有重要意义的必需的衣服只能根据直接的人体模型制成，而我们不断看到只会使伪科学成为可能的关于一棵树苗、一片云或一场雨的象征化的东西，它不是产生对自然本身的热爱，而是把兴趣转换成某种感情的、情绪的附属品，最后任其烟消云散，丧失殆尽。甚至有通过文学作品作为中介去探究自然，通过不满意的松树的寓言去研究松树，等等。这种倾向虽然认识到需要有与人的联系，但没有注意到从头脑到对象还有更直接的捷径——直接通过与生活本身的连接；它没有注意到，诗歌和故事，文学的描述，有其作为强化和理想化的因素的作用，而没有作为基石的作用。换言之，需要做的事不是在儿童的头脑和自然之间安放一种连接，而是要让已经在起作用的连接自由地有效地发挥作用。

2. 这就立即提出了通常是在“相互关系”的题目下讨论的实际问题，即为避免损耗和维持智力生长的整体性的、各种学习材料和正在获得的能力之间的相互作用问题。从上面采纳的观点看，这个问题是一个鉴别的问题，而不是通常所理解的相互关系问题。呈现在儿童面前的生活的整体将不同的作业、各种各样的植物、动物和地理条件结合在一起并推动它们前进；绘画、制作模型、游戏、建造性工作、计算数字等，都是将整个生活的某些特征引导到智力上和情绪上的满足和完善。在这一年中，不太注意阅读和写字，但是，显而易见，如果把这件事看作是必需的，同样的原理就是适用的。起组织作用和相互关联的是团体和教材的连续性，相互关系不是通过教师运用教育手段把本身没有联系的东西强行捆绑在一起就可以达成的。

3. 初等教育中公认的两个要求现在往往是不统一的，甚至是相反的。需要以熟悉的、已经有经验的东西作为基础以便继续向未知的、遥远的事物前进，这是普通常识。把儿童的想象力看作一个因素的主张至少已开始得到承认。问题在于将这两种力量结合起来，而不是各行其道。由于对前一条原理的赞同，往往就把熟悉的事物和观念过多地给儿童作训练，同时又同样地直接给他介绍怪诞的、奇异的、不可能的事物以满足后一条原理的要求。不言而喻，其结果是双重失败。在非真实性的神话、童话故事和心理意象（mental imagery）的游戏之间没有特别的关系。想象力不是要运用事实上不可能的教材，而是在一种通行观念的影响下处理任何教材的一种建设性的方式。重要之点是不要停留于令人厌烦地重复熟悉的东西，不要以实物教学课为借口使感官针对它们已经熟知的材料，而应当通过利用它去扩大和理解以前所不清楚的和新异的情况，从而使平常的、常识性的、家常便饭的东西变得生动活泼，使之闪闪发光。这也就是培养想象力。有些作者似乎有一个印象，好像只有在古代和远方的神话、童话中或者在编造的关于太阳、月亮和星星的惊人的捏造中，儿童的想象力才有出路。他们甚至为一切“科学”的神秘面纱辩护——把它看作满足在儿童身上处于支配地位的想象力的方式。但是，幸而这些东西是例外，是强化（intensification），是正常儿童的娱乐，而不是他的追求。我们大多数人都知道的某某男孩某某女孩，都是听凭他们的想象力去想象当前熟悉的生活中的交往和事件——想象爸爸、妈妈和朋友，想象轮船和火车头、绵羊和母牛，想象田野和森林、海岸和山峦的传奇故事。总之，需要做的事情是提供机会，借此使儿童获得并和别人交换他自己所积存的经验、他的知识范围，校正和扩展他们的新的观察，以便保持其想象不断前进，以便在对新的、庞大的事物的确定、清晰的了解中寻求精神上的支点和满足。

随着反省注意的发展而来的，是改变儿童教育方式的必要性和可能性。在前面几段中我们已经讨论了作为儿童进入7岁前的特征的直接的、自发的态度——他对新经验的要求以及渴望通过增加意象并在游戏中把它们表现出来，以完善他的不完全的经验。这种态度是作者们所称的自发注意的典型，或者如某些人所称的非随意注意。

儿童仅仅只是集中注意于他正在做的事；他所从事的作业完全抓住了他。他全神贯注。所以，尽管花了很大精力，但没有自觉的努力；尽管儿童专心致志于引人入胜之处，但没有自觉的意图。

随着对更远的目标的意识的发展，随着对指导他的活动使之成为达到更远的目标（第二项中讨论的问题）的手段这种需要的发展，就过渡到所谓间接的或为某些作者爱说的随意注意。结果已经存在于想象中，儿童注意于他眼前的事物或他当时正在做的事情，是因为它有助于达成这个结果。从它本身看，目标和行为可能是互不相干的，甚至是相互排斥的。但是，因为它被看作是属于某种合乎需要的或有价值的东西，它便借用了后者的吸引力和控制力。

这就是向随意注意的过渡，但仅仅是过渡。只有当儿童以问题或疑难的方式抱有目的并打算自己去解决这些问题或疑难时，才会出现完全的随意注意。在中介阶段（比如说，儿童从8岁到11岁或12岁时），当儿童基于某种他欲求达成的目的而致力于一系列中介性活动时，这个目的就是要去进行或完成的东西，或者是某种要达到的明确的结果；这时的问题是一种实际困难，而不是理智上的疑难。但是，随着能力的增长，儿童能够想到把目的看作某种有待找出、发现的东西；他能控制自己的行为和想象，使之有助于探究和解决。这就是不折不扣的反省注意。

在历史课中，存在着从故事到传记、从对产生的问题进行讨论到对问题系统阐明的变化。看法可能有分歧的论点，经验、反省等等赖以实现的事情，往往从历史中生长出来。但是，利用这种讨论，使这种有疑问的事情和分歧发展成为确定的问题，使儿童真正感觉到困难所在，然后让他自己去想办法寻找与论点有关的材料，让他自己去解决困难或找出解决问题的办法，这是显著的理智上的进步。同样，在科学中存在着从制造和使用照相机的实践态度到思考其中包含的理智上的问题——到赋予这种实践以理论或解说的光的原理和角度的测量等等之间的变化。

一般说来，生长是自然的过程。但恰当地认识和利用它，也许是智力教育方面最关紧要的问题。一个人在头脑中获得了反省注意的能力，获得了把握问题和疑难的能力，就智力上而言，他就是受过教育的人。他受到了智力训练——为头脑**所有**、为头脑**所用**的能力。缺乏这种能力，头脑就停留于依赖习惯和外部暗示的恩惠的阶段。有些困难可以毫不隐讳地指出是源于在通常的教育中几乎占统治地位的错误。人们常常假定，可以直接对任何教材给予注意，只要有正当的意愿和意向，把失败看作是不愿意或倔强的标志。算术课、几何学和文法课都摆在儿童面前，告诉他要注意以便学习。但是，除非在头脑中有某些疑难问题、某些疑惑作为这种注意的基础，**反省**注意是不可能的。如果教材本身充满**内在的**兴趣，就会有直接的、自发的注意，一旦它发挥作用，那是极好的，但是，仅仅靠它本身还不能产生思维或内在的智力上的控制力量。如果教材本身没有引人入胜的力量，那么（按照他的气质和训练、按照学校的惯例和期待）教师就会或者给教材罩上一件不相干的吸引力的外衣，通过“使课堂饶有趣味”去获得或贿买学生的注意；不然就会求助于对抗刺激剂（counterirritants）（以各种方式表现出来的扣分、不升级的威胁，放学后留校，个人不满，喋喋不休的责骂，继续不断地呼唤学生“要注意”，等等）；或者，也许将两者兼而用之。

但是，（1）用这种办法获得的注意只不过是片面的、分割的；（2）它仍然依赖于某种外在的东西——因此，一旦吸引力消失或压力停止，内在的或理智上的控制方面就很少甚至没有收获；（3）这样的学习往往是为了“学习”，也就是背诵别人提出的任何问题的现成答案。诚然，从另一方面说，反省注意总是包含有作判断、推理、深思熟虑，它意味着儿童有他自己的疑难问题并积极忙着寻求和选择恰当的材料，用以回答这个疑难问题，考虑这种材料的意义和关系——它要求何种性质的解决。问题是他自己的，因而对注意的原动力和促进因素也是他自己的——它是训练或控制力的获得，就是说，一种考虑问题的习惯。

在传统教育中，过于重视给儿童提供现成的材料（书籍、实物教学课、教师的谈话等等），儿童就这样几乎被完全要求去履行背诵现成材料的赤裸裸的责任，仅仅只有偶然的机会和动因去发展反省注意——这样说是不太过分的。几乎没有考虑根本的需要——引导儿童将一个问题作为他自己的问题去认识，使他自动地去注意以找到它的答案。保证这种自己提出问题的条件完全被忽视了，致使随意注意的真正概念根本被滥用了。如果用非自愿的努力来衡量，随意注意被当作在曲解的条件下由不相干的，因而是互相排斥的材料所引起的活动，而不是自己主动的努力。“随意”被看成是意味着不心甘情愿的、讨厌的，而不是通过本人的兴趣、洞察和能力而进行的自由的自我指导。

（任钟印译）

八、初等教育中历史教学的目标

如果把历史只看作过去的记录，就很难看出有任何根据主张它在初等教育课程中该起任何大的作用。过去就是过去，可以让死者安详地去埋葬它的死亡。当前迫切的需要太多了，越过未来门槛的要求太多了，不能允许儿童深深地沉浸在已经永远过去的东西之中。如果把历史看作社会生活的力量和方式的记载，情况就不是如此。我们总是拥有社会生活，过去与现在的区别是与它无关的。不论刚好是在这里过社会生活或刚好在那里过社会生活，这是微不足道的问题。尽管如此，它终归是生活，它展示把人们团结在一起和促使人们分开的动机，描绘什么是合乎需要的，什么是有害的。不管科学的历史学家把历史看作什么，对教育家来说，它应当是间接的社会学，一种揭示社会形成过程及其组织形式的社会研究。现存的社会对儿童既过于复杂又过于封闭，不能使儿童学习。他找不到进入现存社会的详细的迷宫的线索，不能居高临下以一睹其布置的远景。

如果历史教育的目标是使儿童了解社会生活的价值，在想象中领悟对人们彼此之间的有效合作有利或有碍的力量，去理解各种推动前进和阻碍前进的人物，那么，它的描述中的主要事情是使历史成为前进的、动态的。历史不应当表现为结果和效果的堆积，表现为只是陈述发生了的事情，而应表现为有力的、行动的东西。动因即原动力必须突出。学习历史不是为了聚积知识，而是为了运用知识去描绘出一幅生动的图画，用以表明人怎样和为什么这样做，他们怎样和为什么取得成功和归于失败。

一旦把历史看作动态的、前进的，它的经济方面和工业方面就会受到重视。这些不过是表示人类不断与之打交道的问题的一些术语；怎样生存，怎样驾驭并利用自然使之为丰富人类的生活作贡献。文化的伟大进步已经成功地把那些将人从听任自然摆布的屈从中解脱出来的智慧展现出来，已经向人揭示，他可以怎样使自然的力量与他自己的目的互相协作。儿童现在生活于其中的社会生活是如此丰富和充实，要看出它的价值、看出在它背后花去了多少努力和思想是不容易的。人有一种近在手边的巨大装备。可以引导儿童将这些现成资源转译成流动的名词，可以使他去观察当人们在没有继承下来的资本、没有工具、没有工业制造的材料的条件下怎样面对面地与自然打交道。于是他就会一步一步地遵循人们赖以认识其处境的需要的过程，思考出能使他满足这些需要的武器和工具；他可以认识到这些新的资源怎样为生长打开新的眼界，产生新的问题。人类的工业史不是实利主义的或仅仅功利主义的事情。它是一个智慧问题。它所记录的是人怎样学会思考，怎样进行达到某种结果的思考，怎样改变生活条件使生活本身变样的事情。它也是一种伦理的记录，是人们为服务于自己的目的而坚韧不拔地创造条件的记载。

实际上，人怎样生存的问题，是儿童探究历史材料时最感兴趣的问题。正是这种观点使过去工作的人和每天与儿童共事的人心心相印，赋予儿童具有同情的洞察力的才能。

凡是对人们的生活方式、对他们必须与之打交道的工具、对他们的新发明、对从这样获得的能力和闲暇中产生的生活的改造感兴趣的儿童，都渴望在他自己的行动中重演同样的过程，重新制作器皿，重现过程，重新处理材料。因为他只有通过领会人们从自然而来的障碍和资源才能理解他们的问题和成功，所以儿童对田野和森林、海洋和山岳、植物和动物感兴趣。由于建立一种他所研究的、人们生活于其中的自然环境的概念，他就掌握了他们的生活。除非他熟悉了围绕着他的自然的力量和形态，他是不可能进行这种再现的。对历史的兴趣给他自己的自然研究赋予更富有人性的色彩、更广阔的意义。他对自然的知识给他的历史研究提供目的和精确性。这就是历史和科学之间的自然的“相互关系”。

与上述目的相同的目的，对社会生活的深入理解，决定了传记性的成分在历史教育中的地位。毫无疑问，只有历史材料以个人方式提供出来，只有当它们总结了某些英雄人物的生平和业绩时，历史材料才能最充分最生动地受到儿童的喜爱。仍然有可能运用传记，这样的话它们就成了单纯的传奇轶事的汇编，其有趣可能达到耸人听闻的程度，却不能引导儿童更接近于理解社会生活。当故事中的英雄人物与他的社会环境隔离时，当不能使儿童感觉到唤起英雄人物的行动的社会状况以及英雄人物的行为对社会进步所作的贡献时，就会出现这种情况。如果传记能显示出社会需求和成就的鲜明的概括，如果儿童的想象力能描绘出社会的缺陷和大声呼唤人们去解决的问题以及个人应付紧急事件的方法，那么，传记就是社会研究的一个元件。

意识到历史的社会目的可以防止使历史沦为神话、童话或单纯文学描绘的任何倾向。我不能不同情赫尔巴特学派在历史方面为丰富初等学校课程所做的那些工作，它经常把存在于历史和文学之间的实际关系颠倒了。从某种意义上说，美国殖民地历史的基调和笛福的《鲁滨逊漂流记》是一样的，两者都体现了已经开化的、思想已达到一定成熟程度的、已经形成了行动的理想和方法的人，突然被抛到要重新依靠他自己的应变能力、要去对付一个生疏的而且往往含有敌意的自然，完全靠智慧、精力和坚韧的性格重新取得成功。但当《鲁滨逊漂流记》被用作三年级或四年级儿童的教材时，我们不是本末倒置了吗？为什么不让儿童去接触具有广阔得多的范围、具有强大得多的力量、对生活有着更逼真更持久的价值的现实，而将《鲁滨逊漂流记》用作在同类问题和活动的一种特殊情况下的想象中的理想化呢？此外，不论研究一般的野蛮人特别是北美印第安人生活有多大价值，为什么要迂回地通过海华沙①的中介去探究，而不用第一手材料呢？当然也可以运用诗歌为儿童以前已经以更特殊的方式认识了的一系列情况和斗争提供理想化的最终的试金石。印第安人的生活若不能提出社会生活中某些持久性的问题和因素，它在教育计划中就几乎没有地位。如果具有这样一种价值，也应当让它本身突出出来，而不要让它丧失在纯文学描述的十足的优雅美妙之中。

我认为，同样的目的、对人物和社会关系的天然的相互依赖的理解，使我们能够决定年代顺序在历史教学中的地位。近来已相当重视上面提到的必要性，即通过文明实际产生的相继步骤去追踪文明的发展——从幼发拉底河谷和尼罗河谷直到希腊、罗马等等。极力主张的论点是现在依赖过去，而过去的每一阶段又依赖于更早的过去。

我们在这里遇到了对历史的逻辑解释和心理解释之间的矛盾。如果目的在于鉴赏什么是社会生活，它是怎样进行的，那么，儿童肯定必须与在内心上接近的东西打交道，而不是与遥远

① 美国诗人朗费罗（Henry Wadsworth Longfellow，1807—1882）的叙事诗《海华沙之歌》（*The Song of Hiawatha*）中的主人公。——译者注

的东西打交道。巴比伦生活或埃及生活与其说是时间上相距遥远，倒不如说是与现在的兴趣和社会生活的目的相距遥远。它不够简化，不够概括；或者说，至少它没有以正确的方法这样做。它这样做时略去了对现在有意义的东西，而不是提出在更低级的标准上安排的这些因素，它的突出特征甚至专家也难以掌握和理解。它无疑地提出了对以后的生活有所裨益并在时间的流逝中修正了事件的过程的因素。但是，儿童没有达到他能够领会抽象原因和专门化的贡献这一顶峰。他所需要的是一幅关于典型关系、情况和活动的图画。在这方面，有许多比复杂的、不自然的巴比伦生活或埃及生活更接近他的史前生活。当一个儿童能够领会制度时，他就能领悟每一个历史上的民族中何种特殊的制度观念象征着现代的复杂制度，什么因素是对现代复杂的制度有帮助的。但是，只有当儿童开始能够在其他领域也对原因进行抽象时，换言之，只有在儿童接近中等教育时期的时候，才能达到这一阶段。

在这个一般的计划中，有三个时期或三个阶段是公认的：首先是概括化的或简单化的历史——从狭隘的、编年史的意义上说，几乎根本不是历史的历史，而是目的在于使儿童洞察或表示共鸣的各种社会活动。这个时期包括6岁儿童学习当代城乡人民的典型作业的功课，7岁儿童设计出发明的演进及其对社会生活的作用，8岁儿童接触曾使整个世界变成人类景象的迁徙、探险和发现的伟大运动。前两年的功课显然毫不涉及任何一个特定的民族或任何一个特定的人——就是说，不涉及严格意义上的历史事件。同时，通过以戏剧表演形式介绍个人因素来提供大量机会。伟大的探险家和发现者的记载可用作向仰赖于某些生活于特定地方和特定时代的特定人物的狭义的特定的事件过渡。

这就使我们进到第二个时期，这时，特定人民团体的乡土条件和确定的活动开始居于主导地位——与儿童处理有限的实在的事实的能力生长相适应。因为芝加哥和美国都是儿童理所当然地能够最有效地处理的地区，以后三年的教材都直接或间接来自这一源泉。此外，这时的第三学年是开始将美国生活与欧洲生活联系起来的过渡的年份。到这时，儿童应当准备好不仅涉及一般的社会生活，而且要涉及根本不同的即特殊类型的社会生活，涉及每一类特殊社会生活的特殊意义及其对整个世界历史的特定贡献。因此，在下一个时期紧接着就是年代顺序，从地中海沿岸的古代世界开始，经过欧洲历史再下伸到美国历史的特殊的不同的因素。

这个计划不是作为解决这一问题的唯一计划提出来的，它只是贡献出的一种意见，它不是思考的结果，而是就提供能生动地吸引儿童的材料，同时一步一步地引导他前进，使之对社会生活的原理和事实两方面都有更透彻更准确的知识并使他为以后专门的历史学习作好准备的问题，进行大量实验和年复一年地变换受实验者所得出的结果。

（任钟印译）

儿童与课程

The Child and the Curriculum

by

John Dewey

原书于1902年出版。本文译自J. A. 博伊兹顿编:《杜威全集(中期著作)》第2卷,南伊利诺伊大学出版社1982年版,第271—291页。

理论上的深刻分歧从来不是无缘无故和虚构的。这些分歧是从一个真正的问题的各种相互冲突的因素当中产生的——问题之所以是真正的，因为这些因素按照实际来看是相互冲突的。无论什么意义深长的问题，都包含着暂时相互冲突的种种因素。解决的办法，只有离开已经固定了的那些名词的意义，从另一种观点看，也就是用新的眼光看待这些因素。但是，这样的改造意味着思想上的艰苦努力。一味坚持早已说过的东西，四处寻找支持它的东西，以防非难，较之试图抛弃已形成的观念和摆脱已熟悉的事实要容易得多。

于是许多派别产生了，各种不同意见的学派出现了。各个学派都挑选能迎合自己的一系列因素，然后把它们上升为完全的和独立的真理，而不是把它们看作一个问题的并需要加以校正的一个因素。

教育过程中的基本要素是未成熟的、没有发展的人，和在成人的成熟的经验中体现出来的某些社会的目的、意义和价值。教育过程就是这些因素应有的相互作用。作为促进最充分的和最自由的相互作用的这样一种相互联系的概念，便是教育理论的主要之点。

但是，这里需要思想上的努力。把各种因素孤立起来看，坚持一个要素而牺牲另一个要素，使它们相互对立起来，这较之发现每个因素所属的现实要容易得多。抓住儿童天性里的某些东西，或者抓住成人已发达的意识里的某些东西，而且坚持那个因素是整个问题的关键，这是容易的事情。当发生这种情况时，一个真正严肃的实际问题，即它们的相互作用的问题，便变成一个不现实的因素因而不能解决的理论问题。不是坚定地把教育的各种因素作为整体来看，我们就只能看到种种相互冲突的名词。我们在儿童与课程、个人的天性与社会的文化这些问题上，就看到这种情况。一切教育主张的其他分歧都包含着这种对立的情况。

儿童生活在个人接触显得十分狭隘的世界里，除非这种生活密切地和明显地涉及他自己的或者他的家庭和朋友的幸福，其他各种事物很难进入到他的经验里。儿童的世界是一个具有他们个人兴趣的人的世界，而不是一个事实和规律的世界。儿童世界的主要特征，不是什么与外界事物相符合这个意义上的真理，而是感情和同情。学校里见到的课程所提供的材料，却是无限地回溯过去，同时从外部无限地伸向空间。人们在儿童离开他所熟悉的几乎不多于一平方英里左右的自然环境以后，便使他进入一个辽阔的世界——甚至可以说，使他进入太阳系的范围。儿童的小小的记忆力和知识领域被全人类的长期的多少世纪的历史压得窒息了。

还有，儿童的生活是一个整体，一个总体。他敏捷地和欣然地从一个主题到另一个主题，正如他从一个场所到另一个场所一样，但是他没意识到转变和中断，既没有意识到什么割裂，更没有意识到什么区分。儿童所关心的事物，由于他的生活所带来的个人的和社会的兴趣的统一性，是结合在一起的。凡是在他的心目中最突出的东西就暂时对他构成整个的宇宙。那个宇宙是变化的和流动的，它的内容是以惊人的速度在消失和重新组合。但是，归根结底，它是儿童自己的世界。它具有儿童自己的生活的统一性和完整性。儿童一到学校，多种多样的学科便把他的世界加以割裂和肢解。地理是从某个个别观点选择、摘录和分析成套的材料，算术是另一个部门，语法是另一个科目，等等。

还有，在学校里，这些学科中的每一门都被归到某一类去。各种事实是从它们在经验中原来的地位割裂出来，并根据一些一般原则重新排列的。把事物归了类，并不是儿童经验的事情；事物不是分门别类地呈现出来的。感情上的生动的联系和活动的联结，把儿童亲身的各种经验综合在一起。成人的心理如此习惯于按逻辑顺序组成的事实，以致它不认识——它也不能理解——那种直接经验的事实，在它们能表现为一门“学科”，或知识的一个部门之前，必须经历多少的分析和重新组合。对于学者来说，一个原则必须加以识别和明确；各种事实必须根据这个原则，而不按照它原来那样加以解释。它们必须在一个完全抽象的和理想的新的中心重新汇集起来。所有这一切，意味着一种特殊的、智慧的、兴趣的发展。它意味着不偏不倚地和客观地观察事实的能力，那就是不问这些事实在儿童自己的经验中的地位和意义怎样。它意味着分析和综合的能力。它意味着高度成熟的智慧的习惯和科学研究的特定的技术和设备的运用。一句话，已经归了类的各门科目是许多年代的科学的产物，而不是儿童经验的产物。

儿童和课程之间这些明显的脱节和差别，也许几乎可以无限地扩大。但是，我们这里已经有着足够基本的分歧：第一，儿童的狭小的然而是关于个人的世界与非个人的然而是空间和时间无限扩大的世界相反；第二，儿童生活的统一性和全神贯注的专一性与课程的种种专门化和分门别类相反；第三，逻辑分类和排列的抽象原理与儿童生活的实际和情绪的结合相反。

由于这些冲突的因素，就产生了各种不同的教育理论派别。一个学派把注意力固定在课程教材方面，认为课程教材比儿童自己的经验的内容重要得多。好像他们是说，生活是琐碎的、狭隘的和粗糙的吗？于是各门科目把具有极其完备的和复杂的意义的这个伟大的宇宙揭示出来。儿童的生活是利己主义的、自我中心的和冲动的吗？于是在这些科目里可以找到一种客观宇宙的真理、法则和秩序。儿童的经验是混乱、模糊和不稳定，受当时的幻想和环境所支配的吗？于是各门科目提供了一个在永恒的和一般的真理的基础上安排好的世界，在那个世界里一切都是经过衡量的和精确的。因此引出的教训是，不顾和忽视儿童个人的特点、狂想和经验。它们正是我们需要摆脱的东西，必须把它们遮盖起来和消除掉。我们作为教育者的任务正是以稳定的和妥当安排的现实代替这些表面性的和偶然性的事情，而这些在各门科目的课文里是可以找到的。

把每个论题再分为若干科目，把每个科目再分为若干课时，每个课时再分为若干特殊的事实和公式。让儿童一步一步地去掌握每一个这些割裂开来的部分，最后他便经历了整个的领域。道路从它的全程来看似乎是那样漫长，可是作为一系列的个别步骤来看，就容易获得通过。因此，重点就放在教材的逻辑的分段和顺序性上。教学的问题是采用具有逻辑的段落和顺序的教科书的问题，是以类似确切的和渐进的方式在课堂上提供各部分教材的问题。教材提供目的，同时也决定方法，儿童只不过是未成熟而有待于成熟的人，是知识浅薄而有待于加深的人，他的经验狭窄而有待于扩大。他的本分是被动的容纳或接受。当他是驯良的和服从的时候，他的职责便完成了。

另一个学派说，不是这样。儿童是起点，是中心，而且是目的。儿童的发展、儿童的生长，就是理想所在。只有儿童提供了标准。对于儿童的生长来说，一切科目只是处于从属的地位，它们是工具，它们以服务于生长的各种需要衡量其价值。个性、性格比教材更为重要。不是知识和传闻的知识，而是自我实现，才是目标。具有世界上的一切知识而迷了路，在教育里就像在宗教里一样是可怕的命运。而且，教材对儿童永远不是从外面灌进去。学习是主动的。它包含心理的积极开展，包含从心理内部开始的有机的同化作用。毫不夸张地说，我们必须站在儿童的立场上，并且以儿童为自己的出发点。决定学习的质和量的是儿童而不是教材。

唯一重要的方法是心理因素的扩展和类化作用的方法。教材只不过是精神的食粮，是可能具有营养作用的材料。它不能自己消化，它不能自动地变为骨骼、血和肉。学校里任何僵死的、机械的和形式主义的东西的根源，在儿童的生活和经验从属于课程的情况下恰好找得到。正因为这样，“学习”已经变成令人厌烦的同义语，一堂课等于一种苦役。

这两种类型的理论所提出的这种课程与儿童根本对立的观点，可以用一系列其他的名词加以复述。“训练”是那些夸大学科作用的人的口号，“兴趣”是那些大肆宣扬“儿童”的人的口号。前者的观点是逻辑的，后者的观点是心理的。前者强调教师必须有充分的训练和学识，后者强调教师必须具有对儿童的同情心和关于儿童的天赋本能的知识。“指导和控制”是这一个学派的口号，“自由和主动性”是另一个学派的口号。规律是这里所维护的，自发性是那里所宣称的。一个学派认为许多年代在苦痛的和艰难中造成的那种旧的和保存下来的东西是可贵的，而那些新的、变动中的和进步的东西却博得另一个学派的喜爱。死气沉沉和墨守成规，乱作一团和无政府主义，是两个学派反复的指控。一方面关于无视神圣权威的职责的指控，只能遭到另一方面的残暴的专制压制个性的反击。

这种对立的观点是很少达到它们的逻辑的结论的。常识在这些结论的极端对立面前畏缩不前了。当常识徘徊摇摆在前后矛盾的、折中方案的迷宫里的时候，就只好把这类对立观点交给理论家了。使理论和实际常识紧密结合的需要，提醒我们回到最初的命题；这里我们有着在教育过程中必须相互联系的一些因素，因为这恰恰是关于相互的作用和适应的问题。

那么，问题是什么呢？问题就是要摆脱那种偏见，以为在儿童的经验和构成科目的各种不同形式的教材之间，存在着性质上（不同于程度上）的某些鸿沟。在儿童方面，问题是要看到，儿童经验本身怎样早已包含着正如组织到系统化的科目中去的那些同类的因素——事实和真理；更重要的是要看到，儿童经验的本身怎样早已包含着在发展和组织教材达到现有的水平中已经起着作用的那些态度、动机和兴趣。在各门科目方面，问题是怎样以儿童生活中起着作用的各种力量的结果来解释它们，并发现介于儿童的现有经验和这些科目更为丰富而成熟的东西之间的各个步骤。

抛弃把教材当作某些固定的和现成的东西，当作在儿童的经验之外的东西的见解；不再把儿童的经验当作一成不变的东西，而把它当作某些变化的、在形成中的、有生命力的东西；我们认识到，儿童和课程仅仅是构成一个单一的过程的两极。正如两点构成一条直线一样，儿童现在的观点以及构成各种科目的事实和真理，构成了教学。从儿童的现在经验进展到以有组织体系的真理，即我们称为以各门科目为代表的东西，是继续改造的过程。

从表面上看，各门不同的科目——算术、地理、语言、植物等等，它们的本身就是经验。它们是种族的经验。它们体现了人类一代一代的努力、斗争和成就而积累起来的结果。各门科目把这个结果，不是仅仅作为一种积累，也不是作为一堆五花八门的片断的经验，而是以一些有组织的和系统化的方式——那就是作为通过反省思维而构成的东西呈现出来。

因此，进入儿童的现在经验里的事实和真理，和包含在各门科目的事实和真理，是一个现实的起点和终点。把一方和另一方对立起来，就是使同一成长中的幼年期生活和成熟期生活对立起来；这是使同一过程的前进中的倾向和最后的结果互相对立，这是认为儿童的天性和达到的目的处于交战的状态。

如果情况是那样的话，那么儿童和课程两者之间相互关系的问题将呈现下列情况。从教育上讲，在一开始就能够看到终点，会有什么用处呢？它将怎样帮助我们在处理生长的早期阶段能够预见到后来的情况呢？如我们已经同意的，各门科目代表了儿童直接的粗糙的经验中固有的发展可能性。但是，它们毕竟不是现在的和直接的生活的一些部分。那么，为什么或怎样重视它们呢？

提出这样一个问题就意味着自身已经有了答案。看到结果就知道现在的经验在朝什么方向发展，只要它正常而健康地发展。那个如此遥远以至于没有什么意义的目标，当我们把它用作确定现在行动的方向时，就变得具有极大的重要性。照这样理解，教材不是有待于完成的遥远的和渺茫的结果，而是对付现在的一种指导方法。换句话说，成人心目中系统的和精确的经验对我们具有的价值，在于按照儿童生活直接所表现的那样来解释它，而且还继续对它进行引导和指导。

让我们探讨一下关于“解释”和“指导”这两个概念。儿童现在的经验绝不是自明的。它不是终极的，而是转化的。它本身不是完成了的东西，而只是某些生长倾向的一种信号或标志。只要我们把自己的目光仅仅限于儿童此时此地的表现，我们就处于混乱状态和被引入歧路，我们就不能理解儿童经验的意义。从道德上和理智上对儿童的极端轻视和对他们过于热情的理想化，都有它们的共同错误的根源。两者都来源于把儿童的生长各阶段看成是某些不相联系的和固定的东西。前者没有看到，希望包含在那些把它们孤立起来看是没有希望的和令人讨厌的感情和动作里；后者没有看到，即便是那些最令人喜悦的和美好的表现，不过是一种信号，而且当它们一旦被看作是一些完成了的东西时，它们就受到糟蹋和损坏。

我们所需要的是使我们能够解释和评价儿童现在出现的和消失的那些因素，以及他的力量和弱点的种种表现，我们是按照它们在比较大的生长过程中占有的地位加以解释和评价的。只有这样，我们才能有鉴别。如果把儿童现在的各种倾向、意图和经验从它们在生长过程中所占的地位以及它们在一种发展的经验中必须完成的作用孤立开来，那么一切都处于同等的水平，一切都同样的好或同样的坏。但是，在人类的活动中，各种不同的因素具有不同程度的价值。有些儿童行为是一种衰退的倾向的预兆；它们是一种机体作用的残余，这种机体已经完成了它的任务，而且正在失去重要的作用。对于这类素质给予积极的注意，就是把发展抑制在低级的水平上。这是故意地保持一种发展不完全的生长状态。其他的一些活动是儿童的力量和兴趣达到顶峰的标志，对于它们就得应用“趁热打铁”的箴言。关于这些活动，也许是机不可失。这些活动，如果加以选择、利用和重视，也许标志着对于儿童的整个一生有益的一个转折点；如果忽视了，机会一去，不复再来。其他的一些行动和感情是象征性的；它们代表黎明时节闪烁着的光辉，只是在遥远的将来将不断地照耀。关于这些活动，目前没有什么可做的，只有给予充分的机会，至于明确的指导，要等待将来。

总的说来，正如“旧教育”的缺点是在未成熟的儿童和成熟的成年人之间作了极不合理的比较，把前者看作是尽快和尽可能要送走的东西；而“新教育”的危险也就在于把儿童现在的能力和兴趣本身看作是决定性的重要的东西。其实，儿童的学习和成就是不固定的、变动的。它们每日、每时都在变化着。

如果儿童研究留给人们一个印象，即一定年龄的儿童具有一种关于各种意图和兴趣的积极特征，正好照它现在那样给予培养，那么这将是有害的。实际上兴趣只不过是对于可能发生的经验的种种态度；它们不是已经完成了的东西；它们的价值在于它们所提供的那种力量，而不是它们所表现的那种成就。将某个年龄段出现的现象视为不言自明的或可以自我满足的，就会不可避免地导致放纵和溺爱。任何一种能力，无论是儿童的或成人的，如果在意识上满足于一时的和现有的水平，就是放任。这种能力的真正意义在于为达到较高级的水平提供一种推动力。这正是要努力做到的事情。用现在的水平迎合儿童的兴趣意味着刺激；它意味着利用能力，以便继续不断地挑逗它而不是引导它向着一定的成就。实际上，继续不断地提出、继续不断地开始种种并不能有所成就的活动，正如按照更完美的思想和意志所设想的利益继续不断地压制主动性一样，是同样有害的。这好像叫儿童总是在尝味道，而不让他吃；总是使儿童的味觉在情绪上被挑逗起来，但从来没有得到内在的满足，而这种满足乃是来自食物的消化，并把它转化为有用的能力。

有一种观点认为，科学、历史和艺术的教材足以把真正的儿童给我们展现出来。与这样的观点相反，我们无从知晓儿童的倾向或行为有什么意义，除非把它们看作是萌芽的种子、含苞待放的蓓蕾，或者所结的果实。视觉所及的整个世界远不足以回答儿童生性爱好光亮和形式有什么意义这个问题。全部的物理科学知识都不足以向我们充分解释孩子对于理解引起他注意的某些偶然变化的简单诉求。拉斐尔①或柯罗②的艺术也不足以帮我们衡量孩子产生画画和涂鸦冲动的价值。

关于应用教材来解释这方面的问题就说这么多。把教材进一步应用到引导或指导方面，只是同样的思想的引申。解释事实是在它充满活力的运动中去看它，是在它和生长的关系中去看它。但是作为正常的生长的一部分去看它，就要获得指导它的基础。指导并不是从外部强加的，指导就是把生活过程解放出来，使它最充分地实现自己。上面说的由于儿童的现在经验离成熟的经验很远于是轻视它，以及对儿童的天真的不能解释的怪想和行为过于热情的理想化，在这里以略为不同的语句再说一下。有那么一些人，在这两者之间，即或者从外面强迫儿童，或者让他完全自流，看不到有第三种的可能。因为看不到第三种的可能，有些人选择这种形式，有些人选择另一种形式。两者都陷于同样的根本性的错误。两者都没有看到发展是一个特定的过程，有着它自己的规律，只有当适当的和正常的条件具备时才能实现。真正地来解释儿童在计算、测量和匀称地排列事物的现在粗糙的冲动，要包括数学上的学问——一种数学的程式和关系的知识。这种知识在民族历史中正是从这样粗糙的开端中产生出来的。看到介于这两个极端之间的发展的整个历史，就是看到儿童在现在和在这里需要采取什么步骤，并看到儿童需要怎样使用他的盲目冲动，以

---

① 拉斐尔（Raffael lo Santi，1483—1520），意大利文艺复兴时期画家、建筑师。——译者注

② 柯罗（Jean Baptiste Camille Corot，1796—1875），法国风景画家。——译者注

便使它明朗起来并获得力量。

再说一遍，如果“旧教育”倾向于轻视能动的素质和儿童的现在经验固有的那种发展的力量，而且因而认为指导和控制正是武断地把儿童置于一定的轨道上，并强迫他在那里走，那么“新教育”的危险就在于把发展的观念全然是形式地和空洞地来理解。我们希望儿童从他自己心中“发展”出这个或那个事实或真理。我们叫他自己思维，自己创造，而不提供发动并指导思想所必需的任何周围环境的条件。没有一个东西能够从无中发展出来，从粗糙的东西发展出来的只能是粗糙的东西——而且，当我们依靠儿童实现的自我作为终极的东西，并要求他从已实现的自我中构思出自然和行为的新的真理时，这种情况的确是会发生的。希望一个儿童从他自己小小的心灵发展到一个宇宙，就像哲学家力图完成这种任务一样，当然是不会有效果的。发展并不是指仅仅从心灵里获得某些东西的意思。它是经验的发展，发展成真正需要的经验。而且，除了当那种教育的媒介物已被提供出来以外，这是不可能的，而这种媒介物使所选择的有价值的能力与兴趣发挥作用。这些能力和兴趣必须运用，至于怎样用将完全依靠周围的刺激和它们所使用的材料来决定。因此，指导的问题就是选择对本能和冲动的适当的刺激的问题，在获得新的经验中是需要运用这种刺激的。至于哪种新的经验是合宜的，因而哪种刺激是必需的，除非对于所要达到的发展有所理解，否则是不可能知道的。一句话，除非当成人的知识被用来揭示儿童面前展开的可能的前程，否则是不可能知道的。

也许有必要把经验的逻辑的方面和心理的方面区别开来并相互联系起来——前者代表教材本身，后者代表教材和儿童的关系。经验的心理的叙述依照经验实际生长的情况；它是历史性的，它记录了实际采取的步骤，即有效的和成功的以及不确定的和迂回曲折的步骤。另一方面，逻辑的观念把发展看作已经达到某一确定的完成的阶段。它忽视了过程，只考虑结果。它从事概括和整理，于是把已经取得的成果同这些结果起初所采取的实际步骤脱离开来。我们也许可以把逻辑的经验和心理的经验两者之间的区别与一个探险家的一些笔记和一张地图两者之间的区别作一比较。一个探险家在一个新的国家披荆斩棘竭力寻找道路中写一些笔记；在他彻底勘探了这个地方以后，绘制了一张精美的地图。这两个方面的经验是相互依存的。如果探险家没有探索出或多或少是意外的和迂回的道路，就不会有那些事实可以用来绘制很完美的和有关的地图。但是，如果不把这个探险家的旅程同别的探险家所经历的类似的漫游相比较、相印证，那就没有人能够从这个探险家的旅程中获得收益；除非那些已发现的新的地理实况、已渡过的河川、已攀登过的山峰等等，不是作为个别旅行者旅行中完全偶然的事情，而是（完全除去探险家的个人生活）同其他已经知道的类似的事实联系起来加以考察。地图把个人的经验加以整理，并把它们相互联系起来，而不顾它们最初发现的当地的、暂时的情况和偶然的事件。

关于经验的这种系统的叙述的用处是什么？地图的用处是什么？

我们可以先谈一下地图并不是什么别的东西。地图不是个人经验的替代品。地图不能代替实际的旅行。一门科学或学术的一个分支，一门学科的有逻辑、有系统的材料，终究不能代替个人具有的经验。一个落体的数学公式不能代替对落体的个人接触和个人直接经验。但地图是一个总结，一个对以往经验有准备、有顺序的观察，是用来作为对于将来经验的向导；它指出了方向；

它便于控制；它节省人力，防止无益的彷徨不前，并指出最迅速地和最可靠地达到预期效果的途径。通过地图，每个新的旅行家可以使自己的旅行从别人的勘探的结果中得到帮助，而不必浪费精力和时间，徘徊不前——要是没有前人经验的客观的和概括的记录的帮助，他将会被迫再次徘徊不前。我们称为一门科学或一门科目的东西，是将过去经验的最后结果用一种将来最合用的形式表现出来。它代表一种可以立即生息的资本。它在每个方面节省人们的脑力劳动。记忆可使人少费气力，因为事实被组合起来围绕一些普通的原理，而不同于他们最初发现的各种不同的偶然事件单独地拴在一起。观察是有帮助的；我们知道探索什么和在什么地方探索。在一堆乱草里寻找一枚针和在整理得很好的橱子里寻找一个文件是有区别的。推理是有方向的，因为人们的思想是自然地沿着所展现的一条明确的总的道路或路线行进，而不是从一个偶然的联想到另一个偶然的联想。

那么，以逻辑形式表达的经验不能说就是最后的东西。它的价值不在于它本身，它的重要意义在于它的立场、观点和方法。它是介于过去比较偶然的、暂时的和绕了弯路的经验与将来比较有控制的和系统的经验之间的东西。它给予过去的经验以一种基本的形式，使得过去的经验就未来的经验来说，成为最合用、最有意义和最有成果的东西。它引进的抽象、概括和分类等概念都有着正确地观察事物的意义。

于是，对经验加以系统化的结果并不是与生长过程相对立。逻辑的并不是注定反对心理的。全面的调查和分类排列的结果在生长过程中占有一个极重要的地位。它标志着一个转折点。它表明在检验将来所做的努力中，我们会怎样从过去的努力中获得好处。最广义地说，逻辑的立场，它的本身便是心理的，就它在经验的发展中所处的地位来说有着它的意义；它的根据是在对于它所保证的未来的生长起了一定的作用。

因此，就需要把各门学科的教材或知识的各部分恢复到原来的经验。它必须恢复到它所被抽象出来的原来的经验。它必须心理化；反过来，变为直接的和个人的经验，在其中有着它的根源和意义。

那么，每门学科或科目都有两个方面：一方面是就科学家作为一个科学家来说，一方面是就教师作为一个教师来说。这两方面绝不是对立的或互相冲突的，但又不是直接地完全相同的。在科学家看来，教材不过代表一定的真理，可用来找出新问题，开展新的研究，并贯彻执行以达到验证的结果。对科学家来说，科学中的教材自身是独立的，他把其中各种不同的部分相互归类，并联系新的事实以相印证。作为一个科学家，他从不超越他的特定范围，即或有的话，也只是搜集更多的同类的事实。教师的问题就不同了。作为一个教师，他并不关心对他所教的科目增加些新的事实，提出新臆说或证实它们。他考虑的是科学的教材代表经验发展的某一阶段或状态。他的问题是引导学生有一种生动的和个人亲身的体验。因此，作为教师，他考虑的是怎样使教材变成经验的一部分；在儿童的可以利用的现在情况里有什么和教材有关；怎样利用这些因素；他自己的教材知识怎样可以帮助解释儿童的需要和行动，并确定儿童应处的环境，以便使他的成长获得适当的指导。他考虑的不限于教材本身，他是把教材作为在全部的和生长的经验中相关的因素来考虑的。这样来看，就是使教材心理化。

前面所论述的关于课程与儿童的相互冲突，是由于没有把教材的双重的特点记在心里。教材，完全照给科学家用的那样，与儿童现在的经验便没有直接的联系。它处在儿童现在的经验之外。这不仅是个理论上的危险，实际上我们在各方面都受到威胁。教科书和教师互相竞争，把专家所坚决主张的教材提供给儿童。教材经过一些改变或修改，只是消除某些科学上的困难，而且一般地把它降低到更低的智力水平。我们没有把教材转化为生活的名词，而只是把它作为对儿童现在生活的一种替代品或一种外加的附属品直接提供出来。

三种典型的弊病因而产生。第一，与儿童已经看到的、感觉到的和爱好的东西缺乏任何有机的联系，致使教材成为单纯的形式和符号。从某种意义上说，过高地估计形式的和符号的东西是不可能的。真正的形式，实在的符号，乃是掌握和发现真理的方法。它们是人们用来最可靠地和广泛地伸展到未被探讨的领域中去的工具。它们是工具，是用来使过去的研究中已经成功地获得的任何现实的东西发挥作用。但是，只有当这种符号真正有所代表——当它用简单的形式代表或总结个人所经历过的实际经验时，这种情况才会发生。如果一种符号是从外界引进的，而不是被引导到原始的活动中去，如我们所说的，便是一种空洞的或纯粹的符号；它是僵死的和贫乏的东西。那么，任何事实，无论算术、地理或语法，如果不是从儿童生活中由于本身的缘故占有重要地位的东西逐渐被引导进去，就被迫处于这个境地。它不是现实的东西，而只是可能被经历到的现实的符号，如果一定的条件得到满足的话。但是，把别人所知道的那些事实出其不意地提供出来，一味要求儿童学习和强记，就使得那些条件不能满足。这就宣告使事实成为象形文字；要是有标准答案的话，它将会指出是什么意思。可是解决问题的线索这样缺乏，它始终是折磨心灵的无用的古董，是加给心灵的可怕的重担。

这种从外部提供的教材的第二种弊病是动机的缺乏。不仅没有那种过去曾经有所感受的事实和真理，以吸收和类化新的东西，而且没有热情，没有需要和没有要求。当教材已经心理化时，这就是把它作为儿童的现在的各种倾向和活动的结果来看，这就容易看清当前某些智力上的、实际上的或伦理上的障碍。如果所说的真理被掌握的话，这就能够更适当地加以处理。这需要提供学习的动机。一个属于儿童自身的目的将推动获得达到目的的方法。但是，当教材以课文的形式直接提供出来，作为课文来学习时，需要和目的的联系的链环就显然不存在了。我们所说的机械的和死板的教学，就是缺乏这种动机的结果。所谓有机的和生动的意思就是它们的相互作用——就是指精神的需要和材料的提供之间的相互作用。

第三种弊病是，即使用最合乎逻辑的形式整理好的最科学的教材，如果以外加的和现成的形式提供出来，在它呈现到儿童面前时，也失去了这种优点。为了排除难以领会的地方以及减少随之而来的困难之点，教材必须受到一些改变。那么会出现什么情况呢？那些对于科学家最重要的以及在实际探究和分类的逻辑性中最有价值的东西被阉割了。那些真正激发思想的特点被遮掩起来了，而且那种组织的功能也不见了。或者，正像我们通常说的，儿童的推理能力、抽象的和归纳的才能没有充分地发展。因此，教材的逻辑的价值被舍弃了。尽管它只是从逻辑的观点构成的东西，但只是作为“记忆”用的素材而提供出来。这是一种矛盾；儿童既得不到成人的逻辑的系统阐述的好处，也得不到他自己固有的领悟和反应的能力的好处。因此，儿童的逻辑被阻碍和抑制了；如果儿童所得的不是非科学的东西，那就是一两个世纪以前具有科学生命的东西的最平凡的和最普通的残余——一些别的人在前人早已经历过的经验的基础上加以公式化的变了质的回忆，那么我们就算是很幸运的。

一系列的弊病并没有到此为止。相对立的、谬误的理论毫不掩饰地互相利用，这实在是太普通的事。心理的考虑也许会遭到忽视或推在一边，但它们不能被排除出去。把它们从门里赶出去，它们又从窗户爬进来。学习的动机必须以什么方法和在什么地方引起注意，心理和教材之间的联系必须建立起来。问题不在于没有这种联系能否进行下去，唯一的问题是这样的联系是从教材本身与心理的关系中产生出来，还是为外部力量所强加并把它们拴起来。如果课文的内容在儿童发展的意识中占有适当的地位，如果它是从儿童自己过去所做的、所想的和所经受的当中产生出来，能应用于今后的学业成就和知识接受，那么就没有必要为了引起“兴趣”而求助于各种策略和手法。心理化的教材**是**有兴趣的——这就是把教材放在整个有意识的生活之中，以便它分享生活的价值。但是那种外部提供的教材，它所设想的和所产生的观点与态度与儿童没有丝毫关系，它所产生的动机对儿童也格格不入。这样的教材就不会有它自己这样的地位，因此不得不求助于外部的力量把它推进去，求助于人为的练习把它打进去，以及求助于不自然的手段把它引诱进去。

这种利用外部的方法给予教材某些心理上的意义，有三个方面值得说一说。熟悉会引起满不在乎的态度，但它也引起某些东西如爱慕之情。我们习惯于所佩戴的项链，一旦解下来，感到若有所失。这是一个古老的故事，即通过习惯作用，我们最后就能接受最初呈现的外貌丑陋的东西。因为无意义而不愉快的活动如果坚持下去，也许会产生好感。**假如环境连续提供所需要的工作方式而排除另一种方式，人们也可能对一种例行的和机械的程序**

发生兴趣。我常听说，有人捍卫和赞扬愚笨的手段和无谓的练习，因为“儿童对于这类东西有‘兴趣’”。是的，这正是最糟糕的；人的心理不让它用于有价值的事情，对适当的行为没有要求，就降低到让它随便做什么的水平，而且必然对狭隘的和阻碍生长的经验发生兴趣。心理的一般规律是在它自己发挥作用中感到满足，如果对于心理十分重要的和有意义的事情被拒绝的话，心理就试图以留给它的种种正规的活动来满足自己——除了那些不能自己适应的过于紧张的活动的情况以外，这往往是成功的；而正是那种过分紧张的活动，便形成学校所产生的不守秩序的和不符合社会要求的现象。形式地理解符号和反复记忆的兴趣，在许多学生中成为对现实的那种原始的、生动的兴趣的替代品，这一切都由于课程教材同个人具体的心理状况缺乏联系。于是，对某些使教材和心理保持有效关系的代用的结合物必须加以发现和仔细研究。

教材中生动的动机的第二个替代品是起对照效果的东西；使课文的教材令人发生兴趣，如不在材料本身，至少要同另一种经验相对照。学习课文较之受责骂、受嘲讽、课后留校、扣分数或留级有兴趣。有许多以“训练”为名被采用的东西，有许多以反对软教育，并打着努力和责任的旗号而引以为自豪的东西，只不过是从兴趣的相反方面——恐吓、对身体的社会的和个人的各种痛苦的厌恶引起“兴趣”。教材并不引起兴趣，也不能引起兴趣；它并不发生在生长的经验中，也没有产生什么结果。因此，要利用无数的外部的和不相关的东西，这些东西全凭遭受挫折而重新振作起来，也许有助于把经常在那里游荡的儿童心理推回到教材中去。

可是，什么是人性？人性趋向于在愉快的而不是不愉快的以及在有乐趣的而不是痛苦的事情中寻求动机。正因为这样，便产生了对“兴趣”这个名词作错误理解的近代“兴趣”的理论和实践。教材依然是那种教材，就它本身的性质而论，只不过是从外部经过选择加以系统化罢了。仍然是那么多的地理、算术和语法等科目，而没有那么多的关于语言、地球和数量的实物的潜在的儿童经验。因此，困难是不能使儿童的思想集中到课业上来，这些作业引起了一种反感；儿童的注意力往往是散漫的，因为其他动作和思想拥进来把课业挤走了。正当的解决办法是改造这种材料，使它心理化——重复一遍，那就是在儿童的生活的范围内吸取它、发展它。但让它照旧不动是更为容易和更为简单的，于是用机巧的方法引起兴趣，使材料有兴趣；用糖衣把它裹起来；用起调和作用的和不相关的材料把枯燥无味的东西掩盖起来；最后，似乎是让儿童在他正高兴地尝着某些完全不同的东西的时候，吞下和消化一口不可口的食物。但是，这是多么相似啊！心理的类化是意识的问题；而且，如果注意力不曾直接用于实际的材料，那么这些材料就不能为儿童所领悟，更不能对儿童的能力起什么作用。

那么，儿童与课程的这个争论怎么样呢？结论应该是什么呢？根本的错误在我们所提出的那些原来的辩解中，是以为我们没有其他选择。除非要么放任儿童按照他自己的无指导的自发性去发展，要么从外面把命令强加给他。行动是反应；这是适应，是调整。不可能有这样的东西，如单纯的自我活动——因为一切活动都是在一个生活环境里，在一个情境里，并参照它的周围情况而发生的。但是，此外，也不可能有这样的东西，如从外面把真理强加上去，或者从外面把真理嵌进去。一切依靠着心灵自身在对来自外部呈现出的事物的反映中所经历的活动。现在，构成科目的系统知识的财富的价值，使得教育者可以决定儿童的环境，从而拐弯抹角地去指导他。它的主要价值，它的主要表现是为教师，不是为儿童的。它对教师说：这些东西是儿童在真、美和行为各方面可能有的才能和成就。现在要注意，每天的情况应该如此，使他们自己的活动不可避免地朝着这个方向进行，自动地朝着这样的高峰进行。让儿童的本性实现自己的使命，这是在世界本身所拥有的科学、艺术和工业中对你显示过的。

这个问题是儿童的问题。他的现在的能力要自己表现出来，他的现在的才能要发挥作用，他的现在的态度要实现。但是，除了教师能了解——机智地和彻底地了解体现在我们叫作课程里的种族经验以外，教师既不能了解儿童现在的能力、才能或态度是什么，也不能了解怎样使它表现出来，发挥作用，并得到实现。

（顾岳中译　赵祥麟校）

教育中的道德原理

Moral Principles in Education

by

John Dewey

Houghton Mifflin Company

Boston, New York and Chicago

The Riverside Press, Cambridge

1909

目　录

引　言①

教育是公众的事务

教师们的抱怨之一是公众不像完全遵从其他行业的从业人员的意见那样遵从教师的专业上的意见。乍一看，似乎这种抱怨表明了不是公众方面就是专业人员方面的一个缺陷。然而对情况作更广泛的观察将表明，这样一个结论是不必要的。教育与公众的关系和任何其他专业工作都不同。教育对我们是一桩公众的事务，在某种意义上，个人的健康或法定权利的保护与恢复都不是公众事务。教育具有改变社会秩序的力量，在一定程度上，除了国家本身以外，任何其他机构都没有这个特点。在我国的政治制度下，每个个人都有权在制定社会政策中发表意见，因为他在决定政治事务中实实在在有投票权。既然如此，教育就主要是一桩公众的事务，其次才是一种专门职业。因此，教育界以外的人士永远有权就公立学校的办理发表一些意见。

教育是专门的事业

我们说的是“一些意见”，而不是“一切意见”；因为主管

① 这篇引言的作者不是杜威本人。——译者注

学校有它自己的专门行业，它自己的知识和技巧，没有经过训练的外行是不能洞察的。我们刚刚才开始认识到在这一方面学校和政府有一个共同的问题。教育和政治是根本由舆论支配的两种职能。然而，学校和国家显著地缺乏效率和节约，加深了我们对需要有更多专门事业的认识。但是，舆论应当公正地表明意见是哪些方面，而完全留给专家作判断的又是什么呢？

专家意见与舆论的关系

至于要就影响到所有人的福利的广泛政策和最高目的作出决定，公众完全有权要求用投票或按照大多数人的意见解决问题。但是，有效地实施公众意志的详细方式、方法的选择和实行，必然在很大程度上仍然是一个专门化的和专门服务的问题。公众完全可以遵从这里所需要的卓越的知识和技术。

在对学校的指导上，还是由公民们决定适合于他们的目的为好，而且他们有权判断结果的功效。对于把儿童转变成为合乎需要的各种类型的成人的一切多方面的细节问题，专门的教师应该具有权威性，至少是与他们在这个非常复杂的问题上的卓越知识相称的权威性。学校的管理、课程的制定、教科书的选择、教学法的规定，这些都是人们或他们在教育局的代表人所不能处理的问题，除非他们冒着成为十足的爱管闲事的人的危险。

道德教育的讨论，非教育界人士的错误观点的一个例证

把教育看作公众的事务和把教育看作专门的专业性的事业这两者之间的区别表现得最明显的，莫过于分析一下公众对学校中的德育工作的讨论。那些不了解学校的特殊性质的人们，近来是多么经常地赞扬学校的道德目的，同时又要求以直接的伦理教学作为实现道德目的的特别方法！尽管那些深知作为一种手段的教学的力量和局限性的人反复地指出过，假定正确的知识便保证了正确的行为，这是轻浮的言论，情况也是这样。那些主张教育的社会效率的人们，是多么众口一词地设想学校应当回到传统的正式学科读、写、算以及其他学科的无结果的训练上去！这种人也没有注意到这个事实：使课程多样化和足够丰富，要求在儿童身上需要加以训练的那些社会生活的冲动和活动，是花了一个世纪的教育上的进步。那些热烈地谈论公立学校对自由和自力更生的人的民主制度所作的巨大贡献的人们，多少人喜欢冷嘲热讽地甚至激烈地反对“学校自治”！这些人将会使儿童不能学会管理自己和互相管理，而是需要教师管理他们。这些人忽视了一个事实：儿童的这种要别人管理的共同习惯，可能成为公民受政治首领专断统治的成人社会中的邪恶状况的基础。

外行的公众没有能力处理教学法的专业问题，对此，不需要举出更多的事例。有大量的例证表明，公众虽然有能力对学校工作的目的和效果作出判断，并且也是出于好心，但他们还是犯了一个错误，即坚持主张公众有权对教育的专业问题指手画脚，而对于教育之外的其他专业领域的知识或活动，公众就不会妄加评论。

对教育中的道德原理的根本理解

对于公众和教育界人士来说，没有什么比理解他们各自的职能更有价值。教师需要了解舆论和社会秩序，公众也同样需要了解专门的教育事业的性质。要在这些有关方面划出尊重、限度和效率的界限需要花费时间，但是能够从根本问题开始，没有什么东西能像讨论教育中的道德原理那样接触到教育思想的根基。

我们乐于呈献一位对教学法改革的影响比同时代的任何人的影响都大的思想家关于这些问题的论述。在他关于道德教育的社会因素和心理学因素的讨论中，有很多将提示应由舆论作决定的是什么，有很多将指出哪些事应留给训练有素的教师和学校官员。

一、学校的道德目的

一位当代英国哲学家曾经要人们注意道德观念和关于道德的观念之间的区别。凡是能够影响行为，使行为有所改进和改善的观念就是“道德观念”。同样可以说，凡是属于（不论是算术的、地理的或生理学的）使行为变得更坏的那一类观念就是不道德的观念；可以说，与道德无关的观念就是对行为没有影响、既不使它变得更好也不使它变得更坏的观念和片断知识。那么“关于道德的观念”，在道德上可以是漠不关心的，或不道德的或道德的。在关于道德的观念，关于诚实、纯洁或仁慈的知识中，没有使这些观念自动地转变为良好的品格或良好的行为的性质。

在道德观念即任何一种成为品格的一部分，因而也成为行为的起作用的动机的一部分的那种观念，和关于道德行为的观念，即也许仍然是缺乏活力的和不起作用的、如同很多关于埃及考古学的知识那种观念之间的区别，是讨论道德教育的根本问题。教育者——不论是家长还是教师——的职责就是务必使儿童和青少年所获得的观念最大限度地是用这样一种充满活力的方式获得的，即它们是指导行动的活动的观念，是动力。这种要求和这种机会使道德目的在一切教学中——不论是什么问题的教学——普遍存在并居于主导地位。如果不能做到这一点，一切教育的最高目的是形成性格这句人们所熟悉的话就会成为伪善的托词；因为人人都知道，教师和学生的直接的、即时的注意力必然在大部分时间内是放在智力问题上。它谈不上把道德上的考虑放在最重要的地位。如果目标是使学习方法、获得智力的方法和吸收教材的方法比不用这种方法时使行为变得更开明、更连贯、更富有生气，这不是不可能的。

“道德观念”和“关于道德的观念”之间的这一区别给我们说明了校内的教师和校外的教育评论之间一种不断出现的误解的根源。后者仔细查看了学校工作计划、学校中开设的课程，但没有看到为伦理的教学或为“道德训练”留出任何地盘。于是他们断言，学校在性格训练上什么事也没有做，或几乎什么事也没有做。关于公共教育在道德教育上的不足，他们变得语气强烈，甚至感情激昂。另一方面，校内教师则抱怨这些批评是不公正的，认为他们不仅“教道德”，而且他们在每周五天中每日每时每刻都在教道德。在这个争论中，教师大体上是正确的，如果他们错了，那不是因为没有留出毕竟只能是关于道德的教学的专用课时，而是因为他们自己的性格或他们学校中的气氛和理想、或他们的教学方法、或他们所教的教材不能详细地使智力的成果与品格生动地联合起来，以便使它们成为行为中起作用的力量。因此，如果不去讨论所谓直接的道德教学（或最好说是关于道德的教学）的局限性或价值，那就可以确定一个十分重要的观点：当我们考虑到通过教育使道德成长的整个领域时，直接道德教学的影响，充其量说，在数量上是比较少的，在影响上是微弱的。所以，这种更大范围的、间接的和生动的道德教育，通过学校生活的一切媒介、手段和材料对性格的发展就是我们现在讨论的题目。

二、学校集体给予的道德训练

不能有两套伦理原则，一套是为校内生活的，一套是为校外生活的。因为行为是一致的，所以行为的原则也是一致的。讨论学校中的道德，似乎学校是一个孤独存在的机构，这种倾向是十分不幸的。学校和学校主持人在道德上的责任就是对社会的责任。从根本上说，学校是由社会建立起来完成一定的特殊工作的机构——执行一定的特殊职能以维持生活和增进社会的福利。教育制度如果认识不到这个事实所赋予它的伦理责任，就是不负责任和玩忽职守的。它不是在做使它所以存在而应该做和自称要做的事情。因此，一般地说，学校整个的结构特别是它的具体工作，需要时时联系学校的社会地位和职能去加以考虑。

公立学校制度的道德工作和价值在整体上要用它的社会价值去衡量，这个观点的确是人们所熟知的见解。可是，人们常常把它理解得太狭隘和太古板了。学校的社会性工作往往局限于训练公民资格，而公民资格又被从狭义上理解为明智地投票的能力和服从法律的素质，等等。但是，这样限制和束缚学校的伦理责任是无益的。儿童是一个人，如果他不能作为一个完整的、统一的人过他的社会生活，就必然要遭受损失，产生摩擦。从儿童所具有的许多社会关系中选出一个，而且仅仅凭这一个社会关系规定学校的工作，就像建立一个庞大的、复杂的锻炼身体的制度，而其目标只要求发展肺部和呼吸的能力，而不管其他器官及其功能。儿童在智力上、社会性上、道德上和身体上是一个有机的整体。我们必须从最广义上把儿童看作社会的一个成员，要求学校做的任何事情都必须使儿童能够理智地认识他的一切社会关系，并参与维护这些关系。

把公民资格的形式上的关系与和它实际上交织在一起的整个关系隔离开，设想有一门特殊的学科或处方能够把儿童造就成良好的公民；换句话说，设想良好的公民不是社会的完全有能力的、有用的成员，不是全部身心的力量都处于支配下的人，而是别的什么样的人，这是有阻碍作用的迷信，我们希望它快点从教育问题的讨论中消失。

儿童不只是要成为投票人或法律服从者，他也要成为家庭的一个成员，他自己反过来又很可能要抚养和培养未来的儿童，借以保持社会的连续性。他要成为一个从事某种有益于社会并能维护他自己的独立和自尊的职业的工作人员。他要成为某个特定的邻里和社区的一个成员，必须对生活的价值作出贡献，不论他在哪里，都要为文明增光添彩、锦上添花。这些都是简单明了的规范的论述。但是，如果我们想象它们的具体细节，我们就看到了一幅宽阔的、多样化的情景。儿童按这些多样化的职能摆正自己的位置，就意味着科学、艺术、历史的培养作用，意味着掌握探索的基本方法和交际、交流的基本工具，意味着有教养的、强健的身体、灵巧的眼和手，意味着勤勉和坚忍的习惯，一言以蔽之，有用的习惯。

此外，在美国，儿童要成为其中一个成员的社会是一个民主的、进步的社会。必须教育儿童既能领导，又能服从。他必须具有自我指导的能力和指导别人的能力、管理能力、承担职责的能力。对于培养领袖才干的这种需要，在工业方面和政治方面都是同样重要的。

新发明、新机器、新的运输和交往的方法，每年都在改变着整个景象。为固定的生活岗位培养儿童是绝对不可能的。只要办教育是自觉或不自觉地以此为基础，其结果就是使未来的公民不适应于任何生活岗位，而是把他造就成一个寄生虫、食客或前进运动中的绊脚石。他不能关照自己和关照别人，而是一个自己需要别人关照的人。这里也必须以最广阔、最自由的精神解释学校对社会所负的任何责任；这就是对儿童的培养要能培养他的自制，使他能照管自己；使他能不仅适应正在发生的变化，而是有能力去形成变化、指导变化。

离开了参与社会生活，学校就既没有道德的目标，也没有什么目的。只要我们把自己禁闭于成为孤立机构的学校，我们就没有指导原则，因为我们没有目标。例如，据说教育的目的是个人一切能力的和谐发展。在这里显然与社会生活或社会成员身份没有关系，然而很多人认为这是教育目的的一个适当的、彻底的定义。但是，如果我们独立于社会关系之外来理解这个定义，我们就无法说明所用的任何一个名词是什么意思。我们不知道什么叫能力，我们不知道什么叫发展，我们不知道什么叫和谐。能力只有与它所派上的用场联系起来，只有与它必须履行的职责联系起来，才成其为能力。如果我们抛开了社会生活所提供的用途，我们就只能用陈旧的“官能心理学”来说明什么叫能力，什么叫特殊能力，等等。这个原理局限于列举一大堆能力，如知觉、记忆、推理等等，然后就宣称，这些能力中的每一种都需要加以发展。

于是，教育变成了一种体操。敏锐的观察力和记忆力可以通过学习汉字得到发展，推理的敏捷性可以通过讨论中世纪经院哲学的精妙问题获得。简单明了的事实是，除了有独创性的做铁匠的能力、做木匠的能力或制造蒸汽机的能力以外，没有任何孤立的观察能力、记忆能力或推理能力。简略地说，能力是为完成某些特定类型的工作而使之协调起来、组合起来的特殊的冲动和习惯。我们必须知道个人必须在其中运用能力进行观察、记忆、想象和推理的社会情况，以便得到任何方法去说明精神能力的训练到底是什么意思。

在解释这个特殊的教育定义时所主张的东西，对于我们不论从什么观点探讨这个问题也是适合的。只有当我们联系到与学校有关的更大范围的社会活动来解释学校活动时，我们才能真正找到判断它们的道德上的意义的任何标准。

学校本身必须是一个比现在所公认的在更大的程度上生气勃勃的社会机构。有人告诉我说，某市有一所游泳学校，那里教青少年游泳而不到水里去，而是反复练习游泳所需的各种动作。当有人问一个受过这种训练的年轻人，在他掉进水里时他怎么办时，他干脆地回答："沉下去了。"这个故事恰好是真实的，如果它不是真实的，它似乎是个寓言，是为了使学校与社会的伦理关系典型的目的而特意编造出来的。除非学校重视校内典型的社会生活的情况，学校就不能成为社会生活的预备。现在，它正在大量地从事西西弗斯①的无益的工作。它正在努力养成儿童的习惯，以备社会生活之用，而这种社会生活几乎好像是被小心翼翼地、故意地排除在外，不使与儿童正在进行的训练接触。准备社会生活的唯一途径就是进行社会生活。离开了任何直接的社会需

① 西西弗斯（Sisyphus），希腊神话中的人物，科林斯王，因其诡谲贪婪，死后堕入地狱，被罚推一巨石上山，但巨石推上去后又滚下，要再推上去，如此循环不已。——译者注

要和动机，离开了任何现存的社会情境，要培养对社会有益和有用的习惯，是不折不扣地在岸上通过做动作教儿童游泳。最必需的条件未被考虑，结果也相应地是片面的。

学校的智力训练和道德训练之间、获得知识和性格成长之间的分离令人痛心。如果把学校看作并建成社会机构，且在其中拥有社会生活与社会价值，那么就不会出现上述分离。除非学校尽量成为典型的社会生活的胚胎，道德训练必然部分是病态的，部分是形式上的。当重点放在矫正错误行为而不是放在养成积极有用的习惯时，训练就是病态的。往往教师对学生的道德生活的关心所采取的形式是警惕他不遵守学校的规则和常规。从这时儿童发展的立场来判断，这些规章都多少是传统的、专横的。它们是为了现存的学校工作方式可以继续下去而不得不制定出来的规则；这种学校工作方式缺乏内在的必需的东西，这种缺陷自身，从儿童方面，反映出一种感觉，即学校的道德训练是专横的。迫使教师注意防止失败而不是注意健康成长的任何情况，都是提出错误的标准并造成歪曲和误入歧途的后果。注意防止错误行为应该是偶然的，而不是一条原则。儿童对自己在干什么应该有积极的认识，以便从他必须做什么的立场判断自己的行为。只有这样，他才真正有充满活力的标准，一个使他能够为了未来而从失败中吸取教训的标准。

我说学校的道德训练是形式上的，我的意思是说，学校现时强调的道德习惯，似乎都是特地创作出来的习惯。即使是果断、条理性、勤勉、不打扰别人的工作、忠于所承担的工作，这些学校中特别谆谆教诲的习惯，都是仅仅因为学校制度是现在的样子必须保护它不受触动才需要的习惯。就算我们承认现在这个样子的学校制度的不可侵犯性，承认这些习惯是永久的、必需的道德观念，但是，正是因为学校制度本身是孤立的、机械的，坚持主张这些道德习惯多少是幻想的，因为与它们有关的理想本身是不必要的。换言之，这些义务明确地是学校的义务，而不是生活的义务。如果我们将这种情况与井井有条的家庭的情况作一比较，我们就会看到，儿童在那里要认识的义务与责任，不是属于作为专门化的、孤立的机构的家庭，而是来自家庭所参与的并为之作出贡献的社会生活的真正性质。儿童在学校中必须有同样的正确行为的动机，用同样的标准评价，如同成人在他所属的更广大的社会生活中那样。对社会福利的兴趣，一种理智的、实际的也是情绪上的兴趣——就是说，能看出对社会秩序和社会进步有利的东西并将这些原则付诸实行的兴趣——这就是一切特殊的学校中的习惯必须与之联系起来的道德习惯，如果它们要靠生活的气息而变得生气勃勃的话。

三、来自教学方法的道德训练

以学校的社会性质作为一定的道德教育的基本因素这一原理，也可以应用在教学方法问题上——不是在它们的细节上，而是在一般精神上。于是，着重点是放在建造和发表上，而不是放在吸收和单纯的学习上。我们未能认清后一种教学法在本质上是多么个人主义的，是多么不自觉的。然而可以肯定地说，在实际上它们反映到儿童的判断方式和行动方式中去了。试想象40名儿童全都忙于读同样的书本，而且日复一日地准备和背诵相同的课文，试设想这种过程构成他们工作的绝大部分，试设想从他们在一个课时内能够学到什么以及在一堂口述课内能背出什么这种立场去评估他们的工作。几乎没有机会进行任何社会分工，没有机会让每个儿童完成一点专属于他自己的东西，他可以贡献给共同的储存物的东西，而他又转过来分享别人的产品。全体儿童都被安排恰恰是只做同样的工作，制造同样的产品。社会精神得不到培养——事实上，只要纯个人主义的方法进入他的工作中，社会精神就会因不用而萎缩。为什么学校中的朗读是乏味的？原因之一就是运用语言的真正动机——要与别人交流和学习的欲望——没有得到利用。儿童完全知道教师和全体同学的面前都有和他所有的正好相同的事实和观念，他根本没有给他们任何东西。人们可以怀疑，道德上的欠缺是不是和智力上的欠缺一样严重。儿童生来就有要发表、要做事、要服务的天然欲望。当这种倾向没有得到利用时，当出现其他动机取而代之的情况时，一种反社会精神的影响的积累就比我们所能想到的要大得多——特别是当工作的负担一周又一周、年复一年地降临到这方面的时候。

但是，缺乏培养社会精神还不是问题的全部。从积极方面说，个人主义的动机和标准得到了反复灌输。必须找到某种刺激使儿童用心于他的功课。充其量这种刺激是他爱戴教师的感情，再加上他感到自己没有违反校规，于是，从消极方面说，即使不是积极的，也是对学校的利益作出了贡献。只要这些动机能发挥作用，我们没有什么好说要去反对它们，但它们是不够的。在要做的那件工作和对第三者的感情之间的关系是外部的，而不是内在的。所以，一旦外来条件改变，它就容易崩溃。此外，这种对某一特定的人的依附，当从社会性方面来看待时，就可能变成隔离的、排他的，乃至具有自私的性质。不论在何种情况下，儿童应当逐渐从相对说来属于外部的动机中摆脱出来，乐于去理解他所做的工作的社会价值，因为它与生活有更广阔的联系，而不是被束缚于两三个人。

但不幸的是，动机并不总是这种比较好的动机，而是与显然是个人主义的低级动机混在一起。畏惧几乎可以肯定算作动机——不一定是身体上的畏惧或畏惧惩罚，而是畏惧失去别人的称赞，或畏惧失败，甚至形成病态，完全失去信心。另一方面，还有竞赛和竞争的动机。正因为全体学生都做同样的工作，对工作的成绩评估（与分级或升级有关的口述或考试）不是从他们的个人贡献着眼，而是从**比较**成功上着眼，于是过分求助于胜过别人的感觉，而胆怯的儿童就感到沮丧。对儿童的评价是根据他们实现相同的外来标准的能力。弱者逐渐丧失了对自己的能力的信心，安于总是低人一等的地位。它对于自尊心和重视工作所产生的影响就不用详说了。强者学会了得意扬扬，不是因为他们的力量，而是因为事实上他们比别人强。儿童在尚未成熟时就被抛入个人主义竞争的境地，而这还是竞争应用得最少的方面，就是说，在智力和艺术问题上，它的规律是合作和共同参与。

也许被动吸收和为了身外的地位而竞争之外的另一种错误可能是无休止地强调为遥远的未来作准备。我在这里还没有说到，那些生活在今天的儿童，当他们在对他们很少意义甚至毫无意义的、模糊的、不确定的未来的名义下被提出要求时所出现的能力和活力上的浪费。我想到的倒是，当工作的动机是未来的而不是现在的时候所发展起来的习惯上的因循，以及当工作不是按现在的需要、现在的责任去评价，而是按外部的结果如考试及格、升级、升学、上大学等等去评价时所产生的错误判断标准。没有什么事本身是值得做的，只有当它是为某种别的事情作准备时才值得做，而别的事情反过来又只是为遥远的十分重要的目的作准备，从这种经常的印象中产生的道德上的损失，谁能估计有多少？此外，一般说来，可以看到，遥远的成功主要是对那些要抢在前面——抢在别人前面——的个人主义欲望已经成为非常强烈的动机的人们才有吸引力。那些个人野心已经很强烈、为未来的胜利描绘光辉图景的人是会受到感动的，其他本性较宽厚的人是不会作出响应的。

我不能停下来描绘其他方面的情景。我只能说，对儿童的活动能力，对他在建造、制作、创造方面的能力有吸引力的每一种教学法的采用，都标志着把伦理的重心从自私的吸收转移到社会性的服务上来的机会。手工训练不仅是用手，它不仅是智力的，在任何一位优秀教师的手里，它易于而且几乎是当然地有助于社会性习惯的发展。自从康德哲学以来，美学理论的一个普通常识是：艺术是具有普遍性的，它不单是个人欲望或爱好的产物，或仅仅能被个人占用的，它具有凡能领悟它的人都能参与的价值。即使是在那些最自觉地把重点放在道德问题的考虑上的学校里，学习和口述的方法也可能把重点放在鉴赏上，而不是放在能力上，放在同化他人经验的情绪上的准备上，而不是放在发扬这样一种价值的经过教导和训练的能力上，这种价值只有在别的情况下和过去的时代才赋予经验以意义。不管怎么说，作为学和做分离的结果，教学和品格之间的分离仍然在我们学校中存在（尽管个别教师作了努力）。企图把真正的道德效果放在学习过程中，放在与学习相关的习惯上，只能导致一种拘泥于形式、专横和过于重视防止犯规的训练。现在已经取得的那么多的成就表明：提供交流、合作和积极的个人成就机会的学校活动是可能有各种方法的。

四、学科的社会性质

在很多方面既决定学校的一般气氛，又决定教学方法和训练方法的，是学校生活中使用的教材。一种贫乏的“学科”，就是说一个贫乏的、狭隘的学校活动的领域不可能有助于生气勃勃的社会精神的发展，或有助于用同情和合作而不是用吸收、排他性和竞争的方法。因此，知道怎样将道德价值的社会标准应用于学校工作的教材上，应用于传统上我们称为学生学习的“学科”上去，就成了一个头等重要的问题。

要把一门学科看作使儿童认识社会活动的情况的一种工具。这样看问题，就提出了选择教材和判断价值的标准。我们现在有三种独立的价值观已经形成：一种是文化修养的价值，另一种是知识的价值，再一种是训练的价值。实际上，这些只是社会性解释的三个阶段。知识只有在呈现社会生活背景中的材料的明确形象和概念时，才是名副其实的或有教育性的。训练只有在它代表把知识反映到个人自己的能力中去、使他将能力服务于社会目的时，才是名副其实的或有教育性的。如果文化修养要成为名副其实的或有教育性的而不是外表光鲜或人为的装饰，就要代表知识和训练的生动的联合。它标志着个人的人生观的社会化。

可以简短地提一下少数学科作为例证来说明这一观点。首先，事实本身没有分界线把它们划分成分别属于科学的、历史的或地理的。现在通行的鸽子笼式的分类（一开始就把学生分到包括在大量不同教科书中的不同学科中去所促成的分类）在关于各门学科的相互联系上、各门学科与它们所从属的整个智育的关系上滋长了一种完全错误的观念。事实上，这些学科都必须与同一个最后的现实发生关系，就是说，与人的自觉经验发生关系。只是因为我们有不同的利益或不同的目的，我们才把材料加以分类，把一部分贴上科学的标签，一部分贴上历史的标签，一部分贴上地理的标签，如此等等。每一“类”都是代表着按照某一占主导地位的典型的社会生活的目标或过程加以安排的材料。

这种社会标准是必要的，不仅是为了使一门学科与另一门学科区别开来，也是为了掌握每门学科被划分出来的理由——提出该学科的动机。例如，我们应当给地理下怎样的定义？在地理学不同的所谓分支学科——数学地理、自然地理、政治地理、商业地理——中有什么统一性？它们是以我们偶然碰到的一大堆不同的事实构成无理性的事实为基础的纯粹经验上的分类吗？或者，有没有将这些材料按不同标题分类的内在原则——人们的心智在对待这些材料的兴趣和态度中有没有某些起作用的东西？我应当说，在与人类生活和自然的相互作用有关的社会生活的一切方面都与地理有关联，或者说，地理与作为社会相互作用的情景的世界有关系。因此，凡是与人对自然环境的依赖性有关或者与通过人的生活在这个环境里引起的变化有关的任何事实，都会成为地理的事实。

因此，上述地理的四种类型代表了在讨论人类生活与自然的相互关系时抽象出来的四种日益增多的活动舞台。开始必然是社会地理，直率地承认地球乃是相互发生关系的人们的栖身之所。这句话的意思，我是说，任何地理上的事实的本质都是两个人或两群人的意识，他们由于自然环境，同时既互相分开又互相联合。我是说，看到这些人怎样在以自然环境为媒介的活动中同时既分离又联合在一起，这是有趣的。湖泊、河流、山岳和平原的最终意义不是自然的，而是社会的，是它在规定和指导人类的相互关系中所起的作用。这里显然包含着“商业”这个名词的延伸。它必定与狭义的商业有关，而且与受到自然的形态和特性影响的人类的交往和相互交流相关的一切方面都有关系。政治地理代表了从静态看而不是从动态看的同样的社会相互作用，就是说看作暂时定形并以某种形式固定起来的东西。自然地理（它不仅包括地貌学，而且包括对植物群和动物群的研究）代表了进一步的分析和抽象。它研究决定人类行为的条件，暂时不考虑他们具体进行活动的方式。数学地理使这种分析回到更高更远的条件，表明地球的自然条件不是最终的，而是依赖于这个世界在一个更大的系统中所占的地位。换言之，这里在一步一步地追踪着把直接的社会职业和人群的划分与最终决定他们的整个自然系统联系起来的纽带。一步一步地情景增大了，成为社会行为构成部分的形象拓宽了、扩大了，连接的链条是绝不会断裂的。

一门接着一门地讨论这些学科而又想表明它们的意义是同样受社会所考虑的事情的支配，这是办不到的。但是，我不能不就历史说几句话。历史对儿童是生动的还是死板的，这决定于它是否从社会学的角度提出来。当我们把历史仅仅看作过去了的事情的记录时，它必然是机械的，因为作为过去了的事，过去是遥远的，只因为是过去的事，所以没有引起对它注意的动力。历史教学的伦理价值是根据将过去的事情用作理解现在的工具能达到何种程度来衡量的——在何种程度上能对构成今天社会的结构和运转的东西提供洞察力。现存的社会结构是非常复杂的，要儿童整体地投入对它的学习并在思想上获得它的确定形象，实际上是不可能的。但是能够像透过望远镜那样选择能展示现存秩序的主要成分的历史发展的典型阶段。例如，希腊是艺术和个人表现能力增长的象征，罗马展示了巨大规模的政治生活中的各种因素和各种势力。或者，由于这些文明本身都比较复杂，学习更简单一些的文明初期的狩猎方式、游牧生活和农业生活，学习铁的采用的效果，铁制工具，就可将复杂的东西化为更简单的因素。

历史教学往往不能产生更好效果的原因之一，是使学生获得知识的方式未能使任何一个时代或因素在他的心理中成为突出的典型，一切东西都被弄成平铺直叙。要获得必要的观察事物的眼力，办法是把过去看作有些因素增大了的现在的投影。

对比的原则与相似的原则一样重要。因为现代生活与我们如此接近，处处都影响着我们，我们不能离开它而如实地去观察它。一切事物都没有清楚地、鲜明地突出其特征。在学习过去各个时期时，就必定会注意到显著的区别。这样一来，儿童就获得了一个发挥其想象力的场所，通过想象使自己从现在的周围环境的压力下摆脱出来并对它们作出解释。

在关于社会进步的**方法**的教学中，历史也同样是有用的。大家都说必须从因果的立场学习历史。这种说法是否正确，取决于对它的解释。社会生活是如此复杂，它的各个部分是如此有机地联系着，又与自然环境有机地联系着，所以不可能说这件事或那件事是某件其他特殊事件的原因，但是学习历史可以显示在发现、发明和新的生活方式等等方面的主要工具，是这些工具开创了社会进步的伟大时代；历史能向儿童提出各种类型的社会进步的主要方向，能够把进步途中的主要困难和障碍摆在他的面前。再说一遍，要做到这一点，只有承认各种社会力量本身永远都是相同的——在一百年前和一千年前起作用的势力和现在起作用的势力是同一类的——特殊历史时期为说明各种基本力量起作用的方式提供了例证。

因此，一切都仰赖于从社会的立场看待历史，把它看作曾经影响社会发展的各种媒介的证明，看作社会生活在其中表现自己的典型组织机构的描述。文化分期说虽然起了好的作用，也未能认识到联系现在看待过去各个时期的重要性——看作对社会结构的典型因素提供洞察力，它看待这些历史时期太注重于似乎认为它们本身有什么意义和价值。运用传记法的方式也说明了同样的观点。人们往往把传记法看作从儿童的意识中排除（至少是重视不足）人群联合起来的各种社会力量和原则的方法。儿童易于从传记的立场对历史发生兴趣，这是十分正确的；除非联系到英雄人物背后的、他所估量和指导的社会生活来看待“英雄人物”，历史就有变成不过是激动人心的故事的危险。于是道德的教学就从有关的特殊人物的生平中获得某些教训，而不是扩大和加深儿童对社会关系、理想和方法的想象力。

请记住，我不是就事论事地提出这些观点的，而是根据这样一个普遍的原理：当一个学科是按照了解社会生活的方式去教的时候，它就具有积极的伦理上的意义。正常儿童所不断需要的与其说是关于诚实可靠的重要性的孤立的道德教训，或爱国主义的独特行为必然带来的有益结果，毋宁说是社会性想象的习惯和概念的形成。

我再举一个例子，这就是数学。数学是否能完成它的全部目的，决定于是否以它作为一个社会性的工具。流行的知识与性格的分离，知识与社会行动的分离也蔓延到了这一方面。数学课一旦离开了它在社会生活中的应用方面所占的地位，就会变成即使在纯智力方面也过于抽象的东西，它就会以没有任何目的和用途的、专门研究关系和公式的东西被提出来。初等学校的算术课感到头痛的就是缺乏动力。在或此或彼的和其他特别拙劣的教学法的背后，是极端错误地认为算术本身就是目的，而不是完成某种目的的工具。让儿童认识到算术有什么用处，它真正是为什么而存在的，问题就解决了一半。而这种对合理用途的认识包含了一些无疑是有社会性的目的。

在较高程度的算术课中的蠢事之一就是引导儿童进行数的运算竟达到这种程度：这些运算没有能体现其特点的特殊数学原理，而是体现了在商业关系中可以看到的某些一般原理。要训练儿童进行这类运算而又不注意到用得上这些运算的商业上的现实情况，或不注意使这些商业活动成为必需的社会生活条件，这既不是算术，又违反常识。要儿童做有关利息、合伙关系、银行、回扣等等一长串例题而又不作任何努力去考察一下在算术方面儿童对包含在算术中的社会实际情况是否有任何认识。这一部分算术就其本性说主要是社会学的。如果不能联系到有关社会实际情况的学习来教算术，就不如完全不教更好。像我们现在对学习的安排，还是和前面说过的在岸上一遍又一遍地学游泳的例子一样，同样在实际上产生错误结果。

在结束这一部分讨论时，我们可以说，我们关于道德教育的概念是太狭隘、太注重形式、太病态了。我们把伦理的这个名词与某些贴上美德标签的、从大量其他行为中分离出来的、与履行这些美德的儿童的惯常形象和动机更加分离的某些特殊行为联系在一起。道德教学因此与这些特殊美德的教学联系在一起，或与同它们有关的某些感情上的灌输联系在一起。道德被看作非常伪善的东西。最高的道德动机和道德力量不是别的，它恰恰是社会性的智慧——观察与理解社会状况的能力——和社会能力——经过训练的控制能力——为社会的利益和目标服务的工作。凡是能阐明社会构造的事实，凡是能增加社会资源的能力的培养，都是道德。

因此，我提请你们注意到学校道德的三位一体（the moral trinity of the school），作为这一部分讨论的总结。要求是：社会的智慧、社会的能力和社会的利益。我们的对策是：（1）本身就是社会机构的学校的生活；（2）学和做的方法；（3）课程。只要学校本身在精神上能代表真正的社会生活；只要我们所称的学校纪律、管理、秩序等等是这种固有的社会精神的表现；只要所用的方法对积极的建造能力有吸引力，允许儿童发表，因而允许他服务；只要课程的选择与组织能提供材料使儿童认识他必然在其中起一份作用的世界，认识他必须满足的需要：只要这些目的都达到了，学校就是组织在伦理的基础上。至于一般原理上、一切基本的伦理上的要求也就达到了。其余的则留在个别教师和个别儿童之间去解决。

五、道德教育的心理学方面

迄今为止，我已经考虑了构成行为的目的和结果的特点——它是“什么”。但是，行为也还有一定的方法和精神——它是“怎样”。可以把行为看作一种个人的态度和素质的表现以及社会结果的实现和社会结构的维护。把行为看作个人的行动方式、亲自做事，就使我们从道德的社会方面转入道德的心理学方面。首先，一切行为都最终地、主要地产生于先天的本能和冲动。我们必须知道这些本能和冲动是什么以及在儿童发展的某一特定阶段它们是什么，以便知道求助于什么，建立在什么基础之上。忽视这一原理就会导致对道德行为的机械模仿，但模仿在伦理上将是僵死的，因为它是外部的，它的中心是在个人之外而不是在个人之内。换言之，我们必须研究儿童以获得一些迹象、征候和暗示。不能把儿童多少带有自发性的行为看成是教育者的努力必须遵循的固定的道德形式——因为这只会造成损害儿童的结果；它们是需要加以解释的征候，是需要以直接方式作出反应的刺激；不论材料的形态如何变化，它是未来的道德行为和性格的唯一的最后组成部分。

其次，我们的伦理原理需要用心理学的名词来加以说明，因为是儿童为我们供给了实现道德理想的唯一工具和手段。课程中的教材不论怎样重要，不论是多么审慎地挑选出来的，在把它转译成个人自己的活动、习惯和欲望的名词以前，它是没有确定的道德内容的。在我们从历史、地理、数学中获得道德的潜能以前，我们必须知道，用心理学的名词说，也就是作为亲身经验的方式，什么是历史、地理和数学。

当然，从心理学观点看教育可以归结为对性格的考虑。说性格的发展是一切学校工作的目的，这是一个普通常识。困难在于这个观点的实行。实现这个观点的根本困难是对什么是性格缺乏明确的概念。这可能是极端的说法。果真是这样，可以将这个说法换成另一个说法，即我们一般把性格只是作为结果来理解，我们没有从心理学的角度对它有一个明晰的概念——就是说，把它看作一个过程，看作工作着的或动态的。我们是从性格产生的行动的角度知道什么是性格的，但是我们没有从它的内部着眼对它有一个明确的概念，即把它看作一系列工作着的力量。

（1）力量、实行的效率或明显的行动是性格必要的组成成分之一。在我们的道德书籍和讲义中，我们可能把重点放在良好的意向等等上面。但是实际上我们知道，我们希望通过教育去培养出来的那种性格，不是仅有良好意向的那种性格，而是坚持实现其意向的性格。任何别的性格都是空洞无聊的废话；是伪善，而不是善。在生活的实际冲突中，个人必须有能力站得住脚，有所作为。他必须有主动性、坚持性、坚定性、勇气和勤勉。简言之，他必须具有“性格的力量”所包含的一切东西。毫无疑问，个人在这方面的天赋是差别很大的，但是每个人的冲动、前进的倾向和对做事的迫切愿望仍然有一定的基本特征。在这方面，教育的问题就是要发现这种天生的能力蕴藏是什么，然后利用它（提供刺激和控制的条件），把它组织到一定的继续保存下去的行动方式即习惯中去。

（2）但是，除了纯粹的力量以外，还需要别的东西。单纯的力量可能成为粗野的，它可能践踏别人的利益。即使目的是正当的，在实现目的时也可能侵犯别人的权利。除此以外，在单纯的力量中，不能保证有正当的目的。效率可能指向错误的目的并造成实际的危害和破坏。如前所述，必须对能力加以指导。必须沿着社会的渠道对它加以组织，它必须从属于有价值的目的。

这包括理智和情绪两个方面的训练。在理智方面，我们必须有判断力，即通常叫作良好的鉴别力。单纯的知识和判断之间的区别在于前者只是被掌握了而没有得到应用，判断是以关于实现的目的所指导的知识。良好的判断就是对各自的或相称的价值的鉴别力。一个有判断力的人就是有估计形势的能力的人。他能把握他所面临的情景或形势，不理会不相干的事情或在当时不重要的事情；他能抓住值得注意的因素，根据它们各自的要求把它们分成档次。仅仅抽象地知道什么是正当的，仅仅只有一般地遵循正当事情的意向，不论它是多么值得称赞，绝不能代替这种经过训练的判断能力。行动总是具体的，它是确定的和具有个人特征的。所以，除非它得到关于产生行动的情境中的实际具体因素的知识的支持并受这种知识的支配，它必然是相对无益的、多余的。

（3）但是，对目的的认识必须不仅是理智上的。我们能够想象一个有最出色的判断力的人，然而他不能根据他的判断去行动。不仅必须有力量保证在实行中克服障碍，而且必须有机灵的个人的灵敏反应——必须有情绪上的反应。实际上，没有这种敏感性，是不可能有良好判断力的。除非对情况、对别人的目的和利益有一种迅捷的、几乎是出自本能的敏感，判断力中的理智就没有适当材料可以发挥作用。正如知识的材料是通过感觉提供的，伦理知识的材料则是情绪上的敏感性所提供的。这种特性难以用言语表达，但是我们大家都知道强烈的、刻板的性格和富于同情心的、灵活的、开放的性格之间的区别。抽象地说，前者可能和后者一样是真诚地忠于道德观念的，但在实际上，我们宁取后者。我们指望后者靠机智、靠对别人的要求有本能的认识，靠调节的技巧，比仅仅靠墨守成规的前者取得更多成就。

因此，这里就有了道德标准，用它可以检验学校直接为个人所做的工作。

（a）现在作为一种制度的学校是否对自发的本能和冲动有足够的重视？它是否为这些本能和冲动提供了足够的机会使它们能维护自己的权利并产生它们自己的结果？我们能不能甚至说现在学校一般说来是依靠积极的建设性的能力而不是依靠吸收和学习的过程？因为我们所想象的自我活动是与通过眼和手起作用的冲动没有关系的、纯粹“理智上的”，我们所说的自我活动是否大都使自己变得没有意义了？

只要现在的学校教学法不能经受这些问题的检验，道德上的结果就必然是不能令人满意的。除非我们愿意为它付出代价，否则我们就不能获得积极的性格力量的发展。我们不能窒息和压抑儿童的能力，或使它们渐渐夭折（由于没有运用的机会），然后又期望他们有主动性的、一般勤勉的性格。我知道依靠禁止的重要性，但仅仅只是禁止是没有价值的。唯一的限制、唯一有点价值的约束是来自控制力量使之集中于积极目的的那种约束。除非我们能防止本能和冲动任意泛滥，防止它们出轨，否则目的是不能达到的。为了保持力量用于有关的目的，是有充分的机会运用真正的禁止的。说禁止比能力重要，这无异于说死比生更重要，否定比肯定更重要，牺牲比服务更重要。

（b）我们对学校工作的检验还必须看它是否提供形成良好的判断所必需的条件。判断力像相对价值的分辨能力一样包含着选择和鉴别的能力。获得知识永远不能发展判断能力。判断力的发展是与把重点只放在学习上的教学方法无关的，也不是因为有这种教学方法才得到发展的。只有当获得的知识必须付诸应用时，才谈得到检验。它将不负我们所望吗？我曾听一位有丰富经验的教育者说，根据他的看法，今天的教学在智力方面的最大缺陷是看到儿童在离校时没有心智上的洞察力，事实对他们来说似乎全都是一样重要的，既没有突出的，又没有背景，没有用价值的天平将事实分类和分成档次的本能性和习惯。

除非儿童在形成和检验判断力中不断得到锻炼，否则他是不可能获得判断力的。他必须有机会为自己作选择，有机会尝试把他的选择见诸实行，他才能经得起最后的检验，即行动的检验。只有这样，他才能学会鉴别哪些是有成功希望的，哪些是可能失败的；只有这样，他才能养成习惯把他的目的和见解与决定它们的价值的情况联系起来。作为一种制度，学校现在能为这一类实验提供足够的机会吗？除非学校工作的重点是放在理智的活动上，放在积极的探究上，否则它就没有为作为良好性格构成成分的判断力提供必要的条件。

（c）我只简短地说一下另外一点，即需要有灵敏反应和敏感性。教育的非正式的社会方面，美学的环境和影响，是头等重要的。只要这项工作是按不变的、公式化的方式设计出来的，只要没有机会在学生之间、师生之间进行随意的、自由的社交，儿童天性中的这一方面不是处于饥饿状态，就是任其沿着某种秘密渠道胡乱表现出来。当学校制度以有用（这里所说的有用是狭隘功利主义的）为借口把儿童局限于3Rs和与之相关的正式学科，把他排斥于文学和历史的要害之外，剥夺他接触优秀的建筑、音乐、雕刻和绘画作品的权利时，要指望在培养富有同情心、不偏不倚和灵敏反应上取得确定结果，就没有希望了。

我们在教育上所需要的，是真正相信能够有效应用的道德原理的存在。就大多数儿童而言，我们相信，如果我们坚持要他们继续上学直到毕业，我们是能够对读、写、算进行教学的。实际上，即使是不自觉的，我们像对道德上的信心一样，对任何事情的可能性持怀疑态度。我们确实相信道德律、道德规则，但它们是不确定的。它们本身是孤立的东西。它们是如此纯正的“道德”，以至与日常生活中的平凡事务没有实际接触，这些道德原理需要用社会的和心理学的名词去论述，以使它们变得更周全。我们必须看到，道德原理不是专断的，不是超自然的，要看到“道德”这个名词并没有标明它只属于生活中的一个特殊的区域或部分。我们需要把道德转译成我们的社区生活的条件和各种力量，转译成个人的冲动和习惯。

其他一切都是薄荷、大茴香、小茴香。所需的一件事是，我们要认识到，像其他力量是实际的一样，道德原理也在同一个意义上是实际的，它们是社区生活中和个人活动的结构中所固有的。如果我们对这一事实获得真正信心，我们就获得了从教育制度中取得它应有的一切成效的唯一必要条件。依据这种信心去行动的教师就会看到，每一门学科、每一种教学方法、学校中的每一个偶发事件都孕育着培养道德的可能性。

纲　要

一、学校的道德目的

1. 道德观念和关于道德的观念

2. 道德教育和直接的道德教学

二、学校集体给予的道德训练

1. 社会伦理与学校伦理的统一性

2. 狭隘的形式的公民训练

3. 学校生活应为多方面的社会关系进行训练

4. 它应当训练自我指导能力和领袖才干

5. 离开社会状况没有各种能力的和谐发展

6. 学校活动应当是典型的社会活动

7. 学校中的道德训练趋向于病态的、形式的

三、来自教学方法的道德训练

1. 与被动的个人吸收相反的主动的社会服务

2. 个人主义动机和标准的正面教诲

3. 为外表的地位而竞争的弊病

4. 以遥远的成功为目的在道德上的浪费

5. 主动的社会的学习方式的价值

四、学科的社会性质

1. 学科的性质影响对学校的领导

2. 学科是了解社会状况的工具

3. 各门学科只是统一的社会生活的各个侧面

4. 学科的意义受社会原因的支配
5. 地理课研究的是社会相互作用的情景
6. 它的不同形态代表日益增加的活动场所的抽象化
7. 历史课是解释现存社会关系的工具
8. 它介绍社会发展的典型阶段
9. 它提供对比，因而提供洞察力
10. 它教以社会进步的方法
11. 某些历史教学法的失败
12. 数学是达到社会目的的工具
13. 商业数学的社会学性质
14. 总结：学校道德的三位一体

五、道德教育的心理学方面

1. 行为是个人表现的一种方式
2. 天生本能和冲动是行为的源泉
3. 道德理想必须亲身实现

（任钟印译）

教育中的兴趣与努力

Interest and Effort in Education

by

John Dewey

原书于1913年出版。本文译自J. A. 博伊兹顿编:《杜威全集(中期著作)》第7卷,南伊利诺伊大学出版社1980年版,第153—197页。

目　录

一、统一的活动与分裂的活动

在教育上兴趣对努力的讼案中，让我们考虑一下原告和被告各方的辩护词。兴趣的一方声称，它是注意力的唯一保证；如果我们以一系列的事实或观念引起兴趣，我们就能完全确信，儿童将运用他的能力去把握这些事实或观念；如果我们能在某种道德训练或行为方式上引起兴趣，我们同样可以确信，儿童的活动就能符合那个方向；如果我们不能引起兴趣，在某种特定情况下我们应该做什么就没有保障。事实上，训练说没有取得成功。假定儿童在从事一件他所不愿意从事的工作时较之心甘情愿从事的工作能得到更多智力的和精神上的训练，这是愚蠢可笑的。努力的理论只是说，非自愿的注意（去做某些令人讨厌的事，因为它是令人讨厌的）应该比自发的注意更重要。

实际上，全然诉诸努力是毫无意义的。当儿童感到他的功课是一项任务时，他去做功课只是出于被迫。一旦外部的压力中止时，他那从束缚中摆脱出来的注意力立即就飞向使他感兴趣的事。在"努力"的基础上培养长大的孩子获得了惊人的技巧，表面上似乎是专心致志于没有兴趣的功课，而他的能力的真正重心是在忙别的事情。实际上，这个理论本身是矛盾的。没有一点兴趣而要引起任何活动，从心理学上说是不可能的。努力的理论只是以一种兴趣替代另一种兴趣。它以害怕教师的或希望将来得到奖励的不纯的兴趣替代对提供的材料的纯粹的兴趣。归纳出这种特性的典型是埃默森[①]在他的《论补偿》(*On Compensation*)的开头所引证的典型，在那里他支持流行的补偿论，认为它的意思是，只要你现在充分作出自我牺牲，就允许你将来使自己得到更多满足；或者说，只要你现在表现好（好的表现包括注意于枯燥无味的东西），在将来的某个时候，你就会得到很多很多更加令人愉快的好处——那就是说，那时你可以表现不好。

虽然努力的理论总是向我们展示一个强有力的、生气勃勃的人物作为它的教育方法的结果，而事实上我们没有获得这样一种人物。我们所得到的或者是除了与他自己预想的目的和信念有关的事物外显得固执、不负责任、狭隘、执拗的人，不然，就是一个呆滞、机械、笨拙的角色，因为自发兴趣的生命之汁被挤干了。

现在我们可以听听被告的辩护词。另一种理论说，生活中充满了不得不面对的没有兴趣的事物，要求继续不断地被提出来，各种毫无兴趣特征的情况必须对付。除非一个人事先已经受过专心致志于枯燥工作的训练，除非已经习惯于注意某种事情只是因为必须注意它而不管它是否给个人提供满足，否则当他面临生活中的严肃问题时，他就会却步不前，或回避问题。生活不仅仅是一件愉快的事，或者不断地满足个人兴趣的事。在完成任务时必须继续不断地运用努力以养成应付生活中的实际劳动的习惯。舍此而外，只会蚀尽人的力量，只剩下一个苍白无力的、暗淡无光的人，处于一种不断地要求娱乐和消遣的道德依附状态。

---

① 埃默森（George Barrell Emerson，1797—1881），美国教育家。——译者注

姑且不谈未来的问题，即使在孩提时代，继续不断地求助于兴趣的原理是从外部刺激儿童，就是说，分散儿童的注意力。活动的连续性遭到破坏，事事都成了游戏、娱乐。这就意味着过度刺激，意志永远不起作用，依靠的是外部的吸引力和娱乐。一切事情都为儿童裹上了糖衣，而他很快就学会了从一切没有人为地用有趣的事物环绕起来的事情离身而去。这样做的必然结果是造就只做他所喜爱的事情的被宠坏了的孩子。

这种理论在智力上和道德上都是有害的。注意永远不是指向基本的、重要的事实，而仅仅是指向环绕着事实的有吸引力的包装物。即使一桩事实是令人厌恶的、索然无味的，迟早必须面对这种赤裸裸的事实。给它加上虚构的兴趣的装饰，不能使儿童较之开头时更接近事实。二加二等于四，这是本身必须掌握也必须自行掌握的，给它附加上小鸟和蒲公英的有趣故事，较之向他提供纯然赤裸裸的事实，儿童并不能获得对事实的更深的理解。假定儿童对数字关系感兴趣，这是自我欺骗。他的注意力只向往并接受与这种关系有关联的引起乐趣的形象。这样一来，这种理论就使自己的目的归于失败。更直截了当地说，一开始就得承认有些事实很少或者没有兴趣又必须学习，而对付它的唯一办法是通过努力，通过不管任何外来诱惑的影响而独立地进行活动的能力。按照这种办法所养成的只是摆在儿童面前的生活所必需的训练，即养成对严肃问题作出反应的习惯。

我已经将争论双方的主张分别加以陈述。稍加思考就会使我们相信，每种论点的长处不在于它自己所宣称的主张，而在于它对对方理论的弱点所作的攻击。每一种理论的长处是在否定的方面而不在肯定的方面。虽然有点令人吃惊但并不奇怪的是，在外表看来互相极端对立的两种理论的基础上，不自觉地假定有一个共同原则，这样一个共同原则在前面论及的双方各执一词的对兴趣与努力的理论中可以找到。

这个共同的假设就是对于自我控制的对象、观念或目的的外在性的假设。因为对象或目的被假定存在于自我之外，就必须使它变得有趣，使它以人为的刺激和对注意的虚构诱惑力装饰起来。或者，因为对象存在于自我的范围之外，就必须求助于单纯的意志力，求助于没有兴趣而仍作出努力。真正的兴趣原理是所要学习的事实或所建议的行动和正在成长的自我之间公认的一致性的原理；兴趣存在于行动者自己生长的同一个方向，因而是生长所迫切需要的，如果行动者要自主地行动的话。但愿这个鉴别的条件有一天被人们掌握，那时，我们就既不需要求助于单纯的意志力量，也不需要忙于赋予事物以趣味。

努力的理论意味着事实上的注意力的分割和随之而来的在智力上和道德上性格的分裂。所谓努力说的一大错误是它将心理的锻炼和培养与某些外部活动和某些外部结果等同起来。它假定，因为使儿童从事某一外部的任务，因为他成功地展示所需的产品，他就真正地在形成意志，而一定的智力上和道德上的习惯就处于形成的过程中。然而，事实上，意志的锻炼不存在于任何情况的外部假想；道德习惯的形成不能与在别人的要求下显示成果的能力等同起来。意志的锻炼表现在注意力方面，依赖于精神、动机和进行工作时的倾向。

儿童可能在外表上全神贯注于掌握乘法表并能在教师要他背诵时把乘法表背出来。教师可能自我庆贺儿童已经锻炼了他的意志力以便养成正确的习惯。不是这样，除非正确的习惯与展示某种所要求的结果的能力一致起来。在我们知道儿童在从事这一任务时内心忙于什么事，他的注意力、感情和倾向的主要方向何在以前，我们还没有触及教育性的培养的问题。如果这项任务对他有吸引力仅仅因为它是任务，则儿童只是在从事获得分裂了的注意力的习惯，他是在获得使他的眼、耳、唇、口指向呈现在他面前的事物以便记住它们的能力，而同时他却放任他的思想去考虑真正使他感兴趣的东西，这在心理学上是确定无疑的，正如物理学上作用与反作用的定律是确定无疑的一样。

若不承认是培养儿童的注意力的分裂，若不正视这种分裂的价值可能是什么这个问题，关于实际取得的教育性培养的任何理由都是不充分的。对于不得不完成的任务的外部的、机械的注意，不可避免地伴随着沿着愉快事物的方向胡思乱想。

儿童本能的力量、他实现自己的冲动的要求，是压制不住的。如果外部的条件使得儿童不能将他的活动用于要做的工作，他就令人十分惊奇地学会了为满足教师的要求而对外部教材仅仅给予恰如其分的注意，同时却留下其余的力量去穷究使他感兴趣的联想的事物。我不是说，在养成这种外部注意的习惯时其中绝对没有包含道德的培养，我是说，对于形成智力浪费的习惯，也是一个有道德含义的问题。

当我们为儿童获得的培养得很好的习惯（根据他应别人的要求复述功课的能力来判断）而自我庆贺时，我们忘记了怜悯自己，因为儿童的更深层的本性根本没有获得任何培养，而是听任他去追随自己的胡思乱想和转瞬即逝的杂乱无章的联想。我看不出任何人怎能否认，想象力的习惯和感情放纵的限度的培养至少与某些外部的行为习惯的发展是同样重要的。至于我自己，当涉及道德问题而不仅仅是实惠的问题时，我认为道德问题更加重要。我也看不出，凡是对大量现存学校的工作十分熟悉的任何人怎能否认，大部分学生都在养成注意力分裂的习惯。如果教师是熟练的、机智的，如果她是所谓优秀的严格训练的信奉者，儿童就会实实在在地学会以某种方式保持其感官处于专心致志的状态，但是他也将学会将他的本来会集中注意于有意义的教材的思想注意到别的方面去。假如我们正视已经离校的大多数学生的实际情况，那将是十分有趣的。我们会看到这种注意力的分裂，就会看到造成的分裂是如此异乎寻常，以致我们可能怀着极其厌恶的心情不再从事教学工作。虽然如此，我们最好还是承认事情的这种状况确实存在，承认它是那种强求注意力的刺激而未得其精神实质的各种情况必然造成的结果。

使对象和观念**变得**有趣的原理同样意味着对象和自我的分离。当事物必须被赋予兴趣时，那是由于事物本身缺乏兴趣。而且，这句话用词不当。事物、对象并不比它原先更令人感兴趣。它的感染力只是被附加在儿童对某种其他事物的爱好上面。他在某方面受到激励，同时希望在激励过程中以某种方式吸收不如此就令人厌恶的某种事物。存在着两种类型的愉快。一种是活动的伴随物。凡是取得成功的成就、优胜、前进的地方，都可以看到这种愉快。它是身体方面的能量的消耗。这种愉快往往是聚精会神于活动本身。它的存在是完整而没有分裂的。这就是在合理的兴趣中可以看到的那种愉快。它的源泉在于能满足有机体的需要。另一类型的愉快是从接触中产生的。它是感受性的特征。它的刺激是外部的。它是作为愉快本身而存在，而不是作为活动产生的愉快而存在。仅仅被某种外部的刺激所激发，这不是建设性地对付外部对象的任何活动的特质。

当对象是被赋予兴趣时，后一种类型的愉快就开始起作用了。对任何器官的一定数量的刺激都是愉快的，这一事实被利用了。由此产生的愉快是用来填补自我和某种本身没有兴趣的实事之间的鸿沟的。

其结果是能量的分裂。在不愉快的努力的情况下，这种分裂是同时发生的；而在这种情况下，它是相继发生的。它不是同时既有机械的、外部的活动，又有随机的、内部的活动，而是在激动和冷漠之间摇摆不定。如像在某些所谓的幼儿园中见到的那样，儿童在过度刺激期和呆滞期之间相互交替。而且，对任何特定器官，例如眼或耳的这种刺激本身都产生对更多同类刺激的进一步要求。在眼、耳方面也可能产生对愉快刺激的嗜好，犹如在味觉方面一样。有些儿童离不了经常呈现的鲜艳的色彩或悦耳的声音，就像酒鬼离不了他的酒壶。这就是这类儿童所特有的能量分散和浪费的原因，因为他们离不了外部的暗示，由于他们在独立行动时缺乏应变能力。

讨论至此，可以对它作出如下的概括：真正的兴趣是自我通过行动与某一对象或观念融为一体的伴随物，因为必须有那个对象或观念维持自我主动的活动。从与兴趣相反这个意义上说，努力意味着自我和所要掌握的事实或所要完成的任务之间的分离，并引发一种习惯性的活动的分裂。从外部讲，我们得到的是没有精神上的目的或价值的机械的习惯。从内部讲，我们得到的是杂乱无章的能量或心神恍惚，即一串完全没有目的的观念，因为没有使它们在行动上指向一个中心点。作为努力的对立面，兴趣仅仅意味着一方面是过度紧张造成，另一方面是没精打采造成的为提供愉快而对感觉器官的刺激。

但是，当我们承认在儿童内部有某些迫切要求发挥出来、需要表演出来以及使它们自己产生效用、获得训练的力量时，我们就有了一个可以依靠的牢固基础。在正常情况下，努力产生于使这些力量充分发挥作用因而使之生长、完善的企图。充分地按照这些冲动去行动包含着目的的严肃性、专注性和明确性，它导致形成坚定性和服务于有价值的目的的坚持的习惯。但这种努力绝不会沦为单调乏味的工作或死板生活的倾向，因为兴趣继续保持——充分考虑了自我。我们的第一个结论就是：兴趣就是统一的活动。

二、直接兴趣与间接兴趣

现在我们讨论第二个重要问题，即兴趣心理学。我从简短的描述性的陈述开始。第一，兴趣是积极的、投射的或推进的，是我们感兴趣。对任何事物感兴趣就是积极地与那个事物发生关系。对于一个事物仅仅有感情，这种感情可能是静态的、无生气的，而兴趣是动态的。第二，兴趣是客观的。我们说一个人有很多兴趣要关心或照料。我们谈论一个人的兴趣的范围，他的商业兴趣、乡土兴趣等等。我们把兴趣与事物或事务视为一件事。兴趣不像赤裸的感情那样仅以自身为目的，而是体现在一个相关的对象中。第三，兴趣是个人的，它意味着直接的关心，意味着对某种事情的得失攸关的承认，意味着某种其结果对个人具有重要意义的事情。它既有其情绪的方面，也有其活动的、客观的方面。专利法或电的发明或政治可能是一个人的主要兴趣，但这包含着他的个人幸福和满足是以某种方式与这些事情的兴旺发达密切相关的。

这些就是普通意义上使用的“兴趣”这个词的各种不同的含义。这个词的根本意思似乎就是由于认清其价值而集中注意力、全神贯注、专心致志于某种活动的意思。inter-esse（在两者之间）这个词的词源指明了同样的意思。兴趣标志着在个人与他的行动的材料和结果之间没有距离。兴趣是它们的有机统一的标志。①

1. 兴趣的积极的或有推进功能的方面使我回过头来考虑一下活动的冲动和自发的迫切要求或倾向。绝对不偏不倚地指向各方面的冲动，这种事是没有的。冲动往往是沿着或多或少的特定管道分化。冲动有它自身特殊的传导方式。关于两捆干草之间的驴子这个古老的难题是人们非常熟悉的，但是它的根本的谬误却不是如此为一般人所知。如果自我是纯然被动的，纯然惰性的，只是等待着来自外面的刺激，那么，这个假设的例子中的自我就会永远是无助的，就会饿死，因为它在两个食物来源之间保持平衡。它的错误在于假定有这种被动的状况。一个人往往已经在做某事，专心于某一迫切的事，此种进行中的活动往往偏好于一方面而不偏好于他方面。换句话说，驴子往往是已经在向一捆干草移动而不是向另一捆移动。身体上的斜视没有力量导致心理上的斜视，竟致使这只动物处于从两方面受到同等刺激的状态中。哪里有生活，哪里就有活动，具有某种自己的倾向或方向的活动。

我们的天然兴趣的根基在自发的冲动性活动的这种自然状态中，兴趣不再是消极地等待来自外部的刺激，而是冲动性的。在冲动的选择性或择优性的特性中，我们懂得了这样的事实：在任

① 诚然，“兴趣”这个词也在一定的贬义上被使用。我们说的是与原则相对立的兴趣，是行为动机只考虑个人私利的自私自利；但是这些既不是使用这个词的唯一的意思，也不是占主导地位的意思。完全可以认为这不过是对这个词的合理意义加以狭义的或贬义的使用。不管是什么情况，由于一方是在公认的价值或全神贯注的活动这种更广阔的、客观的意义上使用这个词，而另一方是在把它等同于自私动机这个意义上使用这个词，于是产生对“兴趣”这个词用法的争论，这似乎是确定无疑的。

何时候，如果是完全清醒的，我们总是对某一方面感兴趣而不对另一方面感兴趣。完全没有兴趣或不偏不倚地分配兴趣的情况和经院主义伦理中那个驴子的故事一样是虚构的。

2. 兴趣的客观方面。如前所述，每一种兴趣都从属于一个对象。艺术家对他的画笔、颜料和技巧感兴趣。商人对供需的波动和市场的动态等等感兴趣。不论我们以何种兴趣为例，我们都会看到，如果将兴趣所聚的对象除去，兴趣本身就会消失而回到空洞的感情中去。

错误开始于假定对象已经存在，然后才使活动产生出来。例如，油画布、画笔和颜料使艺术家感兴趣，是因为它们有助于他显示和提高他已有的艺术才能。在一个轮子或一根绳子中没有什么东西能激发儿童的活动，除非他们对已经活跃的某种本能或冲动有吸引力并给它提供实行的手段。当12这个数字只是一个赤裸的、外在的事实时，是不会令人感兴趣的；当它作为实现某种萌动的能量或愿望——制作一只盒子、测量一个人的高度等等的工具出现时，它就有了兴趣（正如陀螺或手推车或玩具火车有兴趣一样）。尽管程度不同，恰恰正是这条原则对最专门的科学知识或历史知识也是适用的——凡能促进行动、有助于精神活动的，就是有兴趣的。

3. 现在我们讲到情绪方面。价值不仅是客观的，也是主观的。不仅有表明为有价值的或值得花时间的事物，而且有对它的价值的评价。

因此，兴趣心理学的要旨可以作如下表述：兴趣主要是自我表现的活动的一种形态——就是说，通过作用于萌芽状态的倾向而出现的生长的一种形态。如果我们从所做的事这方面考察这种活动，我们就得到兴趣所依附的、所群聚的它的客观特征、观念、对象等等。如果我们考虑到它是自我发展，考虑到自我在这种满足中发现自己的力量，我们就获得了它的情绪的、鉴赏的方面。所以，真正兴趣的任何意义都必须把它理解为有着力所能及的、有直接价值的对象的外向活动。

在有些情况下，行动是直接的、即时的。它是在没有想到任何其他事情的情况下发生的，它是自我满足并自行满足的，其目的就是眼前的活动，因此不存在思想上的方法和目的之间的鸿沟。全部活动都具有这种直接的性质。纯美学的鉴赏接近于这种类型的行动。现在的经验只是为经验而左右我们，我们并不要求它使我们对它以外的某事感兴趣。对于儿童和他的球，业余爱好和听交响乐，眼前的对象就使他全神贯注。它的价值就在其中，就在直接在场的事物中。

另一方面，又有间接的、迁移的，或者用专门术语说是居间的兴趣。无关紧要的甚至令人厌恶的事情往往变得有兴趣，只是因为假定有我们以前所不知道的关系和联系。很多所谓有务实性格的学生在学习了需要以数学理论作工具的某种工程学以后，发现一度令人讨厌的数学理论由于有巨大的吸引力而变得光彩夺目。当音符和指法技巧被当作为学习而学习的对象并被孤立地对待时，儿童对它是不感兴趣的；当儿童认识到它可以帮助他更好、更饱满地表达对歌曲的热爱时，它就变得迷人了。它是否引人入胜，是一个关系问题。尽管幼小儿童只能看到切近的事物，当他的经验增长时，他就变得能扩展自己的眼界，不仅看到一种行为或一件事或一个事实的本身，而且把它看作更大的整体的一部分。如果这个整体属于他，如果它就是他自己的活动的模式，那么，它所包括的那件事或行为也就具有了兴趣。

在这里，也只是在这里，才是“使事情变得有趣”这个观念的真实意义所在。有些反对兴趣的人主张，在教材已经选定之后，然后教师就应使教材变得有趣。我不知道还有比这种主张更加败坏道德的说教。这种主张有两个彻头彻尾的错误。一方面，它使教材的选择变成与兴趣问题不相干的事——就是说，与儿童天生的迫切要求和需要毫不相干；另一方面，它使教学方法被贬低为或多或少是外部的、人为的、装点不相干的教材的诡计。实际上，“使事情变得有趣”这条原则的意思是参照儿童现在的经验、能力和需要选择教材，（如果他对这种吻合不觉察、不理解的话，）新教材的提出要使儿童能够联系到已经对他有意义的事情去理解新教材的意义、关系和价值。正是这种使之认识到新教材的意义构成了被朋友和敌人双方都误解了的真正的“使事情变得有趣”。

换句话说，这个问题乃是一个作为注意力的动力的、内在关联的问题。如果儿童不能更好地背诵地理课文就叫儿童在放学后留校的教师①是求助于居间兴趣的心理学。因读错拉丁字元音或音节的音量而敲打指关节的古老的英国方法是学习复杂的拉丁文时唤起兴趣的一种方式。哄孩子，或许诺能得到教师的喜爱，或升级，或能赚钱，或在社会上得到一个职位，是另一种类型。它们是迁移的兴趣。但是，评价它们的标准也正在这里：一种兴趣在多大程度上在外部从属于另一种兴趣或代替另一种兴趣？新的感染力、新的动力在多大程度上有助于解释、提出、叙述教材，

① 听说有人曾认真地主张放学后要孩子留校学习常能获得以前所不能有的对算术或文法的兴趣，似乎这证实了与兴趣相反的“训练”的功效。当然，实际情况是，更多的闲暇、提供的个别讲解的机会有助于使教材在儿童的大脑中产生适当的关联——他“得到了”它。

而没有兴趣就做不到？此外，它还是一个在两者之间的问题。这个问题可以说是方法与目的的关系问题。任何令人不感兴趣的或令人讨厌的事物，当人们把它看作是能达到已经支配着注意的目的的方法时，或者当人们把它看作是一个目的，而这个目的允许已经掌握了的方法去取得进一步的活动和出路时，它就变得有兴趣了。但是，在正常的生长中，对方法的兴趣和对目的的兴趣在外部不是紧密联系的。对方法的兴趣弥漫着、充满着因而改造着对目的的兴趣。前者阐明后者或重新评价后者——赋予后者以新的意义。一个男人有了妻室儿女，由此就对他的日常工作有了新的动力——他从中看到了新的意义并以前所未有的坚定性和热情贯注于其中。但是，当他把日常工作看作是内心不乐意的事、看作仅仅是为了工资报酬的苦差事时，情况就完全不一样了。方法和目的仍旧是隔离很远的，它们并不互相渗透。这个人并不是真正比以前对他的工作更感兴趣，工作本身成了唯恐避之不及的苦事。所以，他不能对它赋予充分注意。他不能无保留地从事这项工作。但是对一个人来说，对工作的每一分努力都实实在在地意味着与他的妻子和婴儿息息相关。在外部、在身体上，他们是远离的。在精神上，涉及他的生活计划，它们是一回事，它们具有同样的价值。相反，在索然无味的工作中，方法与目的在意识上仍然是分离的，犹如它们在空间和时间上是分离的一样。这个真理，对于在教学中依靠求助于外部动力而“创造兴趣”的任何企图也同样适用。

在天平的另一端，试以艺术创作为例。雕塑师有其所期望的目的、理想。为实现他的目的，他必须经历一系列中介的步骤，这些步骤在表面看来与目的是不相符的。他必须制作模型、浇铸、雕凿，完成一系列特殊的动作，其中没有一种动作展现出或就是他心中的美的形式，其中每一个动作都显示出个人精力的使用。但由于这些是完成其活动的必要手段，完成形式的意义被转移到这些特殊行为中。每一个泥塑模型的制作，每敲击一下凿子，对他来说都是这时尚处在实现过程中的全部目的，凡是属于这个目的的兴趣和价值也属于每一个步骤。他全神贯注于其中一个步骤，也同样全神贯注于另一个。不能做到这种完全的融为一体的任何表现都意味着是非艺术的产品，意味着他不是对他的理想真正有兴趣。在另一方面，他的兴趣最终被看作是作为方法的特殊过程所具有的目的。对它发生兴趣是因为它在现有的主动过程中的重要性而不是它在终极点上的重要性。他也可能为结束如此有趣的一部分工作的日子临近而感到遗憾。无论如何，引起他的兴趣的不是单纯的外部产品。

我们已经畅论方法与目的，因为这些名词用得很普遍。然而，我们必须对它们作一点分析以弄清楚它们是否被误解了。方法与目的这些名词主要用于作为一个单一的活动的各个阶段的行为所占的地位，并仅次于事物或对象。目的实际是指一项活动的最后阶段，它的最后的或结束的时期；方法是较早的阶段，是在活动结束以前所经过的阶段。比方说，在与狼吞虎咽、尽快吃完不同的悠闲自在地吃肉的时候，在赛球的时候，在听音乐主题演奏的时候，这一点就显而易见了。在每一种情况下，都有一个明确的结果；肉吃完以后，在体内就有一定数量的食物；当九局棒球比赛结束时，一方或另一方获得胜利。自此以后——以后——就有可能从外部结果与过程分离，与为过程铺好了道路的继续活动分离。以后，我就易于使结果与过程分离，把过程的结果看作目的而把整个过程看作只是达到外部结果的方法。但是，在开化的社会里，吃不仅仅是使体内获得如此多食物动力的方法；它是一个社会过程，是家庭成员的和好友的团聚时间；此外，进餐时的每一道菜都有其独特的乐趣，正如把食物**吃完**时的情况一样，就是说，正如活动的、持续的过程中的乐趣一样。区分方法与目的几乎没有任何意义。整个过程的每一个阶段都有其充分的意义或兴趣，较早的阶段和较晚的阶段是完全一样的。然后，即使在这里，也有把最好的一道菜留到最后的倾向——在用餐结束时端上甜点。这就是说，有一种倾向是使**最后一个**阶段成为**完成的**或尽善尽美的阶段。

在听音乐主题演奏中，较早的各阶段绝不仅仅是达到以后各阶段的方法；它们赋予思想以一定的定势，使之倾向于预想以后的发展。因此，目的、结局不仅仅是在时间上居于最后的事情；它是**完成**前面已进行的事，可以说，它是把音乐会的性质作为一个整体看的。在赛球时，兴趣可能随着比赛的每一个经过阶段而强化；最后一局**最终**决定谁胜谁负，这是在此以前成为悬念或疑问的问题。在比赛中，最后阶段不仅在时间上是最后的，而且确定整个比赛的性质并使前面的一切具有意义。虽然比赛的前几部分是比赛的重要部分，但它们不是单纯的为达到最后一局的方法。

在这些例证中，我们已经看到最后阶段可能成为前面已进行的各阶段的完成、完善或尽善尽美的阶段，可能因此而决定整个活动的性质。然而，目的绝不能单纯地等同于外部结果。一方胜利——外部结果或对象——单是这一事实，离开了胜利所标志的竞赛的结束就没有任何意义。正因为如此，我们可以说，在代数方程式中，x的值是5，但是，如果说，x在任何情况下都等于5，这就是胡说。只有作为解一个特定方程式的特定过程的答案，这一结果才有意义。然而，如果将这个数学问题转用于解其他有关的方程式，就可能使结果5与导致这个结果的过程分离，在进一步的运算中将5独立地用于得数是5的方程式。这个事实引出了一个更复杂的问题。

我们的活动有很多或者说大多数是互相关联的。吃肉不仅仅是一个过程，也是继续运用所吃的食物——它的吸收和转变成新作用的能量。所听的音乐主题可能代表音乐教育的更具连续性的过程中的一个步骤。比赛的结果可能成为决定两个俱乐部在一系列竞赛中的相关地位的一个因素。一件新的电话装置的发明者全神贯注于过程中的各个不同步骤；但是当发明完成时，它就成为另外一套活动的一个因素。当画家完成一幅画时，他的问题可能是怎样能出售他的画以维持家庭生活。利用一个行动过程的结果作为另外一个过程的现成因素，这一事实使我们把方法与目的看作在一个活动之外的固定的东西，把整个活动看作仅仅是为了达到外部结果的方法。因此，把赛球看作获胜的方法，而获胜反过来又仅仅是获得更多胜利的方法。一系列的获胜可能反过来成为仅仅是为了获得一笔金钱或一定荣誉的方法，如此无限循环。为了不致使讨论混淆不清，我们必须仔细分辨“目的”这个词的两种意义。当活动正在进行中的时候，“目的”仅仅意味着树立在整个过程的终极阶段的一个目标，它表明我们需要向前看，考虑我们现在所做的事，使之尽可能绝对地、有效地过渡到以后要做的事。当活动已结束**以后**，“目的”就意味着作为一件固定的事完成的结果。同样的考虑也适用于“方法”这个词。在活动过程中，它仅仅是指一项活动生长的各相续阶段直到它的完成的材料与动作的方式。活动完成以后，它的与达到结果的行动分离的结果可以用来作为达成其他事情的方法。

这种区分不只是理论上的区分，而是影响到教学中的兴趣的整个范围和意义的区分。我们已经讨论了纯粹外来的兴趣——靠裹上糖衣的方法赋予事物以兴趣——假定有某种准备好了的教材——完全与学生自己的活动无关的、完全独立存在的教材。于是就提出问题，怎样才能使这种外来的教材进入学生的头脑；怎样才能使他的注意力离开他的本能所关心的事物而转到这种不感兴趣的现成的外部教材上去。必须找到某种兴趣，找到某种联结的纽带。流行的习惯与教师所受的训练和倾向将决定教育学是求助于“硬”教育还是“软”教育；我们是用施粥场式的教学还是感化院式的教学。能否使没有趣味的事情（所以没有趣味，因为它存在于个人的活动计划之外）变得有趣——靠给它披上外加的令人愉快的特性的外衣，或者靠恐吓的方法——靠创造出聊胜于不注意的结果的兴趣以便在学习中两害相权取其轻?

然而，这两种方法都没有正确地提出问题，也没有寻求解决问题的正确方法。所要学习的东西和所要获得的技巧方式与之相关的、(由于天赋或由于过去的成就）已经存在并在学生的经验中起作用的活动过程，有哪一个不是方法便是目的？那就是说，有哪一种行动靠注释和使用教材就能继续进行下去直到有适当的结局？或者说，有哪一种行动能够受到指导，以便在行动完成时自然地以所要学习的事物为结束？再说一遍，这个错误在于忽视了儿童已经从事的活动，或假定这些活动如此微不足道、如此毫不相干，竟认为它们对教育没有意义。一旦它们受到足够重视，新教材就视其参与活动的程度而本身成为令人感兴趣的东西。错误在于把这些已经存在的活动看作似乎已经达到生长的极限，似乎它们目前的形态已足以令人满意而只是有待于激发的某种东西，不然，就不过是令人不满并需要予以压制的某种东西。

行动过程外在的目的和方法与行动过程内在的目的和方法之

间的区别，使我们能够理解愉快和幸福之间的区别。任何人偶然碰上外来的任何事情并感到兴奋，愉快就产生了。愉快的问题是一个直接的或瞬间的反应的问题。幸福在性质上既不同于一种愉快，也不同于一系列愉快。当儿童连续不断地从事任何一种不受压抑的活动时——当他们在忙碌时，他们几乎总是幸福的、高兴的——成人也是这样。一个行动过程的日益增长的生长所带来的情绪上的伴随物，开展和成就的继续不断的迅速发展，这就是幸福——精神的满足或宁静，如果强调一下，它就叫作乐趣、快乐。不论是成人还是儿童，人们都对他们能做成功的事、对于他们满怀信心地进行的事和对于他们怀着取得成就的意识所从事的活动感兴趣。这样的幸福或兴趣不是自觉的或自私的，它是正在发展的力量和聚精会神于所做的事的征兆。只有当活动是单调无味时，幸福才停止出现，而单调无味意味着生长和发展的停止，没有新的东西参与而将活动引向前进。另一方面，缺乏正常的做事的活动就会带来不安、烦躁，并需要任何一种足以引起活动的刺激——一种易于变成渴望着为兴奋而兴奋的状态。生活在健康的家庭或健康的社会环境中的健康儿童并不问“我现在能有什么样的愉快”，而是问“我现在能做什么”，所要求的是生长着的活动，是有所事事，是一种兴趣。如果是那样，幸福就会自然而来。

在直接兴趣和间接兴趣之间没有严格的不可逾越的界线。活动愈复杂，它所包含的因素就愈多。只是用木块从事建筑的儿童，他的活动只有一个短暂的时间，他的目的就在他此刻正在做的事的前面——就是说，继续从事建筑，使他的木块越堆越高——不要倒塌。只要它能竖立不倒，至于他所建造的是什么，那是无关紧要的。当积木堆倒塌时，他愿意再从头开始。但是，如果他的目的在于某种更复杂的事情，用他的木块建筑某一种建筑物，更加复杂化的目的就使他的活动周期需要更长的时间，目的的达到被推迟了。在他达到结果以前，要做更多的事，因此，他必须在更长的时间内心中想着那个结果，以支配他的每时每刻的活动。逐渐地这种状态转变到另一种状态，在这后一种状态中，假如活动不是为了某一更远的、有价值的、必须为之采用本身并不重要的中介方法的目的，直接的活动就会完全不受欢迎。对于有教养的成人，遥远的未来的目的、只有在若干年后才能达到的结果，也可能激起并控制一长串困难的中介步骤，这些与对目的思考不相干的步骤可能完全是无足轻重的甚至是令人讨厌的事情。因此，从这一方面，间接兴趣的发展只是一个征兆，它标志着简单的活动生长或展开成为复杂的、需要更长得多的时间去实行的，因而包含着推迟达成对中介步骤具有决定性意义和充分价值的目的的那种活动。

然而，当行动的时间延长时，不仅对一个对象的直接兴趣因此而逐渐地、自然地转变为间接兴趣，而且发生相反的过程。间接的价值变成直接价值。每个人都曾听说过，有一个人在开始时因为需要钱用而对获得金钱有兴趣，最后他竟变得那样沉迷到仅仅占有金子，竟至贪婪地盯着他的金子。这个故事清楚表明了方法变成目的的令人讨厌的例子。但是，正常的、悦人心意的同一类型的例子也是常见的。学生在开始时对数字关系感兴趣，因为他们能利用这些关系制作某种其他东西（就是说，开始时是对仅仅作为方法或工具的算术的一部分感兴趣），他们可能变得对数字本身所能做的事着迷。①

① 用通常的术语说，就是对“具体”数字的兴趣转变为对“抽象”数字的兴趣。

有的孩子开始对玩石弹或打球的技巧感兴趣，仅仅因为它是使他们感兴趣的游戏中的一个原动力，他们会变得对练习瞄准、投掷、抢球等动作感兴趣，因而不辞劳苦地致力于技巧的完善。培养游戏中的技巧的专门练习本身也变成了一种游戏。有的女孩对为布娃娃做衣服感兴趣，仅仅因为是玩布娃娃的兴趣，她们可能发展一种做衣服的兴趣，直至布娃娃本身变成只是一种借口，或者至少只是做衣服的一种刺激。

如果读者回想一下他自己的生活过程中的一段时间，他就会知道，在这些例子中引证的有点琐碎的事是经常发生的。他会知道，凡是他的活动的意义的程度和范围增长的地方（而不是变成僵化、死板），两件事情中就有一件（或两件同时）在进行。一方面，比较狭隘、比较简单的兴趣（需要较短的时间去完成它）已经在向包括更长时间的兴趣发展。随着这种变化，它们已成长得更丰富更完满，它们已成长到包括很多以前漠不关心的或者甚至厌恶的事情，因为在目的价值中现在已把包含在达到目的的过程中的价值包括进去。另一方面，很多事物开始时有意义，只是因为需要它们作为一个整体的、有兴趣的活动中的组成部分，后来这些事物变得自身具有独立的价值。有时甚至可以看到它们取代了它们原来赖以成为的那种活动。当孩子长大、不再对以前令他神往的事感兴趣时，正是发生这种情况，正如当男孩感到玩石弹游戏有失他们的身份、女孩发觉自己不再对布娃娃感兴趣一样。从表面看来，原来的兴趣似乎只是被挤掉或被丢掉了。如果更仔细地加以考察就会看到，只是由于在原来活动中的地位才在开始受到尊重的活动和对象，其重要性已发展到超过它们在开始时受欢迎的原因。在很多情况下，除非较简单的、看来似乎比较微不足道的兴趣已经适时有过影响，否则后来更重要的、更专门化的活动就不会发生。只要发展在继续进行，这个过程也可以在成人的发展中得到证明。一旦发展停止，生长也就开始停止。

现在，我们可以更明确地重述一下对兴趣在教育中的功能的正确的和错误的理解，为判断对兴趣原则的运用是否正确制定一个标准。如果活动包含着生长和发展，兴趣就是正常的，依靠它在教育上就是合理的。如果兴趣是活动中的发展停止的征兆和原因，它就是被不合理地利用了。

当然，这些准则是抽象的，远非不言而喻的。但是，根据我们在前面的讨论，它们的意义应当是显而易见的。当人们反对兴趣，把它看作不过是娱乐、虚度光阴或暂时的激动时（或者，在教育实践中它的确不过意味着这些事），就会看到，这里所说的兴趣仅仅属于在持久性的活动——一项要经过一段时间发展的活动——中没有地位的短暂的活动。当这种情况出现时，唤起“兴趣”的对象之所以受到重视，正是以它所引起的短暂的反应、它所激起的直接愉快为基础。这样产生的“兴趣”是反常的，因为它是能量浪费的征兆，它表明生活被割裂成一系列互不联结的反应，其中每一个反应都脱离了它在推进（或发展）一项连续性活动中的作用而独自受到重视。正如我们已经看到的，比方说吧，仅仅依靠使数字依附于偶尔唤起愉快反应的事物以使数字变得令人感兴趣，这是一回事；依靠介绍数字，使它的功能成为继续进行一项范围更广的活动的真正方法，以使它变得令人感兴趣，这是根本不同的另一回事。在后一种情况下，兴趣不是意味着由于和与数字不相干的某种其他事物的联合而产生的兴奋；它意味着，数字之所以有趣，是因为它在推进连续性的或持久性的活动方面的作用。

因此，我们的结论不单纯是说，有些兴趣是好的，有些兴趣是坏的；而是说，真正的兴趣表明某些材料、对象、技巧模式（或无论什么）被理解的基础乃是它在实现某种由人投身其中的行动中所起的实际作用。简言之，真正的兴趣只是意味着人已经投身于其中的或发觉自己已身在其中的某一行动过程，因而他与那个过程成功地进行中所包括的任何对象和技巧是融为一体的。这个过程包括的时间或长或短，视情况而定，特别是视有关人员的经验和成熟程度而定。指望一个幼小儿童从事的活动像年龄较大的儿童所从事的活动那样复杂，或者指望年龄较大的儿童所从事的活动像成人所从事的活动那样复杂，这是可笑的。但是，持续一段时间的活动的延伸也是必要的。即使是对用匙子敲碟子感兴趣的婴儿也不是只与短暂的反应和兴趣有关。敲击与随之而来的声音有关，因此是有趣的，发出声音不是孤立地有趣而是作为敲击的结果有趣。这样短时间的活动形成直接兴趣，一时冲动的游戏活动一般都属于这一类型。因为（重复一下前面已经说过的）在这种情况下，不需要将后面的和正在进行中的活动记在心上以保持前面的活动继续进行，并指导完成活动的态度、顺序或先后。但是，行动愈复杂，活动所需的时间就愈长；时间愈长，完成或实现的阶段就愈推迟；推迟的时间愈久，对目的兴趣和对有趣的各步骤的兴趣之间发生冲突的机会就愈大。

下一步要讨论的问题是要考察一下，随着活动完成被推迟或变得遥远，努力就开始起作用；需要努力的情境的意义就是情境与思维的联系。

三、努力、思维与动机

什么是我们真正珍视的叫作努力的东西？当我们重视能力的增长而提出努力作为教育的目的时，什么是我们真正试图获得的东西？从实践上看，回答不是太难。我们所追求的是活动的持久性和连贯性：克服阻力和通过障碍的忍耐性。看作只是增加能量耗费的紧张程度的努力本身不是我们所重视的东西，为努力而努力是我们所要避免的事。儿童是在举起他力所不及的重物。要他举得高些，再高些，所花的努力就不断增加，包括增加愈来愈费力的紧张程度。明智的家长力图保护儿童使之免于单纯的紧张，免于过度疲惫的危险，免于身体组织的伤残，免于碰伤。单纯是紧张活动的努力，因此不是我们所珍视的努力。另一方面，一个有见识的家长不喜欢看到一个孩子在遇到障碍时过于轻易地丧失勇气。如果孩子的身体是健康的，放弃行动的过程，或把精力转向行动的某一容易的方面，如果是以反抗的苗头表现出来，就是一个坏的征兆。要求努力就是要求在面对困难时要有连续性。

这个问题的重要性是一望而知的。然而，当我们进一步深入考察时，我们发觉，它不过是重复我们在谈到兴趣是一项扩展中的活动的伴随物时所讲过的东西。努力和兴趣一样，只是在它与行动的过程联结起来时才有意义，这个行动由于它的发展要经过一系列的阶段，完成它要费时间。离开了所要达到的目的，努力就不过是短暂的紧张或一连串这样的紧张。它是要避免的一件事，这与其说是由于它的令人讨厌，不如说是因为除暴露于精疲力竭和意外事件的危险之中以外，它不会产生任何结果。但是，如果行动是发展着的、生长的行动，努力将精力用于整个活动的任何一点的愿望，就是衡量作为一个完整事务的活动对人具有的吸引力的标准。它显示出他实际关心它的程度。（如果我们是理智的）我们决不能从我们自己身上或从别的某人身上获得“行动的意愿”，除非有证据证明实际上已经有了意愿、目的；而唯一的证明就是为实现目的而奋斗。如果条件不允许一切努力，那就完全不是“意愿”的问题，而只是同情的愿望。

当然，这不是说在这种情况下努力总是必需的。相反，它可能得不偿失；所要达到的目的可能不十分重要，不值得花费这么多精力；或去冒过度紧张的危险。要决定这样的问题，判断力就开始起作用了。一般说来，一旦着手一项活动就不惜一切代价继续进行下去，这是判断错误的征兆，正如一碰到困难就退避是懦弱的征兆一样。确立的这个原则表明，只有不是为努力而努力、为紧张而紧张，而是为了推进一项活动使之完成时，努力才有意义，正如我们所说，一切以目的为转移。

下面接着要考虑两个问题。（1）一方面，当一项活动不愿为暂时的障碍所阻而坚持进行下去时，就存在一种精神压力的情况：愿望与厌恶相结合的一种特殊的情绪上的状态。目的继续有吸引力，吸引着人不顾困难的干扰而进行活动。这种情况继续存在时，吸引力引起愿望。另一方面，随着障碍在前面阻挡，阻止前进，牵制行动，倾向于使它转向某种其他渠道——换句话说，使行动离开原来的目的。作为一种精神上的体验，努力恰恰是这种相互矛盾的倾向的特殊结合——离开的倾向与趋前的倾向：厌恶与渴望。

（2）另一种考虑甚至更重要，因为它决定着所发生的事。努力的情绪或压力的情绪是思考、考虑、反省、探究、调查研究问题的预告。既然是这样，这个目的值得为它花时间吗？既然这样，是否有其他更好的办法呢？一旦进行这样的反复思考，情况就与一个人遇到障碍就立即放弃的情况大不相同了。即使最后决定要放弃，这种情况也和仅仅由于目的不坚定而放弃的情况根本不同。现在的放弃包含着求助于理智，它可能与目的的坚定性和“意志的力量”是十分一致的。然而，思考也可能是沿着完全不同的另一个方向进行：它可能不是引向重新考虑目的，而是寻求新的方法，简言之，是去寻找发现和发明。一个拿不动他想要拿动的石头的孩子，可能既不会继续作无效的努力去达成不可能达成的事，也不会放弃他的目的，他可能会去思考某种搬动石头的其他方法，他可能用杠子去撬动它。“需要是发明之母。”

在后一种情况下，障碍诚然转移了他的精力，但重要的事情在于精力转向了思考，转向对情境和可用的方式方法的理智上的思考。在努力的体验中真正重要的问题涉及它与思想的联结。问题不在于所包含的压力的大小，而在于目的的思想不顾困难而坚持不懈、引导人去反省障碍的性质和克服障碍的可用手段。

无论是成人或儿童，一个人在活动过程中碰到障碍或困难，这种阻力的体验具有双重效果——虽然在某种情况下其中一种效果可能压倒并掩盖另一种效果。一种效果是原动力沿着前进的方向削弱下去，现在的行动方针因为克服困难所需要的紧张而变得有点不相宜，结果就倾向于放弃这种行动方针而将精力转向其他渠道。另一方面，遇到障碍可能增强一个人的目的观念，可能使他比以前更清楚地认识到目的对他的意义有多大，因而能支持他、鼓舞他努力达到目的。在一定的限度内，阻力只会唤起精力，它起刺激的作用。只有被宠坏了的孩子和娇生惯养的成人才灰心丧气或丧失信心而避开困难，而不是因遇到拦路虎而振奋起来——除非拦路虎是十分凶恶的、威胁性很大的。不妨说，一个正常的人需要有一定的有待克服的困难，使他对他所做的事情有一个充分的强烈的意识，因而对他所做的事具有强烈的兴趣。

遇到困难使一个人更明确地去计划他的活动以后完成的时期，使他的行动方针的目的变得自觉。他现在思考着他所做的事，而不是由于本能和习惯而盲目地做事。结果变成了自觉的目标，变成了有指导作用和激励作用的目的，成为一种欲望的对象，也就是成为努力的对象。

这种起唤起作用和指导作用的功能以两种方式得到履行。当努力的结果被看作是有待达成的某事时，努力就是稳定的，变得更有持久性；思维受到激励去发现应付情境的更佳方法。一个继续盲目地排除困难、试图全靠力气去突破困难的人就是行为缺乏理智的人，一个不向自己提出所要达到的目的的人。他仍旧停留在一个挣扎的动物的水平，力图仅靠蛮劲的大小去克服阻力，努力达到目的。因此，唤起努力的条件的真正功能首先是使个人更加认清他的行为的目的和宗旨，其次是使他的精力从盲目的或不加思考的挣扎变成经过思考的判断。思想的这两个方面是相互依存的。关于结果的思想，作为清醒的起指导作用的宗旨所具有的目的，指导着去寻找达到目的的方法，它提出进行尝试的相应的行动方针。这些被考虑被尝试的方法为对目的的思考提供了更丰富的内容。一个男孩有点盲目地开始制作一只风筝，在他制作的过程中他遇到了不曾预料到的困难；他的风筝扎得不牢实，或不能保持平衡。如果他的活动对他的支配作用不是很微小，由此就会使他更明确地认识他正在想制作的东西，他就会在心中更突出更充分地构想他的行为的对象和目的。他的目的现在不只是一只风筝，而是某种特定的风筝。于是，他探究对他现在的制作工作来说到底发生了什么事，麻烦在哪里，因而寻求补救的手段。当他这样做的时候，他关于作为一个完整的整体的风筝的思想就变得更加适用，于是他就更清楚地懂得制作风筝的方法，等等。

现在我们已经有了对教育性发展中困难和努力的地位进行评价的标准。如果把任务看作不过是包含着必须克服的困难的事情，那么，儿童、青年和成年同样需要有任务，以便使他们能继续发展。但是，如果把任务看作某种没有兴趣、没有吸引力的事，看作完全是异己的，因而是不同性质的，问题就完全不同了。在前一种意义上，任务具有教育性，因为它给思维、给反省性探究提供不可缺少的刺激。后一种意义上的任务除了仅有压力、束缚以便需要有某种外来的动力去坚持完成任务以外，没有任何意义，它们是没有教育性的，因为它们不能引出对目的更清晰的认识，不能引导人们去寻求实现目的的合适方法。它们的**教育性是错误的**，因为它们使人麻木不仁，使人呆痴；它们使头脑进入混乱的、迟钝的状态；总是去参加并不明白有关一切事情的意义而去进行的行动。它们的教育性是错误的，还因为它们导致对外来目的的依赖；儿童做工作只是由于工头的压力，这种压力一旦解除，他的精力就转向别的方面；或者说，他们工作是因为某种异己的诱惑力——获得某种与他做的事没有本质联系的奖赏。

因此，应牢记的问题是双重的：这个人是否在做对他来说过于容易的事——没有充分的阻力因素唤起他的精力，特别是唤起他的思维的精力？分配给他的工作是否过于困难以致没有相应的必要办法——工作与他的经验和已有的习惯如此不相容，以致他不知道从何处或怎样对它加以控制？教师的任务在于这两者之间——因为教师也同他的学生一样有一个问题。怎样才能使学生的活动由于引进困难而逐渐复杂化，而这些困难又具有激励的性质，而不是具有使人变迟钝和徒然使人丧失信心的性质？教育者要以最大限度的判断力、机智和理智的同情心，根据不同的学科具体回答这些问题。

当一项活动过于容易、过于简单时，一个人或者是由于它所唤起的直接愉快的兴奋而从事这项活动，或者只适可而止地将他的力量投入这项活动——仅仅是机械的、身体的力量——以敷衍塞责地完成要做的事，而让他的思想在至少有足够的新奇感令其幻想驰骋的其他事情上游荡。说来似乎很奇怪，反对机械训练的功课和反对给学生指定难度过大的教材的主要理由是，真正能激励学生去从事的唯一活动是在表面看来对他们过于容易的活动。只是已经形成的能力、已经固定的习惯发挥作用；而头脑——思维能力——没有发挥作用。因此，儿童的漫不经心是由于天性上的懒惰，或者，儿童想入非非是由于更富于想象力的天性。当坚持去做困难的工作、力所不及的功课时，情况如何呢？如果教师在专业上是熟练的，学生不可能溜掉或回避。他必须保持用心学习的样子并做出一点成绩以证明他已经在专心致志。他自然寻找捷径；他能做的就做，而不求助于与他无关的思维过程。任何外来的、惯常的方法都被用来“得出一个答案”——可能是偷偷摸摸地得到别人的帮助或是彻底的欺骗。他马马虎虎地做他已经能毫不费力地做的事，他找阻力最小的事做。唯一的选择对象应是积极地发现问题的条件和着手解决问题的方法。只有当要做的工作具有呼唤他去做的性质或具有期待他的能力的支持的性质时，只有当困难能起激励作用而不是起使人沮丧的作用时，这种选择才是他力所能及的。

换言之，良好的教学乃是这样一种教学，它求助于已经形成的能力而又包括有要求转向新目的所需的新材料，这种转向需要有思考——理智的努力。总之，努力的教育意义、它对教育性生长的价值，是在于它能激发出更多的认真思考，而不在于它有更大的压力。教育性的努力是从比较盲目的活动（不管是冲动性的还是习惯性的）转变成更有意识的思考性活动的标志。

为了陈述得更完善，我们要说明（现在不大需要为陈述而陈述），这种努力绝不是与兴趣敌对的。它是从直接兴趣发展成为间接兴趣的活动过程中的一个部分。在前一节中，我们把这种发展看作是一项活动的复杂性的增加（就是所包含的因素的数量增加），看作是活动结果的意义的增加，这种结果是不顾相反诱惑而忠诚于中介方法的动力。在本节中，我们更着重地表明了这样一个事实，随着目的愈益变得遥远（活动的完成需要更长时间），更大量的有待克服的困难和随之而来的对努力的需要也就产生了。我们曾作结论说，当活动具有积极的、持久的兴趣，即能激起人们对目的有更清晰的认识并对完成活动的方法有更为深思熟虑的考虑时，所需的努力就可以得到。教育者如能将困难和努力与思维的深度和广度的增加结合起来，就绝不会错误很远。将它与单靠紧张、单靠力气结合起来的人将永远不懂得在需要努力时怎样获得努力，又不懂得已激发起来的精力的最佳利用方法。

现在要把已经说过的运用于如何引起动机的问题。“动机”是目的或目标的名称，这种目的或目标是就其对行动的控制和它的推动前进的力量而言的。无根无据地推想可能的结果，它们只是在理论上存在于心中，这是一回事。如果所预期、所设想的结果是所希望的，对它们的思考能激发努力，这是另一回事。“动机”是具有积极的或动态的能力的目标的名称。这种推动前进的力量是预见的目的与自我参与的活动紧密结合的程度的表示，指出这一点只是重述前面的分析。只要记住下面一点就够了：目的的动力作用和目的所具有的兴趣同样都表述了所提出的活动过程所具有的生命力和深度。

为了不至于在过于注重**个人**的意义上，就是说，不至于在过于脱离预期的对象或目的的意义上理解引起动机的观念，预进一言也许是适宜的。与教学的实践不同，在教学理论上，对动机的需要长期遭到忽视，甚至遭到否定。人们假定只需要单纯的意志力、专断的努力就行了。在实践中，这意味着（正如我们已经知道的）求助于来源于外部的动力，求助于教师权威或教科书的威望，求助于对惩罚或对其他不愉快的事的担心，求助于对以后在成人生活中取得成功的关心，求助于获得奖励，求助于胜过同伴，求助于对不能升级的担心，等等。当有些教育者认识到这样的动机对很多学生无效时，下一步就发生了——没有合适的具体的推动力。他们寻找对平常学生影响力更大的动机。但他们往往仍然把动机看作教材以外的、纯粹存在于感情中的东西，他们往往为本身并不提供动机的事情提出应该注意的理由。他们为学习或课业**寻找**动机，而不是依靠存在于功课**之中**的动机。离开了本来就隶属于课堂教材并足以给教材以影响和推动力的算术、地理或手工活动，就必须在**人**的身上找到应注意的理由。

其结果是用对抽象“动机”的讨论代替了对具体教材的考虑。他们的倾向是开列出一张动机或“兴趣”的清单，指望它们能使一般的儿童或某一特定年龄的儿童激发起注意，然后就考虑怎样把它们应用于不同的功课以提高教学效果。然而重要的问题是，有哪一种特殊的教材能与儿童现有的具体能力的发展联系起来以产生推动力。需要做的事不是我们假定儿童具有的个人动机的存货清单，而是要考虑他们的**能力**、他们行动的倾向以及用某种教材将这些推向前进的方法。

例如，如果一个孩子在音乐或绘画方面有艺术才能，就不需要为运用这种才能寻找动机。问题不在于寻找动机，而在于寻找运用动机的教材和条件。求助这种才能的任何教材本身就有推动力。目的或对象与人的活动的生气勃勃的联系就是动机。

对引起动机的理解过于注重个人的另一个后果是对动机的运用和功能的狭隘的、外部的理解。要求利用有教育意义的教材，这是无可非议的。但是可以从不同的角度对它进行评价和运用。我们对它的运用和功能可能有现成的理解，从它是否符合这个标准去检验所学的教材的价值。在这种情况下，如果我们看不到它履行了我们断定是有用的或实际的功能，我们就会认为任何追求都不是被正当地引起动机的。但是，如果我们是从有关儿童现有的能力出发，我们就会根据其是否促进这种能力生长的方法检验对新教材和新的技巧方式的运用。除非能力的生长本身就是道德上的增进，否则我们就不会坚持实际的物质的结果，也不会坚持将所学的东西立刻以某种有效的方法去进一步加以运用，甚至也不会坚持要求证明儿童在某方面已取得道德上的进步。

四、教育性兴趣的类型

在对兴趣的讨论中，我们所遵循的线索是兴趣与一个人全神贯注地从事的活动之间的联系。兴趣不是某种单独的事，它所代表的事实是：一个行动过程、一项工作或职业能彻底地吸引一个人的能力。但是，活动不能在真空里进行。它需要有赖以进行活动的材料、教材和条件。另一方面，它需要有自我的一定倾向、习惯和能力。凡是真正兴趣所在的地方，这两方面就融为一体。行动着的人发现他自己的福利已经与一个对象发展的结局紧紧地联结在一起。如果活动以某种方式进行，那么，教材就产生某种结果，这个人就得到某种满足。

活动的概念作为一个重要的教育原则，没有什么新颖的、惊人的东西。特别是“自我活动”观念的形式，很久以来就是最高教育理想的名称。但是，对活动的解释往往过于注重形式上的和内在固有的意义，因此，它仍旧是一个对实际没有影响的无结果的理想；有时它变成了空洞的词句，只在口头上受到尊崇。要使活动观念产生效果，我们对它的理解必须广阔到足以涵盖包括能力的生长在内的一切事情——特别是包括认清所做的事情的意义的能力。这种理解排除了由于外部强制或命令而从事的行动，因为这种行动对于完成行动的人的心理没有意义。它也排除了对短暂行为一旦停止兴奋也就完结的那种兴奋的偶然的反应——换言之，它不能将行动的人引入未来更广阔的领域。它也排除习惯性的、已变成例行公事的和机械性的行动。不幸的是，来自外部强制、仅仅由于爱好兴奋的行动、来自机械的习惯力量的行动是如此普遍，致使这些应当排除在外的情况涉及面很广。但是，在这些应排除在外的领域以内的地方，也就是教育性过程不能继续下去的地方。

剩下的具有真正教育性兴趣的活动，其类型大致因年龄而异，因个人天赋而异，因以前的经验而异，因社会上的机会而异。没有必要把它们一一列举出来。但是我们可以辨认出一些比较普遍的特点，因而也许能使兴趣与教育实践的关系更具体明显一点。因为在形式的意义上理解自我活动的原因之一是忽视了身体和身体本能的重要性，我们有理由首先讨论从最直接的、字面上的意义理解的活动中的兴趣。

1. 根据古老的传说，幼年的动物本能地会做或稍作尝试就会做的大部分事情，幼年的人却必须学习。对这一事实的反思表明，学习做这些事情使人类的后代产生了学习其他事情并获得学习习惯——爱好学习——的需要。尽管对这些事的重要性是相当熟悉的，我们还是经常忽略它们对身体活动这一事实的意义。由此立即就可以说，只要身体的活动是必须学习的，它在性质上就不仅是身体的，而且是心理上的、智力上的。给幼年的人出的第一个问题是学习互相结合地运用感觉器官——眼、耳、触摸等——和运动器官——肌肉。当然，有些获得的技巧不包含很多精神上的试验，而是由于生理上的各种联结部位的成熟。然而，当儿童认识到一种眼的活动能引起手臂的某一种移动、手指的某一种抓紧等等时，当他认识到在这以后又需要用手指做某种探测从而产生光滑的体验等等时，就有了真正的理智的因素。在这些情况下，不单是获得身体上的能力，还有智力意义上的学习；他认识到了一些事情。在婴儿时期的头一年半中，智力发展迅速，成长中的婴儿对活动的投入和专注，以及伴随他控制动作能力的增长而来的喜悦——所有这一切都是实例，以鲜明的形式展示了兴趣的本质和（从外部判断的）身体动作所具有的智力意义。

当然，在孩子入学以前，至少是他们进入任何被称为学校的机构以前，这个生长时期就出现了。但是，在这种充满行动的学校中学习的量和学习的方式非常有利于揭示包含有感官和行动练习的各种学校作业的重要性。（正如前面所指出的）将自我活动的理论（及其对精神上的主动性、理智上的自力更生的赞美以及它对灌输和被动吸收的观点的攻击）付诸实践收效甚微的原因之一，显然就是假定自我活动可以单纯从内部获得，不需要通过游戏、建造物件和操作材料、工具的身体动作的合作。只是对于具有特别智力的儿童才不需要感觉器官和肌肉的参与而获得精神活动。然而，多少初等学校中存在着各种强制的训练方式来压制一切身体活动！在这种制度下，认为儿童天性厌恶学习，或认为智力活动与他们的天性格格不入，使他们被迫或被巧妙地哄骗着去学习，这是不足为奇的！因此，教育家们责怪儿童或人性的堕落，而不去抨击由于使学习脱离对天生的行动器官的运用而使学习变得既困难又繁重的情况。

最先具有重要影响的是裴斯泰洛齐和教育学中的感觉训练与实物教学派的学说对自我活动的内在的、抽象的因而是纯粹形式的概念的至高权威提出的挑战。但令人遗憾的是，当时的心理学仍然与错误的生理学或关于身心关系的错误哲学结合在一起。感觉被假定为知识的入口、通道、门户，或至少是知识的粗糙原料。人们还不知道，感觉器官只是刺激到运动反应的小道，不知道只有经过这些运动反应，特别是经过考虑感觉刺激与运动反应的相互适应，知识的成长才会出现。对颜色、声音、接触等等的感觉特性之所以重要，不在于它们只有接受和贮存的作用，而在于它们与各种形式的、能促进智力控制的行为之间的联系。如果不通过积极的反应使各种不同特性互相具有意义，并把它们联合成首尾一贯的整体，婴儿就连一项知识——帽子、椅子、橘子、石头、树——也得不到。甚至在通常严格的、将压制一切形式的运动性活动视为主要任务的学校里，在这种情况下也还允许的体力活动如在自己阅读时的动眼、动嘴唇等等，在阅读、计算、写字、背诵时的体力调整，在吸引注意力方面，也比通常所认为的重要得多。然而，行动的机会是如此贫乏、如此偶然，很多精力仍然没有被利用，从而随时准备在恶作剧或更坏的事情上迸发出来；而心中却胡思乱想，白日做梦，对各种各样的问题想入非非。

在更现实的、较少武断的活动概念的发展中，次一个进展是随着福禄培尔和幼儿园运动而来的。游戏、运动、连续性作业，既需要建造又需要操作，实际上是从柏拉图以来第一次被承认为具有重要的教育意义。身体机能的锻炼在智力成长中的地位实际上得到了承认。但是，这个原则的运用仍然受到一种错误的生理学和心理学的阻碍与歪曲。在实现目的时对身体器官、对物质材料和用具的自由而充分的控制对于生长的直接贡献还没有被人们理解。所以，游戏、运动、作业、恩物运用等等在身体方面的价值还是用间接的考虑——用象征主义来解释。人们假定，教育的发展不是由于直接做了什么，而是因为莫名其妙地、象征性地以活动为代表的最高的哲学原理和宗教原理。除了引入一种虚构的和感情脆弱的因素这种危险以外，假若对幼儿园活动的价值源泉的这种误解没有对材料和活动的选择与组织发生明确的反作用，其危险也就不会如此严重。福禄培尔的信徒们不能根据游戏和各种作业本身的价值去选用它们，他们不得不按照某种被称为象征主义原理的东西去选择和安排游戏和作业，这个象征主义原理是与假设的封闭的绝对统一体的展开定律有关的。某些由校外经验表明有重要价值的原材料和行动方式被排除了，因为象征主义的解释原则对它们不适用。不仅如此，正是这些原则导致过于夸大几何图形的重要性，导致坚持要严格信奉处理这些图形的精心制定的方法。只是在上一代人的时期以内，科学和哲学的发展才使人们认识到行动的直接价值和对游戏与作业活动的更自由的利用。用这种更自由、更科学的方法去看，福禄培尔的原则无疑代表了在认识身体的行动在教育性生长中的可能性方面迄今所取得的最伟大的进步。蒙台梭利方法也是基于同样的认识，只是在其他专门知识上略胜一筹；如果把它们变成孤立的、机械的练习的倾向（令人遗憾的是，每一种确定地公式化了的方法的传布都随之产生这种倾向）能受到抵制，能被克服，无疑地它们暗示着有更多办法可用于幼儿或感觉运动的发展已经变得迟钝的年龄较大的儿童。

2. 在关于体力活动的这番议论中，我所想到的多半是身体的器官，特别是直接使用简单材料或至多像铅笔、画笔这样一些简单用具的双手。当对外部对象的控制是依靠某种工具或依靠将一种材料用于其他材料的方法来达到时，就可以看到一种包含身体的感觉运动器官在内的较高级的活动。使用一把锯子、手钻、刨子，使用制作模型的建筑材料，等等，说明了工具的介入。用线缝纫，在烹饪中应用热度和湿度或其他简单的试验，说明了使用一个东西（或一种能）引起另一个东西的变化。当然，无论在实践上或在原则上，在这种类型的活动和刚刚讨论过的更直接的一类活动之间并无显著的差别。身体的器官——特别是双手——可以看作是一种工具，它的用途需要通过尝试和思考去学习。工具可以看作是身体器官的延伸。但是后者不断增加的用途为发展开辟了一个新方向，这种发展是如此重要，值得对它加以特殊认识。正是器官以外的工具的发现和运用才在种族和个人的历史上有可能发生长时间持续的复杂活动——就是说，要推迟很久才有结果。正如我们已经知道的，正是这种延长和推迟需要有增无已地运用智慧。对工具和用具（广义上的）的使用又比使用天然器官的技巧需要多得多的专门技巧——或者说它包含着对后者的日益复杂的运用——因而激发起新的发展方向。

概略地说，对这种中介用具的使用一方面把工作与比赛划分开来，另一方面又与游戏区别开来。有一段时间，儿童对能用他们的双手或利用交通工具、运输工具引起的这种变化感到满足。对于他们无法实现的其他变化，他们在没有实际物质上的改变的情况下满足于想象。让我们“玩玩”——让我们“假装”这样那样的事情，就足够了。可以让一件东西代替另一件东西，不管它是否真正合适。于是，当儿童玩布置餐桌的游戏时，树叶变成了菜碟，用晶莹的石子做食物，用碎木片做刀子和叉子。在无拘无束的游戏中，根据情绪和一时的需要，事物是有可塑性、可以更改其性质的；椅子一会儿当作手推车，一会儿当作一列车厢，一会儿当作船，等等。然而在比赛中，有一些规则必须遵守，所以必须按一定的方式使用事物，因为它们都是一定目的的工具，如球棒是击球的棒子。在与此类似的情况下，当孩子的能力成熟时，他们需要真实的盘碟、真实的食物；如果他们能真正地生火、烹饪，他们就感到更加满意。他们要求使用适合于他们的目的的、真正能达成某种结果的事物，而不是在幻想中实现这种目的的事物。从这里可以看到，这种变化是随着在心中怀有一个更长时期的目的的能力而来的。我们曾说，幼小儿童没有耐心等待直接的结果。他们不能等到获得恰当的工具并以恰当的方法使用它们以达到目的。这不是因为他们在身体上比其他年龄更大的人更没有耐性，而是因为尚未达到目的几乎立刻就被忘记了。为了实现他的目的，他让他的“工具”如想象中的魔杖一举而实现自己的想法。但是，如果这些想法持续一段更长的时间，就可以利用它们去引起真正的条件的改变——一个几乎总是需要工具的介入或使用中介用具的过程。

对于使用中介工具或用具以达到目的，用工作这个名称来称它似乎再好不过了。然而，当这样用的时候，必须将工作与劳动区别开来，与苦工和单调工作区别开来。劳动是工作的一种，只有把它看作交换其他事物的手段时，它所完成的直接结果才有价值。它是一个经济学名词，应用于其产品有报酬而所得的金钱又用于有直接价值的事物的那一种工作。苦工意味着任务异常艰苦，包含有疲劳。单调工作是它本身十分令人讨厌，是迫于某种完全外来的需要而从事的工作。所以，不能根据所做的事有无直接兴趣来区分游戏与工作。忙于用工具制作某一事物，比方说制作一只船的孩子，可能好像在驾船那样对他所做的事立即发生兴趣。他所做的事不仅是为了一个外部的结果——船，也不是仅仅为了以后驾驶它。他的心中可能想到了完成的结果而赋予它以用途，但这是为了促进他的直接的建造活动。在这种情况下，他的兴趣是无拘无束的，他有一个游戏动机，他的活动本质上大体是艺术性的。将它与更自发的游戏区别开的是理智的特点，一个在时间上更远的目的就足以提示或规定一系列行为。如果孩子已准备好从事这种意义上的工作而不引导他去做，不是武断地阻碍他的发展，就是在他已准备好按照一个观念去行动以后还强使他停留于感觉——兴奋的水平。一种在一定时期完全正常的活动，如果坚持要等待一个人已经成熟到能从事包含更多思想的活动以后，就变得支离破碎了。我们还必须记住，从一个有近期目的的活动到一个目的更远的活动的变化不是一下子突然发生的，也不是与所有其他事物同时发生的。孩子可能已经能够从事使用剪刀、颜料、画笔这类工具的作业，已经能够布置餐桌、烹饪等等，而同时对其他活动他仍不能作计划以及预先安排。因此，假定幼儿园年龄的儿童仅仅能做"假装"的游戏，而初等学校的儿童则应令其从事一切工作而不做游戏，这是没有根据的。只有象征主义的错误观念才会导致前一个结论，只有错误地将兴趣和游戏与无甚价值的娱乐等同起来才会导致后一个结论。据说，只是在游戏时，人才是真正的人。这种说法包含游戏之所以被运用的意义发生了某种变化。但是从广义理解的全神贯注地参与所做的事——在兴趣的完满性的意义上——这是对的，它应当是不证自明的。

意义已经界定的工作涉及一切活动，它包括使用各种中介的材料、用具，以及使用各种有意识地用以获得结果的各种技巧。它涉及各种用工具和材料去进行的表现和建造，一切形式的艺术活动和手工活动，只要它们包括为了达到目的的有意识的或深思熟虑的努力。这就是说，它们包括油画、绘画、泥塑、唱歌，只要有对工具——对实行的技巧有些有意的注意。它们包括各种手工训练、木工、金工、纺织、烹饪、缝纫等，只要这些活动包括一个关于所要达到的结果的观念（而不是奉命工作或按照一个毫不需要思想的外部标本做事），它们还包括要动手的科学研究，对研究材料的搜集、对器具的管理、工作进行中和记录实验情况所需的活动程序。

3. 一旦这后一种兴趣——发现的兴趣或查明在一定情况下发生了什么的兴趣——受到重视，就发展了第三种类型的兴趣——纯粹的理智的兴趣。我们的用词必须加以仔细的说明。理智的兴趣不是现在才第一次出现的一件新鲜事。我们关于婴儿的所谓身体活动的发展的讨论，关于儿童、少年和成人的建设性工作的讨论，就试图表明，对活动的结果，对寻找和采用适当的方法有清醒的认识，这种形式的理智就是这样的活动的组成部分。但是，这种理智的兴趣对于完成一个过程可能是从属的、辅助的。但它也可能成为占支配地位的兴趣，从而我们不是为了成功地完成一项活动而在思想上设计出并发现它们，倒是为了发现某种东西而开始活动。于是，以理智为特点的兴趣或理论的兴趣就表现出来了。

正如在理论上没有明显的界限可以划分一样，在实践上也没有明显的界限。预先计划，注意发生的事情，将发生的事与努力达到的事联系起来，都是一切理智的或有目的的活动的组成部分。教育家的任务就在于看到表现实际兴趣的情况是否能鼓舞活动的这些理智方面的发展，因而促使它逐渐向理论性的兴趣转变。一个普通常识是，科学的基本原则是与因果关系结合在一起的。在这一方面的兴趣从实践开始。人们视为目标、欲求得到并为之工作的是某种结果，而注意力是指向产生这个结果的各种条件。起初，兴趣在于达成占支配地位的目的；但随着兴趣与富于思考的努力紧密结合，对目的或结果的兴趣必须转变为对产生结果的方法——原因——的兴趣。当使用工具的工作园艺、烹饪等是理智地进行的时候，要使兴趣从实践方面向着为了有所发现的实验方面转变，只是一个相对说来比较简单的问题。当任何人对一个成为问题的问题发生兴趣、对探究和解决问题的知识发生兴趣时，兴趣就是具有理智特点的。

4. 社会兴趣，对人的兴趣是一种强烈的特殊兴趣，也是与前述几种兴趣纠缠在一起的兴趣。幼儿对人们的关心是十分热切的。他们对别人的依赖如果只是为了得到他们的支持和指导，就为对别人的注意、为与别人建立亲密关系的愿望提供了一个天然的基础。于是，显然是社会性的本能，如同情心、模仿、爱好受到称赞等就起作用了。儿童与别人的接触是连续性的，实际上，孤立的儿童活动是没有的。他自己的活动与别人的活动紧紧地联系在一起，别人做的事以多种方式深深地影响着他，以至只有在稀有的时刻，也许是由于意愿的冲突，儿童才会明显地划分开别人的事情明确地是别人的而他自己的事情是专属于他的。他的父亲、母亲，他的兄弟姊妹，他的家，他的朋友们，都是他的；他们都属于他的“归他所有”的观念。如果把他们与他的“归他所有”的观念隔离开，与他的希望、欲望、计划和经验隔离开，后者的全部含义就会大部分丧失。因为经验和智力的限制，有很多别人的事务，儿童不能把它们变成自己的；但在这些限度以内，一个孩子将他自己关心的事与别人所关心的事，天然地甚至比大人更为热切地融为一体。他还没有进入与他们的商业竞争之中，他所遇到的人们中对他所关心的事不抱同情心的人是很少的；正是通过直接地或想象地参与到别人的活动中去，他发现了他的全部经验中最有意义的、最有益的经验，从这个意义上说，儿童似乎在兴趣上比一般成人更富于社会性。

因此，这种社会的兴趣不仅使他的兴趣渗透和充满在他自己的行动和遭遇中，而且还弥漫在他对事物的兴趣中。成人习惯于在他们与事物的关系和与人的关系之间作明显的区分；他们一生中的职业主要局限于不得不去应付的仅仅是事情的事情，要他们理解儿童只有在参与并影响别人所关心的事情时才与事情发生关系竟达到何等程度，要他们理解个人的、社会的兴趣扩散到对象上去并赋予它们以意义和价值竟达到何等程度，这是很难的，甚至是不可能的。对儿童的游戏稍加考虑就表明那些游戏在多么大的程度上是社会活动的引人的和戏剧性的重演，因而也就提供了一条线索，即儿童对事情的兴趣是来自他们关于人们对事物做些什么和怎样处理事物的观念。很多所谓儿童的万物有灵论的倾向，他们将自然物或自然界的事件拟人化的倾向，从根本上说，不过是他们的社会兴趣的表现。与其说他们确确实实是把事物看作有生命的，毋宁说只有当事物具有他们在人身上看到的那种兴趣时，事物才是有兴趣的；否则，事物起先对他们都多少是有点漠不关心的。

无疑地，纯粹抽象的智育的学科使很多儿童感到厌烦，这只是反映了一个事实，即向他们提出的事物——事实和真理——是孤立于人类关系之外的。当然，这不是说，应当把神话中的或凭空想象的人物归于无生命的事物；这恰恰是说，提出非人的材料应尽一切可能根据其在生活中实际起的作用。例如，儿童一般在开始学地理时是带着如此强烈的社会兴趣，使地理课简直富有幻想色彩。要想知道各种陌生的、遥远的人群是怎样生存、怎样过日子的，这种思想燃起了他们的想象力。接着，就给他们灌输抽象的定义和分类；或者，几乎死气沉沉地给他们灌输关于地形和水、大陆的结构等等纯属自然界的事情。于是，人们抱怨儿童对学习太无兴趣——只是因为他们没有被他们熟悉的东西所触动。在物理、化学这一类科学中，都有足够的与人类所关心的事相关联的事实和原则，可以提供恰当的材料为这些科学的教学法打好完善的基础。

不需要再说什么，只要提一下社会兴趣与道德兴趣①之间的密切关系就够了。在直接兴趣指向一个方向而义务指向另一个方向的情况下，要增强义务要求的力量，莫过于使之认识到与义务紧密相关的别人的兴趣。抽象的义务观念和其他抽象观念一样，动力自然是很小的。社会兴趣有强烈的支配力量，由于交往，这种支配力量就转化为道德方面所需要的力量。这样一来，一种强烈的间接兴趣就会抵制那种直接倾向的相反的吸引力。在这里需要提到的唯一其他道德问题上的要点是：把兴趣看作必然是自私的原则或个人主义原则的观点是完全与实际的事实不相容的。一切兴趣都必然是对能推进活动的客体的兴趣，或对标志着活动的完满完成的客体的兴趣，因而兴趣的性质以这些客体的性质为转移。如果客体的性质是卑下的、无价值的或纯属自私的，那么兴趣的性质也是这样，而不可能有别的性质。对别的兴趣或对别人的活动和目标的兴趣是使活动的范围变得广阔、丰富、开明的自然资源，而与客体融为一体的身体的、手工的、科学的兴趣则有助于扩充自我。

① 参阅《教育中的道德原理》。

五、兴趣在教育理论中的地位

我们简略地重述一下兴趣观念对教育理论的重要意义作为本书的结束。如前所述，兴趣有各种各样的；每一个冲动和习惯，凡能产生一个目的而这个目的的力量又足以推动一个人去为实现它而奋斗的，都会变成兴趣。但是，尽管有这种千差万别，在原理上各种兴趣都是一样的。它们都标志着在行动上，因而也在欲望、努力和思想上自我与客体融为一体；就是说，与活动所终止的客体（目的）融为一体，与活动赖以向目的前进的客体（方法）融为一体。从情绪的意义上说，“兴趣”这个词是自我从事于、忙于、着手于、关心于、倾心于、迷醉于客观的教材的程度的证明。实际上，对兴趣的一切误解，不论是实践上的还是理论上的，都是来自不了解或排除了兴趣的活动的、发展的性质；它们将活动变成停滞不前的，将活动的继续不断的生长割裂成一串静止的横断面。这样一来，除了把兴趣看作客体所激起的一瞬间的兴奋以外，就什么也不剩了。客体与自我之间的这种关系不仅没有教育性，而且比没有教育性更坏。它浪费精力，养成依赖于这种毫无意义的兴奋的习惯，一种对持续的思想和努力最有害的习惯。无论在哪里以兴趣的名义采取这种做法，都恰恰是在败坏兴趣的声誉。仅仅引起注意是不够的，必须掌握它。激起活力是不够的，活力发展的方向，它所产生的结果才是重要的事情。

但是，因为活动，甚至那些本能冲动性的活动，都或多或少是继续不断的、持久的，这种静止的、没有发展的兴奋不是兴趣，而是一种反常的状态。兴趣这个观念对教育理论的积极贡献有两方面：首先，它使我们避免仅仅是心理的内部的概念；其次，使我们避免仅仅是教材的外部的概念。

（1）任何人只要把兴趣理解为向目的前进的活动，随着它的发展而思考这个目的并寻找达到目的的方法，他就决不会错误地把心理（或自我）看作孤立的独自存在的内部世界。显而易见，心理与理智的、有目的的活动——与意味着某种事情而其意义又是活动发展的一个因素的那一种活动是一致的。有一种观点认为，心理是用抽象能力的增长来衡量的，这是一个十分重要的观点。另一种观点认为，确切地说，抽象性是危害教育的最大的祸害。对抽象的错误理解是和把智力活动看作可以脱离客体或脱离人和事的世界而完全独立地进行的某种东西这种看法相联系的。去掉了真实的教材，就必须代之以某种其他教材，使心理有所事事。这样的某种其他教材必须仅仅是象征性的；就是说，不是表示任何事物的东西，因为赋予事物以意义的第一手的教材被排除在外，或者至少被忽视了。不然，如果介绍客体——具体的事实等等——也只是把它看作心理锻炼它的各种能力所需要的——正如哑铃、滑车和举重的重物只是锻炼肌肉所需要的一样。于是，学习的世界变成了一个陌生的、特殊的世界，因为它是一个与学生在其中作为人生存、行动和体验的世界隔离的——从中分离出来的——世界。没有“兴趣”，没有支配注意力和激起思考的力量，都是不真实的事物与这个学习领域相伴随的必然结果。于是，得出结论说，儿童或人们的“心理”一般是不愿学习的，都是对和理智有关的事漠不关心的。但是这种漠不关心和不愿意往往证明——或者是直接地证明，或者是作为前述的不良条件的结果证明——没有锻炼心理的适宜条件——证明此种条件被排除了，因为没有提供必须理智地处理事物的情境。在学术的、抽象的、正式的、理论的这些名词的普通用法上所产生的各种分歧都根源于此。①

（2）假定的教材的外在性不过是所谓心理的内部孤立状态的对应状态。如果心理意味着它自身所具有的某种能力或才能，它只需要通过所提供的教材加以运用或运用于所提供的教材，那么，所提供的教材就一定完全是某种现成的、不变的、支离破碎的东西。如果不把地理、历史和科学的对象、事实和真理看作经验的理智发展的方法和目的，就会被看作只是要学习的资料，读、写、算只是要掌握的外部方法。甚至艺术——绘画、唱歌——也会被看作意味着要从外部产生和复制的许多现成的事情，如绘画、唱歌。于是，就出现了本书开头部分所描述的情况：必须找到一些方法以克服心理和教材的割裂；教学方法问题归结为克服隔膜的各种各样的方式，这种隔膜只是因为一种十分错误的教学法已经先入为主才存在的。兴趣的学说不是达到这类“教学法”的捷径，相反，它只是一种预告：要提供条件，使凡是合乎需要的本能的冲动和获得的习惯能得到教材和各种技巧，使这些本能冲动和获得的习惯达到它们要取得成就和成效的合乎本性的目的。兴趣就是对一种发展着的活动材料和方法的心理认同。出现这种心理认同，必然产生兴趣。

因此可以说，认为兴趣本身就是目的和方法，必将一事无成。兴趣不是靠考虑它和以它为目标就可以获得的，而是靠考虑和针对在它的背后和激发它的条件才能获得。如果我们能发现一

① 当然，这里所说的意思绝不是要贬低在更多直接处理事情的条件具备以后在对事物的富于想象力的实验中包含的惊人的各种可能性。

个儿童的迫切需要和能力，又如果我们能提供一个有材料、有用具、有资源的环境——自然的、社会的和理智的——以指导它们恰当的运作，我们就不需要去考虑兴趣。他会自己关照自己。因为心理之所以成为心理，就在于它碰到了它所需要的东西。教育家、教师、家长和国家的问题就是要提供一个能促成教育性的和发展性的环境，哪里出现了这种环境，哪里教育所需要的唯一的事情就具备了。

（任钟印译）

明日之学校

Schools of Tomorrow

by
John Dewey
and
Evelyn Dewey

E. P. Dutton & Company
The Knikerbocker Press, New York
1915

目　录

序

本书并不试图发现一种完整的教育理论，也不考察任何“体系”或讨论杰出的教育家的观点。这不是一本教育学教科书，也不是学校教学新方法的说明，企图给显得困乏的教师和不满意的家长显示教育应当怎样进行。我们试图指出当各学校用自己的方法着手实践时实际上发生了什么，我们把一些认为是自柏拉图以来最完善、最适合的理论作为我们最珍贵的“知识遗产”的一部分，有礼貌地搁在一旁。有些观点是每个研究教育学的教师都熟悉的，其中有些部分构成每种教育理论都认可的一个组成部分。然而，当这些理论应用于课堂时，一般公众，特别是其他一些教师，都叫嚷反对把课堂作为喜爱时尚和异想天开的地方。通过显示一个教师应用这些观点时所发生的一切，我们希望给读者指出一些教育改革家的已经被广泛认识和认可的观点的实际意义。

我们为了例证的目的而选用的所有学校都是由真诚的教师指导的，他们极认真地试图按照他们已具体拟定的他们认为是基本的教育原理对儿童进行最好的教育。越来越多的学校正在全国兴起，试图提出明确的教育理论。本书的作用就在于指出这些要求是怎样从它们的理论和对于这个国家的教育目前似乎在起着作用的那种趋势中产生的。我们希望通过对课堂工作的描述，我们也许有助于使一些理论对读者显得生动逼真。另一方面，为了指出现代教育的某些需要和满足这些需要的途径，我们对理论方面作了详细的叙述。

用来作为例证的学校或多或少是随意选择的，因为我们对它们已经有所了解，或者由于地点上的便利。它们毫不代表今天正在进行的使儿童的生活增添活力的所有学校。具有类似特点的学校在全国各地都可找到。因篇幅关系，我们不得不略去一个很重要的运动——农村学校改革和农业在教育上的利用。但是这个运动显示的各种倾向标志着我们所叙述的学校的特征，而且，甚至更重要的是认识到教育在一个民主社会中一定要起的作用。这些倾向似乎是时代的象征，并且，个别例外证明是所有访问过的学校的最显著的特征。

如果没有访问过的学校的教师和校长物质上的帮助和关心，这本书是不可能完成的。我们衷心地感谢他们源源不断的支持，他们在安排时间和课堂资料方面给予我们种种的便利。我们特别要感谢费尔霍普的约翰逊女士和印第安纳波利斯的乔治·亚历山大小姐所给予的资料和提示。对这些学校的访问，除一处外，都是由杜威小姐完成的，本书各章的叙述也是由她负责的。

约翰·杜威

（赵祥麟译）

第一章　教育即自然发展

“我们对于儿童一点也不了解，用我们的错误观念进行教育，越来越走入歧途。那些最聪明的著作家专门论述一个人应知道什么，却不问一个儿童能够学习的是什么。”这几句话在卢梭《爱弥儿》一书中是有代表性的。卢梭坚决认为，现行教育是错误的，因为父母和教师总是想着成年人的造诣；一切改革依靠集中注意于儿童的能力和弱点。卢梭所说的和所做的一样，有许多是傻的。但是，他的关于教育根据受教育者的能力和根据研究儿童的需要以便发现什么是天赋的能力的主张，听起来是现代一切为教育进步所做的努力的基调。他的意思是，教育不是从外部强加给儿童和年轻人某些东西，而是人类天赋能力的生长。从卢梭那时以来教育改革家们所最强调的种种主张，都源于这个概念。

首先，卢梭的主张使人们注意到从事教育的人常常忘记的一个事实：学校中所学的东西至多不过是教育的一小部分，还是比较粗浅的一部分；然而在学校中所学的东西却在社会中造成种种人为的区分，使人们相互隔离开来。结果，与在日常生活过程中获得的东西相比较，我们把学校中的学习夸大了。但是，我们必须纠正这种夸大，这不是轻视学校中的学习，而是注意观察日常生活过程中所给予的广泛的、更有效的训练，从中发现在校园最好的教学方法。儿童入校前的几年的学习进行得很快而且稳定，因为学习是同他们自身能力所提供的动机和他们的周围环境所激起的各种需要密切联系着的。卢梭几乎是第一个认为学习是必需的事情，它是自我保存和生长过程的一部分。如果我们要明白教育怎样才能最有效地进行，那么让我们求助于儿童的经验，在那里，学习是必需的事情，而不是求助于学校里的习惯做法，因为这种学习大部分是一种装饰品，一种多余的东西，甚至是一种不受欢迎的强迫接受。

但是，许多学校总是朝着与这个原则相反的方面进行。它们不去研究儿童在生长中所需要的究竟是什么，只是拿成人所积累的知识，也就是和生长的迫切需要毫不相关的东西强加给儿童。卢梭说："一个成年人确实必须知道许多东西。可是成年人所应该知道的一切，难道儿童都该学、都能学吗？把作为一个儿童用得着的东西教给儿童，你可以看到已经花费他的全部精力了。为什么硬要他学习也许一生都用不着的东西，而忽略了那些适应他目前需要的东西呢？但是，你要问，等到要用的时候再去学那些应当知道的东西，岂不太晚吗？我不能说。但这点我知道，教得太早是不可能的，因为我们的真正教师是经验和感情，成年人除非根据他本身的条件，决不会学习适合他的东西。儿童知道他一定要长大成人；他可能有的关于成人的种种观念，给了他很多教育的机会。但对于他不能领会的那些观念，却不应该要他知道。我的整本书就是支持这个教育基本原理的一个继续的申辩。"

也许我们大家犯的最大和最常见的错误，就是忘记学习是对付种种现实情况的一种不可缺少的事。我们竟以为人心天然地厌恶学习——好比以为消化器官厌恶食物并且必须施加哄骗或威胁一样。现行的教学方法提出许多证明来支持一种信念，即人心反对学习——反对他们自己的锻炼。我们没有看到，这种厌恶事实上就是对他们的方法的一种谴责；未看到这样一种迹象，即我们现在提供的教材是人心在继续生长的状态中所不需要的，要不然，用这种方法提供教材就把真正的需要给掩盖了。让我们进一步讨论。我们说，只有成年人才能真正学习成年人所需要的东西。的确，成年人当他学习的愿望继续保持活力时，要比在过早的成年人的营养食物已经窒息了求知的欲望以后更可能学习他应该学的东西。我们缺乏信念，也不轻易相信。我们不断地对我们成年人所知道的东西感到担心，深恐儿童永不会去学它，除非儿童在智力上或实际上运用到这些东西之前，就用训练的方法把它们灌进他的脑里。如果我们能够真正相信，注意当前生长的需要，就可以使儿童和教师都忙于工作，并且对将来需要的学习能够给予最好的可能的保证，那么，教育观念的革新也许能早日完成，而其他所期望的变革多半能满意地进行。

那么，卢梭告诫必须宁愿失去时间是不足为奇的。他说："那最大、最重要和最有用的教育法则就是：不要爱惜时间，而要失去时间。假如一个婴儿能从母亲的怀里一跃就跳到理性的时期，那么现在的教育就是很适当的了；但是儿童自然的生长，要求一种完全不同的训练。"他又说："我们现在所用的整个方法是残酷的，因为它为了遥远的不确定的将来而牺牲了现在。我从远处听见那老是拖住我们的假聪明大声叫喊，认为现在没有什么价值，气喘吁吁地去追赶那飞跑似的将来；这种假聪明，把我们引离我们曾经有的唯一的立足点，却永远不能引导我们到达什么地方。"

总之，如果教育就是各种自然倾向和能力的正常生长，那么注意在生长过程中每天所进行的特殊形式，是保证成年生活的种种成就的唯一方法。人的成长是各种能力逐渐生长的结果。儿童时期的真正意义是生长和发展的时期。成熟要经过一定的时间，操之过急会导致伤害。儿童期的真正含义就是，它是生长和发展的时期。所以，为了成年生活上的成就而不顾儿童时期的能力和需要是自杀性的。因此卢梭说："应当尊重儿童时期，不要急于断定它是好是坏。没有到你取代自然的职责时，你要让自然去工作，不要干扰它的活动。你断言你知道时间的价值，唯恐荒废它。你没有认识到误用时间比虚掷光阴浪费更大，教育不当的儿童比完全没有受过教育的儿童离美德更远。你害怕看到他浪费童年，不做什么事。怎么一回事？难道快乐不算什么吗？整天跑跑跳跳不算什么吗？他一生永不会有这样忙碌的了。……假使有人唯恐荒废他一部分时间而不顾睡眠，你以为这个人怎么样？"尊重儿童时期就是尊重生长的需要和时机。我们可悲的一种错误，就是急于得到生长的结果，以致忽视了生长的过程。他又说："自然要求儿童在成人以前还是儿童。如果我们想要颠倒这个程序，就会结出一种不自然的果子，没有成熟，没有味道，这种果子不到成熟就烂掉了。……儿童时期有他的思维、观察和感知的方式。"

身体的生长和智力的生长不是同一个东西，但两者在时间上是吻合的。而且一般说来，后者没有前者是不可能的。如果我们尊重儿童时期，那么我们第一个特殊的原则就是保证身体的健全发展。姑且不说健全发展的内在价值乃是有效的行动和快乐的源泉，心智的适当发展直接赖于肌肉和感觉的适当用途。为了把知识的材料联系起来，行动和接受的官能是必不可少的。儿童的首要任务是自我保存。这不是说只保存自己的生命，而是作为一个生长中和发展中的人的自我保存。因此，儿童的各种活动不像在成人看来是无目的的，而是一些方法，通过它们，他熟悉自己的世界，学习使用自己的能力以及自己能力的限度。儿童经常的不停的活动在成人的心目中似乎是无意义的，只是因为成人已经熟悉了周围世界，因而不觉得有继续试验的需要。但是当他们由于儿童不停的活动而感到不耐烦时，就力图使他安静下来，他们不仅干扰了儿童的快乐和健康，而且把他寻求真正知识的主要途径切断了。许多调查研究者已认识到，健全的身体是正常智力发展的一个反面的条件，可是在某种程度上已先于现代心理学见到感觉和运动器官的活动是开发智力的积极动因。“如果你遵循与既定习惯的做法相反的原则，不把你的学生引到很远的地方，迷失在渺茫的遥远的过去和天涯地角，而是让他照料自己和自己关心的事物，那么他将能够照着自然发展的顺序去理解、记忆和推理。当富于感觉的幼儿成长为一个活泼泼的人，他的辨别能力和体力同步增长。直到体力发展到超过自我保存的需要时，思辨的能力才显露出来，因为这是使用过剩体力的能力，不是必须达到的目的。因此，如果你想培养你的学生的智力，那么培养体力是必需的。为了使他善良和聪明，给他的身体以经常的锻炼，使它强壮、健康；让他劳动，让他做些事情，让他跑、喊叫；让他忙于活动。……设想身体活动阻碍心灵活动，似乎这两种活动不能携手前进，似乎一个不愿充当另一个的向导，这是一个可悲的错误。”

下面卢梭对体育活动有助于身体健康和精神发育的相互加强作了更详细的阐明。“体格锻炼教我们使用我们的体力，领悟我们自己和周围事物的关系，使用力所能及和适于我们感觉的自然工具。……我们到18岁时学校教我们用杠杆；乡村里每个12岁的孩子都会用杠杆，他们比学院里最精明的技师知道得还多。小学生在游戏场里相互学到的功课要比在教室里学到的胜过一百倍。试看一只猫初次进一个房间，从这里跑到那里，什么东西都要去嗅嗅，去检验，没有一刻安静。一个儿童刚会走路，跑进一个好像属于他的世界的房间，情况也是这样。两者都用视觉，儿童像猫用鼻子那样用他的手。”

“由于人类最初的自然冲动是在他的环境中估量自己，在他所见到的每个事物中寻找与自己有关的基本特点，因此，他最初的学习是一种为保护自己的实验物理学。在他发现自己在世界上所处的地位以前，不让他这样做，叫他从事推理的研究。当儿童的娇嫩灵活的四肢和敏锐的感觉对于他们想有所动作的事物能够适应的时候，就是用感觉和四肢执行适当的任务的时候，也就是学习他们和事物之间的关系的时候。我们第一个自然哲学的教师是我们的手、足和眼睛。用书本代替它们，不是教我们去推理，而是教我们用别人的理智，而不是用自己的理智，它叫我们相信的多，知道的少。”

“在你能够掌握一种工艺以前，你必须首先掌握你的工具；如果你要很好地使用工具，那么必须把工具制作得十分牢固和耐用。要学会思考，我们必须相应地训练我们的四肢、我们的感觉和我们的身体器官，因为这些是智慧的工具。要使这些工具得到很好的使用，必须把供给我们这些工具的身体保持得强壮和健康。不仅认为真正的理智可以离开身体而发展起来是一种错误，而且只有一种良好的身体素质才能使心灵活动轻松而适当。”

上文表明卢梭远远不是把身体的发展看作一个唯一的目的本身，这也指出，他的关于感觉同认识关系的概念超过他那个时代的心理学多么远。流行的观念（这种观念即使在我们的时代里也很盛行）是，感官是一种门户和通道，通过它，印象快速前进，然后构成关于这个世界的知识图画。卢梭看到，感官是行动工具的一个部分，通过它，我们使自己适应环境；感官是同自动的活动即同四肢的使用直接联系的，而不是被动的感受器。在这个方面，卢梭要比他的那些强调感官同事物接触的重要性的后继者更先进，因为后者认为感官仅仅作为关于事物知识的供给者，而不是人类对于周围世界必须适应的工具。

因此，当他重视感官，而且提出许多游戏来发展感官时，从来不为了训练自身的目的而主张单纯的感官训练。他说："为了训练感官而使用感官，这是不够的。我们必须尽一切方法学会判断，除非我们已经学习过了，否则我们不能真正地看、听和触知。感官的单纯机械使用也许可加强体力，却不能增进判断力。游泳、跑、跳、翻筋斗、掷石子，所有这些都是很好的。但是我们有眼睛和耳朵以及手臂和腿，这些器官是训练使用其他器官所必需的。那么不仅要训练体力，而且要训练感官，作为指导体力的力量。要很好地使用每种器官，并逐一检查结果。要测量、计算、称重量、比较。直到你已经估计到阻力以前，不使用强制。结果的估计总是先于方法的运用。要使儿童注意避免过之不及的努力。如果你训练他估量他所做的事的后果，于是根据经验来改正他预料中的错误，那么做得越多，他就变得越聪明。"

指导自然生长的教学和强行注入成年人的造诣的教学之间更深一层的区别，应引起注意。后者的方法重视积累许多符号形式的知识。强调知识的量而不是知识的质；所要求的只是表现作业的成绩，而不是个人的态度和方法。自然生长的方法所注重的是要真切和广泛地亲自熟悉少数典型性的情境，以求掌握处理经验中各种问题的方法，而不是积累知识。如卢梭指出的，儿童容易屈从我们那些错误的方法，是我们经常受骗的根源。我们懂得——或自以为懂得——一些词句是什么意义，因而当儿童使用适当的字句时，便认为他有同样的理解。让儿童学习明显容易的东西，是他们的不幸。我们没有看到，这样容易学会正好证明他们没有在学习。他们出色的、极好的头脑仅仅像镜子一样把我们提供的东西反映出来。卢梭用一句警言描述了在事物的表面上而不是引导去了解事物本身关系的教学方法的缺点："你以为你在教他世界是什么样子的，他不过只是在学习地图。"从这个学地理的例子类推到整个广泛的知识领域，你就会明白从初等小学到大学我们的教学的很多真正要点了。

当卢梭说"在许多到达科学的捷径之中，我们非常需要一条捷径来教我们困难的学习艺术"时，他的心中有一种相反的方法。当然，他的意思不是为了困难而把学习的东西弄得很难，而是要避免那种重复现成公式的假学习，为了用缓慢的和可靠的自己发现的过程去代替它。教科书和讲课传授别人所发现的成果，因而似乎可以提供一条获得知识的捷径，但结果只是毫无意义地反映出对于事实本身没有理解一些符号罢了。再进一步的后果是思想的混乱，学生失去原有内在的信心，他对于实际事物的辨别力逐渐被削弱了。"第一句无意义的短语，第一件根据别的权威想当然而没有让学生自己了解的事物，是判断力毁灭的开始。"还有，你把他思考的一切东西都替他做完了，你还要他去想什么呢？（我们一定不要忘记，教科书中组织好的教材和预先排定的功课，都代表他人的思想。）"你叫学生具有的那种思考力用于他似乎极少用处的事物，那么你的使学生心中不相信思考力的工作就做完了。"

以知识本身作为目的是一个"深不可测的无边的海洋"，如果在卢梭的时代是这样，那么，卢梭以后科学日益发展，就更可确信把单纯积累知识和教育等同起来乃是荒唐的。对于现行教育的批评，通常是基于教育不过给予大量杂乱的科目一些一知半解和浮面的印象，这个批评是公正的。但合乎理想的补救方法不是回到那种机械贫乏的读、写、算的教学中可以找到的，而是要放弃我们想把全部知识都列入课程，以期“包括一切”的狂热愿望。我们必须以较好的理想，彻底地研究少数典型的经验，代替这种无用的有害的目标，用这样一种方法来掌握学习的工具，并提供一些环境，使学生渴望获得更多的知识。照传统的教学方法，学生学习地图不是学习世界——是符号而不是事实。学生真正需要的并不是关于地形学的精密知识，而是自己怎样去寻求。卢梭说：“看看你的学生的知识和我的学生的无知之间的区别吧！你的学生学习地图，我的学生制作地图。”在学校中获得知识的真正目的是，**当它需要的时候**，**寻求怎样获得知识**，**而不是知识本身**。

（赵祥麟译）

第二章　教育即自然发展的一个实验

卢梭的教育是自然生长过程的学说，对自他那时以来教育理论的建立极有影响。它对学校工作的实际细节问题影响较少。可是，有时一些实验家把他们的计划建立在他的原理上。在这些实验中，一个是由亚拉巴马州费尔霍普地区约翰逊（Johnson）女士指导的。在过去几年里，一些学生和专家到这个地方去取经，约翰逊女士的模式已经使美国各地涌现出一些类似的学校。约翰逊女士在康涅狄格州格林尼治地区为训练教师开设了暑期课程，开设她认为可行的实物课，在那里她指导作为模范的一个儿童学校。

约翰逊女士的根本原则就是卢梭的主要思想，那就是，就在儿童时期经历着对于作为一个儿童有意义的事物来说，儿童是成年人生活的最好准备，而且儿童有享有他的儿童时期的权利。因为他是继续生长的动物，他必须发展得在成年后的世界里能成功地生活；不应当做任何事情干涉他的生长，所做的一切事情应当有助于他的身心圆满和自由的发展。身心两方面的发展相辅而行，两者是不可分离的过程，而且必须经常记住两者是同样重要的。

约翰逊女士批评今天传统的学校。她说，这种学校是为那些谋求迅速和可靠效果以教师的方便而安排的；它不顾学生充分的发展。它是按照一个温室的极其有害的规划来安排，强迫从事枯燥乏味的事情，而不是培养学生的全面生长。它不培养个人一种坚毅的能力和创造性的活动。它无视儿童目前的需要；实际上他每年每时过着丰富的生活，而不是等他离开学校，在长者规定的某个时期里才过着生活。儿童对学校的厌恶是这样一些错误的自然和必然的结果。自然没有使幼年儿童去适应那狭窄的课桌、繁重的课程，静静地聆听各种复杂的基本知识。他的真正的生活和生长全靠活动，可是学校每次强迫他几小时束缚在固定的座位上，以便教师确实认为他是在静听和学习书本。允许给予短暂时间的体操作为诱饵，使他在其余时间保持安静，但是这些短暂的放松，不足以补偿他必须作出的努力。儿童在身体和精神两方面都是迫切地要求活动的。儿童的个别活动如同身体的发展和精神的发展必须同步前进一样。他的身体的活动和心智的觉醒是相互依存的。

约翰逊女士说，只阐述这个原理而不提供它的实践的证明是不够的。凡营养良好和身体活泼的儿童都是渴望做些事和知道一些事的。学校中经常的体育运动必须符合活动的需要，无论工作和游戏都必须让儿童自己活动，自己去模仿，自己去发现。即使对于6岁的儿童来说，围绕着他的各种事物的世界是一个尚未探索的领域，是随着他的活动，使他逐渐在调查研究中不断扩大小小的视野的一个世界，一个在他看来绝不像在成人看来那样平淡无奇的世界。因此，当儿童的肌肉柔嫩和心理上易于感受时，就让儿童自己观察世界上的事物，无论自然的或人为的，因为这就是他的知识的源泉。

一般学校却不提供这种生长的和自己发现的机会，而是把幼年儿童束缚在狭小的范围，使他忧郁地静默着，他的身心都受到压迫，在遇到陌生的事物以前，他的好奇心迟钝得不会感到吃惊了。他的身体厌倦工作，他开始寻找躲避教师的方法，四处寻找从他的小监狱里逃出来。这就是说，他对于学校的语言课程渐渐地烦躁和不耐烦起来，对他提出的琐细的工作以及因而对于他刚才还是那么诱人的新世界失去了兴趣。在他很好地开始踏上知识的道路以前，冷漠的疾病已经击中他敏感的灵魂。

在学校里儿童一起做事，根据这个理由，约翰逊女士试图寻求一个给予个人发展最大限度自由的计划。因为幼年儿童肌肉柔嫩，各种感官还没有成熟，不宜于从事精细艰难的工作，所以他的学校生活不应当一开始就学习阅读和写字，也不应当学习使用很小的玩具和工具。他必须继续家庭里开始的自然进程，从一个有趣的事物跑到另一个有趣的事物，研究这些事物的意义，而且首先去探索不同事物之间的联系。所有这些在很大程度上都必须做到，使他学会各种明显的事物的名称和意义，如同它们本来呈现出来的那个样子。这样，那些模糊和难以辨认的事物，没有教师强迫儿童注意，也都一一弄明白了。一个发现引起另一个发现，爱好研究的兴趣引起儿童自己主动地从事探索，这往往成为严格的理智训练。

循着这种自然生长的途径，凭着儿童自己求知的愿望，把他引导到读、写、算、地理等等。约翰逊女士说，我们必须等待儿童的愿望，等待自觉的需要，然后我们必须迅速地提出满足儿童愿望的方法。因此，在儿童对于事物广泛联系的经验和知识具有很好的基础之前，不让他学习阅读。约翰逊女士甚至反对儿童在过早的年龄阶段学习阅读。她认为，在8岁或9岁时，他们渴望探索书本正如他们以前探索各种事物一样。在这个时候，他们认识到书本中所包含的知识的必要和用处；他们还看到，他们没有别的途径可以获得这种知识。因此，真正地学习阅读几乎不成为一个问题，儿童能教育他们自己。在达到某一特殊科目的知识的兴趣的激励下，他们很容易并迅速地克服机械阅读的困难。阅读对于他们不是孤立的练习，它是熟悉多么想知道的事物的一种方法。好像爬上食品橱子一样，在全神贯注地满足心理上的食欲时，它的困难和危险看不见了。

应当给儿童提供各种课程题材，以适应一种需要，使他去研究事物中能获得更多的各种关系的知识。算术和用图形表示的抽象概念对于6岁儿童是无意义的，但是数学作为他每天玩的和使用的事物的一部分是富于意义的，他很快就会发现没有这种知识是不能过活的。

约翰逊女士在她的公立学校所控制的条件下正在试行一种实验，她认为她的方法对于任何公立学校都是可行的。她实际上不收学费，而且任何儿童都受欢迎。她称她的教育方法是“有机的”（organic），因为它们遵循学生的自然生长。学校的目的在于为儿童提供每个发展阶段必需的作业和活动，有利于他那个阶段的发展。因此，她主张以一般的发展而不是以获得知识的分量来调整学生的分班。分组是建立在儿童自己自然划分的基础上。这些组叫“生活班”（life classes），而不叫年级。第一个生活班8—9岁为止，第二个班11—12岁为止。由于青少年时期的兴趣和爱好明显地发生了变化，因此还有特别的中学班。组里的功课是根据给予学生在身体、心理和精神发展的年龄所需要的经验来安排的。

强迫的作业、指定的课文和通常的考试在费尔霍普的课程中是没有的。因此，儿童不会学习不喜欢学的东西。也不会不相信教师和教科书上说的东西，这些在通常学校的学生中令人遗憾的是那么普遍的。他们运用他们的本能自然地学习，没有那种来自被迫专心于考试和升级的自我意识。

聪明和有智慧的儿童往往厌恶课堂和课堂里提出的东西，他们不仅永远得不到完满的生长，相反，这对他们是真正的不利，当他们长大时，这往往会阻止他们认真地学习大学课程，而且使他们怀疑不是实际上从他们自己的课堂以外推演出来的一切观念。也许他们成长得那样驯良，他们默认不管什么一切权威的陈述，而且丧失了他们对存在事物的判断力。我们告诉我们的儿童，书本是世界的宝库，它们包含着过去的传统，没有它们，我们将变成野蛮人；于是我们教导他们，以致他们厌恶书本知识，对教师告诉他们的东西持怀疑的态度。不胜任一般不是因为人们当小孩的时候没有受到足够的教育，而是因为他们不能而且不再使用他们所学的东西。这是由于他早年不相信学校和与学校有联系的东西。

在费尔霍普，学生永远没有向这种不利情况作斗争。他们在学校里都一样快乐，而且热情地要求他们“爱”这个学校。不仅这些功课让整个小组感兴趣，而且没有一个儿童被迫去做没有吸引力的工作；每个学生可以做他喜欢做的事情，他要做多久就可以做多久，不会受任何别人的干涉。可是，儿童不是没有任何训练的。当他们在校时，他们必须坚持工作，还要学会不干扰他们的同伴，以及必要时去帮助他们。学校以健全有效的方式前进，不允许一个儿童任性和懒散。

约翰逊女士认为，儿童在他们的早期既不是道德的也不是不道德的，他们对于正确和错误的辨别力还没有开始发展。因此，应当给予他们尽可能多的自由；禁止和命令不论对于他们自己或他们的同伴，他们都不能理解，因而其结果必然是无意义的，其倾向是使儿童不坦率和欺骗。要给予儿童充分的健康的活动。当他必须受训练的时候，不运用他还没有懂得的道理，但如有必要，给他显示一点痛苦，他的顽皮动作对他的同伴有什么影响。如果他想和他的家人及朋友一起做有趣的和使人高兴的事情，他必须举止规矩，这样他们才同他做朋友。这是幼年儿童能理解的目的，因为他知道什么时候他的朋友赞同他或不赞同他。在这种训练计划下，要比以道德上的理由为根据的那种训练，少一些迫使儿童逃避责任或隐瞒、说谎或过于意识到自己的行为，这种道德上的理由，对于儿童来说，似乎是强迫他去做只是成年人需要做的事情的一种纯粹的借口罢了。

不意识到自我，就幸福方面来说是积极的收获。约翰逊女士的训练计划对于一切教学企图形成的爱学校、爱工作是有助益的。当工作感兴趣的时候，就不必要用无意义的束缚和烦琐的禁令去阻止儿童完成这个工作。当儿童乐意地在工作时，他们就会把志趣相投的工作的做和学联系起来。这无疑是积极的道德价值。它有助于培养自信心和对待工作怡然自得的态度；面对一种没有不喜欢或反感的工作的能力，比做艰难、不合口味或被迫予以注意和服从的工作，对于性格培养具有更大的真正价值。

分成年龄组或“生活班”，废除了那种必然或多或少地表明以熟悉书本的程度来划分学生等级，把重点放在学生的失败和缺点上。对于智力迟钝的学生，不使他感到不光彩，不大声叫他注意，不刺激他、责备他或给他打个“不及格”。不知道自己的弱点，他便保持对自己信心的道德支持；他的手工劳动和体育成绩经常在他的同伴中给他带来威望。约翰逊女士认为，通常学校中的背诵和考试不过是为了教师工作较为方便而设计的；但是，从分数和等级产生的他知道或不“知道”的意识对儿童是十分有害的，如同把重点放在他的失败上是十分有害的一样。

费尔霍普的课堂练习和背诵方法的对照特别鲜明。在那里，儿童把书本合起来静坐着听从教师考问他们已经“自学”的课文记得多少。再次引用卢梭的话：“他（教师）坚决表示不浪费时间；他给学生提供能够预先在商店橱窗里展览的货物，一些可以任意炫耀的成品。……如果儿童要考试，他就动手把他的货物陈列出来；他把他们的货物陈列出来；满足了那些观看他们的人以后，卷起了他们的包袱，走他自己的路。太多的问题对于大多数人特别是对于儿童，是冗长乏味和厌烦的。几分钟后，他们的注意力消退了；他们不再静听你的令人厌烦的问题，他们胡乱地作了回答。”在费尔霍普，儿童做功课，教师帮助他们去了解，而不要求他们把记得的东西归还。测验经常用开卷的形式进行，因为测验不向教师表明他们能记得的东西，而是要发现他使用书本的能力有什么进步。课文不是预先指定的，可是学生把手上的书打开，和教师讨论课文，以发现其中可能的乐趣和知识。这激起了他们对书本的真正喜爱，以至于这些从来没有给予指定功课学习的儿童，自动地在课后学习课文。他们不冒欺骗的危险，因为他们不处于要炫耀自己的地位。

这种训练和学习方法超过读、写、算方法令人满意的进步的结果是在精神和道德上摆脱了自我意识，儿童的能力把他的全部固有的首创精神和热情投入了工作，儿童的精力纵情享受他的自然学习的愿望，因此，保持生活的乐趣和对自己的信心，解放了他从事工作的全部力量。他喜欢学校，忘记了他正在“学习”，因为学习是作为经验的副产品无意识地完成的，他认识到经验本身是有价值的。

在费尔霍普，已经设计出以下的活动以代替一般课程：体育活动、自然研究、音乐、手工、野外地理、讲故事、感觉教育、数的基本概念、戏剧表演和体育比赛。在第二班里，加设画地图和地形地理，因为阅读已学过，数的功课按照图形知识作了修改。每门课是作为具有一定目的的一种具体经验设计的，对于儿童都是值得渴望而有吸引力的。正如所希望的那样，把重点放在儿童的发展上，体育锻炼在一天的活动中发挥了重要作用。体育活动每天在规定的课时和一般在早上第一节当儿童精神焕发、生气勃勃时都要进行。因为一小时体育活动都在儿童叫作体育场的室外进行。棍棒、木马等等放在那里，有一个人在那里帮助他们试试新的动作，看看那些动作是否很好地保持平衡，但是这个名词公认的意义上的形式体操是不存在的。约翰逊女士认为，儿童的这种厌恶是把它废除的充分理由，因为正在生长的儿童经常主动地寻求机会伸展和锻炼他的肌肉，一切学校需要去做的是提供这种机会，注意到这不是纵容伤害儿童的那种观点。儿童自然地参加小组；有些喜欢在杠上、环上、秋千上翻滚，有些喜欢爬、跳、跑、掷，等等。跑通常采用比赛形式，一棵树用来作为扔石头比赛的靶子。儿童自己已经发明了使用各种器械的游戏，在运动场的时间是一天里最忙的时间。这使儿童渴望和受激发从事于智力工作，因为它意味着没有成套肌肉动作的过分负担，没有在别人的命令下单调重复的无意义的运动。除了这种规定时间的体育活动外，儿童可以学习室外的东西，许多班级在野外进行。室内有游戏、手工和戏剧表演，所有这些都有助于儿童体格很好的发展。没有用钉子固定的课桌椅，学生可坐在他真正喜欢的地方，或者甚至从一个地方转移到另一个地方，如果他不干扰他的同伴的话。各门课是在一个课堂里进行，那里有两个组，每个组有15个或更多的儿童，都在做功课，并保持必要的安静和秩序。

自然研究和地形地理几乎都是在室外进行的。儿童到田野和树林中去，提出关于它们的一些问题，察看树木和花朵，检验树干、叶子和花朵的区别，相互告知他们思考的东西，并应用他们的书本回答树木和植物给他们提出的问题。他们学习他们所采集的花的雌蕊、雄蕊和花瓣这些词的意义，或注视一只蜜蜂把花粉从一株作物传播到另一株作物。鼓励学生告诉班上他们在家里学过的东西，从他们的花园里带来花，或者告诉他们看到的东西。这个班访问一个邻近的拖拉机农场，认识他们所能认识的许多蔬菜，学习没有见到的蔬菜的名称和特点。当他们回到课堂时，把能记得的所有蔬菜的名称都写下来，列成一张表，这样，他们的自然课和写字课就联系起来了。校园里有一个花园，在那里学生学习耕地、耙地和播种，观察这些种子发芽、生长和开花。在他们自己的一小块土地上，他们观察植物生活周期的所有方面。此外，把一种工作贯彻到底，要坚持几个月，还要经常地思考和注意，从而得到道德训练的好处。这种工作在幼年儿童的课程中起着很大作用，因为这似乎属于他们的特殊世界；对于这样一个特定的具体事物的世界，他们每天都观看它，同它接触和玩耍，由此引起他们的好奇心。

野外地理课是以同样方式进行的。通过直接观察，甚至很年幼的儿童也获得对于岩石的形成、风雨和江流的动态等大量的各种不同的观念；如果以后用得着教科书，也是说明或详细叙述学生已经见过的东西。学校附近的土壤是一种黏土，下雨以后，细小的水流提供河流、水蚀、分水岭、洪水或河流改道方式的最好实例，而潮汐或流湾水流的说明则是由一次小小的海湾旅行加以完成的。学校建筑附近水流冲成的沟壑不仅给游戏提供了一个很好的地方，而且可以作为关于山脉、山谷、土壤、岩石如何形成的教科书。所有这些都可以作为以后叙述地理最好的基础和实例。更高级的地理主要是商业地理；由于学生早已掌握科学的背景、气候和收获、工业、出口和进口以及社会条件，了解起来便容易多了。

在费尔霍普，注重手工的价值和把重点放在身体生长上是一致的。幼小的儿童必须继续学习，使他的肌肉运动越来越熟练地协调起来，如果他的身体要发展到健康和效率的最高标准的话，而且没有什么东西比用手制作东西所必需的有控制的和颇为精细的动作更加有助于这一点。他在制作东西这一事实正好给予他需要的刺激，使他坚持这个工作，一再重复思想、手和眼睛的同样努力，给予他在这个过程中真正的自我控制。手工的益处在实用方面也是一样重要，儿童学习怎样使用日常生活的工具，剪刀、小刀、针、刨子和锯子，对艺术家的工具、颜料、陶土有一种了解，这些是他终生离不开的。如果他是一个具有创造和发明才能的儿童，他可以为自己的精力找到一条自然的和快乐的出路。如果他爱空想或不切实际，他学会关心手工劳动并获得某些东西，成为全面发展的人。男孩和女孩同样做烹饪和木工的工作，因为这种工作的目的不是训练他们从事任何行业或职业，而是训练他们成为社会上有能力和幸福的成员。绘画、泥塑和木工、缝纫一样，扮演着十分重要的角色，对比较幼小的儿童来说也是一样，假如它们服务于一个目的或与其他保持学生兴趣的工作充分地联系起来。美的观念在幼儿中不是有意识地表现出来，如果要使它成为他们生活中一种真正的力量，必须通过他们每日接触的事物予以保养。因此，“艺术”是作为手工劳动、讲故事、戏剧表演或自然研究来教的。那个最小的孩子在制作泥模型、绘画、裁纸、做纸的或木的玩具等等，要求他们把想要做的东西尽可能多地提出来。随着技术的获得，他们继续做更难做的东西；9—10

岁的学生能做竹篮、小船和娃娃的家具。

讲故事和戏剧表演是密切联系的，而且代替通常的书本作业（约10岁开始）。有文学价值的故事是适合这个年龄学生的题材，要讲或读给他们听，随后要求他们讲校外听过的故事。9、10岁以后，当儿童已经学会阅读，他们就读书上的故事，默读或朗读，然后全班讨论。希腊神话《伊利亚特》《奥德赛》是这个年龄的儿童特别喜爱的。一个班常常没有得到教师指导而能把整个故事陈述出来，如《特洛伊的陷落》或特别能吸引他们戏剧想象的任何其他故事。该校相信，这是使年轻人接近文学最正确的途径，如果他们一定要学习它、热爱它和欣赏它，而不只是为了演说冷僻的用语和修辞而学习教科书。在8、9岁以前，不允许学生使用书本，直到他们已经那样强烈地认识到这种需要，请求帮助学习为止。为6岁大的儿童所必需的冗长的、令人厌倦的训练废除了。每个儿童都迫切希望读特别喜爱的书，因此很少或不需要抓住他的注意力，或坚持无休止的重复。约翰逊女士还相信，如果把读和算尽可能推迟一些，那么对于儿童的身心的自然发展更相宜。这样儿童意识到学习读和算的真正需要，对于他们的日常生活也有帮助。他们通过手工劳动获得事物的知识背景和技巧，使得实际学习过程变得比较简易。约翰逊女士深信，在她的学校里，一个10岁前没有学过读写的儿童，其读、写和拼音如同采用通常课程的学校里的一个14岁的儿童一样好。

数的基本概念是口头教的。最小的儿童开始时相互数数或数周围的事物。然后也许在黑板上把一条线分成两段，再分成三段、四段。接着他们用黑板上的实物或线开始加法、减法，取四分之三，甚至除法。这种作业的口头练习是经常进行的，在他们能写一个数字或乘法符号以前，他们已经完全熟悉算术的基本过程。于是，约在9岁，学习写数字的时刻来到了。这时，练习不用线和实物而用常规的符号反复进行。费尔霍普的学校发现这种方法已废除通常的各种竞争，特别是学习分数和算分数中的竞争。长除法和其他复杂的过程是在学生能把数字写得很好、很便捷以后教的，直到反复练习已经使儿童很好地熟悉这些过程以前，重点不放在形式分析上。各个教师创造的各种游戏和竞技是用来引起学生对这种练习的兴趣。

感官训练意指儿童的身体和肌肉的特殊训练，对于完成某种肌肉或其他感官动作的要求准确地作出反应，或者更专门一点，它的意思是运动感官的协调。除了来自手工劳动和体育运动的一般训练外，还布置特殊的游戏，训练各种不同的感官。年龄最小的班级比较重视这种感官的体操。全班儿童坐着不动，默不作声，一个儿童蹑手蹑脚地从他的位置转到课堂的另一个地方，所有其他儿童闭上眼睛，猜他在哪里；或者一个儿童说些什么，其他儿童根据声音猜他是谁。对于训练触觉，给一个蒙上眼睛的小孩一些常用的东西，让他去摸，辨认这些东西。整个学校特别受称赞的游戏之一是发明来训练肌肉的准确性的。不同年龄的儿童分为若干小组，向院子里的一棵大树扔石头。这种游戏有极大的竞争兴趣，在训练眼睛和手一起工作时，也训练了整个身体。费尔霍普的学生不寻常的肉体控制在木工场里看得最清楚，在那里，即使最年幼的儿童也能操作和使用各种大型的工具榔头、锯子和刨床，而不损伤他们自己。那里有一部脚踏锯曲线机，看见一个7岁的儿童踩着踏板，抓住一片木头，在一个锯子上转动，给它定形，而不损伤他自己，这是很有意义的情景。

费尔霍普的学生比普通公立学校的学生强。当他们由于某种原因作出改变时，他们总是与同他们年龄相同的儿童一起工作，不需要特别的努力。他们易于身体强健和更能使用双手，同时他们真正热爱书本和学习，这使他们在纯粹的文化功课方面一样出色。有机课程已经详细规划了，并长期应用于幼年儿童，但约翰逊女士深信，她的工作原则同样可以用于中学生，并正在开始一项针对中学儿童的实验。在她的指导下，这个学校已证明了一个明显的成功。时间和更多的机会无疑将改正任何学校在实验阶段必然出现的一些弱点和不符合的地方。这个学校为很小的小组提供了促进健康的、自然发展的条件，以利于教师（作为一个领导者而不是指导者）熟悉每个儿童的各个弱点和适应个别需要的工作。把儿童引导到让儿童在学校里过着与他们在校外时良好的家庭里同样自然的生活；在学校里身体的、智力的和道德的进步而没有人为的强迫、奖赏、考试、分数和等级，虽然他们得以充分掌握知识和书本学习的工具——读、写、算——而能独立地运用它们，这些已证明对儿童是可能的。

（赵祥麟译）

第三章　自然生长中的四个要素

由梅里亚姆（J. L. Meriam）教授领导的哥伦比亚的密苏里大学附属小学，与在费尔霍普的约翰逊夫人的学校有很多相同之处。就教育应该遵循儿童的自然发展这一根本思想来说，两所学校是完全一致的，但它的实际组织和措施有很大不同，因此对它作一番描述是有启发意义的。与大多数的教育改革家一样，梅里亚姆教授认为，过去的学校太注重向儿童传授成人的事实。在追求系统化和规范化中，课程忽略了个别儿童的需要。他认为，学校的工作和游戏应该就是儿童的工作和游戏，儿童应该享有学校的乐趣。学校里的生活，应该同儿童在校外的生活一样，而且只应当更好，因为它们帮助儿童懂得怎样正确地游戏和工作，怎样与其他儿童一起游戏和工作。

“儿童记得他们怎样学习说话吗？不，但是他们的父母倒还记得。然而我们中大多数人，无论儿童或成人，都记得我们怎样努力在学校里学习读和写。当我们需要或有事要说的时候，我们才开口，仅仅这样我们才学会说话。当我们想喝水时，我们才学会说：‘妈妈，请给我点水喝。’我们并不每天早晨9点钟练习这些话。大学附小的学生学习读、写、画以及其他一些东西，都恰恰在他们需要的时候去做的。学生在这所学校里所做的，就是他们在家里要做的，不过他们学着要做得更好。他们工作和游戏。在家里，他们做许多事情，大部分时间都很活泼，在学校里他们也是这样。”

假如没有学校，这些儿童会自然地做些什么呢？梅里亚姆教授的课程就是以对这一问题的回答为依据的，它只包括一般教学计划中出现的一门科目，即手工劳动。他说，儿童喜欢在户外做游戏，跑、跳、掷以锻炼身体；他们喜欢聚在一块交谈，讨论他们的所见所闻；他们利用种种东西进行活动，如小船、豆形果实、布娃娃、吊床或服装；如果他们生活在乡村，他们喜欢观赏动植物，种点东西或去钓钓鱼。人人都承认，儿童通过这些活动所得到的发展，完全可以与他通过学校学习所得到的发展相媲美，而且他在校外学到的东西更易于成为他日常知识的一部分，因为他学的全是令人愉快的东西，他认识到这些东西的直接用处。还有，这些东西全都与日常生活密切联系；我们送儿童进学校，也就是学这些东西。那么，除了把这些东西编成课程以外，更自然的还有什么呢？这正是梅里亚姆教授做的事情。他把一天分成四个阶段，进行下列基本活动：游戏，讲故事，观察和手工。对于较为年幼的儿童，其活动几乎全部取材于他们的生活环境；他们花时间从已熟悉的事物中发现更多的东西。随着他们年龄的增长，他们的兴趣自然转到更为间接的事物上，并去探索事物的过程及种种原因；他们开始学习历史、地理和科学。

前三个年级的时间是这样划分的：9：00—10：30，观察；10：30—11：00，体操；11：00—12：00，游戏；下午1：30—3：00，讲故事；3：00—4：00，手工。

观察阶段专门研究某一课题，这个课题可以只花一个早晨，也可以持续几个星期。尽管学校有一个一般的年度工作计划，但假如儿童提出某些问题，而这些问题对他们来说又似乎是重要的、恰当的，原来的计划就可以撇在一边，教师则在学生研究他们自己问题时提供帮助。一天中的任何一门科目都可以这样；计划有伸缩性，学校的目的就是满足儿童和小组的各种需要。在前三个年级的观察阶段，专门研究的东西有花、树和果实，鸟类和各种动物，气候和季节变化，假日，城镇杂铺店，周围的住宅以及儿童看到的商店里出售的服装。学生只是在感到有读、写和算的需要以便扩大他们的工作范围时，才学习读、写和算。自然课尽可能在户外讲授；儿童与教师一同散步，谈论沿途碰到的树木、植物和动物；他们为学校的鱼缸搜集蝌蚪和小鱼，并且挑出一棵树进行观察，留下全年的记录。他们对气候的研究也是终年不断的；他们注视季节的变化，看秋天的景物是什么样子，冬天来临时又发生哪些变化，动植物在冬天会出现什么情况，等等。就这样他们观察了一年的整个周期，不知不觉地认识了他们自己的气候与他们周围的动植物生命的关系。

关于他们自己衣食住行的研究，集中在一个连续的阶段进行，按照兴趣和时间的支配，还增加一些当地生活方面的研究，虽然这些方面与实际生活的需要关系不大。他们研究珠宝店和马戏场，从中了解周围居民的娱乐活动和爱好；或研究当地消防部门和邮局，从而了解到他们家长的社区利益。

研究的方法对一切功课都是相同的。首先，在教师的帮助下，儿童就他们开始研究的课题陈述他们所了解的一切；如果研究课题是食物，每个儿童就有一次机会说出他所能想到的与食物有关的任何东西，如他家里吃的食品，食品从哪里来的，如何进行保存，他在食品店看到的东西，等等。然后，全班学生与教师一起参观食品店，或许在那里待上一上午，每个儿童设法看看他能发现多少东西。在他们观看前，教师先让他们注意一个事实，即出售东西是以“夸脱”等为单位的，因为从度量衡这一方面的课题入手，似乎很能吸引儿童的兴趣。有些一年级的儿童被证明观察力很敏锐，他们注意到店主用种种方法使物体的分量看上去比实际的多些。教师还鼓励学生注意和比较各种价格，如果家长愿意的话，从家里拿来伙食开支计划。当他们回到自己教室时，他们再讨论他们所见的东西，那些能写的学生，把他们能记得的所有食品的价格列出一张单子，或者写下他们访问的报道，报道来自儿童自己的口述而由教师记录下来。

还不能阅读的学生要画一张食品店的画，或者根据店主给的货物单安排一堂阅读课。这以后，他们将研究店主对顾客的交货方式以及货物通常的来路。他们从家里拿来各种食品店的账单，把它们加以比较、合计，并且讨论经济和食品营养问题。他们也可能以同样方式研究牛奶和面包店，然后转而讨论周围的住宅问题。这类住宅、服装以及镇上居民的娱乐问题，都用同样方式进行研究。在这以后，全班去参观消防大楼和邮局，了解它们派什么用场和怎样进行工作。这样的参观以及对地方娱乐设施的研究，通常在三年级进行。显然，这样的研究可以提供不断使用读、写、算并练习正确使用口头英语的机会。梅里亚姆教授坚持认为，这种对儿童生活的社会所进行的研究，绝不只是一种教“读、写、算”的借口，而是为了这一工作本身对学生的教育价值，“读、写、算”教学只能在当它直接有助于儿童正从事的活动的时候进行。

前三个年级用在游戏上的时间具有同样的教育价值。儿童练习着自己的躯体，学着控制它们并做出各种能导致某个直接效果的技巧运动。游戏允许形式多样，活动自由，教师仅仅是一位旁观者。儿童进行的游戏，多半带有竞争的性质，因为他们发现，要把握基本的技能和时机，就必须在游戏时全力以赴。豆状果实、九柱戏等都是他们爱玩的活动；实际上，任何游戏，只要能够记分数，都是他们喜欢的；教师为年幼儿童充当记分员，游戏结束后，他们把分数抄在一个本子上留作参考，并看看他们取得了多少进步。他们玩得越高兴，就越是喜欢这项游戏，因此他们留意着游戏中最出色的人，研究他的一举一动，并将动作画下来。教师也在黑板上将儿童游戏时说的一些事情记录下来，当游戏结束时，他们便发现上了一堂由他们自己设计并反映他们游戏情形的阅读课；把黑板上的这些东西抄下来，他们便上了一堂书写课。儿童游戏时，可以随心所欲地谈笑，这又成了一堂英语课。各种各样的方式都被引进到游戏中，以便鼓励学生自由交谈，同时还使用了各种有趣的物体，如五颜六色的彩球、布娃娃和画得活泼可笑的“胖娃娃”，来增加游戏的吸引力。儿童在游戏中用上的新单词新词组，也要求每天记下来，这样他们的词汇量便自然地增加了。

讲故事的时间也像其他日常工作一样，等于就在上阅读和写作课。儿童十分喜欢听优美动听的故事，因此应该给他们充分的机会来了解这些故事。在这段时间中，教师和儿童相互讲故事；所讲的故事并不是他们从识字课本中已读过的东西，而是他们知道的、听到的，或是因为喜欢而读过的东西。每个儿童都喜欢别人听他讲，并且他们很快发现，他们必须讲得动听，否则就会没有听众。有些故事他们通过动作反映出来，还有些故事则要用图画来体现。很快他们就想学一些新的故事，这样他们很自然地跑去学校图书馆，挑出一本故事书阅读起来。一年级学生可以发现在一年内读了12—30本书，二年级学生读了25—50本书。就这样他们学会阅读，读那些好书——因为图书馆里除了好书以外没有别的——还学会了如何读好书，因为他们总是希望能发现一个故事可对全班讲，或是能表演出来。用这样的方式可以很早就开始欣赏优美的文学作品，或更确切地说，这样的欣赏习惯以后永远不会消失。幼小的儿童总是最喜欢读许多最美妙的故事——鹅妈妈①，汉斯·安徒生②，或吉卜林的《就是如此》(*Just So Stories*)的故事集③。儿童在学校里养成不喜欢读书的习惯，就会舍弃好的文学作品而追求拙劣的作品。但是，假如允许和鼓励儿童在学校里听故事、读故事和表演故事，就像他们在家里做的那样——也就是说，为了故事中的趣味而做这一切——他们就会保持对好书的喜爱，爱读好书。梅里亚姆教授还声称：歌曲是故事的另一种形式，年幼儿童唱歌是因为歌中有乐趣，歌中有故事；因此在这所学校里，唱歌成为故事活动的一部分，儿童唱歌，把歌学好唱好，目的是使他们多些快乐。

儿童总是嚷着要“做些东西”，梅里亚姆教授把这一事实看作充分的依据，证明手工作业应成为课程的一个正式部分，每天应该有一小时时间从事这项活动，不过这段时间在学生看来通常似乎太短了，他们不得不把作业带回去做。最年幼的儿童，无论男孩女孩，都去木工间学习使用工具和制作东西：布娃娃用的家具，一只小木船，或一些可以带回家的礼品。缝纫和编织对男孩女孩有同样的吸引力，给了儿童发挥审美力和做各种有用的东西的机会，因此他们在这一方面做得很多。最小的孩子开始通常制造娃娃的吊床，然后他们学做粗线条的十字花形针脚的刺绣和钩针。整个班级，尤其是年幼儿童班级，通常在同一时间做同样的

① 鹅妈妈（Mother Goose），夏尔·佩罗（Charles Perrault）在其故事集中所想象的叙述者。——译者注

② 汉斯·安徒生（Hans Anderson），丹麦童话作家。——译者注

③ 吉卜林（Rudyard Kipling），英国作家、诗人。——译者注

事情，不过他们可以建议他们想做些什么，年龄大些的儿童则被允许有较大的自由。随着学生年龄增长，随着他们掌握工具渐臻纯熟，作业的种类和复杂程度也自然地相应增加。有些五、六年级的学生已制作出一些可供学校长期使用的精美的家具。在构思图案的活动中，手工作业又一次提供了绘画和着色的机会。

四年级学生由于兴趣日益扩大，因此作业安排也有显著的变化。一天被分成了三段，分别从事于产业、讲故事和手工。有组织的游戏活动对学生不再有吸引力；他们想到室外活动，或是去大体育馆自由活动，在那里他们可以进行更剧烈、更喧闹的比赛，而且他们已长得能记住自己比赛的得分。“产业”阶段代替了原来幼年儿童的“观察”阶段，不过仍继续同一类作业。儿童已了解到他所看到的周围事物的意义，懂得这些事物与他本人和他朋友之间的关系。现在他准备进一步扩大自己的知识，以便领会他不能看到的各种事物、事物产生的过程和原因，以及包含整个社会或更多的社会乃至整个世界的种种关系。

同幼年儿童研究周围环境一样，四年级学生也研究他们周围的人们从事的各种产业：鞋厂、磨坊、麦田和稻田中的农活。他们到工厂和农场去旅行，课堂上的作业就以他们的旅行所见为依据。他们的习字和作文，就是他们的旅行故事；他们的阅读材料，就是那些反映农业或制鞋的书本；他们的算术，就是去解决他们从农民或工头的工作中看到的实际问题。所有的作业就这么进行，以便给学生理解他正研究的产业提供帮助。地理学习也来自这些旅行。它要解决下列问题：为什么他们种小麦？邻近的地方哪一块地麦子长得最好？为什么？等等。这所学校恰好位于主要产业是农业的小镇上，不过很显然，这样一种作业安排很容易被任何地方所采纳，只要换上该地附近所能发现的产业就行了。

在五、六年级，继续学习各种产业，不过范围扩大了，把世界上的主要产业都包括进来。当然，这时学生必须学习越来越多的书面材料，以取代他们原来的各种游览。这包括与以前的学习有关的读、写、算的训练，还有越来越多的地理知识。图书馆的利用变得格外重要，因为不给予学生一本供他们学习和背诵的教科书。地理课以这个问题开场：这个镇上的产品情况怎样？哪些产品我们没有用掉？下一步再问：还有什么地方也出同样的东西？它们的生产方式是否相同？那地方是否还出别的东西以及那东西是怎样生产的？然后，我们从外地得来的东西究竟来自何处，又是怎样制作的？没有一本教科书能圆满地解答这些问题，如果能的话，就和这个学校关于儿童应该从调查研究中学习的思想相矛盾了。儿童必须自己从图书馆的藏书中找寻他们正研究的特别的产业的说明材料。每个儿童并不读同一本书，这样，每个学生都可以尽量对讨论作出一些贡献。同低年级一样，高年级的学生也都记笔记，记下他们关于产品活动的描述以及机器和工序的说明。

在这所学校的七年级和最高年级，关于产业的研究作为历史继续进行下去，也就是说，研究与衣食住行相关联的产业史。学生从一座山洞或一片灌木丛入手研究居住史，继而研究游牧部落的帐篷，希腊、罗马人的住所，直到当代的摩天大楼。他们学习农业史，了解到气压收割机和脱粒机是从野蛮时代的棍棒发展而来的。在这四个较高年级中的产业研究，还包括一门关于政府机构的研究。四年级研究当地邮局；在五、六年级里他们研究美国的邮政制度，然后了解邮件是如何发往世界各地的；七年级则研究某些这类机构的历史。在过去的一年里，他们抽出部分时间，利用先读后议的方法，考察世界上不同民族如何作战，如何组建军队。每个学生对这一工作作了记录，就他所研究的各国军队情况写出短文，如果愿意他也可以进行说明。

四个最高年级学生的讲故事时间，仍然从事着这项始于低年级的工作。音乐和美术越来越集中在这个时间里。儿童继续阅读和讨论他们读过的东西。每个儿童都对他读过的书作了笔记，简要地说明了故事的情节以及他为什么喜欢这本书，这些笔记存放在图书室的一个架子上，其他学生都可以翻阅，使他在选择图书时有所帮助。甚至到了中学，梅里亚姆教授仍不相信可以为教作文而教作文，也不相信通过一般的分析方法学习文学。这所学校的所有作业，都成为一种持续不断的英语训练，帮助学生在学校的每个课时里都使用和书写好英语，比起集中在一小时进行形式训练收效更显著。

法语和德语教学也被看作故事活动的一部分。学生学习这些语言，为的是他们能从谈论和阅读另一种语言的过程中获得乐趣，并且他们将能够读些文学作品。由于这一原因，法语和德语教学在课程中的地位纯粹是陶冶性质的，即为消遣和娱乐而学习。只有那些属于“故事”名义下的学习，才布置家庭作业。儿童来到学校做作业，回家之后仍要他们做同样的作业，这是不公正的。他们应当期待学校成为一个愉快的场所，假如他们打算从学校中获得最大效益的话；但是假如学校的工作是与完成固定的任务联系在一起的，学生对于校内作业的兴趣就必然会降低。不过，如果学校的某些作业被看作适合的消闲和娱乐，很自然儿童就会在课余和家里继续从事这些工作。

这所学校采用这种教学计划已有8年了，学生有120人左右。学校建筑中教室不多，这些教室都用大的折门相连。至少有两个或通常有三个年级在同一个教室里活动，而且允许学生自由走动，互相交谈，只要他们不妨碍他们的同学。一名教师看管一整间课堂的约35名儿童，这些儿童分成几个小组，各自做着不同的事情。邻近一些农村的公立学校里也有个别教师在一个年级中采用这种教学计划，他们发现这个年级的学生在学年终结时都具备了升学的条件，并且在新的年级里做作业时应付自如，就像他们已经经过了通常的正式训练一样。这所小学的毕业生的成绩均有记载。他们中大部分人进入了密苏里大学的附属中学，在那里随时都有机会受到密切关注。他们跟上通常的大学预备课程不会有特别的困难，他们的成绩和他们进大学的年龄表明，他们在小学的训练已经给他们创造了一些有利条件，使他们在从事艰苦的正规学习方面的能力超出了公立学校的学生。

梅里亚姆教授也是这所附属中学的主管，但是除了英语外，对于规定预备入大学的课程他没有作什么改变。不过，他期望有所变革，相信如能对课程进行同样的彻底改组，一定会有很好的结果。在该中学，英语完全不是作为一门孤立的学科教学的，而是沿着小学所遵循的同样路线继续进行的。对该附属中学的一部分毕业生和同样数量的城镇中学毕业生所作的一项研究表明，那些在中学里没有受过英语课方面通常训练的学生，比起那些按一般常规方法训练的学生，大学里的英语课学得还要好。

当然，判断一项教育实验，靠学生是否有能力“跟上”这实验所要改进的那种制度作为标准，这是很少有价值的。实验的目的，不是在于发明一种方法，使教师能在同样的时间内教儿童更多的东西，或者甚至使儿童更愉快地为大学的课程作准备。实验的目的，更确切地是要给儿童一种教育，这种教育能向他展现自己的各种能力，并且如何在他所处的世界中从物质的和社会的两方面练习这些能力，使他成为一个更好、更幸福、更有用的人。

如果当一所学校想方设法为学生做到这一点，与此同时又能把他们在一所更为传统的学校所能学到的一切教给学生，那么我们可以确信，这种实验是不会失去什么的。他们的学校教育给予他们的任何手工技能或体力，或者他们日常的生活作业中的任何乐趣，以及文学艺术所提供的最好的东西，都是能被直接观察到和衡量到的更为确切的收获。这一切都是为这更大目的作贡献的，但是全部的学生生活将为旨在通过培养完整的个人来帮助整个社会的任何教育实验的成功或失败，提供唯一真正的检验。

（吴志宏译）

第四章　课程的改组

卢梭在写他的《爱弥儿》时，却将他自己的子女遗弃在育婴堂，在父母的全然忽视下成长。因此，难怪他的读者和学生们集中注意的是他的理论、他对教育的总的贡献，而不是他介绍的那些他用来塑造那位模范的自命不凡的人物爱弥儿的不切实际的方法。如果卢梭本人曾试图教育过任何真正的儿童的话，他就会发现，有必要把他的理想具体化，使之或多或少成为固定的教学计划了。由于渴望达到他学说中所描绘的理想，他的兴趣的重点也就不知不觉地转移到方法上，通过这些方法，他能够在各个儿童身上实现他的理想。儿童应该把他的时间用于适合于他的年龄的事情上。教师立即就会问：这些事情是什么呢？儿童应该有一个在心理上、精神上和身体上自然发展的机会。教师打算怎样提供这种机会，而且这种机会的含义是什么呢？只有在那种一个教师提出自己理论的最简单的环境中，才有可能在没有一种相当确切的以特定的材料和方法体现理想的情况下取得进步。因此，回顾一些近代教育改革方面的尝试，我们很自然地会发现，人们已经把改革的重点放在课程上了。

裴斯泰洛齐和福禄培尔就是两位最热心地将从卢梭那里得到的启迪应用于具体的课堂活动的教育家。他们采用了自然发展这一含糊不清的概念，并且把它变成教师能天天予以运用的准则。他们两人都是理论家，福禄培尔由于天性注重理论，裴斯泰洛齐由于感到需要而注重理论，但他们都尽最大的努力将其理论应用于实际。他们不仅广泛传播关于教育的新思想，而且比任何其他现代教育家对学校实践的影响都要大。裴斯泰洛齐实质上创造出初等教育种种行之有效的方法，而如众所周知，福禄培尔为年龄太小不能上通常的初等学校的儿童创建了一种新型的学校，即幼儿园。

这种理论的和实际的影响的结合，使得把以下的特征区分开来十分重要，一方面他们推进了教育即生长的思想，另一方面由于他们迫切希望提供一种人人都跟得上的学校教学计划，而不得不求助于机械的和外部的教学方法。作为一个人，裴斯泰洛齐是生活中的英雄，而卢梭不是。裴斯泰洛齐处处为他人献身，而卢梭在感情上是一个利己主义者。也许正是由于这一原因，裴斯泰洛齐紧紧把握住了一个卢梭从未意识到的真理。他认识到人的自然发展就是一种社会发展，因为人与人的关系实际上比人与自然的关系要重要得多。用他自己的话说是："自然是为了社会关系而且依靠了社会关系来教育人的。事物在人的教育中的重要性，是与它们对于人所处的种种社会关系密切相适应的。"由于这一原因，家庭生活是教育的中心，并且从某种程度上说，它为每一个教育机构提供了模式。在家庭生活中，各种物体如桌子、椅子、庭园中的树、围栏上的石子，都含有社会的意义。它们为人们所共同使用，并且影响着他们的普通行为。

以具有社会用途的事物为媒介的教育，无论对智力以及道德发展都是必要的。儿童越是密切地或直接地从社会环境中学习，他所获得的知识就越是真实和有效的。因为只有首先能处理好我们周围的事情，然后才有能力处理遥远的事情。"对现实的直接感觉，只有在狭小的社会环境，如在家庭生活中才能形成。真正的人类智慧，归根结底，就是从直接的环境中所获得的密切知识，以及通过训练得来的应付环境的能力。这样养成的心理素质，一定会坦率而目光锐利，由于这种素质是和严酷的现实打交道中形成的，因此它能适应将来的各种环境。它是坚定的、灵敏的和充满自信的。”

“相反的教育是散乱的、混乱的；它是肤浅的，游离于每一种知识形式之上，得不到任何利用，是杂乱的、轻浮的和不确定的。”道理很容易明白：真正名副其实的知识，即养成对任何事物都能应付的才干，只有通过积极而密切地参与社会活动才能获得。

这就是裴斯泰洛齐重要的积极的贡献。它表述了从他个人的经验中所得的独到见解；尽管就作为一个理论上的思想家来说，他是软弱的。这种见解不仅超过了卢梭，而且把卢梭学说中的真理置于一个稳固的基础上。不过，这不是一个能很容易地转变为正式的表述或相互传授的方法的思想。它的重要意义，可以从他早年的事业活动中得到说明，当时他把20个流浪儿童带到自己家中，着手教他们夏天耕耘，冬天纺织，同时尽可能地把书本教学同这些实际活动联系起来。他后来的生活也可以说明这一点，那时他负责瑞士一个村庄的工作，这个村庄的成年人几乎都由于抵抗拿破仑的一支军队而捐躯了。当时一个参观者曾评论说：“哎呀，这不是一所学校，这是一个家庭。”裴斯泰洛齐感到他受到了最大的赞扬。

从裴斯泰洛齐所从事的较为正式的学校教育活动中，还可以看到他的另一个方面。他也攻击当时初等教育中的纯文字教学，并力求用一种自然发展取代它。但是他不是求助于在积极的社会生活中去接触有用的实物（如家庭中的那些东西），而是依赖于仅仅接触一些实物本身。结果是裴斯泰洛齐的基本思想的一个转变。通过教师呈现实物似乎就取代了通过个人活动得到的发展。他模糊地意识到前后不一致，并试图通过据说能从各人不同的经验中抽取出来的某些确定的发展规律去克服它。教育不能跟随在一个特定时间内个别儿童的发展进行，那样会导致混乱、无政府状态和反复无常。教育必须遵循从个别情形中总结出来的普遍规律进行。

在这一点上，重心就从对事物的社会利用转向依赖于实物。在寻求从个别经验中抽取普遍规律的过程中，裴斯泰洛齐发现了三种不变的因素：几何图形、数和语言——当然这里说的语言不是指孤立的词语的表达，而是指关于事物性质的说明。作为一个教师在这方面的活动，裴斯泰洛齐特别热心于建立种种实物教学方案，根据这些方案，儿童应该学习物体的空间和数的关系，掌握表达它们所有性质的词汇。实物教学的思想，即把事物呈现于感官，在初等教育中得到了广泛的运用，这起源于裴斯泰洛齐。由于这种教育方案注重外部的事物和把事物呈现于感官，因此它有助于确切地形成几乎能够互相机械搬用的各种方法。

在发展这些方法的过程中，裴斯泰洛齐悟出了这样一个思想，即“自然的秩序”就在于从简单到复杂来进行。他专心致力于从每门科目中找到可以着手观察的ABC（就像他所称呼的）——能被置于感觉面前的最简单的要素。当学生掌握这些要素后，就转到这些要素的种种复杂情况。这样，学习阅读时，儿童就要先学AB、EB、IB、OB这类的联词，然后倒过来学BA、BE、BI、BO等等，直到掌握了所有的要素；他们就继续学习复杂的音节，最后学习单词和句子。数目、音乐和绘画的教学，都能先从感官所能接触的简单要素入手，然后按照一定程序学习更为复杂的形式。

这种教学程序如此盛行，以至于一提起“方法”这个词，许多人就理解为是指这种外部印象的分析与综合。直到今天，许多人还认为“教学法”的主要部分就是这些。裴斯泰洛齐本人把这称为教学的心理学化，然而更确切说，这应该是教学的机械化。他的下面这段话对他的思想作了很好的说明：“在自然界，萌芽时的缺陷就意味着成熟时的不完美。在胚芽中有了缺陷的东西，就削弱了它的生长。在事物各个组成部分的发展中，苹果的生长是这样，人的智力的发展也是这样。因此，我们必须注意，为了避免教育中的混乱和浅薄，一定要使对物体的第一次印象尽可能地准确和完美。我们必须从摇篮里的婴儿开始，就把人类的教养从盲目运动的自然的手中夺来，使之置于一种力量之下，这种力量是多少世纪的经验教导我们从自然本身的发展过程中提取出来的。”

这些句子可以概括成一种任何人都不可能反对的意思。所有的教育改革家都正确地坚持最初几年的重要性，因为控制后来发展的根本态度就是在这几年里固定下来的。毫无疑问，如果我们能在早年就把儿童和他处的环境的关系调整好，使他得到的所有观念都是准确、可靠、坚定并且就其本身而言是正确的，我们就可以不知不觉地给儿童许多智慧的标准，这些标准以后会发挥作用，具有我们目前的经验所始料不及的功效。但是，几何图形以及单个实物性质的确定性和明确性都是人为的。正确性与完美性是以脱离儿童的日常经验为代价而取得的。儿童可能学习正方形、长方形等的不同性质，并且掌握它们的名称。但是除非这些长方形和正方形结合在他的有目的的活动之中，否则他所积累的只是些学究气的知识。毫无疑问，儿童应当结合实物学习名称，这比仅仅学几个单词好一些。但这个方法差不多与另一种方法一样地远离真正的发展。这两者都离“坚实的、敏感的和确切的知识”甚远，那样的知识只能从为吸引儿童而使用实物中得来。儿童在家事、园艺、饲养动物和游戏中所用的实物，对儿童来说才具有真正的简明性和全面性的意义。那些放在儿童面前仅仅供学习的直线、角度和数量的东西，是机械的、抽象的。

在很长一个时期内，裴斯泰洛齐的实际影响局限于：摒弃了学校那种依靠记忆与实物毫无联系的单词的方法；把直观教学引进学校；把每个题目分解成若干要素，或ABC，然后逐步进行。由于这些方法不能激发起动机并给予真正的力量，因此许多教师认识到，凡是对儿童有用的东西，尽管他不能样样都懂得，也要比孤立的要素简明和完善得多。在一些新型学校中，存在着一种明显的回归趋向（尽管当然与裴斯泰洛齐没有任何联系），即通过参与那些类似于日常生活以及周围朋友所从事的活动和作业，回到裴斯泰洛齐早期的和较为生动的学习观念上去。

不同的学校用不同的方式设计事物。蒙台梭利派的学校仍然尽极大的努力，通过所提供的材料来控制心智的生长。在其他类型的学校，如费尔霍普的实验，使用的材料是附带的、非正式的，课程根据学生的直接需要。

当然，大多数学校介于这两种思潮之间。儿童必须得到发展，而且是自然的发展，但是社会变得如此复杂，它对儿童的要求如此重要而继续不断，以至于我们必须把大量的东西提供给他。在现代生活中，自然界是极广阔和细密的，它不仅包括儿童所处的复杂的物质环境，而且包括各种社会关系。如果儿童要掌握这些东西，他必须涉及很多的领域。怎样以最好的方式做到这一点呢？所用的方法和材料必须本身充满生气，对儿童来说足以代表构成他的世界的整个严密的自然界。儿童和课程是两种有效的力量，两者相互发展，相互作用。在参观学校的时候，对一般学校教师感兴趣的和有帮助作用的就是各种方法、课程、儿童度过时间的方式；那就是所形成的儿童和他的环境之间的调整的方式。

“从做中学”是一句口号，这句口号几乎可以用来作为对许多教师正在试图实施这种调节方式的一个一般的描述。一个儿童要学习的最难的课程就是实践课，假如他学不好这门课程，再多的书本知识也补偿不了：这就是他同邻里和工作进行调整的真正的问题。实践的方法本身是作为解决这一问题的最便利最适当的方式自然地提出的。由此可见，不同的学科本身——算术、几何、语言、植物学等等——就是各种各样的经验。它们是前人努力和成功的结果，代代相传而积累起来。普通学校的这些科目，不是仅仅作为一种积累，不是作为一种零碎经验的大杂烩，而是以一些有组织的方式提出来的。因此，儿童的日常经验，他的一天天的生活，以及学校课堂的教材，都是同一事物的各个部分；它们是人类生活的第一步和最后一步。把这两者相对立，就是把同一个正在生长的生命的婴儿时期与成年时期相对立，把同一种力的运动方向与其最终的结局相对立，也就是要使儿童的本性与其将来的命运彼此发生冲突。

各门科目代表了儿童简单的日常经验所可能达到的最高发展。学校的任务就是要获得这些原始的经验，把它们组织成科学、地理、算术，或者不论什么都按钟点上的课。既然儿童已经了解的东西就是教师正试图教给他的某一门课程的一部分，那么利用这种经验作为基石并在这上面来构建儿童的意识到的学科知识的方法，似乎就是正规的和进步的教学方法。如果我们采用与儿童获得最初经验尽可能相类似的方法来扩大儿童的经验，很显然，我们就可以大大提高我们的教学效果。我们都知道，儿童没有进学校以前所学的东西，没有一样不是与他的生活有直接的联系的。他怎样获得这种知识，这个问题为自然的学校教育方法提供了线索。这个答案就是，不是通过阅读书本或倾听关于火或食物性质的说明，而是自己烧了一下或自己吃东西，那就是做些事情。因此，现代的教师说，儿童应当在学校中做些事情。

教育如果忽视了儿童身上蕴藏的这种充满生机的冲动，就会流于“学院派的”“抽象的”，这是就这些词坏的意义上说的。如果教材被用作唯一的材料，教师的工作就难得多，因为除了一切东西要自己去教以外，她还必须经常压抑和阻止儿童的好动倾向。就儿童来说，教学成了一种缺乏意义和目的的外在的提示。任何材料，如果不是从先前在儿童生活中占据重要地位的事情中引出，就会流于贫乏和无生命力。它们不过是一些儿童在学校中被要求研究和学习的象形文字而已。只有当儿童在校外，即在实际生活中学到了同样的材料，它才开始对儿童具有意义。一些孤立的事实，比如说在一本地理教科书中出现的孤立事实能对儿童具有意义，这种情形必然是很少有的。

在任何一门学科的专家看来，一切教材都是分门别类的和编排好的。但是在编入儿童的课本之前，必须加以简化，大量压缩。能激发思想的特点被模糊了，组织的功能也消失了。儿童的推理能力及抽象和概括能力得不到充分的发展。这并不意味着教科书必须废除，而是说它的功能改变了。教材成为学生的向导，靠着它他可以节省时间，少犯错误。教师和书本不再是唯一的导师；手、眼睛、耳朵，实际上整个身体都成了知识的源泉，而教师和教科书分别成为发起者和检验者。任何书本或地图都不能代替个人的经验，它们不能取代实际的旅行。物体下落的算术公式也不能代替掷石子或把苹果从树上摇下来。

当然，从做中学并不是指用手工来代替课本的学习。与此同时，要允许儿童一有机会就做些手工，这对抓住儿童的注意力和兴趣有很大的帮助。

印第安纳波利斯市的学校系统的第45公立学校正在进行一系列的实验，在这所学校里，儿童可以说是从做中学的。学校的工作按照州的课程要求进行，不过教师们不断地寻找新的方法，以防止作业成为单纯的课本训练，或是考试的准备。在五年级，班级活动围绕儿童在盖的一所平房进行。在手工训练课上，班里的男孩子去盖房。不过在他们动工前，每个学生都要起草一份盖房计划，在他们的算术课上，计算他们需要的木材数量和费用，不仅为他们自己盖的小房子计算，也为盖一幢整套的房子计算；他们从房子的测量过程中做了许多习题，如计算地板和墙壁的面积，每个房间的空间，等等。不久儿童就提出假设，这所房子该住一家人，并决定这家人以务农为生。于是所有算术就以这整个农场为基础。首先是计算有关耕种方面的题目，设计耕种规模，并根据他们自己搜集到的材料，对他们的“游戏农场”（play farm）提出种种问题，如稻田的面积有多大，该用多少种子，将来可以希望有多少收成和可得到多少利润。儿童在设计这些含有他们正学习的特别的算术过程并适合他们农场的题目时，表现出极大的兴趣和创造性。他们筑起了篱笆、水泥走道、一堵砖墙，并为这家农户设计市场，出售黄油、牛奶和鸡蛋，还保了火险。在他们裱糊房屋的时候，就有了很多与买纸、裁纸以及怎样糊法合算有关的面积题，这些题目足以使他们在面积测量方面受到一切必要的训练。

英语课也同样以盖平房和它的居民生活为中心。拼读课以他们在建筑等活动中用到的词语来进行。完成房子的计划、房屋及用具的说明，以及对住在这房子内的家庭生活所作的描述，为作文习字课提供了无穷的材料。儿童将自己的作文朗读给全班听，让全班来评议，这又成了修辞课；甚至语法课也因为引用有关农场的句子而变得更有趣味了。

美术课也从儿童盖房和装饰房屋的实际活动中引出。学生们渴望他们有一座美丽的房子，因此房子里里外外的色彩装饰，就提供了许多配制色彩和调配均匀的问题。后来他们在制作墙纸、选择并布置窗帘以及室内装潢的过程中，又找到了很多构思的机会。每个学生先构思自己的方案，然后由全班一起来决定他们想用哪一种。学生们也为洗澡间的地板和墙壁进行了设计并制作了砖瓦，还筹建了一座花园。女孩子设计和制作了很多衣服给房子里的玩具娃娃穿。整个班级都十分喜欢上图画课，因为他们互相画的都是他们以不同家庭成员身份在农场从事不同工作的情形。这个年级的表演课，主要是表演儿童自己设计编排的反映农场生活的戏剧。这个学校的工作几乎都是以对学生有内在意义和价值的活动为中心的。从这个意义上说，这所学校的儿童是“从做中学”的，不仅如此，大多数的活动还是儿童自己首先发起的。他们给自己出数学题，提议盖房工作的程序，互相评议作文，并且自己编排戏剧。

学校各个年级的学生几乎都一有机会就自己背诵一些东西。一名学生负责这个班级，叫其他学生背诵；教师除必要时略加纠正或突出课文要点外，像是一名旁观者。当这个班级实际上不由某个学生管理时，每种方法都可用来让儿童做完所有作业，从不把责任和主动权保持在教师手中。学生被鼓励互相提问，大声提出反对意见并给予纠正，出现问题时自己独立思考。做这工作时，不是给全班一本教科书中的一篇固定课文作为一个新问题的引出，而是先在班里提出问题，然后发问和讨论，一有可能就帮助学生实际试验，找出解决问题的办法，或者至少在学生看课文前对问题有所理解。

这种方法能用于所有课堂教学，但是从一堂地理课中引出的一个例子，有特别的启发意义。有个年级的学生在研究巴拿马运河，在理解运河的目的和作用，尤其是运河水闸的目的和作用时，遇到了很大的困难；换句话说，他们对于教师告诉的东西在思想上提不起兴趣。教师便彻底改变了她的方法，重新从头讲起，对学生说：如果日本和美国开战，你们作为华盛顿的政府，须调兵前往。学生立即来了兴趣，发现如果美国战舰要及时抵达太平洋，以保卫太平洋沿岸及夏威夷群岛，就一定要通过巴拿马运河。但是山脉似乎是难以对付的阻碍，直到对他们反复说明了运河的那些船闸，他们才理解了其中的原理。的确，他们中许多人变得那么有兴趣，以至于他们在家里做了船闸的模型带到学校。他们熟练而精确地用着地图，因为他们对于把国家从遭受侵略中拯救出来很感兴趣，但是直到一个学生问为什么美国不真正地开一条运河跨过巴拿马海峡，他们才注意到，原来他们的激动人心的游戏，与他们先前试图从教科书中记住的那些令人困惑的事实有什么联系。

该校教师教学时所举的任何例子，都来自学生的实际生活，并且完全适应这个年级学生所从事的活动。因此三年级在他们的班级里建立了一个包裹邮政系统，有时他们的英语课和算术课就是以这为依据的，同时还可以由此学习地图及度量衡的用法。一年级建起了一个小鞋店，这给他们带来许多工作和乐趣，游戏和小歌舞证明对他们的数字学习也很有帮助。学校办公室的大部分家具是年龄较大的学生在工场中做的，有一些房间还装饰着学生在艺术课上制作的用模板印刷的图案。全校的数学课都从具体的方面教起。年龄较小的儿童有牙签盒和纸做的计算器，他们用这做加减法；大一点的学生在学新步骤时，可以撕些纸或画些方块帮助计算。学生都有事可做，要教的步骤就从这些事情中体现出来；然后由儿童自己来分析所做的事情，最后才让他们用纯粹的数字做例题。

芝加哥的许多公立学校也试图以各种方法使工作更有生气；把儿童自己所能处理的材料引入课程，从中儿童可以理解自己的功课。这种做法对于正规的课程也是适合的，它不依赖于各个教师的任何独特的东西，但是可以在整个学校系统中采用，就像教科书现在在许多学校中通用一样。这种做法现在主要运用于低年级的历史课与公民教育课，不过不难想象，将来在地理课或其他科目上也可以采用。低年级的历史课，大都用一种沙盘来帮助教学。儿童也许在研究原始时代的房屋建造的方法，他们就在沙盘上搭起草屋、洞穴及窠巢，或者因纽特人的雪地小屋。儿童自己做一切工作。教师把有关要学习的盖房问题交给学生，希望他们自己来解决，只是在需要防止出错时才给予建议和帮助。三年级在学习早期芝加哥历史时，也以同样的方法使用了沙盘。他们用沙子堆成了一个粗略的邻近区域地形图，然后用树枝搭了最早定居者造的碉堡及小木屋，栅栏的外面是印第安人的营帐。他们还把水灌到江湖中，上面还浮着几只小艇。其他年级在学这个早期移居者的交通运输史以及木柴工业发展的时候，也采用了同样的方法。高年级学生学习市政管理时，利用沙盘来说明市政府的各个部门。有个房间用来作为救生站，旁边停放着各种式样的救生艇和救生索。此外，还有电话间、邮件传达室、包裹邮件所等；

还有一个环境卫生所，这是儿童们最为得意的，因为他们模仿的就是学校附近胡同常见得到的那些情景。在那些肮脏的胡同旁，就像在学校旁的胡同一样，他们根据教师告诉的其他城市的设施情况，也建起了一条模范胡同并配上了最早的卫生垃圾箱。

在另一个学校建筑中，所有四年级以上的学生组成了许多公共俱乐部。他们把学校所在地区划分成许多较小的区域，每一个俱乐部负责一个区域，同时各自把地界测量清楚并制成地图，计算这一区域有多少灯杆、街巷、垃圾箱，需要多少警察，或者全神贯注地从事他们最感兴趣的事。接着各个俱乐部决定他们要为自己的区域做些什么，如打扫街巷、改进街道照明等，并动手实施这些计划。凡成人公民团体所用的方法，他们都采用了。除了清扫街道外，他们还给城市有关部门写信，在市政厅请愿等。学生们做这些事情异常高兴、热心。现在他们发起了一个运动，要通过登广告和举行街邻会议为学校筹建一座操场。这些年级的英语课也是根据各俱乐部的工作规划的；学生们留意着他们的工作，还画图和写信。

大部分的手工和实际作业严格来说并不是为职业目的而教的，而是阐明所主张的"从做中学"的原理。类似这样的例子在今天争取进步的几乎所有学校中随时可以见到。全国许多学校都尝试办起了由学生自己掌管的印刷所，并取得了很大成功。印刷设备的安装不是要教学生掌握这一行业的各道工序，而是要使儿童可以自己印一些小册子、海报，或者任何学校经常需要的其他文件等。学生对排版、印刷及拿到印刷品表现出极大的兴趣，不仅这样，就是这项工作本身，也被证明对英语教学有特殊的价值。排字是练习拼音、标点、分段以及语法的极好方法，因为排印一篇东西为避免犯错误提供了一个动力，而这种动力在学生为应付教师而做的书面练习时是绝不会有的。校对也是同一种类的另一项练习。在这些学校里，一年所需要的几乎所有出版物，都是这些印刷所印刷的，其中包括拼音字母表、课程表以及学校文件等。

许多学校正在那里进行种种实验，想使英语课的教学更具体化一些。用教材教授的方法——就是先学各种规则、定义，然后练习、应用——已经证明是失败的了。每个教师都熟悉这么一个故事：一个男孩在一张纸上写了50遍“I have gone”，为的是把正确的形式牢牢记住，可是随后他临走时在这一页的下面留了个便条给教师，开头就是“I have went home”。英语课的目的看来是绝对需要的，因为儿童看不出在孤立的语法及拼音上的进步对他从事的最感兴趣的事会有什么好处。如果语法及拼音上的进步是学生在做其他工作时附带得到的，那情况就完全两样了。这时再来告诉他为什么要写作、拼音、标点及分段，为什么要正确使用动词，改进便成了一种经验的自然要求。印第安纳州葛雷学校的沃特（Wirt）先生觉得这样做是完全正确的，所以在该州课程所要求的通常的英语课中又增加了“英语应用课”。在这些课上，从事木工或烹调活动的班级讨论英语在从事这些学科的这些工作中的用法，并从语言角度纠正任何从事其他类似活动会出现的文字错误。这些班级中的一个学生，在纠正了语法上的一个错误后，无意中听到她说了一句：“那么，为什么英语课上他们不告诉我们这些东西？”对这个问题，她旁边学生回答说：“他们说了，但是我们不知道他们在讲些什么。”

在一些学校，如芝加哥的弗朗西斯·帕克学校（Francis Parker School），伊利诺伊州里弗赛德（Riverside）的“村舍学校”（Cottage School），英语课在低年级不是作为一门独立的学科教的，而是学生结合历史课写作文，记叙他们的旅行见闻和不用教科书所进行的其他活动。着重点是帮助儿童表达其思想，不过这种做法也为写作技能所需要的训练提供了大量的机会。语法在芝加哥的公立学校课程中不再作为一门独立的科目出现；每当课堂中任何一个学生发言，每一次书面练习，教师就上一堂语法课。

可是，如果能帮助学生在学习语法和规则时，以他们的自我分析作为第一步而不是最后一步，那么语法课是可以给予一个目的的，甚至11岁的儿童也会感兴趣。这一点在布林莫尔学院（Bryn Mawr College）附设的菲比索恩实验学校（Phoebe Thorn Experimental School）做得很成功。文法在课程中没有地位，但是学生们问了许多问题，以至于他们的教师决定以他们提出的问题为起点，让他们自己去发现语法规则。只需从每周两三次的英语课中抽出几分钟就够了。三个月后，全班学生都能分析任何简单句子，能够立即区分及物动词和不及物动词，对动词“to be”的各种规则也完全熟悉了。语法课成了一门受欢迎的课，师生一起还发明了许多有助于训练的游戏。例如，一个儿童背上别了一张纸，上面用语法术语写了一个句子，全班就根据这个句子造句，如果谁能猜中纸条上说的是什么，他就取得第一名。课上不用教科书，教师提出一个句子，说这好比一个城市，通过讨论帮助学生把它分作几个地区——单数、复数，等等。从这些单复数开始，他们又扩展到其他语法规则。不过，现在进步学校的普遍趋势，似乎是要取消孤立的语法学习，把它以及其他英语练习（文学是例外）作为班里学习的其他科目的一个部分。

印第安纳州因特拉肯（Interlaken）的男生学校的箴言“教孩子们生活”是“从做中学”的另一种说法。实现“教孩子们生活”这一点，与其说是通过专门设计来使课程更有活力和更具体，或者通过取消教科书以及师生间过去那种储水池和抽水机般的关系来达到的，不如说是通过给儿童一个充满了要做的有趣的事的环境来达到的。

这所学校的建筑是学生造的，包括四五幢大的木料建筑物，制订计划，打地基和铺地基，木工活和房屋装饰，都经过学生的劳动。照明和取暖设备是学生看管的，所有的电线及灯管也由他们安装和维修。校内有一个600英亩的农场，农场里有牛奶房、猪圈及养鸡场，还要播种和收割庄稼。所有这一切几乎也都是学生干的；大一点的男孩操作收割机和捆谷机，小一点的孩子在一旁看怎么做。屋内的事情，以同样的方式由学生经管。每个男孩看管他自己的房间，课堂及走廊中的工作则由学生们轮流值日。有一个湖可供游泳和划船，有充分的时间进行各种传统的体育活动。大部分学生都准备上大学，不过，他们进行的户外及手工活动，并不意味着他们要比城市里的中学生花更多的时间准备升学。

学校也从邻近村庄购来当地的报纸，并且编辑和印刷反映地方和学校新闻的每期四页的周刊。学生们要搜集新闻，大部分的稿子和全部的编辑印刷工作都由他们负责；他们还是刊物经纪人，要做登广告、刊物订阅发行等工作。英语教员也常常给他们必要的帮助。他们做这一切，并不是因为他们想了解某些工序，以便帮助他们离校后谋生，而是因为使用工具，从一个工种转换到另一个工种，应付各种不同问题，从事户外锻炼，学会满足个人日常需要，等等，所有这一切，都具有教育的影响，它们能培养技能、创造性、独立性和体力——一句话，能培育人的性格和知识。

全国各地许多学校正在改革自然研究这门课。其意图是要使这门课富有生气，从而使学生能真正对动植物有点感觉，并且真正学到一些科学知识，而不仅仅是一些对自然的触动情感的描述和赏心悦目的作品。它也不同于自然研究的材料堆积，后者并不比文学类的记载更富有真正的科学色彩。这里教师教给学生的是一大堆孤立的事实，所依据的是教师多多少少从各方面搜集来的材料；学生一个东西接一个东西地学习，每一个东西和别的东西或任何一般的工作计划毫无联系。尽管一个儿童学了外部世界的一大堆事实，但在使自然本身更为真实或更易理解方面，他获得很少，或者一无所获。

假如要把自然研究变为一门科学，学生的手头就必须有真正的关于这门学科的材料，学校里必须有一个实验室以及各种实验和观察的设备。这一点在乡村很容易，因为自然就在校门和窗户外面。这门课能够以极完备的形式组织起来，就像前面已经描述过的费尔霍普和哥伦比亚的学校那样。

伊利诺伊州里弗赛德的“村舍学校”和康涅狄格州格林尼治的“森林小学校”（Little School in the Woods）对于自然课研究给予极大的重视。在前者即“村舍学校”中，儿童有一个园地种植各种蔬菜，这样他们无论春天秋天，都能在烹调课上用上这些蔬菜；园地里所有的活都由学生干，如种植、锄草和收获等。更为重要的是，他们还养了一些动物。例如，他们养了一只罕见的鸟，这鸟和任何一名儿童一样是作为学校生活中的一员看待的，儿童们照料着它，看着它的生长，知道它的习惯，对各种野鸟的兴趣也变得愈加浓厚。在学校后院里有只山羊，它是这里最受喜爱的，儿童们从它还是小羊羔时就开始养，现在依然照料着它。学校处处鼓励学生，要他们照看和报告学校里供玩赏的动物以及他们在森林中发现的动物的情况。

在格林尼治的“森林小学校”，室外作业是全校组织的基础，其中自然研究起着极大的作用。无论是什么季节和天气，学生常常成群结队深入丛林，研究树木花草在各个季节的各种形态。他们学会辨别各种鸟类及其习性，用同样的方法研究昆虫，识别天上的星星。事实上，他们在户外花去的时间是如此之多，以至于亲手获得了大量的有关自然界各个方面的知识。学校的组织者把室外活动这一基础称为“森林知识”（woodcraft）；他相信，经历一些在森林中生活的人所要做的事——骑马、围猎、野营、搜索、攀登、划船以及印第安人的各种手艺——将会培养出强壮、健康、独立、有充分发展的性格以及对自然美的深刻感受的青年人。这么一来，自然研究又成为上面这些训练的一部分。无论学生干什么，划船、散步或是从事园艺，总有一位教师与学生结伴，向他们解说有关活动以及为什么这么做，要他们留心周围的事情。毫无疑问，这个学校的儿童，即使年龄很小，也有了对自然界的认识和欣赏力，这种认识和欣赏力就是在乡村生活的儿童中间也是很难得的。

在大城市中研究自然，提供了完全不同的问题，那里只有公园及庭院有各种花木，唯一的动物是送货的马和巷子里的猫。在这种情况下，教师有理由感到为难，当学生从未见过自然的时候，究竟什么才是教他们热爱自然的最好方式？教师也有理由表示怀疑，要求学生观察的那些事物，不但不在学生的生活中起任何作用，而且在相当程度上是人为造成的，在这种时候，尝试发展学生的观察力究竟有多大价值？然而，野外的自然界，如树林、旷野、溪流等等，虽然对于在城市长大的儿童来说大都是没有意义的，但也有许多材料可以利用，使从未见过一树一牛的儿童能够认识自然的真面目。现代的教师是以全班学生熟悉的任何事物为起点的，如关在笼子里的金丝雀，放在缸里的金鱼，或操场上满是灰尘的树木等，从这些事物入手，引导儿童一步步接近自然，直到他们确实能得到“乡村”的一些概念，以及它在每个人的生活中所起的作用。菜园对大多数城市儿童来说，也是很显然的起点；即使他们家里的后院连小园子都没有，但总有邻居家会有，儿童总是兴致勃勃地想弄明白他们吃的蔬菜来自哪里，又是怎样生长的。

无论是印第安纳波利斯或芝加哥的公立学校，都认识到了这类工作对儿童所具有的价值。在印第安纳波利斯，园艺是小学七、八年级以及中学的一门常设课。该城市还购买了很大一块地，离城不远，往返方便。任何家中没有园子的儿童通过请求，都可以获得一块地，从而结合有关课程学习园艺的理论和实践。获得的这块地面积不小，足以使儿童得到大量的体验，并使他们将课堂上学的东西付诸实践。无论男孩女孩，都有他们的园地，他们在园子里的工作，也和其他工作一样计算学分。整个学校想方设法激起儿童对园艺的兴趣。从一年级起，学校就统计哪些儿童家里有园地，是菜园还是花圃，种些什么，等等。如果儿童希望换些东西种，学校还提供种子，儿童则要向他所在的年级说明他是怎样利用他的园地的。

这个工作在很多乡村地区已成为理所当然的事，人人都熟悉。在美国南部和西部的学校，儿童成立了“谷物俱乐部”（Corn Clubs）。在土壤的使用方面，这些俱乐部为当地的农民树立了辉煌的榜样。在许多小城镇，如果儿童想从事园艺，即发给他种子，到了秋天，举行花卉、蔬菜展览比赛，优胜者发给奖品，以提高大家的兴趣，使这项工作继续开展下去。确实，这些努力大部分是出于地方农业利益的需要委托学校作出的，目的是改良农业，增加地区的财富；不过，地方学校董事会正开始接管这个工作，因为它的实用的色彩仍然属于真正的自然研究。这或许可以作为使自然研究成为一门真正科学的一种手段；它绝不会阻碍自然美与自然的用处方面的教学，这一点正是旧教育研究自然的目的。事实上，这倒可以作为学校为实现这一目的而能利用的最强有力的武器。任何人，特别是儿童，都喜爱和珍视很多东西，其中他们的知识的积累是最受重视的。每一样东西的真正价值，对于这个东西有某些了解的人是十分明显的。熟悉种种生长的东西和获得供应人们食物的科学，对于养成勤奋与观察的习惯，不能不说具有重大的影响力，因为只有那在任何时候和任何情况下都照看园子，并且一贯地探求各种原因的园丁，才会获得成功。除此以外，这项工作还有纯粹的经济价值，让我们的青年人自幼就真正尊重农民以及农民的工作，有了这种尊重态度，城市中人满为患的趋势就会消失。

芝加哥公立学校的做法与印第安纳波利斯不同，不过在有些市区，对通过园艺来学习自然的做法也给予极大的重视。许多学校内有园地，所有学生都有机会从事真正的园艺工作；学校把这些园地作为学习自然的基础，儿童在科学栽培方面也受到教育。这样做也给城市带来了变化，换句话说，从事园艺工作对儿童及街邻的价值是明显的：就儿童方面而言，这可以作为一种赚钱的手段，或者用这种方式为家庭供应蔬菜；就社会方面而言，园艺可以使地方清洁，街市美观。假如居民想把他们的后院及空地开辟成园地，他们就不会往那里扔垃圾，也不会允许别人那样做。特别是在学校周围的一些街道，这工作做得尤为出色。开始总是先由儿童对园艺发生兴趣，作出努力，以后整个社会逐渐对园艺产生巨大兴趣，所有可利用的隙地都用上了。该地区本是贫穷的，园艺一兴，除了家庭的面貌大为改观外，对人民也是一种实实在在的帮助。靠学校的帮助，这地区的很多成年人在城外租赁了大块园地，并种上蔬菜。这一实验获得了极大的成功。本来毫无经验的市民，通过利用机会接受学校提供的教育，竟能规划并从事园艺工作，而且一开始就获得了成功。学校方面得到的好处也是很多的，因为许多外来的家长与学校密切接触之后，发现学校确实是地方上的一种力量，他们可以和学校共同协作。这些人过去由于胆小无知，或是只因为他们感到学校是一种高不可攀的机构，因而通常对其子女进的学校是敬而远之的。

芝加哥市的“市民研究自然”活动，动力除了刚才所说的来自地区外，主要还来自芝加哥师范学院，这所学校的生物学教师在这个问题上尤其花了大量的工夫。除了熟悉园艺工作，并特别注意菜园的生长情况外，教师还将许多植物栽培在室内，以便发展学生的审美力，帮助作出科学的解释，以及协助地理课的教学。不过，植物的选择是专门考虑了地方的条件的，而且希望以此来推动学生美化自己的环境。因为大家知道，教植物学的科学原理，可以用适合于家庭种的植物来说明，也可以从科学抽象的角度选择制作标本来加以说明。对于公园、游戏场以及周围的空地有了一番特别研究，儿童就能知道怎样来美化城市，而且也确保加强了一种实际的求知欲望。他们还在校内养了很多心爱的动物，如白鼠、鱼、鸟、兔子等等。当然，尽管这些动物是供实用的，用来说明动物结构及生理学的原理，但它们也用来培养学生对动物的仁慈之心以及对动物生活的普遍同情。做到这一点并不难，因为儿童天性对于动物比对植物更感兴趣。在儿童看来，动物是真正有其特性的个体，它们的需求必须得到尊重。由于儿童注意到环境对于动物的健康及活力的影响，自然他们对个人的卫生问题也逐步重视起来。

人们将会看到，尽管研究自然的目的是要灌输科学原理，但是其主要用途，却是培养一种富于同情心的理解，即理解动植物在生命中也占一定地位，同时还要发展情感和审美的志趣。大都市里的环境，与农家生活及乡村风情大不相同。在大城市里，有无数儿童认为水泥和砖块天生就是在地面上的，树木花草对他们来说倒是不寻常和人为的。他们的头脑，只知道牛奶、黄油及鸡蛋来自商店；他们不知道有母牛和小鸡——甚至出现这样的事：最近纽约一个闹市区的老居民们碰头聚会，使他们感到好奇的竟是一头从乡下牵来的活牛。在这种情形下，要使自然研究中的科学问题生动有趣是困难的。在儿童的经验中，没有哪种情境当然成为这些事实和原理的组成部分。甚至气候也受到人为的调节，除了冬天有取暖的需要外，时令的变迁过程对学生的生活没有特别的影响。城市中的自然研究，就像研究美术那样，例如绘画或音乐，其价值与其说在于直接实用性的，倒不如说在于审美性的。自然在儿童的活动中如此微不足道，以至于难以使它具备“训练”的价值，除非把它变为和市民有利害关系的东西。由于对这种情况认识模糊，因此可以解释为什么城市学校中自然课的教学如此杂乱无章，敷衍了事。要给城市的儿童找到观察材料，就像农村儿童所能接触到的自然事实一样，这确实是一个严峻的问题。

在纽约市最热闹的一个地区，人们可以看到，在普拉特（Pratt）小姐所教的规模不大的“游戏学校”（Play School）里，正在进行着一项有价值的试验，以实现上面这个目的。自然研究对于小孩是完全不教的。假如他们要上公园，或是种花养动物，那是因为这些事情是快乐的游戏的材料，并且因为它们美丽而有趣；假如儿童提问题，想对这些东西有更多的了解，那更好。教师并不告诉儿童树叶花草、母牛、蝴蝶，也不设法寻找难得的机会让儿童观察这些东西。相反，教师利用的大量材料，都是儿童在街上在家里看到的东西。街对面正在建造的新大楼，就像在公园一样，同样提供了观察及提问的机会，而且前者更为儿童所熟悉。他们观看人们是怎样把砖瓦灰浆搬到上面楼层的；他们看到装着沙的车子如何卸货，也许其中一个儿童就会知道这些沙土是车夫从河边的船上取来的。他们看到送货员走街串巷，设法了解他送上门来给母亲的面包是从哪里取来的。他们看到儿童在操场上游戏，懂得除了好玩的一面外，游戏对身体也有益。他们到河边散步，看到一只只渡船载人往返，煤船在那里卸货。所有这些事实，比起乡村生活中的那些东西来，对儿童的关系更为密切；因此他们理解这些东西的意义以及它们与自己生活的关系就更为重要，尽管敏锐的观察力同样也要通过训练。这类工作对于为学生今后学习科学及地理打基础来说，同样也是有价值的。它除了能激起学生的好奇心和观察力外，还能向他们展示一些社会生活的原理，这些原理在他们今后的学习中会得到进一步的解释。

哥伦比亚的密苏里小学是根据同样原理安排其课程的。儿童使用和学习的所有关于自然的材料，都从学校附近或是他们家里找到。对于季节及气候的研究，他们是随着当地季节气候的变化天天进行的。更为重要的是，儿童还研究自己住的城市，研究衣食住行，这样就使研究的基础不是教师给予的教学，而是儿童自己在旅行中通过观察得来的所见所闻。这样得来的材料，与儿童自己的生活直接有关，因而对于教会儿童怎样生活更为有效。把这些东西教给在城市长大的儿童，与把园艺及有效利用土地的原理教给农村的儿童，道理是一样的。无论小孩或成人，通过理解自己的生活环境，就可以学会评判自然之美及其秩序，并且尊重真正的成就；与此同时，他也在为自己控制环境打下基础。

（吴志宏译）

第五章　游　戏

任何时代任何人，对于儿童的教育，尤其是对于年幼儿童的教育，无不在很大程度上依赖于游戏和娱乐。游戏是如此出自自然的和不可避免的，以致很少有教育学家从理论上赋予它在实际中所占的地位，或者试图弄明白，儿童自发的游戏活动能否提出一些可供学校采纳的启示。只有古代的柏拉图和近代的福禄培尔算是两个重大的例外。从卢梭和裴斯泰洛齐那里，福禄培尔学到了教育应作为一种自然发展的原理。但是，与这两个人不同，他喜欢理智的方法，并且对神秘的形而上学多少有点偏爱。这样我们就能在他的理论和实践中，发现一些前后不一致的地方，就像我们在分析裴斯泰洛齐时指出的那样。

说说自然发展，要比找出方法来保证自然发展容易得多。有很多东西，在儿童身上是“自然的”，但对成人来说却自然地变为可憎的。许多现象似乎对帮助发展不起任何作用。急切要求一种可用于整个领域并能最终为所有教师所采用的方法，导致福禄培尔——就像已经导致那么多的人一样——提出所谓的发展“法则”，这些法则可以不顾条件的变化和儿童的不同经验而必须遵循。传统的幼儿园——它常常比福禄培尔本人更加福禄培尔地——遵循这些法则；但是现在我们试图回到福禄培尔教导的精神实质，在形式上或多或少作些根本的改变。

虽然福禄培尔自己对儿童及儿童个人经验的同情，导致他重视儿童生活中的本能表现，可是他的哲学却使得他相信，自然发展就是将已经蕴藏于儿童身上的绝对的和普遍的原理逐步显露出来。他也相信，外部物体的普遍特性与蕴藏在心中的品性之间存在着一种严密的一致性，因为两者同为绝对实体的表现。这种学说，在实际上产生了两种结果，常常使得他把自己的兴趣置于儿童的兴趣之上。这一种结果是，既然发展法则通常可以被规定，那么在具体情况下研究儿童，弄明白自然发展在于什么就根本不那么重要。如果儿童的发展与普遍法则的要求不符，那么只能归咎于儿童，而不能归咎于“法则”。教师被认为在他们的手里已经有了完整的发展公式。另一种结果是，根据既定的公式，呈现和掌握外部材料就成为确保适当发展的详细方法。既然这些事物的普遍联系，尤其是数学上的普遍联系，是隐藏于发展之后的普遍原理的表现，它们便成为将蕴藏于儿童身上的同一原理引出的最好手段。就是儿童自发的游戏，大家认为有教育的价值，也并不是因为游戏自身是什么，而是因为它们是普遍实体的某种法则的象征。例如，儿童游戏时应当站成圆圈，不是因为站成圆圈适合于社会的和实际的目的，而是因为圆圈是无限的一种象征，有助于唤起儿童灵魂中无限的潜在的力量。

我们说要回到上面提到的福禄培尔的精神实质上去，就是试图把他贡献的精华部分保留下来。他强调游戏、表演、唱歌、讲故事，这些都涉及教材的积极使用；他深刻地感受到儿童之间社交关系的重要性——这些都是保留下来的他的不朽贡献。不过，人们试图借助于福禄培尔以来的心理学知识的进步以及社会事业的变迁，通过对一种形而上学（这种形而上学即使是不错的，也过于抽象了一些）的解释，直接而不是间接地利用这些学说的精华。另一方面，他们也在回到福禄培尔本人的学说上去，反对他的许多门徒对他的思想所作的任何改动。这些门徒在游戏和有用的活动或工作之间，划了一条截然的界限，这使他们在幼儿园的实践赋予更浓的象征和感情色彩，否则是不会这样的。福禄培尔强调，儿童有必要参加社会活动，这一点与裴斯泰洛齐是一样的——裴斯泰洛齐的学校他曾参观过。例如他说："青少年正在成长，应该尽早训练去做外面的工作，从事创造性的生产活动。从工作中学来的课程，从生活中得到的教训，就其本身以及对学习者的效果来讲，印象最深，最易理解，作用最持久和最有进步意义。每一个儿童，无论幼年、青年，无论什么出身及生活条件，都应该比如说至少每天花一两个小时，认真积极地从事一些活动，确确实实地做几件东西出来。学校中如能有确实的工作时间，就像现有的读书时间一样，那才是最有益于健康的安排，这一点将来一定能做到。"福禄培尔不愧是一位真正的预言家，这最后一句现在在一些学校里已经做到，正如我们这本书里讨论的这些学校那样。

现在全国的学校都在利用儿童的游戏本能，把有组织的竞赛、玩具制造或者其他以游戏动机为基础的制作活动列入通常功课的一个部分。这样做与利用儿童的校外环境，在一些高年级开展活跃课程气氛的活动是一致的。把儿童业余时间从事的活动引入学校，从而给学生开出最生动的课程，要做到这一点，唯一自然的方法，就是把游戏作为幼儿的主要作业。确实，幼儿生活中的最主要时间是消磨在游戏上的，不是从事他们从大一点的儿童那里学来的游戏活动，就是玩他们自己发明的游戏。这些发明的游戏通常也不外是对年长点的人的活动的模仿。所有幼儿都会想到玩盖房子、当医生或当战士的游戏，即使他们没有得到能暗示这些游戏的玩具。的确，做游戏的快乐，多半出于寻找和制造必要的东西的过程之中。这种游戏的教育价值是显而易见的。它能教给儿童他们生活于其中的世界。他们的游戏玩得愈多，他们的玩具材料就愈精巧，整个游戏也就成为一幅相当精确地反映他们家长日常生活的画面，不过赋予了儿童的语言和举止。通过游戏，他们了解了成人世界的工作和娱乐。除了看到构成这个世界的种种要素外，他们还认识了许多保持这个世界前进所必需的种种活动和过程。

虽然游戏对于教儿童如何生活具有真正的价值，但同样明显的是，它对于阻碍变革也具有强烈的影响。模仿性的游戏，由于习惯的训练转移了儿童的注意力和思想，往往使他的生活成为其家长生活的重演。例如在玩盖房游戏时，儿童固然能学到种种最好的东西，但也容易沿袭年长者的种种粗鲁、盲动以及偏见行为。在游戏时，他们的注意力更为仔细，于是比起他们仅仅漫不经心地过的生活来说，周围生活的全部色彩在他们的记忆及习惯中印象就固定了下来。所以，模仿性的游戏虽然就教儿童注意他的环境及维持环境所必需的某些过程来说具有极大的教育价值，但假如环境不好，儿童就会学到坏的习惯、错误的思维和判断方式，这些方式是难以消除的，因为它们是在他的游戏中固定下来的。

现代的幼儿园正开始愈来愈认识到这一点。它们利用的都是儿童在校外从事的那类游戏，它们把游戏不仅作为一种使工作对儿童更有吸引力的方法，而且使游戏所包含的活动具有教育价值，能给儿童有关日常生活的正确的观念及思想。儿童如果在学校里玩盖房和其他类似游戏，且游戏时有玩具，也有制造游戏用品的材料，那么他们在家里也要按照学校活动时的方式玩盖房游戏。这样做，他们就不会想起去仿效家中所看到的种种粗鄙的东西，他们的注意力就将集中在学校为教给良好的目标和方法而设计的有关问题上。

凡是记着福禄培尔的门徒所提倡的机械的教学方法的人，跑去参观哥伦比亚大学师范学院的附属幼儿园，无不认为它几乎不能算是一个幼儿园。这所幼儿园是该大学培训学校的一部分，从一开始人们就把它当作学校系统真正的一部分，当作教育的起步而不是当作一种可有可无的“额外品”。为了给高等教育打下永久的基础，学校当局一直在建立一门课程，这门课程应当利用现有教育中以及他们自己进行的实验中的一切真正有价值的东西。为了寻找真正有价值的东西，人们进行了种种实验，这些实验旨在回答下列问题：“在儿童显然是无目的无价值的自发活动中，有可能发现一些东西，这些东西可被用来作为有公认价值的目的的起点吗？这些出自天性的动作表现，倘若指导得当，其中有些东西是否可以发展为美术和工艺的开端呢？如果要保持儿童的个性及自由，自发的活动需要达到什么程度？教师有可能完全像孩子那样去确定适合生长方式的问题和目的，并且鼓励儿童怀着同样的热忱，伴随自发的活动，去选定这些问题和目的吗？”

实验结果表明，当儿童的本能活动与社会利益及社会经验结合在一起的时候，取得的成效就最大。对于年幼儿童来说，这后者即社会利益和社会经验的中心，在于他们的家庭。与他们个人有关联的东西，对他们来说最为重要。儿童对布娃娃的强烈兴趣，便是依恋人类关系的意味深长的表示。因此，布娃娃就成为一种很方便的活动的起点。以此为动机，儿童就有无数事情想做。手工及建造工作也因此有了真正的目的，此外还有一个好处，即可以要求儿童去解决问题。娃娃需要衣服穿，全班就热情地为娃娃做衣服。但是儿童不知道如何裁剪缝纫，于是他们先用剪刀剪出纸样，再根据娃娃的身材进行修改和试验，教师只是给予建议和评论。成功地做出纸样后，他们就选择和裁剪布料，然后学起缝纫。即使衣服做得一点不像样，全班也从做衣服的过程中得到了无穷的乐趣。他们除了学会操作剪刀、纸和针线，就像通过传统的剪纸、针刺以及缝纫练习手变得灵巧了一样以外，还得到了一种训练，即懂得了做工先得有一定的目的。

布娃娃需要一间住房，教室的角落里有一大箱的大木块可供盖房用。由于房子大，全班都参加盖房子，而且这不是一天就完成的。学生用长而平的板做墙和屋顶，方的木块做地基和窗架。房子盖成了，它大得足以供两三个儿童进去和布娃娃一起玩。不难看出，盖这么一座确实能竖得起并派上用场的房子是要费去一番心机，进行一番实验的。然后需要家具；儿童去学习操作工具，用木头和木板制作桌椅、床等等。做成桌子的几只脚是全班特别感兴趣的问题，他们一遍又一遍地想自己弄明白如何把桌腿做出来。布娃娃家里要有碗碟，这又驱使他们去做泥碗并进行修饰。给娃娃穿衣脱衣，成了儿童们一件从不厌烦的事情，这又给系纽扣解纽扣以及结带子提供了极好的练习。

季节的变化以及随之而来的各种户外游戏，给儿童提供了其他确实能满足他们需要的制作的动机。春天他们打弹子、玩陀螺，秋天他们放风筝；玩车子是不受任何季节限制的。只要有可能，儿童们总是得到允许自己解决问题。如果他们想做弹子，他们就反复试验，直到他们找到一种合适的方法把弹子做圆；如果他们做的东西比较难，整个制作过程明显超过了他们的能力，就帮助他们去做。不过，这种帮助从不采取这样的形式，即命令他们先做什么，后做什么，因为做这工作的目的是训练儿童的主动性和自助能力，教他通过自己思考问题来培养思维的条理性。把年龄大些的儿童做的小车让这些儿童来做，而且连配料选料也得自己搞，那是他们力所不能及的；但如果把锯好的木板和可做车轮的圆木板给他们，他们就能通过试验找出拼装车子的办法，从而做出可用的小车。制作装弹子用的布袋，还有他们漆布娃娃的家具或饭后洗盘时要保护衣服而去做围裙，这又提供另外的学习缝纫的机会。

儿童的兴趣，从需要一个娃娃起，不知不觉地发展到需要一个娃娃的家庭，到需要一整个娃娃的社会。用许多纸做的娃娃和箱子，儿童们给娃娃造起房屋，添置家具，后来他们竟造了一个村落。在他们的沙盘里，全班学生可以造成一座城镇，城里有房屋和街道、围墙和河流，还有有树木和动物的花园。事实上，儿童的这种游戏，要比学校里上课时间提供了更多的制作东西的机会。这种建设性的工作，不仅使儿童充满了他们在做任何有趣的游戏时都要表现出来的那种兴趣和热情，而且教他们懂得了工作的用处。他们供给布娃娃及自己游戏的需要，就是他们供给社会需要的雏形，同时他们也学会了对各种工具的控制，这些工具实际上就是在满足这些需要时社会上要用到的。无论男孩女孩，对于所有这些活动，不管是缝纫、玩布娃娃，或是打弹子、做木工，都表现出同样的兴趣。所谓某些游戏和活动适用于男孩，另一些则适用于女孩的思想，纯粹是一种矫揉造作的想法，它的建立不过是现在的成人生活情景的一种反映罢了。如果不是有人把这种思想灌进男孩头脑里，他是不会想到玩布娃娃对他来说不如他的姐妹那样适当，也不能像他的姐妹玩得那么入迷的。

这所幼儿园的课程，并不仅仅专注于建筑方面的游戏。它给折纸、缝纫以及旧式幼儿园那种实物教学工作也留出了位置。此外，每天还留出了大量的时间去试制玩具，照料屋外的小花园，以及进行小组活动、讲故事、唱歌等等。

在这所师范学院的操场上，现在正进行着一项有趣的有关游戏动机的应用实验，进行这项实验的就是指导幼儿园的同样的教师。那里有一个室外操场，是给低年级学生课后用的。现在让儿童用来建造一座城镇，而不是让他们在体操练习或小组活动上花时间。于是儿童用许多装东西用的大箱子充当房屋和商店，每两三个儿童看管其中一只箱子，同时还精心设计了一个城市组织系统，其中有一个电话、邮政及警察服务机构，一个铸造货币的银行，还有一个维持现金流通的周密方案。大部分的时间用在做木工活上，如修建房屋，做小车，制造屋内家具，或者为两个商店配制货架。这些工作对于身体的操练，几乎和通常的那种操场上的训练差不多。它以更为有效的方式维持了儿童那种忙碌和愉快的气氛，因为除了在露天做有益健康的游戏外，他们正在学会以有益而负责的精神参与到社会事务之中。

在匹兹堡，现在也有一所以同样方式管理的幼儿园，它是城市大学的一个部分。该幼儿园的名字叫“童年学校”（The School of Childhood）。这所幼儿园对儿童身体的健康发展十分重视。幼儿园的工作以儿童的自发兴趣为中心，虽然在建造性的工作方面它们显然做得不如前面说的那所师范学院那么多，但它们安排了更多的个人游戏活动。笔者没有到这所学校参观过，但它似乎掌握了许多创新的基本原理，这些基本原理对于任何对教育实验感兴趣的人都会有启发意义。

在纽约市由普拉特小姐指导的“游戏学校”，所有的工作都围绕幼儿的游戏活动组织起来。根据普拉特小姐自己的话说，她的计划是：“提供一个机会让儿童拾起他社会中的那条生活的线索，并以其特有的方式表达他获得的东西。实验关注的是得到第一手的材料，它假定儿童一开始就具有很多知识，他使这些知识一天天增多，这就有可能指导他的注意力，以至他可以用一种更多的联系的方式得到知识；它要把这些知识结合有关的玩具和积木，应用于各个游戏方案之中，并且通过像绘画、表演、口头表述这类普通的手段表现自己。”

这所学校的儿童都处在上幼儿园的年龄和来自实际活动的机会很有限的家庭。在学校里，每个儿童有自己铺着地毯的一块地板，还有屏风把他与别人完全隔开，使他的活动真正是个人的。室内有一个小小的工作间，学生在那里可以制造或改制游戏所需要的各种物品。使用的工具都是大的，还用上了各式各样的木片。在房间周围的大橱里和架子上，堆放着各种各样的材料：玩具、大大小小的积木、黏土、零碎布料、针线以及一套蒙台梭利教具。每个儿童有自己的剪刀、纸张、各种颜料以及铅笔，可以随心所欲地使用他选来的所有这些材料。他可以挑选他所喜欢的东西独自去做，也可以布置某项较大规模的建设，如一条铁轨和一些车站，或一间布娃娃的屋子，一座小小的城镇或农场，然后利用手中的材料实施自己的想法。一件工作常常要持续数日，这当中还有不少临时加出来的工作，如安置线路和信号，做泥盘，做布娃娃的家具或新衣服等。教师的作用就是教儿童掌握各种程序和工具，不过不是事先安排好的，而是他们在建造活动中有需要才教的。教师随时观察各个儿童的弱点和能力，并在适当的时候去阻止或激励他的活动。除了由于把握材料而使儿童的动作控制力得到了发展外，他们的灵巧和创造性也有了不断的提高。

数学课的原理，结合着这种建造活动教；如果一个儿童表现出一种欲望，想结合他的其他工作用上一些字母或符号，教师就帮助他并且做个样子给他看。学校里用的玩具都是非常好的。有约半英寸厚的扁平的木偶，其中男女老少都有，这些木偶关节灵活，可以用各种姿势支撑；木偶中还有各种各样的农家牲畜，两三种适合于木偶用的小车子；许多大木块用木栓紧紧固定，这样房屋桥梁不至于倒塌。每件东西既设计简单，又制作牢固，从而使得材料不仅可以随意应用，而且十分有效。每一次的成功，都激励儿童去做更新更复杂的工作。因材料低劣而导致败兴的事从未发生过。学生们自己照管各种玩具，把它们拿出来又放回去。他们还照管教室，并照料上午中段时间的点心。这个工作，结合这个事实，即儿童的各种建筑活动都几乎总是学生在他们的社会中所看到的那些东西的缩影，因此使工作排除了任何不自然的提示。如前所述，儿童建造的东西都取材于观察，这样就有了一种动机，促使他们谈论所见到的东西，并且进行新的、更广泛更精确的观察。

当然，儿童自发的游戏欲望在低年级时最为强烈，但是游戏本能中还有一种因素，这种因素学校在高年级中也在利用，那就是演戏的本能，即扮演他人的行为。所有的儿童都喜欢假装不同于他自己的人和物，他们喜欢通过情景所暗示的动作把情景表演得更为逼真。抽象的观念是难以理解的，儿童从不完全知道他到底是懂还是不懂。让他把这种观念表演出来，这种观念对他就成为真实的，或者没有明白，就在动作中流露出来。行动是理解的测验。换一种简单的说法，即从做中学要比从听中学更是一种较好的方法——戏剧表演与我们讲过的工作的区别，就在于儿童正在学习的东西。在事物需要采取一个行动以取得成功效果的地方，儿童不再研究材料，而是研究那些需要行动使之更为逼真的观念。许多学校现在正利用着各种各样的表演形式使教学更具体化。对于年龄较大的儿童来说，戏剧表演基本上是在这个词的严格的意义上使用的，即通过让学生在戏剧中扮演角色，使表演或者成为一种使英语或历史的意义更真实的手段，或者专门用于表现情感和想象的价值。对于幼小的儿童来说，表演常常与其他形式的活动结合在一起，用来作为一种辅助的工具，帮助英语、历史、阅读或算术课的教学。

许多学校用戏剧表演作为一种任何学科教学的第一步的辅助工具，在较低年级尤其是这样。例如，一个一年级的班级演出通常的阅读课的教材，每个儿童扮演故事中的一个角色，如动物或人物。这样就大致上确保了一种情景的思想，从而使阅读不再是仅仅认识和朗读一些孤立的单词和词组而已。而且，对情景的兴趣使儿童注意到措辞表达的种种困难，这些困难如果作为孤立的东西来克服会使他们沮丧的。戏剧的因素对于阅读的表情方面是很大的帮助。教师们总是催促儿童读得“自然些”，“就像说话时那样读”。但是当一个小孩对于他课文中见到的东西毫无交流的动机时，尽管他在读，心里却知道教师也有书，而且能比他讲得更好，因此即使他想表现得自然些，也往往是被迫的和勉强作出的。每一个留心观察的人，谁都知道有些儿童常常虽然不是在单调乏味地朗读，却学着一种虚假的状态，装出一种肤浅的“生动”和假扮出来的“活泼”。戏剧表演既能保证把注意力引到课文的思想上来，又能保证学生自发地而不是矫揉造作地大声朗读，这种朗读足以使大家都能听到，并且发音很清晰。同样，儿童讲故事时，如果先引导他们自己想象将要发生的情景然后再讲，要比他们按照学校的惯例简单复述故事内容效果好得多。当儿童描绘一种含有动作姿态的景物时，会发现原来的动作对于绘画有多大的帮助。假如画人的姿势，常常可以看到，摆过姿势的儿童要比仅仅在一旁观看姿势的儿童画得更好，因为他已经身临其境，当他后来临摹作画时，原来的经历很容易就影响到他的手和眼。在低年级，当学生不能解算术应用题时，人们常常会发现可以求助于对题中情景的“揣摩”，这样就能得到所需要的一切帮助。做算术时真正的困难不在于“数目”，而在于不能把握含有数字的那一情景的意义。

在较高年级，正如已指出的那样，文学和历史常常可以通过戏剧表演活动而增强印象。在印第安纳波利斯的一个六年级，学生们排演了舞剧《睡美人》，不仅作词和舞台监督是学生自己搞的，而且歌曲和音乐也是他们创作的。像这样把通常是独立学习的各门科目集中于一个单一的目的，激发了每门科目的活动。比起为写作文而写作文的时候来，学生的文字表达不那么单调了，对某个概念的论述也更为婉转优美了；当然，剧中的音乐不一定很优美，但它几乎总是具有一种清新动人的地方，这样的效果如果让同样这些学生单纯填乐谱是不可能达到的。

二年级开鞋店花去了他们几天的工夫。儿童开一个店铺，就要选择一些学生做店员，当鞋匠，还要有人扮家属到店里买鞋。然后他们排演了母亲和孩子同去店里买鞋的故事。算术和英语课就以这故事为材料，全班还围绕这一情景编出种种故事。班里还把相加成十的各组数字用简单的调子编成歌曲大家来唱。同是这些学生，还能做通常二年级学生不能做的算术心算题，几乎能立即算出像74加57等于多少这类题目。如果不是在表演上花了那么多工夫，他们可能不会算得那么快。表演使得抽象的问题变得更真实。在演算关于鲍德温（Baldwin）夫人买鞋的题目时，数字在他们的思想中已有了意义及目的，因此虽把纯粹的数字题目给他们做，他们也不至于茫无头绪。在一个五年级，学生设立了一个寄包裹的邮局；他们收邮费、卖邮票、接收寄到学校里的包裹，接着他们排演关于邮局的节目；两个男孩充当了邮递员的角色，他们为邮件过磅，计算邮税，找钱给顾客。邮件重量及费用的表格不再成为要记住的文字，查寻地图成了一件十分必要的事，乘法口诀表也很需要；办事有条理有秩序才会成功，这一点给学生留下了深刻印象。

弗朗西斯·帕克学校是利用学生表演兴趣帮助历史教学的许多学校中的一所。四年级在学希腊历史时，还开展了其他活动，如盖了一所希腊式房屋，写了一些有关希腊神话的诗歌。儿童还做了一些希腊服装，每天在教室里穿。霍尔（Hall）小姐负责教这个年级，用她的话说是："他们当雕刻师，用泥土捏制他们所喜欢的神，还塑造了各种人物形象来说明某个故事。他们在沙盘上仿造了迈锡尼城（Mycenae），把它毁了，覆盖起来，然后装作发掘者，使这城的财宝重见天日。他们编写了对狄俄尼索斯①的祈祷词，还编出了他们认为俄耳甫斯②可能会唱的歌词。他们玩希腊游戏，穿希腊服装，不断地排演他们所喜欢的故事或奇遇。现在他们又扮作特洛伊③的英雄，在休息时用木制的剑和桶盖做的盾交战。上课时，他们举行狄俄尼索斯式的狂欢，有祷告，有跳舞和即席吟诗。另外，他们中的一半人扮演雅典人，另一半人扮演斯巴达人，争论哪个城邦更值得向往。他们还充当雅典的自由民，勇敢地回答傲慢的波斯使者。"除了这些日常的表演活动外，他们还为全校编写和排演了对他们特别有吸引力的反

① 狄俄尼索斯（Dionysus），传说中的希腊酒神。——译者注

② 俄耳甫斯（Orpheus），传说中希腊的神、歌手，善弹竖琴。——译者注

③ 特洛伊（Troy），小亚细亚的古城。——译者注

映某些历史事件的小剧目。用这种方法教历史，幼儿学到了历史的意义并得到情感上的满足；他们懂得希腊的精神和那些塑造了这个伟大的人民的东西。这种活动如此成为他们生活中的一部分，以至他们把它作为保留下的一种个人经历加以记忆，而不是看作规定要记要背的课文。

弗朗西斯·帕克学校在早锻炼的时间也充分利用了表演的社会价值。仅仅向一本书学习，是一种孤立的和与社会不符的学习途径；学生们可以学会摆在他面前的单词，但是他不能学会与人相处，学会控制和安排个人的行动和思想，以便使他人有同等的机会表达共同的经验。当全班通过行动来表现他们从书上学到的东西时，所有的成员都有一种职责，这样他们就能学会在社交方面来珍视和发展表达能力、表演能力以及情感想象能力。当他们面对全校表演时，他们就领略到了这工作对他们个人的价值，并且促进了全校的团结合作精神的发扬。所有儿童，无论是大的、小的，都开始对其他年级发生的事产生了兴趣，学会珍惜他人作出的那种简单而真诚的努力，不管这种努力是来自于一年级的学生，还是中学高年级学生。为了使全校对他们的努力发生兴趣，演员们都演得简洁明了。由于看到了对他人的价值，因而他们对自己的工作产生了新的尊重。无论哪个年级，只要认为某门学科中有一些能吸引别的儿童的某些事要说，就可以在早锻炼时把这些事的大致内容表演出来。戏剧性的因素有时是很小的。如对于旅行、算术中难以理解的程序或地理中的一些题目的描述；但是儿童表演时总得要思路清晰，善于言辞，否则他们的观众就不能理解。此外，地图表格以及各种说明性材料他们也尽可能引用。其他练习，如四年级编写的希腊剧，或西塞罗①反对喀提林②的一次演说的表演，它们的趣味纯粹是戏剧的。

毕业班或者为了某种特别的目的演出的剧本，当然是一种众所周知的引起学生兴趣或者给学校宣传的方法。但近来一些学校一直在排演节目或开庆祝会，除了想使学生和公众发生兴趣外，还考虑到它们的教育价值。不管所演的节目性质如何，通过在观众面前发言，有效地使用躯体以及为了共同目的而与其他学生合演等等得来的有价值的训练，总是有用的；况且学校通常也试图使其创作的节目具有文学的价值。不过直到最近，人们才开始想到学生的日常工作也可作为戏剧表演的材料来源。过去出于公众娱乐的目的，节目表演要排在放学以后，但是现在不少学校开始利用青年人这种喜欢“演些东西”的天性来扩大课程范围。在许多学校，过去用来向公众表演的剧目中的人物都是专门精心设计的，现在这些材料则取材于英语课和历史课，而编写的戏剧又构成了另一堂英语课。排演取代了口头表达和演说课，它还包含了自我克制能力的培养。舞台背景和服饰是艺术课内在学校的工场制作的，舞台设计及管理由学生负责，教师也给了很多帮助，以防止出差错和泄气。在里弗赛德，一个班级曾经把托尔斯泰的小说《哪里有爱情，哪里就有上帝》（*Where Love is There is God*）选入文学读本。他们把这故事改编成戏剧，并在英语课上进行排演，全班学生人人充当导演和评论员。随着兴趣的增加，他们又为这戏剧制作了服装，布置了舞台背景，最后向全校及亲友进

① 西塞罗（Cicero，公元前106—前43），罗马政治家、演说家及作家。——译者注

② 喀提林（Catilina，约公元前108—前62），罗马阴谋家。——译者注

行了演出。还有一次，英语班的学生以《奥德赛》为蓝本编了一个短剧，并在室外上演。在斯派尔学校（Speyer School），研究美国史的一个班级排演了一出自己编写的反映开拓时期的某个历史片段的小戏。排演过程中，几乎所有儿童，不受性别或其他条件限制，都可以试演某个角色，最后的角色分派则由全班抉择。该校五年级的学生学习欧文①的《短文集》时，还结合了学习有关历史及文学著作，同时还将里普·凡·温克尔（Rip Van Winkle）的故事改编成戏剧。所有排练及演员服装也都是他们自己解决的。

设在芝加哥侨民区的一所公立学校豪兰学校（Howland School），去年排演了一出大型的庆祝剧目。剧情是校长写的，排练也由校长负责，戏剧反映的是哥伦布的故事，全校学生都参加了演出。故事简单回顾了哥伦布的一生。戏剧还增加了一些场面，反映开拓时期发生的一些最引人注目的事件，以此来说明这个国家的民主制性质。大部分角色的服装是学生自己做的，以前在体操房学会的舞蹈也都用上了。这样整个表演构成了一幅极为壮观的画面，体现了我国历史的发展轮廓和我们的国民精神，同时也可以算作一段饶有趣味的一年工作小结。这样做，对统一侨民社会产生了影响，价值很大，因为它不仅教给了儿童一些他们来到的这个新国家的历史，而且给充当观众的家长们一个机会，看看学校能够为他们的小孩及街邻做些什么。至于这类练习所包含的爱国价值，比起每天向国旗敬礼或者读爱国诗篇来那是远远胜过的，因为儿童亲眼看到了那些能自然唤起爱国情感的东西，

① 欧文（Irving，1783—1859），美国散文家、小说家及历史学家。——译者注

懂得了要他们热心去做的事是什么。

用这样的练习来度过纪念日或纪念节，比起以前在这种场合下的娱乐方式，如儿童独自背几首诗，大人发一些言，要有趣得多，也有价值得多，因为这些练习集中于一点，即向社会表达学校的工作。社会对于学校的兴趣因之增加，因为家长们知道，他们自己的孩子也参加了作品的创作；儿童的兴趣也因之增加，因为他们在小组里正从事着一些有趣的活动，他们对这些活动负有责任。现在许多学校举行的毕业典礼，都是用表演的方式来检阅一年中的正式课程的。各个年级的学生都可以参加这一活动，他们有的表演英语课上写的剧本，有的跳起了在体操房学到的民间舞蹈或化装舞。许多学校还举行感恩节纪念活动，活动时有的年级把在普利茅斯举行的第一次感恩节场面布置出来，有的表演各个民族庆贺收割的情景。圣诞节时，也以同样的方式举行庆祝活动，通常由不同年级的儿童或是整个年级的儿童吟诗唱歌，这些诗歌文字都是在英语课和音乐课上预先排练好的。按照这种计划排出的戏剧、庆祝节目以及表演是非常之多的；因为这样的材料——这些材料给予儿童在阅读、拼写、历史、文学或者甚至某些地理知识方面的训练，绝不比从那种呆板的课本中得到的枯燥乏味的事实效果要差——总是有可能找得到的。

（吴志宏译）

第六章　自由与个性

毫无疑问，读者会感到，从前面描述过的学校的所有工作情况来看，学生被允许得到的自由也许太多了些，超出了通常人们认为的一个教室所需要的纪律范围。对大多数教师和家长来说，“学校”这个词就是“训练”的同义语，它意味着安静，意味着一排排的儿童端坐在课桌旁，聆听着教师的讲课，只有当要他们发言时才能开口。因此，如果一所学校不具备这些基本的条件，那它就不是所好学校；学生在这学校里就学不到什么东西，他们随心所欲，为所欲为，凡是他们喜欢的东西，即使对儿童自己十分有害，同班同学和教师不同意，也全然不顾。

有许多积累的东西是每个儿童必须掌握的，否则他长大了会成为文盲。虽然学校有义务让儿童了解这些东西，然而这些东西主要与成人生活有关，因此学生对它不感兴趣就毫不奇怪了。怎么办呢？显然只有让儿童一排排地端坐着，相互保持足够的距离，以便他们不能随意讲话，再有就是雇佣最能干的人来教这些东西，对儿童说明这些东西，要儿童一遍又一遍地复述这些东西，直到教师有理由认为儿童已把它们记住了，至少记到他“升级”以后。

还有，应该教儿童学会服从；倘若能把人家叫他做的事办得很好，这就是一种很有用的成就了，这正如要塑造人格，就得去完成厌烦乏味的任务是一样的道理。学生一般应该被教会“尊重”教师和学业；如果他连坐都坐不稳，接受能力又差，又怎能教他这种课文呢？不过假如他接受能力不强，他也至少必须保持安静，使得教师无论如何教他一点东西。学生一旦解除束缚，往往就会不守法，破坏、粗暴和喧哗，这一事实在主张用权威来“训练”的人看来，证明只有严加管束才是对付儿童的唯一方法，因为没有这种管束，儿童就会成天喧扰，和他在片刻间解除了束缚的情形一样。

假如上面对“训练论者”（disciplinarian）的情形的描述，有人觉得形容太过或过于露骨，那么请他暂时想一想参观这些“奇怪的学校”的人在参观结束后说的那些话吧；同时考虑一下一个没有偏见的观察者能否不被迫下这么个结论：他们对于学校及学校教育的想法，正是这样过度，这样不加修饰的。学校中“自由”对“命令式的训练”的论争，归根结底是这么一个问题，即究竟怎样来理解教育。我们究竟是否和主张严格训练的人一样，相信教育是使一个小蛮人变成小大人的过程，相信确有这么多美德和事实要教给所有儿童，以便他们能尽可能地达到成人的标准？或者我们是和卢梭一样，相信教育是弥补出生儿童和他必定要成为的成人之间的差距的过程，如卢梭所说，“儿童有其自己的理解、思想和情感方式”，并且相信把这些方面训练到合乎成人需要的方法就是让儿童在其周围环境中试验他们？

“命令式的训练”（authoritative discipline）这个术语是有意来使用的，因为训练和自由不是互相矛盾的概念。下面从卢梭那里引的一段话，很清楚地表明，甚至一个严肃的工头他的自由是什么——通常都认为自由就是无法无天、放纵。“完全不要给他（学生）命令，绝对不要。也不要让他想到，你企图对他行使什么权威。只要让他知道，他弱而你强，由于他的情况和你的情况不同，他必须听你的安排；让他理解这一点，学到和意识到这一点。要使他及早明白，在他高傲的颈脖上，有一副大自然强加于我们的沉重的枷锁，这是必须经受的沉重的枷锁，在它之下任何人都必须低头屈从。让他从事物而不是从人的任性中认识这种需要，让他了解这种抑制是环境的力量，而不是权威。”

的确，没有一种训练能比这更严厉，更能发展品格和理性，而又更少养成杂乱和懒散的了。实际上，人们所以反对学校中的自由，其真正理由似乎是出于对自由的一种误解。批评者们把身体的自由与道德及智力上的自由搞混淆了。因为学生们走来走去，或者坐在地板上，或者椅子按直线排列，因为他们在用他们的手和嘴巴，参观者们就认为他们的思想一定也是松散的；他们一定仅仅是在胡闹，他们的思想和道德绝不会比他们的身体更受约束。长期以来，在校学习一直是与温顺或被动的心理联系在一起的，以至因为有用的器官在活动中并不蠢动或说话，参观者们就感到儿童都不应该蠢动或说话，否则它将干扰学习。

假定教育改革家们的设想是正确的，即认为教育的功能就是帮助一个不能自助的年轻生物成长，使之成为一个幸福的有道德和能干的人，那么一个前后一贯的教育计划就应当充分允许给予自由以促进那种生长。儿童的身体必须有场所可以活动、伸展和锻炼肌肉，疲倦时可以休息。人人都同意，用襁褓包裹婴孩并不好，限制和阻碍了身体的发育。那直背式的课桌，就等于婴儿的襁褓，还有头要朝前看，手要折起来，所有这些对于上学的儿童来说，正好比是束缚甚至是精神上的折磨。难怪每天必须这样坐上几小时的学生，一旦束缚解除，就会爆发出阵阵过分的喧哗和盲动。既然他们的体力没有正常的发泄渠道，它就只得在体内积蓄，一旦机会来临，它就会由于原先遭受到的精神刺激——这种刺激是由于压抑训练不周的躯体活动造成的——而更加猛烈地迸发出来。当儿童需要时，就该给他活动和伸展躯体的自由，并且从早到晚都能提供真正的练习机会，这样，当听其自然时，他就不会那么过于激动兴奋，以至急躁或无目的地喧哗吵闹。在做事方面得到了训练，他就能在无人强制监督的情况下坚持工作，关心别人。

只要千篇一律地对待儿童，就不可能建立真正科学的教育学。每个儿童都有很强的个性，同样，任何科学都必须对本科学的所有材料作出判断。每个学生都必须有机会显露他的真实面目，这样教师就能发现学生在成为一个完全的人的过程中需要干些什么。教师只有熟悉她的每个学生，她才有指望理解儿童，而只有当她理解了儿童，她才有指望去发展任何一种教育方案，使之或者达到科学的标准，或者符合艺术的标准。如果教育家不了解各个学生的实际状况，他们就绝不可能知道自己的假定计划是否有价值。但是假如他们把这种材料强加给自己到这样的程度，即把所认为的每个部分都当作其他各个部分一样，那么他们又怎么了解他们的材料呢？假如将学生排成行列，把知识提供给他们，然后要求他们以同一种方式交回来，那在学生的身上什么东西也发现不了。但是假如每个学生都有机会表现自己，表现他的特质，那么教师就有材料来构筑她的教学方案了。

既然一个儿童生活在一个社会环境之中，在那里甚至最简单的动作或词语也和周围人的动作、词语息息相关，那就不可能出现这样的危险，即一个儿童的自由会牺牲他人多变的兴趣。将自然和人类强加给每个生活在社会之中的人的种种限制统统排除，以便个人可以沉溺于种种冲动——这些冲动是与他自己作为社会成员之一的利益相违背的——之中，自由绝不是这么个意思。不过对儿童来说，自由就是提供机会，使他能尝试他对于周围的人和事的种种冲动及倾向，从中他感到自己充分地发现这些人和事的特点，以使他可以避免那些有害的东西，发展那些对他自己和别人有益的东西。教育，如果对儿童划一看待，好像他们的种种冲动不过是一个成人社会（而且这个社会的弱点和失败一直在被人们哀叹着）的一般冲动的反映，那么这种教育必定是在复制一个同样通常的社会，它甚至不愿意去发现是否有可能以及怎样可能来使这个社会变得更好。教育能发现儿童的真实情况是什么，就能根据这种知识使自己得到发展，从而能保持最好的东西，排除坏的东西。在这个过程中，仅仅从外部强行抑制，坏的东西也就同样地阻碍了好的东西的表现。

在依据事实塑造自身前，如果教育需要自由，那么它如何利用这种自由以符合儿童的利益呢？给儿童以自由，使他在力所能及的和别人所允许的范围内，去发现什么事他能做，什么事他不能做，这样他就不至于枉费时间去做那些不可能的事情，而把精力集中于可能的事情了。儿童的体力和好奇心能够引导到积极的道路上去。教师将会发现，学生的自发性、活泼和创造性，有助于教学，而不是像在强迫制度之下那样成为要被抑制的令人讨厌的东西。现在感到阻碍教学的那些东西，将会变成教师所要培养的积极的品质。除了要保存人生有用的品质，养成独立和勤勉的习惯外，允许儿童这种自由是必要的，假如学生真正地从做中学的话。但是如果这种“做”是向儿童指定的，是一步步向他提出要求的，那么大部分的做只会导致表面的肌肉锻炼。然而，当儿童自发的好奇心、喜欢活动的天性用于研究有益的问题上，用于自己去发现如何才能使环境适合他的需要时，教师就会看到，学生不仅功课做得和以前一样好，而且学会了如何去控制和创造性地利用那些能量，这些能量在普通的课堂里只起到消极的作用。除非学生从事某种真正的、靠感官和肌肉的运用来锻炼思想的工作，否则教师就绝不可能废除传统的训练方法。因为在一个教师一手包办，学生只能倾听和回答问题的课堂中，允许儿童随自己的喜爱安排自己，走来走去或谈话，是不可思议的。只有当教师的作用改变为帮助者和观察者，每个儿童的发展就是目的，这样的自由才成为工作上必不可少的东西，就像在只许儿童背诵的环境下安静是必不可少的一样。

目前，人们谈得最多的学校——在那里自由成为儿童工作时不可缺少的东西——是意大利的蒙台梭利学校以及她的那些门徒在我国办的学校。蒙台梭利和我国的许多教育家一样，相信假如教师要了解每个学生的需要和能力，假如儿童在学校中要受到全面的、能使其心理、性格和身体都得到最好发展的训练，那么在教室里自由是必不可少的。一般说来，她之所以要坚持这种自由，这是她的方法的基础，理由不外是上面列举的那些。不过有一个例外。她认为如果要创造一种科学的教育，儿童的自由是必不可少的，因为没有它，就不可能搜集种种素材，而没有素材，也就不可能建立起一条条原理；为了学生的身体健康，或为了充分发展品性以养成独立人格，自由也是不可缺少的。意大利的这位教育家和我国的大多数改革家的不同之点，在于他们对自由在材料运用时的价值看法不同，这一点后面要谈到。

蒙台梭利认为，在学校里束缚儿童的身体，教他们养成被动顺从的心理习惯，这样就误解了学校的功能，于儿童实在有害。合乎科学的教育不仅需要给儿童自由以搜集研究材料，而且自由就是教育真正的基础；蒙台梭利在她那本《蒙台梭利方法》一书中说过："自由就是活动。"活动是生活的基础，因此训练儿童活动就是训练他们生活，这是学校教育的正当职责。自由的目的是整个集体的最大利益，允许儿童自由，也就是这个缘故。凡是无助于这个目的的必须予以禁止，同时，对于促进每一项有益的活动必须给予最大的关注。为了使得学生能最充分地从事这类有益活动，就得允许他们在教室里享有大量的自由。他们可以随意走动，相互交谈，随着他们的意愿布置课桌椅。此外最重要的是，每个学生都可以选择他想做的事，并且可以想做多久就做多久。蒙台梭利说："所有儿童都能有益地、机智地以及自愿地走来走去，没有任何粗暴鲁莽的行为的一个课堂，在我看来，确实是训练得很好的课堂。"总之，训练就是独立做事的能力，而不是在约束下的屈从。

为了导致这种积极的训练，这种训练能完全允许任何有益的活动，同时不去压抑儿童的种种自发冲动，就要把通常的训练方法统统废除，建立一种强调积极训练而不是消极训练的方法。蒙台梭利这样描写道："讲到惩罚，我们常常碰到这样的儿童，他们妨碍他人，对我们的劝告毫不在意。我们就马上把这样的儿童送交医生检查。如果检查结果证明他一切正常，我们便在房间角落里摆上一张小桌子，把他与别人隔开，让他坐在一张挺舒服的小沙发上，如此安置使得他可以看到同伴的工作，同时还给他许多对他最有吸引力的游戏和玩具。这种隔离方法几乎总是可以成功地使这个儿童安静下来：从他的位置上能够看到他的全体同伴，他们的工作情形对他来说是一种直观教学，这种直观教学要比教师的任何话语都更为有效。渐渐地，他开始体会到成为那眼前忙碌工作着的团体中的一员的种种好处来，他就会真心实意地希望回到队伍中去，像他人一样地工作。"教师第一次向儿童提出忠告时，决不采取训斥责备的态度，而是轻轻地告诉儿童，他做的事不对，或者他做的事妨碍了他人。然后，告诉他应该怎样做才能受到同伴的欢迎，或者把他的注意力引到某件工作上来。

由于儿童们做的是自己选择的事情，并且做的时间也是他们自己定的，又因为他们可以随意走动谈话而不会觉得厌倦，所以几乎不存在需要什么“惩罚”的问题。除了遇到真正无法无天的情况要用隔离的方法外，就像刚才引用的蒙台梭利的话中说的那样，到蒙台梭利办的一些学校参观过的人，都很少看到有消极训练的必要。对于那些稍失检点的行为或者粗心大意的举动，教师给予一些劝告几乎就够了。

由于以自由为基础的活动是蒙台梭利学校的指导原则，因此儿童的活动围绕两个方面的内容进行。蒙台梭利认为，儿童需要在日常生活方面得到训练，例如他应当学会如何照料自己，因此一部分的工作就要以这为目的。她还认为，儿童具有许多的才能，这些才能应该允许得到最充分的发展，所以还有一部分的工作应该设计得使这些才能得到充分发挥。她认为在这两者之间，培养儿童内在潜能方面的练习更为重要。为了成为独立和幸福的人，儿童必须知道如何使自己适应环境；然而如果儿童的才能得到不适当的发展，那就等于儿童生活本身得到了不适当的发展；所以教育的真正目的在于给儿童的生活提供积极的帮助，使之得到正常的发展。这两条发展路线，蒙台梭利觉得是如此相互不同，以至于她感到实际生活方面的练习，对儿童能力和感官训练方面的练习不起什么作用。

实际生活方面的练习是为了教会儿童独立，能自己满足自己的需要，并且熟练优雅地从事日常生活中的各项活动。通过这种练习，学生就能保持教室的整洁，清扫和安顿食堂的用具，收拾好各种散乱的材料。当他们工作时他们自己照料自己，取出他们需要的东西，找到工作便利的地方。他们工作时使用的器材，只要愿意就可以自己保管。没有寄宿舍的学校，每天供给学生一顿中饭；这顿中饭的工作，除烹饪外，都是学生自己去做，如布置桌子，端上食物，接着是洗刷盘子。所有的学生，无论年龄大小，都要参加这种工作；三四岁的儿童不久就学会了端盘子杯子及传送食物。只要有可能，学校总有园圃让儿童管理，还有许多有用和可爱的动物，如母鸡、小鸡或鸽子。甚至年龄最小的儿童也得自己穿衣服，自己扣解围裙及鞋子；当他们自己不会做时，则互相帮助。蒙台梭利强调，学生有必要尽早学会照料自己。为了帮助幼儿学会这一点，她设计了几种教具，让他们在自我照料之前先进行练习。这些教具是木制的身躯，上面套着中间敞开的衣服。然后或用纽扣、领钩，或用带子，把衣边结上，练习时就用扣子和领钩把衣边解开和扣上，或在可能的情况下练习打结。

这些教具在蒙台梭利学校中用来作为两种练习之间的桥梁。它们标志着那些原理上的转变，这些原理是与蒙台梭利提出的方法有联系的大多数教育革新家所共同具有的。从蒙台梭利所著的第一本书中引用一段话，为理解她的这个方法提供了一条线索："在实验的教育方法中，感官教育无疑必须被看作最重要的……我使用的方法，就是用一种教学材料进行一种教育实验，然后等待这个儿童的自发的反应……对于年幼儿童，我们必须从实验入手，必须选择他们所感兴趣的教材……但我相信，我已对各种东西作出了一种选择，这些东西代表了所需要的最起码的实际的感官教育。"

蒙台梭利在塞甘①工作过的医院里当过智障儿童的教师，这是她一生教育事业的开端。很自然，当她开始从事正常儿童教育时，她用的实验材料是她教育低能学生时用的那些材料。同样自

① 塞甘（Edouard Seguin，1812—1880），法国心理学家。——译者注

然的是，许多对低能儿童证明有用的东西，对于寻常儿童也同样适用。通常的教学方法只需运用得缓和一点、耐心一点，对智障儿童就可以收效；同样，蒙台梭利发现，许多原来只给智障儿童用的教具，只需用得迅捷些、自由些，对普通儿童也能收到显著的成效。所以，她的“教学材料”（didactic material），包括了许多一般用于发展低能儿童的感官意识的东西。不过，正常儿童使用材料时没有固定的程序，也不用在教师的指导下进行，而是允许有完全的自由；因为现在的目的不再是去唤起那近乎没有的能力，而是要把儿童在日常活动中时时运用的各种能力再练习练习，使得他可以越来越准确熟练地控制它们。

为了培养辨别和比较的能力，特别安排了一些发展儿童各种官能的练习。儿童的各种感官几乎都用所设计的各种器械如纽扣的构架进行训练，以允许儿童为达到一个目的而做一件事情。学生使用这些物品，不必依一定的程序，也没有限定时间的长短。除了年龄最小的儿童只能做最简单的练习外，其他学生都可以自由地从事任何他们所希望的工作，并且愿意做多久就做多久。蒙台梭利相信，儿童很自然地会去做那些他已有思想准备的练习。在各种材料中，发展触觉的材料是最简单的。这些材料是一块块的小木板，上面贴着一条条的砂纸，从最粗糙的到最光滑的都有，此外还贴着各种类型的布条；儿童蒙起眼睛，用手摸这些东西，辨别它们的差异。为了教儿童辨别物体的形状和大小，设计了一些教具，这些教具利用触觉来充当视觉的强有力的辅助手段。还制作了各种木块，上面挖了一个个直径和深度不一的洞眼，每个洞眼都正好可以放上一个圆柱体。练习时儿童先取出所有的圆柱体，接着用手指摸摸这些圆柱体的边缘，再摸摸木板上洞眼的边缘，然后把圆柱体一一放入适当的洞眼内。判断大小的能力也得到了练习，方法是给儿童一套由小到大的木块，用这些木块他可以搭成一个宝塔，另有一套木块他可以用来叠成一座楼梯。发展辨别形状的能力是通过各种形状的木头镶边进行的，这些镶边可以分别配入在一块薄木板上所刻的各种形状的洞眼内。练习时儿童把各种镶边取出，对它们有了一定的感受之后再放回原处。然后教师在儿童触摸镶边时告诉他各种形状的几何名称，并且要儿童通过名称来区别它们。

相对木制的镶边，还制作了一套卡片纸做的几何图形，又做了许多金属的小板，板的中央刻上了各种形状的洞眼。这些都是游戏时用的，游戏时要在不同质地的材料中找出同样的形状，或者在纸上画出图形的轮廓，再用彩笔给它们涂上颜色。

在教阅读和写作方法时，也利用触觉来加深学生从眼耳得来的知识。儿童还拿到了砂纸做的字母表，字母分别贴在一块方形的卡片纸板上。儿童用手指在字母表上比画着，像是在写字，同时把字母读出声来。只有当儿童通过触摸对字母十分熟悉后，他才可以用上活动的字母，并且用这些字母组成单词。儿童用这种方法练习，写字常在读书之前；他们拿起铅笔或粉笔，就能毫不费事地学写字母，因为他们的肌肉和眼睛对这些字母的形状已经熟悉了。

练习听觉用的是两副铃，一副是固定的，用作音阶的标准，另一副是活动的，使儿童能对照固定的音阶标准给自己定调。儿童的游戏多种多样，他们尽量保持安静，从教师那里得到极简单和低声的指导。还有一连串的拨浪鼓，里面有的装着沙子，有的装着石子或谷粒，游戏时要猜出摇动的是哪一种拨浪鼓。色觉的发展，同样通过专门设计的教具进行。这种教具由一些小纸板构成，纸板上卷着各种五颜六色、明暗不一的彩绸，它可以根据学生的年龄和能力不同而有多种的用途。年龄最小的儿童学习分辨两三种颜色，识别明暗的不同。对色彩已很熟悉的大一点的学生，在操作上已经获得足够的技巧，只要在一张纸板上看上一眼，然后就跑到房间的另一头，照着教师的要求，或者拿上一块同样色彩的纸牌，或者拿上一块色彩或淡或明的纸牌。

为了发展肌肉，学校里给儿童充足的时间，让他们跑步和游戏，还设计了各种自由体操的器械，当儿童在操纵这些感官训练的器械时，肌肉的适当协调就不断得到了锻炼。口头表达能力的训练，是让儿童练习读音和按音节发音。数目的基本概念，也教得和读书写字一样多。除了用砂纸和硬板纸做的数目字外，还有一系列的木棍，这些木棍从一米到十米长短不一，用这个来学习数目，可使儿童学习十以内的加法。

上面关于教学材料的描述是非常简单和概括的，而且省略了各种教具的许多用途以及关于一些不大使用的材料，但它可以用来说明儿童所做的工作的性质及目的了。学生们在处理那些对他们特别有吸引力的材料方面获得了明显的能力，连四五岁的小孩也能不费多少气力就学会了写字。蒙台梭利相信，许多通常要到六岁才开始学的概念，实际上儿童在较早的年龄就能乐于接受了；而且较早学习更容易掌握这些概念；照蒙台梭利的这套方法去做，即儿童到了能够做某种事情的时候，就允许他去做一整套的动作，这不但能得到比他所能获得的更圆满的结果，而且还能省去儿童后来的不少时间。

每一件材料的设计，都是通过完成一整套固定的动作来训练某一特定的感官。因此，假如把自由与随心所欲混为一谈，那么上面的这套方法就一定会显得非常严厉。自由就体现在儿童对待材料的使用上。在教室里允许儿童有多大的自由，这一点前面已论及，教师的作用就是要做到与这种自由相协调。教师要被训练得不去干预儿童的任何自发活动，并且决不强迫他去注意不能自然注意到的地方。如果儿童自动地考虑到某种用具，教师可以告诉他这种东西的适当用法；或者在偶尔的情况下，如果儿童对于某一事物似乎过于关注了些，教师可以试着将他的注意力引到别的工作上去，但是如果做不到这一点就决不勉强。事实上，要儿童去注意他的弱点及失败，或者在他的心理上引起任何消极的联想，对此教师是无能为力的。蒙台梭利说："假如他（儿童）犯了错误，教师必须不去纠正他，不过必须把她的告诫搁起来，在别的时间再处理。的确，为什么要去纠正他呢？如果儿童不能把物体与名称结合起来，那么唯一的方法就是把刺激感官的动作与物体的名称重复一遍；换句话说，即把告诫重复一遍。但是当儿童失败了，我们应当知道，这时他心里并没有产生我们所希望引起的那种联想，因此我们必须选择另一个时机。纠正儿童时，如果我们竟然说，'不对，你犯了个错误'，那么所有这类字眼由于是以一种非难、责备的形式出现，因此比别的东西对他的打击更来得厉害，从而长久地留在他的心里，阻碍了他对物体名称的学习。相反，在做错之后保持沉默，让儿童的意识清晰起来，下一步的教育就可以有效地沿着最初的步骤进行下去。"

教师作用的简易和被动性由于教学材料的性质而日益增加。儿童一经被教会了与教具有联系的事物的名称后，教师就不再教下去。对于学生来说，她不过是一个观察者，直到学生准备移向别的材料上去。这样做是行得通的。因为蒙台梭利已说过，她的材料具有"自我纠正"的性质。所谓具有自我纠正的性质，意思就是每一件物体安排得只能使儿童做一样事情，如果儿童做得不对，这用具就会停止工作。这样，一个无论做什么事的儿童，一旦做得不对，也就不必有人告诉他如何矫正。他面对着一个很明白的问题，这个问题只要通过他自己掌握这种材料就可以解决。在其中儿童是自己教育自己，因为他看到了自己的错误，改正了这些错误，并且得到了圆满的结局；部分的成功或部分的失败都是不可能的。

用最简单的一份材料，一块中间插有圆柱体的实心木块为例。这些圆柱体总共有十根，每一根都不一样，比如每一根的长度都相差约四分之一英寸。儿童从木块的孔眼中把这些圆柱体统统拔出来，把它们混在一起，然后他把它们放回木块上的适当位置。如果他把其中一根圆柱体放入一个太深的孔眼里，圆柱体就会陷下去而看不到了；假如孔眼太浅，圆柱体就会过于突出在外，然而假如每根圆柱体都放入适当孔眼，儿童就可以重新得到一块实心的木块。就用这同样的方法，所有的几何形状的插入物都可以作为自我纠正的用具。就连年龄最小的儿童也会知道他给木人用扣子、系带子做得对不对。又如用积木搭宝塔，如果儿童不是依底下大、上面小的次序把它们堆起来，就休想搭出一座塔。同样道理，如果他们不是把搭成楼梯的木块一根挨一根地排列起来，他们就搭不成一座楼梯。使用彩色卡片时，儿童需要有相当多的准备时间；但是他一经学会分辨八种颜色中间任何一种颜色的八种不同亮度之后，他就能易于把它们从暗到明地排列出来，假如他排得不对，卡片的位置放得不是地方，结果在他看来就会显得不和谐、不雅观。一旦儿童对一种颜色有了认识，他就能自己去分辨和排列另外七种颜色了。因为学生从来不是仅仅允许玩一种用具，所以这用具就会与他要把这一套动作做对的想法连在了一起，做错了一步，在他看来就是事情还没有做完，还需要重新尝试。蒙台梭利使她的材料具有自我纠正的性质，其教育目的在于引导儿童去注意他在使用的教具的各部分的差异；也就是说，要想争取达到预期的目标，儿童就必须对两种颜色、两种声音、两种尺寸等等进行比较区分。感官训练的智力价值，就在于进行这类的比较。在使用任何一种用具进行练习的时候，儿童的某个特定的官能或感觉由于集中在事物之间的**关系**上而变得敏锐了。感官发展的智力的性质来自感官的这种比较和区分能力的生长，而不是来自教儿童认识体积、声音、颜色等等，也不是来自简单地通过一定的没有错误的动作。蒙台梭利声称，她的作业与幼儿园的教具的不同，就在于具有这种智力的效果。

正如我们前面说过的那样，蒙台梭利方法与美国革新家们的观点的不同之处，不是对自由的价值有什么意见分歧，而在于对如何才算是最好地利用自由有不同的认识。从身体上讲，一个蒙台梭利班级的学生，要比大多数前面所述的美国教育家办的班级的学生更自由些；但是从智力上讲，他们就不那么自由了。他们可以完全自动地来往、工作和闲着、谈话和走动；得到事物的有关知识和掌握行动的技能就是要达到的目的。每个学生独立地用自我矫正的材料工作。然而不允许儿童有创造的自由。他可以自由地选择他将使用的器材，但是他却从不能选择他自己的目标，也不能把材料照他自己的计划去处理。因为这种材料限制在固定的几样物体上，必须以某种固定的方式来把握。大多数美国教育家认为，训练学生养成正确思维和判断的习惯，最好的方式就是向他提供这样的材料，这些材料能代表真实的问题；他们还认为，真正的衡量标准在与校外生活经验的联系中才能找到。儿童必须学习的主要事物是双重性的，因为他们对自己所处环境的适应包含了与人和与物的关系两个方面。适应并不仅仅指控制他们身体的能力，而且还指智力上的适应，指观察事物之间关系的能力，以及透过表面洞察不仅对于个人，而且对于社会的那些事物的意义的能力。美国教师说："确保儿童学会这种双重适应的最好途径，是向他们提供这样的工作，这些工作真正地代表了他们在校外必须应付的真实情景。"

在课堂外，儿童经常使各种材料纳入自己的需要，而且还要满足由于与他人生活所带来的种种需要。如果他要在对自己和别人两个方面都做得很有成效，那么重要的是，他要学会照事物本来的样子观察事物；他还要能准确地利用其感官去理解那些事物和人对于他作为社会的一个成员的意义。因此，在校内需要自由以对付和解决这些问题，几乎和在校外需要自由以应付和解决问题是一样的。另一方面，蒙台梭利认为，通过各种情景——这些情景不是典型的社会生活，而是为了锻炼某个专门的感官而已经安排好的，以便发展辨别和比较的能力——儿童能很好地学习生活的技能。

这种意见上的分歧，可以解析为所接受的人类智慧的性质的观点不同。蒙台梭利与过去的心理学家一样，相信人类具有各种预先形成的能力，这些能力可以根据各种一般的目的而加以训练和发展，而不管训练这些才能所要用到的动作，除了它们本身提供的训练外，究竟是否还有其他意义。儿童生来就具备了各种未经开发的能力，这些能力通过适当的用具就能得到发展，然后就可以供随意运用。美国的教育家多半赞成较新的心理学理论，认为技能的获得，单靠用上一些工具，或者在完成某种特定的目标的过程中制作某个物体是没有用的。让儿童区分抽象的特性，如长度、色彩之类，而不顾哪些东西具有这些特性，这样的练习可以给儿童极宝贵的从事某种专门练习的技巧，却不一定能使得他更为成功地把握这些特性，因为在实际生活情景中这样的练习是以各种基本生活要素的面貌出现的。更不用说这些练习能充分地培养比较和辨别的能力，以至它们可以迁移作任何用处。一个儿童并非生来就具有未经展开的能力，而是具有特别的行动的冲动，在保存和完善社会的和自然的环境下的生活——在这些环境下生活才继续下去——的过程中，这些冲动通过利用要被发展。

因此，在美国的进步学校里，如果有人说儿童在随意走动和选择工作时间方面常常没有多大的自由，那么这种说明并不是指对自由的价值信心不那么足，而是要强调，必须对在典型的生活情景中运用和试验感官并作出判断这些方面给予更大的自由。因为这些情景是社会性的，所以需要儿童在共同的事业中更加合作；因为它们是社会性的，所以允许并且常常需要得到教师的帮助，正如一个人在日常生活中要得到他人的帮助一样。别人的帮助，不必担心是一种对自由的侵犯，除非那种帮助约束了儿童，使他们不能运用自己的智慧来确定目标，不能灵活主动并富于创造性地选择和修改材料。限定材料去进行特定计划的某种孤立的感官训练——这种情景绝不能代表生活本身，这样的练习，在美国教师看来，比起共同活动时由于与他人合作的需要引起的那种限制，是对自由的更大限制。当别人去实现他们的目标时，儿童不仅应当学会不妨碍他们，而且应当学会能明智地与他们共事，这才是值得称道的态度。因此，材料的范围，不应当局限在单一感官的比较区别能力的训练上（不管这样做对于那些还不具备合作精神，并且主要是要学会运用自己的感官的年幼儿童来说可能有多大的价值）①，而是应该有足够的变化，以便能提供各种要在

---

① 意味深长的是，许多实验过这类教具的人认为，这类教具对于三四岁的年幼儿童价值最大。

日常生活情景中运用比较和区别能力的那类典型问题。而且当学生制造真实的事物以供实用时，或者当他们去寻找校外生活中的各种活动和材料时，就会需要一些儿童从事同一件工作，并且有始有终地把这件事情做好。

蒙台梭利认为，有一些天生的能力能够通过专门的练习来加以训练而用于一般的应用，这些专门练习是仅为训练目的而设计，而不是为实现其他目的设计的（训练只作为附带结果）。对此，如果美国的教育家并不赞同的话，那么，他们对蒙台梭利确保教室内的自由而作出的努力还是很欢迎的。蒙台梭利努力确保教室内的自由（这一自由促使教师能够认识到儿童真正的能力和兴趣），并因此确保了教育能够建基于一种科学的方法。他们赞赏她的观点的说服力，即人为的压抑状况，妨碍教师去真正认识他们所要处理的材料，因而造成教学仅仅是重现传统的过程。美国的教育家认识到，蒙台梭利坚持把用手触摸连带肌肉运动作为学习读和写的一个要素，这是对初等教育的方法的一个真正的贡献。在传播对任何真正的教育自由都不可少这一信仰方面，蒙台梭利已成为一个最重要的人物。

随着对智力上和道德上的自由的意义的广泛理解，随着消极和强迫训练的观念的破除，教师不能运用自己的力量去观察和实验的主要障碍将会消失。需要个人观察、反省和实验活动的科学兴趣，将增进教师对于儿童的幸福怀有同情的兴趣。学与做相结合的教育将会取代传授他人学问的被动的教育。后者再怎么好，也不过是适应封建社会的，在那种社会里大多数人必须永远温顺地服从长官的权威，在这样的基础上建立起来的教育，是与一个以创造和独立为原则以及每一个公民都应当投身于共同利益的事务之中的民主社会不协调的。与当代教育中自由的理想相一致的极有影响的呼声竟然从意大利发出，这正表明民主精神的广泛发展的重要性。

（吴志宏译）

第七章　学校与社会的关系

工作的性质从根本上说是社会性的，因为人们所从事的各种职业，都是为了满足人类的种种需要和目的。这些职业都在维持着构成我们所生活的世界的种种事物与其他事物之间的种种关系，甚至维持生存的各种活动，也要被适当安排在一个改变了人类的一切本能活动与思维的社会结构之中。与这一社会结构有关的一切事物，无不取决于人们成功地合作工作的能力。假如人们能够做到这一点，那么一个均衡、幸福和繁荣的社会就会出现。没有各种职业——这些职业是基本的社会生活即人类生活——文明就无从绵延下去。结果是必须有一种社会教育，因为每一个人都必须学会使自己适应他人和整个社会。这种教育当让它听其自然时，虽然是必要的，却杂乱无章。我们送儿童入学，想象中就是要他们系统地学习生活所必需的各种职业，但是绝大部分的学校在其教学方法和教科书中，却忽略了这一社会生活的基础。这些学校不是把具体的工作和工作中的人的方面放在中心，相反却强调抽象的东西，结果使工作成为经院式的——非社会化的。工作于是不再与所有从事种种职业的人群发生联系，而成为孤立、自私和个人主义的。这样的工作所依据的社会概念已不再符合现实情况，这种人人为己的社会早在一百年前就不存在了。通常的学校课程，忽视了今天的科学的民主的社会，忽视了这一社会的需要和理想，却培养儿童去为个人的生存而斗争，并通过一点智力的“修养”以满足个人的享受，使之变得柔和一些。

美国的学校在拓荒时代就创办了。当时比较少量的人散布在一个辽阔的国家里，为人们提供了无限的未经探究的机会。拓荒者依靠自己的能力抓住这些机会，努力向前，并利用自然界的原料。由于人丁稀少，物资无限丰富，社会无组织，没有传统或风俗习惯，因此拓荒者独自生活，自给自足，没有人一定要依靠他人的关系。国家的福利，全靠两种主义的传播：一种是进取，另一种是人人为己。新学校要反映这种观念，要设计它们的工作使这一道理被人理解，这完全是自然的。我们最早的移居者们都来自于那些有文化和有“学问”的传统的国家；很自然，他们希望在与大自然作斗争的过程中，学校能使移植过来的这些理想保持活力。文化陶冶在他们看来并不指儿童所有能力的和谐发展，而是指积贮历史资料，学些过去的知识和文学作品。学问也不是指了解周围的事物，或世界其他地方正在发生的东西，而是指回顾过去的成就，学会阅读死去的语言，语言越是死的，“学问”的名声越大。因此，学校课程主要致力于使学生的眼光转向过去，只有从过去，他们才能发现值得学习的东西，也只有从过去，他们才能发现发展美感和智慧的精华。读、写、算的知识和一点自然的“时髦”，是一个儿童所需要的全部的社会装备，这一切的准备就是他开始在这个世界上生活所需要的东西。儿童一经有了这些装备，学校就可以把注意力转到给予他们文化的素养。

不管这样的文化素养对个人来说是多么的有趣和有启发作用，很显然，公立学校的第一任务是教儿童在他发现自己所在的这个世界里生活，理解他在这个世界上分担的责任，使他在适应社会方面有个良好的开端。只有当他把这些事情做得很成功时，他才有时间或兴趣去从事纯属智力活动方面的修养。

公立学校创始于自由民主精神的觉醒。越来越多的人意识到，科学是如此迅速地改变了所有的社会和工业状况，因此，如果极少数人完全垄断了科学材料，就不可能有人人平等的机会。当这些大众学校被创办后，社会就很自然地求助于现有学校的课程和组织了。但是，旧学校并没有被引向为所有人提供平等机会的道路，而是恰恰为了相反的目的，把阶级的界限划分得更加鲜明，给予有闲阶级和有产阶级不是每个人都能得到的东西，以满足他们自矜高贵的欲望，并给他们提供消闲的方法。

人民大众世世代代生活在同样的地方，在同样的条件下从事着同样的职业。他们的世界那样狭窄，似乎没有什么材料可供学校教育之用，所能贡献的不过是基本的谋生之道。但是学校是为那些不用去为谋生操心的人，那些满心希望在社会上出人头地、附庸风雅和引人注目的人创办的，因此所使用的材料也是抽象的，有意与具体实用的东西保持距离。文化及教育的观念至今在很大程度上还完全以贵族和有闲阶级的利益及要求为基础。有了这种文化的观念，先驱者们自然要去抄袭那些合乎旧观念的学校课程了，即使他们的办学目的是要给所有人提供平等就业和参与社会的机会。公立学校成立之始，课程内容反映的就是当时即将过时的社会情形，也反映那些建筑在贵族利益之上的发展了的封建社会的教育理想。

科学在工业中的应用引起了社会的巨大变化，这些变化又导致爆发法国大革命和1848年的欧洲革命，影响了几乎一切文明制度的改造，绝大部分死亡了，更多的诞生了。普及教育的需要就是这种变化的结果之一，公立学校便是由于这种需要而产生的。由于这些公立学校的体制未能适应新情况，而只简单抄袭现有的学校，因此符合新社会的改造过程仍在进行着，并且仅仅正开始变成自觉的行动。一个民主的社会，依靠的是运用科学来求得它的一切的繁荣和福利，而不能指望非常成功地利用在一个仅仅使用人力来求得其产业和财富的贵族社会里为了统治团体而发展起来的教育制度。对学校日益增长的不满，正在兴起的贸易和工业教育方面的各种实验，就是对于墨守这种陈腐制度的抗议。它们是在建立新教育以使人人有真正平等机会的过程中迈出的第一步，因为这种新教育是以儿童生活的那个世界为基础的。

如果学校要成为现代社会的反映，旧式学校必须变革的有三件事：第一，教材；第二，教师处理教材的方法；第三，学生掌握教材的方法。教材将不改变名称。读、写、算和地理总是要学的，但是它们的内容要大大修改和扩充。首先，现代社会懂得，身体的爱护和成长，就像心灵的发展一样重要；不仅如此，由于后者要依赖于前者，因此学校要成为使儿童学会过身体健康的生活如同过精神的生活一样的场所。还有，现在我们需要知道怎样读和写，这样我们就可以从事最简单的日常活动，如不会搭错市内有轨电车，避开危险的地方，能与不能见到的人和事物保持联系。实际上，就是做与我们的职业有关的一切事情。但是学校仍然把教会读和写本身当作目的，当作学生为了他们自身的精神启迪而要掌握的单纯的奢侈品。同样的情况对地理学科也是适用的：学生学习地理疆界、人口和河流，似乎他们的目的就是为了积累也许不是每个人都了解的各种事实。但是在一个由于火车、轮船、报刊以及邮电而使整个世界成为近邻的社会里，没有一个地区能自给自足，因此真正地了解这些近邻的情况的愿望是很显然的。换句话说，由于机器带来的我们周围的事物和习惯的变化，我们的世界已经变得那样惊人地扩大和复杂，我们的眼界也那样开阔起来，我们的同情心得到了激发，没有表现出同样发展的一个学校的课程的成就只能是极有限的。课堂的教材必须考虑到各种新要素和社会的需要而加以扩充。由于实行了第二和第三件事的必要的变革，这样可以做到不加重学生负担。

由于机器的复杂和多种多样，以及由于科学的发现，已经知道的事实数量增长，因此即使掌握一门学科的作业，几乎也不可能。当我们考虑一下与本国地理教学有联系的一切事实，气候和地质状况、种族状况、工业和政治状况以及社会和科学状况等等，我们开始认识到要教列举的东西是无指望的。地理学几乎包括全部人类的知识和努力。课程中的所有科目在较小程度上也都是如此。任何一个学科我们所能处理的材料是如此之多，使我们仅仅把主要的部分区分出来似乎都是一时之计。因此教师们不能只让班里的学生阅读，然后背诵课本上的材料，而必须改变他们的方法。材料本身对每一个人来说浩如烟海，因此真正有用的东西不是它们的名称，而是理解它们并认识它们的相互关系及应用状况的能力。所以，教师的作用必须从一个向导和指挥者变为一个观察者和帮手。由于教师注意到每个学生而着眼于允许每个人最大限度地发展思维和推理能力，并且利用读、写、算的课作为训练儿童判断力和活动能力的工具，因此儿童的作用也必然发生改变。它变成了主动的而不是被动的，儿童成为询问者和实验者。

只有有极好的智力的人才能从听到的简单的事实中了解事物的一些关系并引出结论。大部分人在说明这些事物怎样运转和它们的意义是什么之前，都必须观察和接触到事物。因此教师要成为这样一个人，他考虑到学生得到适当的材料，并且让他们在实际的场合——那就是代表课堂外实际存在的各种关系和情况的场合——使用这些材料。这是另一种简单的说法，即在一个社会里，认为每个人能照料自己，认为每个人在不损害他人的限度下享有个人和行动的自由，每个人应当能指导自己，也就是他能成功地照料自己去行动，这是十分重要的。社会为了自身的目的，是不可能采用在儿童入学前就使他的判断力的敏捷性和准确性变得迟钝的方式训练儿童的。假如它这样做，它就会使得将成为社会负担的缺乏能力的人越来越多。独断的方法培养的是驯良服从的人，这种方法在现代社会中不仅是无效的，而且实际上阻碍了社会的最大潜力的开发。

所有追随卢梭的教育改革家都把教育看成是更新社会的最好手段。他们一直反对这样一种封建的和开拓时代流行的观念，即之所以要进行良好的教育，就是为了使你我的儿童能在社会上超群出众，为了使这些儿童得到另一种武器，用来使社会更好地为这些人的财富和愿望服务。教育革新家们相信，发展最完善的教育的真正原因，正是要防止上述情况，采用那些能使人的一切能力得到和谐发展的教学方法。这一点通过教育社会化，通过使学校成为真正的实际生活的一部分可以做到，不能让学校自行其是，杜绝一切外在的影响，使自己孤立起来。福禄培尔、裴斯泰洛齐及其追随者正是试图实施这种与社会相联系的教育，以期对每个人发展一种社会的精神。但是他们没有一种方法使他们的学校成为雏形的社会。大众教育的需要仍然那么小，以致社会不愿承认学校是构成整体的不可缺少的部分；儿童绝非小大人的思想还是那样新，以致处理儿童集体的成功方法还没有产生出来。使学校生气勃勃，社会的作用正如学校的作用一样重要。因为在一个社会里学校被看作孤立的机构，或被看作一种必需的惯例，所以尽管有最灵巧的教学方法，学校大体上将仍然保持原状。但是一个社会要求从它的学校中看到些东西，承认学校在全社会福利方面所起的作用就像警察和消防部门一样重要，并且善于利用年轻公民的精力及兴趣，而不是只控制他们直到他们准备成为正式公民为止——这样的社会就有了社会化的学校，不管采取什么方法，它都能使学校发展社会精神和兴趣。

近来有大量关于印第安纳州葛雷市的公立学校制度的报道，特别提到关于这个学校管理方面正在实施的一些新特点，要不然就强调那种制度给工业训练提供了机会。但是在这些新特点的背后，还隐藏着一个最主要的观念，这就是社会和集体的观念。沃特先生这位葛雷市学校系统的教育局局长，几乎从这个市镇刚建立时起就有机会为这个产钢铁的市镇办了一些学校，他很希望把这些学校办好。他从未参观过全国各地的最著名的学校，也没有派人去请最好的学校建筑师；相反，他一心一意待在家里，忘记了在别的地方已经或没有做的什么事情，他想为葛雷市创办最可行的学校。他试图解答的问题是：葛雷市的儿童需要些什么东西才能成为好市民和幸福与成功的人？怎样才能为了教育筹集款项，以提供所有这些需要？他的这些学校在工业训练方面的一些特点今后会被其他学校采纳，但是有充分理由附带说一下，葛雷市的这些学校并不是专门为钢铁公司培养好工人，也不是要替这些工厂省些培训工人的费用，而只是因为这些工作中确有教育的价值。同样，也不能错误地认为葛雷学校不过是在进行一种尝试，把没有前途的移民子女变为能够自给自足的移民，或是要满足实业界需进行某一类的训练的要求。

沃特先生觉得他当了一个美国城镇的学校系统的教育局局长，对来自各种各样背景的数千名儿童负有责任。他所面临的问题就是要这样去照料这些儿童若干年，即在他们结束学习之后，每个人都能够找到自己的工作并做得很成功，不管他是去看管一台机器或管理一个企业，也不管他是去操持家务，在办公室上班，或是去教书。他的问题不是要传授每个人具体工作可能需要的知识，而是要保持儿童童年的自然兴趣和热情，使每个学生能够驾驭自己的身心，并保证他能够为自己做其他事情。能成功地做一个人和一个美国公民，这是这个国家为其学生创办公立学校的目的所在；至于获得生计，也构成这个理想的一个部分，如果比较广泛的训练成功的话，当然也会随之而至的。在决定达到这个目的的最好方法时，有许多因素要考虑，如每个儿童个别的特点，将担任教学任务的教师，儿童生活的周围环境以及出钱维持学校的社区，等等。沃特先生的规划运用了这些因素中各个因素对整体计划所作出的贡献的价值。每一种因素都能起到积极的作用，缺少了其中一样其余因素便无法发挥作用，所以不论忽视了哪一样都会使结果受到损害。

对一个追求把学校经费用得最恰当，能给儿童和纳税人带来最大利益的教育批评家来说，一般公立学校组织中存在着一种惊人的浪费是显而易见的。整个学校建筑、场地以及各种设备器具，除了放暑假和星期六搁置不用外，平常每天也有一半时候空在那里。校舍是很费钱的，但完全不用的时候倒占去大部分时间。这种情形本身够铺张了，但是当我们来看看城里在公立学校念书的一般儿童每天在校外是如何打发时间，而他在校内受到的教育又是何等不完全时，我们开始真正认识到这种浪费是何等严重了。沃特先生决定让葛雷学校从早开到晚，以免儿童不得不花大部分的时间在拥挤不堪的街头巷尾游戏玩耍，因为这些地方带给任意闲逛的人往往是种种不利于健康和道德的危险习气。由于学校房屋一天之中仍有很多时间要关闭不用，并且一年空关了许多星期，因此沃特先生决定出资办校的人——纳税者——有权利在校舍空关的时间内为了公共目的而使用教室，这样葛雷学校就有了夜校、周六特别班以及夏季学期。这样做使得学校的维修费要比一年只开几个月时大得多，因此还要找一些更为经济的方法来管理学校设备。

儿童不可能整天静坐在课桌旁，就像现在大多数学校要他们每天坐上5小时那样，因此，如果要使儿童在每天8小时的上学时间内保持愉快和繁忙的状态，还必须给他们一些别的事情做。葛雷学校为了做到必要的节省开支，采用了一所校舍比平常一般学校多收一倍学生的方法。每一幢房子里都设两个学校，一个从上午8点到下午3点，另一个从上午9点到下午4点，每个学校轮流在通常的教室中上课，而不上课的另一半时间学生则去从事那些使葛雷学校得以出名的各种职业活动。用这种形式开支省下的钱就被用于装备学校的工场，聘请更多的教师开设正课以外的科目，并且支付特别增设的班级的费用。这样葛雷人交的税还是那样多，但他们办的学校除了给所在地区的成年人提供了在夜校上专门课程的机会以外，还利用了儿童的时间，大量添置了学习的设备。目前，葛雷的成年人利用学校设备学习的人数要比儿童人数多得多，当然成年人上学读书的时间要比儿童少。一所校舍办了两个学校，教室内的通常费用就省出一半，大量的钱就可以用于充实儿童一天8小时的健康保健活动，并且学校在晚间、节假日和周日向成年人开放。

每个校舍都设有健身房、游泳池和操场，还有一些体育导师，他们在每天8小时的活动中到场监护。体育训练和其他活动一样，成为日常学校工作的一部分，除了成为每个学生课程的一部分的体育训练外，每天还要开放操场2小时，让儿童自由活动。儿童不再到街头游玩，而是待在学校并利用提供的机会做各种游戏。大部分的体育训练都采取有指导的游戏和器械运动的形式。这里的实验表明，和在其他许多地方的实验一样，学生对于那种正规的团体训练没有真正感兴趣，他们被迫去进行这种操练，使得体操的好处大部分都丧失了。所以游泳池、网球场以及各种体育器械就大量地取代了这种正规的体操练习。体育辅导人员知道各个学生所需要的专门练习，这样使训练工作不会失去条理和效果。每个儿童除了符合他的需要的体格发展外，都有一个卫生而愉快的活动场地去游戏，再不用去校外消磨时间了。

人们期望葛雷学校的每个学生在学年中体质上有所获益，就像期望他在其他功课上保持成绩那样。每个儿童都经医生检查，对于体质不十分强壮难以从事课堂作业的学生，学校不是送他们回家什么也不做，直到比较强壮为止，而是给他们适合于他们体力的课程，他们的上课时间也减至最低限度，一天中大部分时间都在操场或体操房中度过，做着医生吩咐的使他们身体强壮的那些活动。学生身体的成长正像智力的成长是一样重要。通过对身体成长的关心，就像关心儿童在学业上的进步那样，学校经历了很长的道路，使自己变为一个小社会，这个社会对于正常的和自然的生活提供了每一个机会。

学校每天要开8小时，但是各年级的教师每天只上6小时的课，而体育指导人员整个时间都要值班。每所学校用4小时的时间进行通常的课堂作业或实验室活动，另有1小时在大礼堂听讲，还有1小时用于“应用性活动”或游戏。此外还有2小时，学生可以自由使用各种游戏设备。他们都用上了这些设备。由于学校轮换班次上课，因此教师的人数也不必增加，学生由于教师对他们所教的科目都受过专门训练而获益。每所学校的学生都被分成一个个的小组，所以班级的规模比大多数公立学校的要小些。早晨开始的2小时——从8：15到10：15——一个学校的学生使用教室、艺术活动室、校办工场和实验室，其中一组学生第一小时在教室里，第二小时在工场，而第二组学生则先从工场工作开始。另一个学校第一小时使用操场，参加与否不是强迫的，在第二小时，一组学生去大会堂，剩下的就在操场进行系统的体操训练，或有一个“应用性活动”的时间。然后在10：15，第一学校学生去大会堂和操场活动，第二学校学生则占用课堂和工场间2小时。一年级到五年级的学生每天有2小时在通常的课堂中正式上语言、历史、文学以及数学课。六年级到十二年级的学生每天有3小时用于这种正式的教学。所增加的1小时时间是从游戏和“应用性活动”时间中抽出来的。一年级至五年级的学生有1小时的科学实验活动，或在工场里进行作业训练，还有30分钟的音乐或文学欣赏，30分钟的体育训练。六到十二年级则有整整2小时时间在工场里从事工业训练、科学实验研究，或音乐和绘画活动。

用这种轮班和轮校上课的方法，那些是学科专家的教师在较小的班级里，能够照顾比通常在一个校舍里所能照顾的数量多一倍的儿童。因为除了产业教师外，还有法语、德语、历史、数学、文学、音乐、艺术、自然研究和科学教师。这样额外增加的效率，所需经费都是因采用两部制上课形式而从校舍上节省下来的。每一年级的教室至少有四组不同的班级在利用，所以每个儿童没有专门存放个人物品的课桌，但是有一个小柜放书，并在课时结束后更换他的教室。每一个教师都不对某一组学生负责，但是对她所教的科目负责，同样，学生要对他们自己负责。显然，这样的上课方案需要师生之间有一种真正的合作精神，同时也需要良好的校务管理。

沃特先生相信，许多公立学校之所以丧失很多像葛雷学校采用的那些做法的机会，原因之一就是缺乏上面说的那种合作精神和良好的校务管理。从企业的目的出发，成功地办好一所大型机构，这本身已是很难做的事。因此，沃特先生认为学校的校长和督导员一直处于极为不利的境地之中，因为人们期望他们既管理这个企业，同时又贯彻教育计划。沃特先生认为学校的校长或督导员应当是一个企业管理者，一个只负责本校或本市行政管理的官员。学校的教育方针、教学大纲和教学方法，应当由没有行政琐事的专家们去考虑。这些担任督导的教育家们不应该按地区而应该按学科来任命，而且他们的任务应当定时定点地进行，这样他们就可以与所担任指导的那些学科领域真正地保持接触，这样就不会出现有的学校只偏重于某一门学科的情况。这些督导员们应当在他们临时任职的学校里如同该校的教务主任一样，而且督导机关要为所有的学校安排好课程。葛雷地区因为学校太少，还不能完成这样的计划，但是目前的组织表明他们具有同样的开阔胸襟和愿望，即通过葛雷制度，获得所有教师——从新助教到督导长本人的通力合作和所有工作的价值。

训练方面、社会生活方面以及课程方面，凡是可能做到的，葛雷学校都在尽力而为。它们与教会和家庭合作，利用每一项经费来源，利用所有邻居及地方团体的影响力，以求达到最好的教育目的。在训练人方面，学校是一个小小的社会，一个民主的社会。学校工作如此安排得当，以至于儿童一个个都想去学校；这里没有必要让专门处理逃学事务的官员硬拖学生上学，也不必施展严酷的权威去恐吓儿童。儿童一进学校，就觉得如同在家里，对学校作业就像在自己家里具有同样的兴趣和责任感。每个儿童都知道其他儿童和班级正在做些什么，因为所有儿童经常在放置衣服、文具的房间里，或在每堂课后调换教室穿越走廊时遇到。

大礼堂和各班旁听制度，还有由学生维修和制造学校设备，都是造成流行于学生间的那种精神的有力的因素。每所学校都有一个由学生推选出来的学生会，专门注意学生团体的利益，维持学校的秩序。校医用学校印刷机印刷材料，与英语课和礼堂活动协作，开展健康卫生运动。儿童对于这些事情发生强烈的兴趣，而且那样努力去做，以至于未入学的儿童的传染病发病率，比那些在校儿童为高，虽然后者有较多患传染病的机会。学校当局不是简单地强迫实施卫生法，而是告诉儿童这些卫生法的内容是什么，为什么要制定它们，实施它们又如何能帮助防止传染病及其他各类疾病。在化学课和烹调课上，教师则教学生许多有关细菌和生理学方面的知识，使学生对传染病和污秽物体的含义有了了解。这样做的结果使学生自己采取了各种各样的防止疾病的措施，当班里一个同学病了，他们就会实施隔离措施，并且立即通知学校医生。

各所学校还用同样的方法发起了一场清洁牛奶运动。学生从家里带了牛奶样本到学校检验，如果发现牛奶不清洁，就观察他们的家长是如何处理牛奶的。扑灭苍蝇的活动从未停止过，并引起儿童真正的反应。在卫生健康方面，作为整个社会的一部分的学校，不仅尽到了它们的一份责任，而且还承担了更多的事情，如协助卫生局的工作，免除城市医生的偏见和恐惧心理，这种心理在我们的各个侨民社区中十分普遍，而且使控制疾病和照顾上学儿童健康的工作十分困难。一旦医生们得到了儿童的合作和理解，诊治儿童的扁桃体炎或眼科疾病也就不困难。儿童们懂得为什么需要做这些事情，即使他们的父母不去做的话；他们使得父母亲不但不干涉，反而会帮助他们做这些事情。

在外侨杂居的工业社会中，公立学校的另一难题就是如何使已到法定离校年龄的儿童继续留在学校里。葛雷的学校对待这个问题就像对待公共卫生问题一样，不是靠多立规章或试行强迫，而是寻求得到儿童自己的帮助，让学校对于个人有明显的用处，使得儿童想要留在学校。在葛雷没有“中学”（High Schools）！一个学生在一幢楼里上学，从他入幼儿园那天起，直到他准备上大学，或直到他进入商业界或工厂为止。在八年级结束时，并不举行毕业典礼，也不发给文凭。当一个学生开始读九年级时，他的课程与原来的教学计划有所不同，但是除此以外，没有做任何使儿童认为他已经学到他所需要的东西，从现在起将只学一些虚饰的、奢华的东西的事情。教师也不调换，相同的历史、语言和文学教师教导所有的年级；在工场里，学生则有机会自始至终学习某一样东西。学生们不希望最后四年的学习具有可怕的困难和无用的枯燥无味的东西，他们盼望这是他们的学校生活的继续，只是随着能力的增长，所学的东西一年比一年困难。特别是他们还把最后阶段看作获得训练的一个机会，他们能够看到它们的直接价值。说服学生留校的理由都是实际的，这些理由，儿童一看就会明白的。学校印刷所常常印一些简报，向学生和家长解释葛雷学校在普通教育和专门训练方面所能提供的机会。这些简报提供了关于各个不同领域工作机会的统计资料和信息；它们用图形向学生展示中学毕业生和那些年满14岁离校的学生——如他们离校后一年、两年或者十年的情形——的有关社会地位及工资待遇状况。企业界人士也来到学校，告诉学生毕业生与辍学生在企业中的不同机会，以及为什么他们希望雇用受教育程度较高的人工作。有关葛雷学生的统计资料被保存下来，给学生看。通常第八年级和中学之间有的一个断层并不存在，因此家长并不感到有必要带子女离开学校。他们感到已经作出了牺牲让孩子留在学校里，那就不妨让他们再在学校多待几年。如果儿童留在学校比离开学校更能了解一门职业，如果儿童对未来也有确切的计划而渴望在校继续学习，那么即使贫困的家长也不会不顾他们子女的利益。众所周知，大城市里14岁就离校的学生的比例占压倒的多数，所举的一般理由是家长们需要儿童经济上的帮助，然而辍学的真正原因是学生自己对学校的不关心。儿童对“为什么你要离开学校”这个问题的回答，几乎是千篇一律的“因为我不喜欢学校”。利用家境贫困的事实，就足以使他们一有机会就离开学校。给予儿童工作，这种工作儿童认为是有趣味、有价值的，而且是一个游戏的机会，那么他对学校的敌意很快就忘记了。

一般公立学校那种僵化的制度倾向于不是把学生留在校内，而是把他们推出门外。学校的课程不能适合学生的需要，并且也无能为力使课程适合学生需要，除非彻底改变整个学校组织。学生的一次不及格就使得他的全部学业受到挫折，他很快就会觉得自己的努力是微不足道的，因为学校这部机器以同样的速率运转着，不顾任何个别学生或学科。如果他感觉到工作是不起作用的，他的努力对于他正在工作的这部机器根本不起作用，那么，这种感觉的结果几乎可以确定就是漠不关心或厌恶。在葛雷学校，组织已经能适合各个儿童，而且是十分灵活的，以至最困难的学生也不会搅乱他的工作。儿童与学校相处得很融洽。我们在前面一节已经说过葛雷学校的两部制是如何工作的，使得一个学生用在任何一门学科上的时间可以有多有少，也可以干脆不学这门课。身体弱的学生可在操场上多花些时间，而算术或地理较差的儿童可以在两个学校的班级里同上这些课，或者甚至可以去低年级，同一所学校的几百名儿童能够对他们的教学计划作同样的变更，而不打乱学校日常的工作秩序。如果一个学生某一门学科学得特别好，他就能到高一年级的班上学习这门课。如有学生正在对学校失去兴趣，他的大多数功课掉在其他学生的后面，或者他开始谈论要离开学校，学校也不会因他对学校的兴趣减弱而惩罚他，让他掉队越来越远。他的教师会找出他擅长的课程，给他大量的时间钻研这门课程，让他在这门课程方面一路领先，这样他的学习兴趣就会被激发起来。假如他后来对学校的一般课程开始发生兴趣，那就最好。为了让他在所有的功课方面赶上队伍，学校给他提供一切便利。如果这种觉醒仍未出现，男孩和女孩仍然被留在校内，直到他们学会某一样东西，很可能是最合乎学生能力的东西为止，而不是让他们离校或完全失败，样样事情都阻止做，直到某种很强的能力也丧失，学生既没有得到训练，也没有道德成就的鼓励。

学校的教学计划每两个月组织一次，学生可以在这些时间里的任何时候改变他的整个计划，而不是不得不连续半年为太难或太易或没有适当分配的课业奋斗。为了管理上的方便，学校仍然保持分级制，但是学生不是按照年级数字编号分班，而是按快班、普通班和慢班三种类型来分。学校12年的功课，快班的学生在大约16岁时可学完，普通班的学生18岁可以学完，慢班的学生则学到20岁。这种分班并不说明所做工作的质量。慢班的学生也许比快班的学生学得更彻底。这种分班也不是用来区分学习者的能力，而是为了利用儿童的自然生长，让他的学业和生长相辅而行。快班的学生尽可能快地逐级升上去，而不是倒退回来，除非他的工作对他失去了刺激；慢班的学生在他对某门课作好准备前，就不勉强他去做。这种弹性学制是有效地起着作用，还是导致了一种松散草率的方法呢？我们只需参观一些学校，看看学生们勤奋学习，每个人负责自己整天的活动，就能确信，儿童们是快乐和兴致勃勃的；从教师和教育人员的角度来看，当我们查阅学校记录时，答案更为明确赞同。在葛雷，13岁的所有上学儿童中57%已经在读七年级或更高年级。比起大多数工业社区所能做到的来说，这是一个较好的迹象，并且它表明大多数的葛雷学校儿童，都在以与准备升入大学的一般学生相同的速度，完成他们的学业。更值得注意的是关于离开葛雷学校后进入高等学校或学院的学生数目。在葛雷学校存在的八年中，已离开葛雷学校的所有学生中的三分之一现在在上州立大学、工程学校或商学院。我们想到葛雷的人口大部分都是钢铁厂的工人，60%出生在国外，再比较一下一般美国第二代学校的发展史，就能认识到沃特先生一直在进行的一种制度是多么的成功！它能满足学生的需要，这种制度对于社会是这样的有吸引力，以至人们希望继续下去，并获得比仅仅需要日常必需品更多的教育。

常规课程的这些变革背后总是有一个社会的动机。沃特先生认为，如果学校的社会目的适当地予以强调，那么教学方面的问题将会自然解决。公立学校必须研究学生的需要和特点，研究当地社会的需要以及社会对于学校的福利所能作出的贡献的机会。我们已经说过，为了使课程更有趣味，同时对社会也有好处，葛雷学校的课程是怎样安排儿童的体育生活和社会保健卫生方面的内容的。学校的工作与其他社会利益及日常生活事务之间，也保持了这种密切的联系。儿童的社会本能在教学中得到了充分的利用。低年级学生与高年级学生之间，不是把他们互相隔开，而是尽力设法使他们待在一起。低年级学生也可以使用实验室和校办工场进行技术训练，但必须与中学生安排在一起，否则他们使用实验室和工场设备就未免过于浪费了。低年级学生不但在上科学或手工训练的入门课，而且当高年级的学生在工作时也一同进去，充当帮手或一名观众。四、五年级的学生在工场、工作室和实验室，协助七年级、八年级以及九年级的学生。

年龄大些的儿童从照看年龄较小的儿童中学到了责任心和合作精神，而年龄小些的儿童则通过等待、观看以及向年长学生寻问问题，从而对所学的功课有了惊人的了解。大小儿童都认识到学校中进行的工作，因而彼此结下了深厚的友谊，低年级学生的兴趣也因之日见增长，知道了为什么应该留在学校。年龄大的儿童的作业，凡是可以用的，在低年级的教学中都用上了。画得准确的地图及图表用来帮助学习较差的学生学习自然研究或地理课，印刷所为全校印刷了拼音表和解题单，医生在健康运动中请来会艺术和英语的工人制作标语和宣传手册。各个学校的礼堂都挂满了各种有关学校在进行中的工作的通告，并附有优美而有趣的图画或地图，还有关于各个工场正在生产什么东西的信息，或关于全校应该知道的各种情况。

另一个形成公共意见的重要因素就是在大礼堂里的活动，这个学校里的每个学生每天都要去那里花上一小时，有时一起唱歌，有时聆听一个高年级学生讲物理学上的一个有趣的实验，或由一个烹饪班的学生宣布一个价廉物美的食物单，或者听一位医生讲如何能改善家庭周围环境的卫生状况。礼堂活动时间，也可供一般社会公众使用。牧师，政治家，任何一位市民，只要做了任何有趣的事，都可以来讲给儿童听。学校用这方法邀请周围地区的所有社会机构来校。

一小时“应用”方面的课也有助于实现同样的目的。儿童为了他们班上的作业，跑到最近的公共图书馆里，阅读或查寻有关资料，或是仅仅为了学会利用图书馆的书；他们也去附近的青年会里借用那里的运动场，或听一个演讲；或者他们可以上任何教堂或俱乐部，在那里接受他们的父母所希望的那种宗教教育。学校成了当地社会交换社会信息的地方。应用课的时间，有时也被用来在工场或操场上的实地工作，以补充通常的课堂教学。因此一堂算术课可以上成应用数学课，如在操场上为一所房屋设计地基，或是在学校商店里待上一小时。这种商店通常有一个房间，布置得像杂货店，儿童在那里可以练习心算和口算，经营“商店”时也可以练习英语。应用课时间也可以用于为学校大楼做些事情。如一个学习速记、打字或簿记的高年级学生，可以上学校办公室做上一小时的实际工作，做某一个职员的助手。五年级的男生在这段时间去照看学校的贮藏室。他们负责看管学校的全部设备，所有外面送来的货物都由他们点收，然后分配给学校的每个教师和员工。在各工场中学生的工作成绩，由另一些学生在应用课时间内记录下来。有一个拿工资的簿记员管理着一间办公室，学生们手持印好的单子跑到那里，单子上由工场中的教师填明了学生的工作时间、工作效率以及所应得到的分数；正在办公室实习的学生职员则根据学生交来的单子把分数记在他们各自的记录簿上，然后把这些记录保存起来。学生也为学校开办了一个邮递所，笔者看到一个六年级的男孩正在分送教职员工的工资支票并通过学校把收据集中起来。从事这类工作的儿童不仅学到了算术和簿记，他们还学会了责任心和自信心。他们懂得了他们的学校具有什么意义，对学校的福利事业是清醒的；他们知道他们所在的学校是真正的学校，他们与学校的利益完全一致。

学校的午饭间是由膳食部门管理的。当埃默森学校(Emerson School)最初建立时，它配有规定的烹饪课桌、各人用的煤气灯、餐桌及菜柜。现在这些都改成了一种服务台，学生服务员在台旁供应他们做的饭菜——这是供给他们同学吃的真正的午饭，用餐的人把膳费交给一个管账的学生。年幼的女孩在年长的女孩学习烹饪的时候，从旁帮助服务，因而也学到一些烹饪功课。配制菜单，买办食物，登记账目，都由女生操作。她们需要垫付些钱及制作菜单，菜单必须达到化学科所规定的标准，化学科的学生则对食物进行分析，将食物营养成分的比较价值列成表。结果是蒸热食物的营养更足，烧得更好，价钱很便宜。每天的菜单都公布出来，上面有每样菜的价目及它的营养价值，餐室墙壁上悬挂着各种广告和图表，显示着各种食物的相对价值，还有价廉物美而营养丰富的食品和价高而粗劣的食品的菜单样本。这些都是烹饪科的学生制作的，是他们实际实验的结果。

葛雷学校不是根据课本教“公民”这门课的，学生们学习公民课，是通过帮助照看自己的校舍，制定在礼堂和操场必须遵守的行为准则，上公共图书馆，以及听在葛雷工作的人讲葛雷正在做的事等进行的。他们通过选举自己的学生会的模拟竞选运动、各种党派、初选活动、投票站以及选票来学习。用自己的双手制作家具和水泥走廊，并知道制作它们要花多少代价的学生们，不会轻易损坏走廊或家具。将来他们自己做了纳税人，对于他们制作东西的价值及其改进方法，也不致轻易受人愚弄了。卫生宣传运动，利用应用课时间与市里各个社会机构相接触，在学校礼堂听人讲更多的有关这个城市的事务，所有这些都是在上对学生有感染力的公民课。儿童目睹各类事务，他们以做一个好公民来学习公民的权利和义务。

这种实际的公民课具有双重的价值，大多数儿童的父母是外国来的，他们对自己生活的城市的市政机构或组织一无所知，而且由于他们不理解周围所见到的东西，因此也就不可能知道这些可能发生的事及其限度。家长们对各种法律一无所知，直到他们犯了法；对公共卫生一无所知，直到他们危害了公共卫生；对社会资源也一无所知，直到他们有所需求的时候。因此他们自然地对政府和社会权威表示怀疑，他们的子女应该具备一些实在的知识并在此基础上形成健全的判断力，这是非常重要的。除了给学生这方面的知识外，学校还试图把美国的生活准则传授给学生，再通过学生教给他们的家长。每个学生入学时，告诉学校当局的，除了通常的名字、年龄和住址外，还有有关其家庭的某些资料，如家庭的大小、家庭的收入来源以及他生活的这个家庭的特点等等。学校把这些东西都记下来，如果学生转学，就把记录转送到那所学校去。各个年级的教师每人在本学区挑出一些街区，并且为这块区域设计规划。儿童就教员所划定的地区画一张详细的地图，图上标着各个街道、人行道、路灯柱子以及邮箱，还为每一所房屋、谷仓、茅舍以及每一块空地标上了位置。如果街区的布置发生了变化，地图也就作相应的修改。每个儿童还要把家中各个房间的面积丈量清楚，画出一张自己房屋的平面图。教师把这些地图和她自己的区域图一同保存，这样她就能得到一幅每个儿童的住宅及其邻居住宅的全图。把这些地图与儿童入校时的家庭记录作个比较，就很容易辨别出某个家庭的生活条件是否合乎道德和卫生要求。

每个教师有一个小得足以彻底了解的区域，她要尽可能地熟悉住在这个区域的所有儿童。如果坏的情况是无知或贫困造成的，教师要设法做些什么事情来补救他们，并且务必使这一家庭知道怎样去改善自己的状况。如果情况很严重，就要通过这个街区的其他儿童去激起四邻的公共舆论。学校常常把礼堂活动的时间专门用于展览这些地图，说明街区和四邻的优点或劣点。儿童总是要把这些消息带回家中告诉家长。由于房屋租金和设备条件是可以自由讨论的，因此这些报告也常被采纳。家长被鼓励来学校询问各种信息，常常有些新到的家庭，从过分拥挤简陋的小屋搬进舒适的公寓，租金并不增加，这全由儿童传递校中消息，使他们知道不必出钱住条件这么差的屋子。由于学校这样去帮助他们，并把讨论这些问题视为正课的一部分，因此儿童及他们的父母理所当然会接受学校的意见。有关房屋的改进办法、卫生设备、面积大小以及舒适程度的消息，学校都让家长知道。如果某地居住条件不好，而邻近却有条件较好、租金又相同的房子，学校就通知他们。这样学校不但教给学生有关好公民和社会状况的理论，而且给儿童实际的事实和情况，从而使儿童能看到什么地方不对，知道如何去改进它们。

葛雷学校尽可能地利用当地社会作为教育设备的一个捐献者，这样做不仅得到了很大的回报，即培养了机敏而有智慧的公民，而且立即收到了社会的良好的回报。葛雷的条件原来并不理想，学校的经费也不比大小相等的其他城市多，聘请的教师在其他任何城镇都可以找到，学生大部分来自那些不能给子女提供训练的家庭，而家长们则都正在试图使自己适应完全新的环境。虽然如此，这些学校却做了很多事，它们表现出了良好的校务管理，节约地花费纳税人的钱以便给年轻一代尽可能好的设备，最有效地利用他们的时间。在校园和操场所体现出来的葛雷制的这些效果，聪明而愉快的学生，以及学生在校期间和毕业以后所取得的进步的统计资料，这一切之所以令人备受鼓舞，就因为取得这些成绩所依赖的各种条件是任何一所公立学校都能达到的。

（吴志宏译）

第八章 作为社会改良机构的学校

全国各地的学校现在都认识到，要使学校工作富有生气的最直接的方式就是与当地的利益和职业建立较为密切的联系。美国学校史上那段致力于建立统一的教材、方法和管理的时期，不得不忽视地方环境的所有特点，因为关注这些特点，就意味着脱离统一性。年代悠久而又相隔遥远的东西和具有抽象性质的东西，是最容易变为一样的并可集中起来像药物般地一包包发给儿童的。不幸的是，结果往往恰恰用同样的教育枪弹去瞄准射击所有的学生，其中没有一个人被真正击中要害。使学校的工作与学生的经验生动地联系起来的种种努力必须从改变学习材料开始，以适应地方生活的特殊需要和一定的特点。

学校与近邻环境的这种密切联系，不仅丰富学校的活动，增强学生的动力，而且还能增强给予社会的服务。没有学校能够为着教育的意图利用社会上的各种活动而反过来这种利用不会影响邻近的居民的。例如，学生学习公民课，如果纯粹从教科书的一般原理出发，那么课程的应用性和适用性就会大大削弱，但如果通过地方调查和改进地方设施来学习公民课，就无疑能影响地方生活。与此同时，社会也能感受到学校在地方上的效用。必须认识到，为福利提供的服务并不是遥远的、当学生长大成人后才出现的事，而是正常的、日常教育过程的一个部分。学校为民主的目的而存在、为公民利益而存在的说法，已成为一个明显的事实，而不是一个公式。一个社会意识到它的学校是公民活动中的一个强有力的因素，就会很快作出回报，给予支持和协助，或者扩大使用社会的设备（就像在葛雷发生的），或者在必要时给予人力、财力或物力的直接支持。

印第安纳波利斯市第26公立学校的主管校长现在正在尝试一项与我们平日所知完全不同的实验，努力使得他的地方变成一所真正的学校；也就是说，在这块地方，邻近的儿童都能成为健康、幸福并具有经济和社会能力的人，并且儿童和家长都能直接认识到教育与社会生活的联系。瓦伦丁（Valentine）先生的学校，位于城市中一个贫穷和有色人种众多的地区，学生也全是黑人。学校并不想去解决“种族问题”，也不打算从事一项仅仅适合于有色人种的实验。学校里从事的工作，在任何一个儿童家庭资源有限、居住环境低劣的地区，没有完全不可行的。一个参观者当他离开这所学校时，没有不希望这样的实验能在全国所有的大城市开始实施的。的确，在任何地区实施，只要那里的人民有必要被唤起去认识他们的需要，包括这样一个事实，即如果他们想为社会的最大利益作出贡献，他们就必须被教会如何谋生，如何在闲暇时间和工作时间为自己和邻居尽力。瓦伦丁先生的学校只有在一个意义上说是为黑人儿童办的，那就是学校里的工作结合了周围地区的条件来安排，对入学儿童的特殊需要作了调整。然而，这种实验若能成功，便是在解决种族问题和任何移民区面临的具体问题方面的确迈进了一步。瓦伦丁先生并没有兴趣对这些方面作理论上的说明，他感兴趣的是：弥补学生家庭生活中的种种缺陷，给他们提供各种能为较好的前途作准备的机会，提供大量的健康有益的活动和娱乐，以及务必使学校的工作为改善周围的环境迅速作出反应。

瓦伦丁先生的学校对于所在地区来说确实是一个社会改良机

构，但是它较通常的改良机构还有一个显著的优点，因为它对于生活在这块区域的所有儿童，每天有好几个小时的接触，而大多数的社会改良机构接触儿童每周不过零星的几个小时。该校比大部分改良机构有更大的影响，因为它是一个公共机构，利用这个机构的人都必须交纳费用；人们感到与它的关系是一种商业关系，没有什么慈善性质。由于这种近似于商业的关系，因此学校倒能真正地传授有关增进社会福利的学说。任何社会改良机构由于这个事实使工作受到阻碍，那就是利用这些机构的人觉得他们是接受无须付费的东西，而这些东西是财力比他们富裕的人为他们准备的。但是，社会需要各种专门课程和娱乐活动，通过本地区的公立学校给社会种种便利，就把工作放在不同的基础上了。学校确实成为地区人民的财产；他们感到他们对学校里做的事情多少该负些责任。在某种程度上学校举办的范围较广的活动，就是当地人民自己的活动，他们只不过为了自己的需要利用了学校的设备罢了。

瓦伦丁先生的学校所处的环境，是印第安纳波利斯最贫困的地方之一，曾经因无视法律、社会治安混乱而得了坏名声。多少年来，这个学校单独地奋斗，很少或根本得不到整个社会和各位家长的支持。旷课率很高，每年都有很多学生被送上少年法庭。儿童对他们的学习毫无兴趣，秩序极度混乱的现象时常发生。一次一个学生手持屠刀前来向教师报仇，原因是这位教师合理地处罚过这个学生。还有一次，必须逮捕一个学生的家长作为对四邻的一个教训。除了这种敌对和不愿入学的状况，学校还要和邪恶的环境作斗争，最后它不得不采取措施把校舍同邻近的房屋隔离开来。到后来学校董事会把校舍周围的一片土地和木头搭的房屋买了下来。起初有人建议把这些旧房拆掉，但后来人们说服了学校当局，把这些房屋交给学校自用。现在学校拥有一块面积很大的操场和三幢破旧不堪的房屋，学校董事会规定，这次添置的产业，除了其购买费和清理场地费外，不再向市里申请更多的经费。当时还决定将这些房屋用于社会和职业活动方面。其中一幢给学生和感兴趣的居民作为手工训练的基地。现在这幢房屋里有一个木工车间、一间缝纫室，以及一间用于上制鞋课的房间。每个年级一星期都要有固定的几小时从事手工劳动，课后还有机会参加其他职业班。这些活动的直接和实际的吸引力从来不会消失，活动的安排适应了学生个人的需要。

木工车间是全天开放的，其中有男生班，也有女生班。学生只要有空，就可以走进车间参加活动。所做的工作并不限于训练儿童如何使用各种工具，但是每个儿童都可以根据自己的需要和愿望制作某样东西，只要那东西对他真正有用。工具的作用过程和控制方式，是在学生做某项工作时教给他们的。这就是学校中从事的一切职业活动的秘诀。这并不是不顾那些对儿童今后有用的教学过程中的较为遥远的目的，而是所使用的材料都必须对儿童或学校有一些直接的价值。男孩子学习木工，就去制作学校所需要的东西——桌子、碗橱、书架等等，或者做些校舍维修工作。女孩子学习缝纫，就去替自己或兄弟姐妹裁剪衣服，或去替学校制作窗帘和亚麻织物。她们学习烹调，便去为学校和街邻做午餐热汤，或是为自己班级准备整餐食物。除了烹调和缝纫科目外，女孩子还有女帽班和针织品班。这两个班级从经商角度说是教给她们今后能赚钱的手艺。女帽班的学生起先替自己制作和装饰帽子，以便能熟悉这门行当的不同工序。接着，班级里技能最熟练的女孩子被允许去朋友和街邻那里接货，为他们缝制和装饰帽子。顾客除支付材料成本费外，还须付很小一笔手工费，这笔费用收归学校财库。女帽班的学生为左邻右舍做了不少东西，有些帽子做得非常出色。针织物品是当作一种职业教的，凡想赚钱的女生都有机会去学怎样做花边、桌子垫布以及各种各样的编织物品如头巾等等，以待出售。女生一边学做这些东西，一边做一些对自己和家人有用的东西。

男生的工作也是这样安排的。除了木工和修理工工作外，还有一个男生烹饪班、一个制鞋科和一个成衣铺。烹饪这门功课，在男生中竟比在女生中还要受欢迎。修鞋工场在放学以后才开班，男生在工场里学补自己的鞋。这门功课的教员就是一个补鞋匠，学生补鞋必须细致认真。起先学生补自己的旧鞋，待他们手艺有了长进，就可以把家中旧鞋带来修补，或是为女生和学校低年级学生修鞋，不过要一笔小额的工资。成衣科的管理，也是依据同样的计划，通过给学生工作，能导致整洁并给予一些手工技巧和工具管理，教导学生养成个人整洁和勤奋的习惯。一位成衣匠担任了这门课的教学工作，学生学习缝补自己的衣服，并且学习刷洗和熨衣服。参加学习完全是自愿的，上课通常在放学后进行。学生知道怎样保持自己的整洁，使得全班儿童的仪表及习惯有了极明显的改善，不仅对整个学校，而且对周围居民都有影响。对于教师想让儿童保持清洁整齐，儿童们也不再感到怨恨，因为他们已经认识到这些习惯的好处。

烹饪和家政课是在交给学校的一所还没有修理的木屋中进行的，虽然烹饪的设备都是由市里提供的。所有与这幢房屋有关的工作，如清扫、油漆、修理、装潢、布置等等，都由这所学校的学生承担和支付费用，并得到使用这幢房屋的邻近地区俱乐部的帮助。这幢房屋中包括一间大厨房、一间示范餐厅和起居室，还有两间卧室。女学生不仅实地学习烹调，而且学习如何服务及照看示范餐厅。家政课包括采购、比较食物的价格和质量、食物的化学构成及营养价值，以及大量的烹调。这种工作是同流动厨房结合起来做的。一群女生长期管理着厨房，直到她们真正学会这项工作。她们先配菜单，然后去采购、烹调和烧汤，卖给学校的学生和街邻，每碗三美分。她们把一切都记账，不仅赚回了成本，而且还可为学校获得点利润。一年下来，她们赚取的利润已足以装饰大部分的示范餐厅。这幢房屋的用处，除了教会学生彻底而又应付自如地从事家务外，还有一个目的，即想以此作为一个实例，告诉人们如何才能把当地的一幢普通木屋修饰得既舒适又吸引人，同时所费的钱决不比现在大多数居民装饰家庭所付出的多。这幢房屋布置得很简朴，所用物品都是价廉物美，房间的色彩也都朴素无华，容易保持清洁；油漆及裱糊的事都由学生来做。缝纫班的学生为这幢房屋制作了所有的窗帘及帷幕，并且为各种箱子制作了罩布，等等。除了上课用，这些房间还被学校女生用来充当社交中心。

第三幢房屋坐落在学校当局购买的一块场地上，现在这幢房屋成为男学生的俱乐部。屋子里有一间健身房、两间活动室和一间冲洗浴室。这幢房子最初拨给学校的时候破烂不堪，而且也没有钱和多余的木料进行修缮。但是男孩们还是想要一个俱乐部会所，而且并不因为它没有装饰一新而感到气馁。他们自己动手，就像在装修用于手工训练和家政活动的房子时做的那样。他们在指导手工训练的教师的带领下，除去墙上的旧报纸和碎石灰，拆掉凹凸不平的地板，取走夹板。然后他们重铺地板并刷上油漆，并且安装房门，修好窗子，配上家具和健身器材。碰到他们做不了的事，如用石灰粉刷墙壁、安装管子等，他们就到朋友中间去，请求出钱或帮助工作。住在学校附近的泥水匠和管道工都跑来付出他们的时间和劳动，帮助儿童把这房子整理好，另一些朋友则给予足够的钱完成这项工作。邻近地区的人还挖了一条贯穿校地的长长的沟，以安装排水系统。他们逐渐添置体育器材及简陋的淋浴设备，而房屋的打扫和保持清洁又给学生提供了从事有益活动的机会。

如前面所指出的，学校对附近地区家庭的影响是十分显著的。学校董事会在购买地皮时原打算拆除这三幢房子，但是瓦伦丁先生看到了这个机会，可以给社会做些人们所需要的事情，同时又在家长和学生中唤起一种协作和关心的精神，以取代以前那种怀疑和敌对的情绪。当时他说服了董事会，将这些房屋交给了学校。他告诉学生，这些房屋可以用来派什么用场，并要求学生们给予帮助。他立即得到了热烈的响应，因此就和儿童一起进入当地社会，告诉他们的家长他建议做什么并征求帮助。对于第一所房子即手工训练场也作为男生俱乐部，他同样也得到了热烈响应。除了该地区那些熟练工人献出他们的时间和材料外，地区还捐献了350美元现金，这对于像他们这样贫困的人来说，已不是一笔小款项了。在这些房屋中所做的工作和在改造儿童中进行的训练的价值，被这样一个事实所证实，即该地区和男孩们自己都非常想做这一工作，为完成它而付出钱款和劳动。尽管对学校和地区来说，作出这样大的贡献毫无疑问是一种奋斗，但正因为这些牺牲和奋斗，对学校和地区的好处也是巨大的。这项工作改变了学校与学生的关系。儿童们现在乐于上学了，而在这以前他们是在专门负责处理逃学事宜的官员的威胁下被迫上学的，并且他们现在在学校里的行为也好多了。家长们同样也改变了态度。他们不仅同意子女上学，而且还要求他们上学，因为他们知道，学校现在正教给儿童今后自力更生所必需的东西；同时他们也懂得，如果要把这事情做好，他们应该担负起自己的那份责任。学校在地方日益增加的公众和社会活动中，已成为培养社会精神的一个动力。旷课的学生一天天减少，学校纪律有了改进，送到少年法庭的案例按在校生的比例来算已减少一半。与此同时，这项工作的教育价值毫无疑问要比在没有联系的工场和厨房所做的工作的价值大得多。

这所学校还进行着一定的工作，以激发学生对社会和邻居的责任感。在学校周围尽可能多地给学生自由和责任感，是一个很重要的因素。高年级的每个学生都被要求照顾一个较低年级的小儿童。在操场上，他们要被照顾的学生有相当的机会游玩，行为要规范；他们还要使小的男孩女孩来校时清洁整齐，必要时自己为他们洗补衣服。这种工作对于革除恃强凌弱的恶习，唤起个人的自豪感和年长儿童的责任心，被证明是特别有成效的；年幼儿童现在比过去得到更好的照料，并且有很多机会向年龄较大、程度较优的学生学习。对于年长的学生，以多种方式鼓励他们去帮助推行各种校外活动。为了使夜班学生都能到校学习，他们分头访问，或是写信联系；他们还遵守校长办公室的命令，维持儿童俱乐部的秩序。所有教员都同意坦率地讨论地区的贫困问题的政策，鼓励学生赚钱，尽可能自给，以帮助家长。各个年级将它的成员赚的钱和它们是怎样赚得的都记录下来，那获利最多的年级便被认为在这一年内已经取得了一定的成绩。

学校里有一个储蓄银行，用以养成儿童勤俭节约的习惯；学生在这里可以存入任何数额的钱，哪怕是一分钱。学生存款之后，即收到一本储蓄簿，上面贴着印花，表明存款数额，存款然后转入当地的一家银行保存。学校里还有一个图书分馆，教学生怎样去利用书籍。学校的操场，有一部分被划作学校庭园，在这里每个高年级学生都有一块园地，受到能使他成功地种植一些普通的花果的教育。这项工作是很实用的；儿童们有了这种既有用又有观赏价值的花园，像在他们自己的后院一样。学校还在当地开展了一个家庭园艺活动，有学校园地的学生做了很多这方面的工作，告诉那些想有个花圃的人该种些什么，而且用他们的小块土地给他们实际的帮助，直到庭院建成为止。以上种种，教师都是试图从一群学生中培养出有雄心的、乐于负责的公民。在学校里，则教给学生比在他们家中流行的更高的生活标准，同时教给他们能至少使他们开始走向繁荣的种种手工业和制作法，然后也唤起他们对整个社会福利的责任感。

所有这些事情都是作为学校日常工作的一部分，并且大部分通常是在上课时间做的。但是还有许多其他活动，尽管它们不能那么直接地有助于儿童教育，对于整个社会的公共福利却是十分重要的。还有一所为想继续学习的附近地区的成人开设的夜校，教室和学校工场都允许他们使用。一群对校务工作特别热心的人组成了一个俱乐部，以促进夜校的利益，让当地人明白学校为他们提供了许多机会，使他们能在就业、知识及使用英语方面日趋完善。参加这个俱乐部的人，家都在学校附近，充分理解学校和社会的种种需要。因此他们辛勤工作，让整个地区知道学校为促进社会利益已做了很多事情，并且还能做些什么事情，如果人们向学校提出日益增多的要求的话。除了设法使夜校学生人数不致减少外，该俱乐部还为学校的一般利益尽了很多力，如帮助筹款改造校舍，送给学校一部价格昂贵的留声机。考虑到这个俱乐部的成员都住在这个地区，他们的子女在使用这所学校，他们本人也许也在上夜校，因而我们可以说，作为一个社会中心，这所学校是办得很成功的，人们也认识到需要这样一个中心。

学校还在暑假期间为邻近儿童开设了一个暑期班，暑期班有一些课堂练习，但更多时间用在操场上和工场里。学校还有个生气勃勃的校友会，利用学校做它的社交场所，借以联系已离校的学生。还有一个家长俱乐部已开始运转，以帮助取得学生家长对学校工作的配合，并作为一种了解邻近居民究竟有何需求的媒介。一年中，学校各年级还邀请家长出席茶话会，借以与家长保持密切接触。每个年级每年还要在上家政课的屋子专门请学生母亲出席一次茶话会。儿童把筹备茶话会当作家政课的一部分，所用请帖就在英文课上书写。教师们就利用茶话会的机会，考察学生的家庭状况，结识学生的母亲。教师知道了每个儿童家庭的情况，就能明了他的优缺点，更好地调整对儿童的工作。对于那些家境贫困、操劳过度的母亲来说，参加这些社会上的集会是一件真正重要的事情。

学校的学生通过他们的学校生活不仅得到了受教育的机会，也得到了社会性的机会。男生俱乐部的房子几乎每天晚上都对当地的男生俱乐部开放，这些俱乐部中有些是学校的组织，有些是独立的组织。还有供男孩开会和游玩的房间，一个设施完美的体育馆。教师轮流去照料这些晚间聚会。出席的人相对屋子大小来说是很多的。给男孩一块进行各种有益于健康的活动场所，这对于打破当地习以为常的街头结伙游荡的习惯，起到了很大的作用。学校的女生基于社交的目的用上家政课的屋子，有两个女子营火会的分会定期在那里开会，从教师那里得到帮助和指导。每一堂家政课目的不仅在于教女孩子怎样做家务，而且教她们学会过一种舒适和自重的生活，因此它成为她们的一个社交中心。女生们学做烹饪和供应价廉物美的食物，然后她们团团围坐，品尝她们烹调的东西。她们与教师或自己相互之间谈论各种个人问题，互相给予很多实际的帮助。家政课教师帮助那些有一定技术的女孩寻找课后做工的机会，让她们自食其力，对家庭有所帮助；学生离校后，教师还帮学生谋求固定的工作，然后与她们保持联系，鼓励她们不断使自己更好地适应工作。

这所学校在社会改良工作方面所取得的成就，充分地说明一个事实，即学校是一个天然的和合乎逻辑的社会中心，教师比起本地区从事其他工作的人来说，更有可能与儿童和家长保持密切和自然的联系。

把学校与社会改良机构结合起来，对于那些社会和经济生活状况落后，人们特别难以成功的地区来说，有很多的经济利益。同一批房屋用于两个目的，学校和社会改良机构的功能都扩大了。社会改良机构能够用上较好较大的工场及教室，学校也可以利用上社交场所并开展社交活动，使学校成为一个社会。学校与当地几乎所有的家庭都建立了联系，因而开展社会活动就容易得多。然而比起这些经济利益来说，还有一个更为重要的东西，那就是它的深远的影响，即作为社会改良机构的学校已成为一个民主的社会，真正地反映了社会的各种状况。

在利用学校从事各种活动的时候，无论是单纯地一天上八节课，或是提供给社会各种机会，就像葛雷学校和瓦伦丁先生的学校所做的那样，社会上的人都认为那就是他们纳税维持的那种公共设施，现在还用以谋取他们自己的利益。他们想要从地区学校不断增加的工场设备中，看到真正的、有形的结果，即涌现出更为繁荣昌盛的家庭，更为完备的公共条件。由于学校成了一个名副其实的公共机构，因此人们都能辨别学校是否真正满足了他们的需要，而且他们乐意去劳动并看到劳动的成果。学校这一社会改良机构获得了为明确的目的而活动和作为一个团体有效运用的好处。尽管瓦伦丁先生的工作由于缺乏资金而受到限制，以及所做的一些特殊的事情只适合于个别地方的居民，但是因学校与家长建立了联系而引起的周围地区的变化，还有因学生对学校态度的转变而产生的学生精神面貌的变化，却能表明当公立学校不再是一个与世隔绝的经院式的机构的时候，它对社会将会具有多么巨大的意义。

葛雷学校和瓦伦丁先生的学校为了从身体、精神和社会等方面满足社会上儿童的特别需要，已经实现了完全的改革。这两所学校都怀有一个远大的社会理想；寻求这样一个社会，在这个社会中，所有公民都将是富裕的、自主的，社会也不至于因为贫穷落后而不能培养出良好的公民。尽管要实现这个理想，首先必须改变社会条件，但是这些学校相信，它们所提供的这样一种教育，是帮助实现改革的一种天然的方法，也许就是最为可靠的方式。教育人从儿童的时候起就明晰地思考和自己管理自己，是反抗剥削的一种最好的保障。

现在有许许多多的学校都在做着一些同样的工作，将社会活动作为丰富课程内容的一种手段，并且使用校办工场作为附近社会的活动中心。芝加哥公立学校的各种公民俱乐部，这在前面已经叙述过，目标所指都是相同的：要给学生提供较好的社会生活的准备，以期由此改进社会本身。伊利诺伊州里弗赛德镇的“村舍学校”，其学生都来自美国的富有家庭，现在也成立了一个类似的对学生有益、对城镇也有实际用处的俱乐部。该校由学生组成一个公民同盟会，负责照看城市里的某一部分街道，学生不但亲自打扫街道，而且试图让城里的其他部分居民对这个事发生兴趣。建立在政治组织基础之上的模拟选举和“自我管理”，就是该校试图满足培养好公民的需要的教育上的实例。利用学校工场作为一种社会中心，就是承认社会有需改革之处，社会的责任就是去促进这种改革。

扩大利用学校工场的尝试，与其说是为了训练青年学生，使他们能担负起改良的责任，不如说因为邻近居民缺乏娱乐、交流和改进机会而给他们提供直接的良机。对于这样的事情，学校工场是一种天然而有利的场所。每一个地区都有权利期望和要求用公共经费维持起来的学校尽量广泛地为了公共目的而向社会提供服务。由于社会化的教育的尝试取得了如此的成功，并且又如此唤起了儿童的热情，所以这种尝试作为教育手段的价值已得到确认，因而让地方上的人们切实参与学校里的各种活动并使用学校的设备，就成为一种最为可靠的方式。通过这种方式就能培养地区公民一种更为明智的公共精神，并唤起他们对这块土地上的青年人的教育权利给予更大的关注。

（吴志宏译）

第九章　工业与教育再整顿

一切教育改革的主要努力是引起现有的学校机构和方法的重新调整，使它能适应一般社会的和智力的条件的变化。学校，如同人类其他的机构一样，获得一种惯性，倾向于继续从事那些曾经开过头的而不考虑当前需求的事情。现有教育上的许多问题和方法，都是在过去的社会条件下产生的。由于传统和习惯，它们能永久保存下来。我们的学习机构尤其是这样，即当以前工业的方法与今天的方法完全不同的时候，学校的占支配地位的理想和观念都是固定的。它们是在工业在生活中的地位远不如现在这么重要的情况下发展起来的，而现在实际上所有政治和社会事务都与经济问题有密切关系。它们是在科学与生产经营和商品分配之间还没有积极联系的时候建立起来的；而现在，制造业、铁路、电力运输，以及所有的日常生活机构，无不充分体现出科学的应用。经济上的变化，导致了人与人之间一种更为密切的相互依存关系并加强了相互服务的观念。这些政治上、智力上和道德上的变化，使得与工业教育有关的问题成为今天美国公共教育的最为重要的问题。

我们的单词“学校”（school）来源于希腊文，意思是闲暇（leisure），这个事实暗示着所发生的变化的性质。的确，无论何时，教育总是意味着免于必须去维持生活的压力。青年人在接受教育的时候，多少要得到别人的支持。他们必须从为物质生活而斗争的影响中解脱出来。反对使用童工与努力使公立学校设备推广到全国各地是联系在一起的。正规学校教育必须有大量的时间，学生也决不能在身体疲乏时来学习。不仅如此，教育中想象力、思考力和情感的运用，要求人的心智从折磨人的自谋生计问题中摆脱出来。如果想有一种真正文科或自由教育，就必须有一种闲暇的环境。

上面说的这些事情现在依然存在，就像以闲暇的观念命名学校的时代一样。但是过去把有闲阶级和劳动阶级之间的区分看作永久性的。教育，至少是初等以上的教育，就是专为前一个阶级设立的。它的教材和它的方法，也是为那些生活优越，因而不必去为生活而工作的人设计的。强加在用手劳动上的耻辱是特别强烈的。在贵族制和封建制的国家里，这种手工劳动是由奴隶和农奴干的，社会对这些阶级的鄙视心理，自然导致了对这些阶级所从事的活动的轻视心态。对这些人的训练，是一种奴隶那样的教育。然而，自由（liberal）教育是一种为自由人的教育，而一个自由人是上层阶级的一员，他不必为支持自己或他人而从事劳动。对所产生的有组织的劳动的对抗，发展到反对一切凡需要使用手的活动。一个“绅士”，除了体育活动或战争外，是决不使用他的双手或是训练它们变灵巧的。使用双手，就是为别人做有用的事，而向别人提供服务，就是一种社会和政治地位上的依赖性的象征。

看起来似乎很奇怪，然而当时有关知识和心智的观念，确实受了这种贵族社会制度的影响。一般说来，身体的运用尤其是手和感官的运用越少，就意味着这种智力活动的级别越高。能够产生真知识的真思想，完全是心的运用，无须躯体任何部位的运用。所以只有那些极少运用躯体活动的学科，才算属于自由教育的学科。按顺序排列，符合这些要求的第一等的学科就是哲学、神学、数学、逻辑学等等，它们都是纯粹心智方面的。接下来的学科是文学、语言、文法、修辞等等。即使是被我们称为艺术的那类东西，那时也都被贬入较下等的行列，因为在绘画、雕刻、建筑等方面的成功，需要有技术和手工方面的训练。只有音乐一门免遭非议，原因部分是引吭高歌不必经过手的训练，部分是由于音乐是用来祈祷的。另外，教育应当训练人们去欣赏艺术，而不应去创造艺术。

虽然产生上面这些观念和思想的政治和工业条件早就开始消退，但是这些观念和思想却在教育理论和实践中长期保留了下来。实际上，所有与文化以及文化教育有关的概念，都是在有闲阶级对于一切劳工阶级享有理所当然的巨大优越感的那个时候产生的。文雅、完善、审美情趣、古典文学知识、精通外语和专门科学——这些科学纯粹通过心智手段就能研究，而不必诉诸实用——都被看成是文化的标志，就像它们是闲暇和富贵的标志一样。一些需要学问的职业——神学、法律以及较低程度上还有医学——则被纳入高等教育范围内，因为这些向他人提供服务的职业，其手工劳动的程度远不如其他工种那么大。但是与自由教育相比，职业教育却被人轻视，原因就在于它的目的是为他人服务。在很长一段时间里，医学这门职业特别处在一种中间的和受人怀疑的地位上，正因为医学要求人对他人身体上的需要予以关注。

自然科学之所以被反对列入高等教育范围内，不仅是因为保守派害怕由此引起既定制度的变革，而且是因为这些科学学科注重的是官能的运用（指物质感官）、物质器械的运用以及操作这些器械所需要的手工技能的运用。甚至数学界人士也同自由学科的人士一道，认为自然科学不如几何、代数和微积分这类科目来得文雅，因为后者可以用一种更为纯粹的心智手段进行研究。就是在社会的变化进步迫使人们把越来越多的实用科目加入课程中的情况下，按照在文化修养方面的价值把各门学科分出等级的思想仍然固执不变。如银行业和商业这类行业，同管理家务、制造物品和农业种植等比较起来，用手做工、直接提供个人服务的地方要少得多，因此为前一类职业作准备的学科，至少要比为后一类职业作准备的学科显得斯文些。

最初打破这种秩序观念的行动，出现于初等教育。随着18世纪产生的民主思想的日益传播，在教育上也发展起一种思想，即认为教育不只是上层阶级的特权，而且是平民大众的需要和权利。在阅读卢梭和裴斯泰洛齐的著作时，一个美国学生——他对普及教育的民主思想已经习惯——可能不会注意到，他们关于一切人的教育发展是社会所必需的想法，远比他们极力主张的特别的方法更为革命。但是事实就是这样。甚至像约翰·洛克这样一位开明的自由主义者在写他的关于一个绅士的教育的教育论文时，也认为对劳动阶级的训练应该是一种根本上完全不同的形式。社会的一切成员的能力都能得到发展和社会有义务对自身及构成它的成员负责，从而使社会成员得到这种发展的思想，是当时出现的民主革命的第一个伟大的智力的象征。值得注意的是，卢梭生于瑞士，民主政治观念是他在法国著书立说时盛行起来的，而裴斯泰洛齐不仅生于瑞士，而且他的整个活动就是在那个共和国进行的。

尽管为大众设立的公立初等学校的发展，不可避免地要把强调学科的实用性作为教育的一个理由，然而公立学校的课程和方法的发展却深受残存的闲暇阶级教育观的影响。初等教育正因为是一种大众教育，因此被人们看作一种政治的和经济的不得已的让步，而不是被看作一种重要的教育事业。在实用性学科与那种专为少数人名副其实的文化目的而设的高等教育之间，划了一条严格的界限。读、写、算（3Rs）所以要教，就因为它们有实用性。它们对于使个人能够自立，能够“生活”更好，并且能够在变化了的商业条件下提供更有效的经济服务是必要的。人们还认为，大多数的学生一旦掌握了这些工具的实际用途，很快就会离开学校的。

现在很大一部分学生读到小学五年级，掌握了基本的读、写、算技能后就离开了学校。这一事实再好不过地表明，对广大学生来说，初等教育仍然被看作一种实际的社会需要，而不是被看作一种内在的教育措施。社会的有影响的成员对引进除读、写、算，也许还有地理和历史以外的其他任何科目所持的反对态度，把其他事情看作“装门面和赶时髦”的倾向，都是人们对待纯粹的初等教育的方式的证据。在文学、科学和艺术方面有一种较丰富和较广泛的修养，这在那些境况较好的人那里可以被允许，但是大众在教育上是不该有很多的发展的，差不多被训练成能使用使他们成为有效的工人所必需的工具就行。初等教育在变化了的生产和商品分配的情况下，从比我们通常所承认的更大程度上说，是一种古老的学徒制的代替物。而后者从根本的意义上说从不被看作具有教育性，前者也只是部分地被当作一种彻底的教育事业。

一种突出文学和“智力”教育的陈旧的观念，已部分渗透并占领了新的初等学校。对于那些有可能继续进入高等和文化教育的少数学生来说，读、写、算是学习的工具，获得知识的唯一真正必不可少的工具。它们全都与语言有关，也就是说，与事实和观念的符号有关，这一事实有助于理解流行的关于学问和知识的观点。知识是由他人已经发现的现成材料所构成，掌握语言就是接近这个知识仓库的方法。研究学问，不过是要从这一现成的仓库中拨些东西出来，而不是由自己去发现什么东西。教育革新家们可以不断去攻击注入式教学法或被动吸收的学习法，但只要这些有关知识性质的观念在流行，他们就很少取得什么进展。把心智活动与用于直接观察的感官活动，以及与用于建设和操作的手的活动截然分开，就使得学习材料变得空谈迂腐，不切实际，并且迫使学生被动吸收由教材和教师所传授的知识。

在美国，过去很长一段时间里，存在着两种学习的自然划分，一种是学校里的书本学习，另一种是更为直接和有生气的校外生活的学习。可以毫不夸张地说，我们的祖先在日常生活中获得了大量的心智训练和道德训练。他们从事征服一个新国家的活动。工业很受重视，但不是常规性质的，开拓者需要的条件是积极性、独创性和勇气。因为大部分人为自己而工作；或者，如果为他人的话，也希望不久就成为自己的事务的主人。虽然旧世界君主国家的公民对政府的行为没有责任，可是我们的祖先却投身于他们自己政府的运作实践。他们有兴趣参与管理他们熟知的民众和公共事务。生产那时还没有集中于人口拥挤的城市的工厂里，而是分散于农村各地。市场是地方性的而不是遥远的。制造仍基本上是手工加工的，利用着当地的水力资源；它不是由大机器进行的，对于这些大机器雇佣者的“手”成了机械的附属品。日常生活的各种职业利用了想象力和被迫要有的自然材料和过程的知识。

儿童随着他们长大不是从事就是密切接触着纺纱、织布、漂白、染色以及制作服装，或是伐木、皮革加工、锯木和做木工，还有就是金属加工和蜡烛制造。他们不仅看到了谷物的种植和收割，而且熟悉村里的磨坊和为家畜准备面粉和饲料。这些东西就在他们身边，各种过程也都是容易观察到的。他们知道各种东西的来源、制作方法和销路，他们通过亲身观察了解这些东西。他们从参与种种有益的活动中得到了训练。

尽管有过于繁重的工作，但也可以促进想象力和与个人的关于材料和过程的知识连在一起的独立判断能力的训练。在这样的情况下，学校除了致力于书本，教会自由使用书本的能力以外，几乎没有更好的办法，特别是在大部分地区，书本不但是一种稀有物和奢侈品，还是走出乡村环境接近更大世界的唯一手段。

然而条件变了，学校教材和方法却没有跟上变化的步伐。人口移向都市中心。生产成为一种大众的事业，在大工厂中进行，而不是一种家务事。蒸汽机和电力运输的发展，导致为遥远的市场，甚至为世界市场进行生产。工业不再是一种地方上的或周围地区的事了。由于严密分工形成的经济状况，生产被分割为多种多样的过程。即使是在一条特别的生产线上的工人，也很少有机会通晓整个生产过程，至于局外人，除了看到原材料或最终成品以外，实际上什么也看不到。机器运转靠的是工人，除非他受过专门的智力训练，否则无法认识复杂的事实和自然原理。机器工人与以前的手工工人不同，他只盲目地跟从别人的智慧，而不是他自己的材料、工具和过程的知识。随着开拓时代的条件的消逝，几乎每个人都期望的在某个时间能一手控制他自己的事业的日子也一去不返了。大多数人除了能被长期雇佣，为他人干活而取得报酬外，再也没有其他期望。一方面，财富的不平等现象增加了，使得童工的需求变成一种对严肃的大众教育的紧迫的威胁。另一方面，富有家庭的儿童则失去了曾经通过承担整个家务责任而得到的道德的和实际的训练。对于大多数人来说，尤其是在大城市里，几乎没什么可选择的，儿童不是去做繁重的苦工，就得堕落，到处闲逛。主管当局实施的调查表明，在人口高度集中的地区，游戏的机会是如此不充分，以至于大多数的儿童甚至不能把空闲的时间花在健康的娱乐活动上。

当然，这些叙述还没有开始包括现在的社会条件和我们的早期学校采用的设备条件之间的对比。不过，如果教育必须与现代社会生活保持一种生动的联系，以便给学生一种所需要的训练，使他们成为有效和自尊的社会成员，那么这些叙述正指出了教育必须估计到的一些明显的变化。但是，上面的概述甚至显得更不全面，如果它没有注意到随这些变化而出现的大量廉价的印刷品和发行印刷品的设备的大量增加的话。图书馆到处都有，书本又多又便宜，杂志和报纸也到处可以看到。这样，学校就不必再像过去那样忍受专门和书本及书本知识打交道了。尽管现在学校外部环境已经失去了很多原有的教育特色，但是它们却为阅读和鼓励阅读兴趣方面增加了大量的准备。学校不再有必要或需要如此专一地致力于这一方面的教学。不过与以前比更为必要的是，学校应该在学生中发展这种阅读兴趣，引导他们阅读在智力上有价值的材料。

虽然与过去相比，纯粹学会使用语言符号和养成阅读习惯已不那么重要，但是运用的能力和习惯的问题却比过去重要得多。所谓学会使用阅读材料，意思就是学校应该鼓励学生提出问题和产生兴趣，这些问题和兴趣能促使学生无论在校内或离开学校后都去寻找具有内在价值的历史、科学、传记和文学的教材，而不是把时间枉费在大量的拙劣作品上。然而，如果学校只关注语言的形式方面，而不去发展对于教材的深刻的和必不可少的兴趣，那么获得上面的这种结果就绝对不可能。那些试图纠正许多青年人通过大量的直接关注于语言学习和文学而在离开学校时已经养成的可悲的阅读习惯的教育理论家和学校行政人员，从事的是一项无益的劳动。扩大智力视野，唤起对当代条件下所出现的大量饶有兴趣的问题的关注，才是把时间有效使用在书本杂志上的最可靠的保证。如果把书本本身当作目的，那就只有少数的和高级的特殊阶级才能够专注于真正的有用的书本了。如果对社会事务有一种强烈的兴趣，所有有这种兴趣的人就将自然地去注意那些能促进那种兴趣的书了，就如同注意他们感到有必要的别的东西一样。

我们有理由说，整顿教育以适应现代条件这一普遍的问题，从工业的角度说是最重要的问题。可以把各种不同的细节概括为三条一般的道德原理。第一，从来没有像现在这么重要的是一个人应该能够自尊、自立、明智地工作——每个人都应该为自己和为那些有赖于自己的努力的人生活，而且对他所从事的工作有明智认识和做好他的工作的明智的兴趣。第二，从来没有像现在这样一个人的工作能对别人的利益产生这么广泛的影响。现代生产的条件和商品的交换已经使得全世界成为一体，而这一点以前大概是从未有的。现在一场战争可以使得几千公里之外的银行倒闭和商业萧条。这只是一种在文明世界的每个部分都相互依赖的粗略的和惊人的表现形式，这种相互依赖性的体现就是每一个农夫、制造商、工人和商人的默默而持久地从事的活动。因此，现在就要提出一个以前从未存在的要求，即学校教学的所有项目都应该在学校与维系人们的社会活动的网络的联系中反映出来和鉴别出来。当人类生活在彼此很少发生联系的小团体中的时候，以专门追求智力和理论为目标的教育所造成的损害还比较小。知识可以被隔离开来，因为人类也是隔绝的。但是今天信息的积累正像信息一样，离开了它的社会关系，不但无益，而且有害。离开了对或许可以被利用的社会用途的认识而获得种种技能模式，是完全应受谴责的。第三，工业方法和过程今天比以往任何时候都在更大程度上要依赖于自然科学和社会科学的事实和原理的知识。我们的铁路、轮船、电车、电报、电话、工厂和农场，甚至我们的普通家用物品，都依赖于复杂的数学、物理、化学和生物学见识而存在。它们依赖于对社会生活的事实和相互联系的理解而得到最充分的利用。除非把广大工人当作像他们使用的机械上的盲目的大小齿轮一般，否则他们就必须对他们所使用的材料和器械的前前后后的物质和社会的事实有所了解。

这样说来，问题似乎那么广泛和复杂，以致很难解决。不过我们必须记住，我们所要处理的是再整顿的问题，而不是什么创新。完成这个宜逐步进行的再整顿，要花很长的时间。现在最主要的事情就是要着手进行，并沿着正确的方向进行。总结以前已经进行的各种实验因而是十分重要的。而且我们必须记住，通过改革所带来的最必要的东西，不是积累更多的资料，而是要形成一定的态度和兴趣、观察事物和研究事物的方法。如果完成教育的再整顿指的是学生必须知道日常生活、职业所涉及的全部科学和社会资料，那么问题就绝对不可能解决。但是，在实际上完成这个改革指的是比现在情况下要较少一点仅仅关注大量的知识。

我们所希望的是让学生养成一种能把他们所获得的有限知识和生活的各种活动联系起来的习惯，并获得把有限的人类活动领域与这种活动要取得成功必须依赖的各种科学原理结合起来的能力。这样的态度和兴趣养成之后，就能使他们自己照料自己。如果我们把算术或地理本身与社会活动和应用脱离开来，那么教育的目标必须包括所涉及的整个领域。忘记了这样做就标志着学习上的一种缺陷。但是我们不这么做，作为教育者，我们关心的是学生应当认识到他们所学的数字或关于地球表面的知识是与沸腾的社会活动联系在一起的。问题不再是一种单纯的数量的事情，而是学习动机和目的的事情。问题不是要使学生了解数字的知识在社会上的所有用处，这是不可能做到的，而是以这样的方法教学生，即使他对于数学知识每前进一步，就把所学的东西与人类的需求和活动的某些情景联系起来，从而使他看到所学的东西究竟有什么关系，有什么用处。任何一个开始学习数字的儿童，早已有关于数字的经验。让他的数学教学与他早已参与的日常社会活动结合起来，这样就其本身而言，教学社会化的问题便解决了。

当然，由于这些社会经验具有工业方面性质的事实，上面这种情景的工业方面就起了作用。这并不是指他的数字学习将是极度的实用主义的，或者指所有的问题都要依据金钱的得失。相反，它指的是金钱的方面将要被降到它应有的位置，并且强调不仅金钱还有关于重量、形状、大小、长短以及数量的知识在从事生活活动时所占据的地位。整顿教育以适应现存的社会条件，不是要用金钱或面包和黄油代替知识的获取来作为一种教育目标。它的目的是造就走出学校后能够在各种活动中表现出聪明才干的男男女女们。不过，那聪明才干的一部分必然也还要用来应对现今人们生活中像黄油和面包之类实际占据的位置。那些不承认这个事实的人，无论有意识地或无意识地，仍然充满着贵族社会的智力偏见。但是最根本的问题不是要训练各个人从事某种特别的职业，而是要使他们对于必须进入的职业产生生动的和真诚的兴趣，如果他们不愿成为社会寄生虫的话，并且还要使他们知道关于那种职业社会的和科学的态度。目的不是要训练养家糊口的人。但是既然男女通常都从事养家糊口的职业，他们就必须机智地处理家务、照看儿童、管理农场和商店，以及在一个工业是首位的要素的民主社会中的政治品格。

这样，教育再整顿的问题必须行进在传统的书本式教育和狭隘的、所谓实际的教育这两个极端之间。仅仅以传统的教材和方法是文雅的和具有文化价值的为理由，叫嚷要维持这些东西是比较容易的。强烈要求为那些在现存经济制度下认为要成为挑水夫和砍柴匠的人增加狭隘的职业训练，而把现在的书本式教育完全交给那些不必在家庭、农场或商店从事体力劳动的幸运的人，也是比较容易的。但是既然真正的问题是要对所有的教育进行改造，以适应随工业革命而起的科学、社会和政治生活条件的变化，那么已经在进行的具有这种广阔的目的的各种实验，就应被看作特别值得同情的和值得明智考察的。

（吴志宏译）

第十章　工 业 教 育

我们的一些城市正在进行的给予它们的儿童那种将使他们能明智地参与所有的生活活动，其中也包括谋生方面的重要活动的训练的实验，提供了正在从事的工业教育的最好和最出色的实例。我们为了描述而选的几个城市是葛雷、芝加哥和辛辛那提。这本书并不涉及那些专为使学生掌握一门特殊领域的知识而设计的课程和学校，也就是说，不涉及那些训练人从事某种工业或职业的学校或课程。的确，迄今为止，在这个国家进行的大多数工业教育的试验，都是以附近地区各种大工业技术所提供的材料为基础的，结果训练了学生去适合一门或更多门的特定职业。但是，任何这种试验是由于对教育和社会福利具有真诚的兴趣所引起的，那么就不成为这个工作的目的。教师们的兴趣，并不集中在任何一门工业的利益上，而是集中在该地区青年的利益上。如果一个地区的物质繁荣几乎完全由于某一种或两种工业，那么很显然，该地居民的福利与这些工业是密切地相连的。因此，训练儿童最明智地使用他们自己的能力和环境的教育目的，通过用这些工业来作为这种严格的功利的训练部分的教材是容易达到的。普通公立学校教育的问题，不是为某种职业训练一些工人，而是为了提供这项工作的动机和意义来利用整个的环境。

在葛雷，这项工作比其他任何地方都做得更完善。教育局局长沃特坚决相信肌肉和感官训练对于儿童的价值；他不是为了这个教育目的安排各种矫揉造作的练习，而是让儿童去做其父母所做的同一类的事情，要求他们得到肌肉的熟练和在日常生活活动中的良好协作精神。葛雷的每一个儿童，无论男孩和女孩，都能亲眼看到学校里设备齐全的工场，而且一到年长，他就能承担他的一份管理和保持校舍清洁整齐的实际工作。所有的学校，除一所规模较小并不设中学部的学校外，都设有一间午餐室，供女孩子学习烹调。还设有一间缝纫室，她们可以在那里做衣服；此外还有印刷所、木工场、电工场、机械工场、模型室、铁工场和模塑工场。男生在那里可以了解他们日常所见的大部分东西是怎样做成的，女生如愿意学习，也可一同参加研究。校中还设有绘画部，一间金属加工间，以及簿记和速记方面的课程。科学实验室则帮助学生理解他生活的世界中的原理和演化过程。

装备和管理这些工场所需要的钱和场地，由于实行了“两个学校制度”，这在前面已经描述过，而可以从通常规模的学校预算中节省下来，并且通常一所学校为了维修和包工所要支付的所有费用也可节省下来，用于这些工场和支付前来教授学生的技术工人的工资。校舍比起那些到暑假才能做所有工作的地方要保持着更良好的维修状态，因为一有任何需要修理的事情，在这个工场做这一类事情的学生就能照着教师的指导进行修理工作。这类工场，绝不能被视为一种不必要的奢侈品，因为专门从事某一类工作的中学生和上职业课的夜校和暑期学校的人也要使用它们。学校管理部门对于这项计划的成功说：“当你已经提供一个工场，在那里儿童可以在工作、学习和游戏中过着一天八小时的圆满的生活的时候，那么最简单的能够想象得到的事情就是允许儿童在工场里，在受到很好训练的成年男女的指导和帮助下，担负起维护和保持学校工场的责任。这样就为每一个儿童提供了一所工商学校，但又没有给纳税人增添额外的负担。”

最低三个年级学生每天花一小时在手工训练和绘画上，采用的都是简单的手工形式，并且不在工场里进行，而是在一间有专门设备并配有一名受过训练的教师的房间里进行。学生画画、涂色、捏泥人、缝补衣服和做极简单的木工活。五个较高年级要在手工训练和绘画上花加倍的时间。幼小儿童是作为帮手和旁观者进入工场的，正如他们进入科学实验室时一样，他们也几乎像年长的儿童一样把握了理论并理解了过程。美术和形式较简单的手工的确能够训练学生从独立地处理一个问题中产生控制和技巧，因此学生们一直做着。由于幼儿对于创新的热爱非常强烈，所以他们继续做着，直到学生大到足以选择进入哪一个工场去做教师的徒弟为止。因为六年级儿童的年龄和身体状态足以开始做修理和保持校舍方面的实际工作，所以在这个年级他们不再是旁观者和帮手，而成为真正的工人。在学校办公室和植物实验室教师的指导下，学生们还做着分发学校用品、保存学籍记录和照料操场的工作，这些工作就和绘画或修理电灯一样构成了工场工作的一个科目。学校供热和供电室对于学生来说也是一个实验室，在那里他们以极其实际的方法学习供热和照明的原理，因为他们做了很多与保持这个车间有联系的工作。

工场和学校科学课程仅仅占去一年的三分之一时间，并且还有五周的短暂的见习课。学生在教师的建议下选择他们将去哪一个工场上课；如果五周下来他们觉得不中意可以另作选择。一年中他们必须改选两次。用这样的方法工作就不会失去其教育特性和变为一种单纯的用少年工厂的人来为学校做修理工作的手段。在一学年中学习三个工场的课程，其结果给予学生的仅仅是关于任何一种工作的粗浅的理论和过程的知识。但是应当就是这样，因为学生上这些课不是要成为木工、电工或服装师，而是弄明白世界上的工作是怎样做的。从一个工作换到另一个工作，他们就能学到他们这个年龄所能理解的工业原理，同时也保证了一种全面的肌肉和感官训练。把正在生长的儿童长时间地限制在同一种肌肉活动上，对于身心两方面都是有害的；要不断生长，他就必须从事那些能锻炼他的全身，提出新的问题，不断教给他新的东西的工作，这样就发展了他的思维和判断力。任何一种体力劳动，一旦成为完全熟悉和自动的东西，就不再具有教育的价值。

在葛雷学校，从东欧农业地区新迁来的移民的子女，也和受过教育的美国人的儿童一样，有机会为一种职业作准备，即真正学会用他自己的能力去适应他所生活的环境。从他一进入公立学校系统开始，无论是托儿所、幼儿园或一年级，他都相处在有兴趣告诉他按照事物原来的样子看事物，并且教他怎样做事情的人中间。在托儿所，他有教会他控制自己身体的玩具玩；并且由于受到良好的照看，他无意识地学会了一些卫生和合理生活的原理。在幼儿园，这些作业训练他的在生长中的身体去从事有用的和精确的活动，并使动作协调进行。在最初三个年级里，注重教他阅读、写字，并为来自书本的理论知识获得一个良好的基础。他的身体的生长在操场上得到照顾，在那里他每天要花两小时，用一种自然的方式做着发展他的整个身体的事情，并进行给他机会满足他游戏欲望的各种游戏。与此同时，他在更为专门的职业训练方面迈出了最初的步子，这些训练处理的是生活中像面包和黄油这样实际的事情。他要学习以类似于原始的人使用的方法去掌握那些文明基础的材料，因为这种方法适合于他所能达到的技能和理解的程度。在一架小小的手工织机上，他织一块粗布；他用黏土做各种盘子或其他熟悉的物品；用芦苇或棕榈编篮子；用铅笔或颜料为享受使事物变美好的乐趣而画图画；用针线自己缝补书包或围裙。所有这些活动都教他制造我们赖以生存的必需品的初步。缝衣织布让他知道我们的衣服是怎样做的；所有这一切工作所具有的艺术倾向，通过制作模型和绘画，教他知道除了提供一种必要的自我表现的方法外，生活中即使最简单的东西也能够做得很美。

在四年级，学生就停止制作单独的东西，这些东西的价值完全体现在制作过程之中，而且这些东西的价值唯一体现在它对儿童的兴趣上。不过，他们仍然有时间，训练他们所拥有的任何艺术才能，并通过他们的音乐和美术课发展他们的审美天性。但是他们的手工工作的其余方面就进一步地倾向于职业部分了。手工占去的时间现在全都花在某一类职业或工业的精密和有用的工作上。现在这些学生对于游戏的兴趣已渐渐减少，所以他们花在游戏上的时间较少，更多时间花在制作物品上。女生到服装科，从必须制作自己的东西的工人的观点来学习缝纫。由于这时她还太年轻，不可能长时间地执行一件艰难的工作，所以最初两年她是充当一名旁观者和帮手，旁听七、八、九年级学生的理论课，并帮助他们工作。一个女孩可以选择缝纫作为她的第一门课程，但是在三个月之后，她必须改换一些别的部门，再用三个月或许帮助学校烧午饭和学习有关健康食物和食物化学的知识；假如她喜欢画画，或许她可以把她所有时间几乎都用于工场工作以发展她那方面的才能。

用同样的方法，男孩也选择他将去三个月的工场。在木工场里，他的年龄将确实使他能自己做一些校舍所需要的简单东西。如果他选择锻造或浇铸工场，他将有机会帮着做马蹄铁供教育部门使用，或者帮助年长儿童制造学校课桌上的铁架。用这样的方法他明白了有关铁在我们最普通的许多东西中使用的方法的知识。在五、六年级，几乎所有的男生都想去仓库间学习至少一门课程。他们与看门的人一起去学校贮藏室，手里拿着账本，把从工场中来的和外面来的东西一一开包验收。然后，由于这些物品是整个校舍需要的，他们就带着办公室来的要求，把物品分配出去，并且在账本上作了适当的记录。在做这些事的时候，他们学到了实际的簿记知识，承担了稳妥管理学校供应部门的责任。由于他们不但学习管理和分配物品的方法，而且学习所有材料的价格，因此他们对于一座城市如何花费各项税金，以及一般商店里做生意的方法等，都有了清楚的了解。无论男生女生，都可以学习初步的簿记和行政管理课程。他们到所谓的学校银行去实习，并且记下全校学生工场工作的成绩。

学生必须在学校工场中做满若干小时的圆满工作，方才能够毕业。为了适合每个学生的需要，课程的学分数并不仅仅根据学生是否参加三个月的课程而定，而是由工场的教师根据每个学生完成一件工作需要多少时间，然后订出每个学生的学分数。工作的进度是标准化了的，因此对所有人来说都确保有比较平等的训练，对于领会较慢的工人，仅仅依据完成多少工作来定学分，而不考虑花去多少时间，对于掌握较快的工人，他所做的工作都计入学分，即使他超过了平均速度。做满了固定数量的“标准时间”工作，就算学生“一个学分”，每得一个学分，学生就拿到一个学分证书。当他拿到八个学分证书之后，就算完成了葛雷学校关于职业训练方面所规定的工作。所有有关记录学分成绩的工作，都是由学生在一个年龄较大的学生的指导下进行的。

从七年级起，学生就成了所有工场中的负有责任的工人。一个学生知道他读完八年级后就必须离开学校，他就可以开始专门在某一个部门的工场间里工作。假如他希望成为一个印刷工，他可以全年在学校的印刷所里工作；如果他被办公室行政工作所吸引，他可以把工作的时间统统移到簿记学上面去。女生开始学习料理餐室，做着所有关于采购物品、计划菜单和登记账目等事情。缝纫的工艺越来越复杂。女学生学画图样和图案，还可以上制作女帽的课程。学生从事的办公室工作现在扩大到包括速记、打字和经商方法。艺术工作也扩大到图案设计和金属加工工作。在职业部门小学各年级的工作与中学之间没有不衔接的地方，除了随学生年龄增长他自然地倾向于专门研究一种作为他的终身事业的工作以外。职业部门的功课与学术部门的功课地位是完全相等的，学校采取十分明智的态度，认为一个打算成为一名木工或油漆工的学生，其修学年限必须和一个想进大学的学生完全一样。结果学生升入高等学校的百分比是很高的。

在大城市劳动者的子女中间一种通常的观点是，只有那些将来打算做教师的人需要在14岁以后继续求学，离开学校后要进工厂或商店的人则没有任何差别。但是葛雷的儿童从他第一天入学起，就看见许多学生在中学的最后一年仍在学习怎样做正在做的工作，这些工作也许就是他希望最终要从事的工作。他知道所有这些学生都有胜过自己的极大的有利条件，他们将得到较多的工资和比较高级的工作去做，并且能做得更好。通过在校办工厂里的理论知识课，他对于自己选择的职业的范围和前途有了大概的了解，更有意义的是，他知道这一工作还有那么多的东西需要学习。他熟悉这一职业的工人的统计情况，知道不同的技术程度所能得到的工资收入和这个工作必须学习的多得多的东西。所有这种关于他的职业的知识和看法，比较起来，葛雷的学生离开学校的那么少，而且不得已而离开学校的学生中又有那么多的人回到夜校或周末课程，这是不足为奇的。

在一所葛雷的学校就学的学生读完四年中学以后就知道他从事的工作的目的，无论他是否打算升入大学。如果他想从事办公室工作，他甚至有可能在他得到语法等级文凭以前，就根据那一目的组成他的课程。但是他不走任何捷径，仅仅去获得办公室工作的初步的能力。他做所有必要的给予他最宽广的可能的视野的工作。他的研究当然包括打字课和速记课、簿记和记账、档案整理等等，但是它们也同样包括英语、语法和拼写方面的充分练习，从而使他能把工作做得更好。它们还包括历史、地理和科学作业，从而使他找到工作的乐趣，并具有将丰富他整个生活的普通知识的背景。准备上大学的学生学习他入学考试所必要的功课，此外还做大量的手工工作，这些工作大部分中学的学生在想象中是没有时间去做的。让一个从事脑力劳动的人知道怎样做工厂工人做的事情，它的价值就跟让后者知道他在做的机器模型是怎样描绘的，工厂中动力供应的原理是什么是一样的。在葛雷，工作在所有这些意义上说是职业性质的。在学生离开学校以前，他都有机会学习较多种类职业中的任何一种职业的专门过程。但是从他入学第一天起，他就在从事教给他的社会环境利用物质世界的动机和原理的工作，这样就使得他从事的无论什么工作都真正成为一门职业，一门终身的职业，而不仅仅是一种只是为了工资才去做的日常工作。

学生的训练价值由于所做的一切工作都具有生产的价值这个事实而大大地增加了。所有的工场都是为葛雷学校制造设备的场所，商业学校在学校办公室里找到一个实验室。女生在缝纫间学做她们所需要的衣服，或在烹饪间替自己或别人准备午餐。科学实验利用工场里的工作解释理论问题。化学课是食品的化学，植物学和动物学课包括照料学校场地和动物。绘画包括服装设计、房屋装潢和金工车间的图样绘制。算术课做与木工课有关的问题，英语课把重点放在学生认为他们在印刷工场工作必须知道的那些事情上，通常是文章的段落、词的拼法及标点。这种协作的结果使得书本学习比他们把所有时间都用在书本上要好些。实际的世界对大多数人来说是真正的世界；而观念的世界只有当它与行动的世界清楚地联系在一起的时候，才能令人深感兴趣。因为所做的工作是一种切实的工作，所以不断有机会执行学校关于满足每个学生需要的政策。按照在职业和学术两个方面能力的快、慢和中等程度进行分班，这在前面已叙述过。它能使学生作好准备去做他的工作，不会被同班同学推到前面或后面去；学得慢的人可以跟学得快的人学到一样多的东西，后者也不会因为没有足够的东西可做而发展懒散的习惯。但是如果一个学生由于某种原因不能适应任何一种通常的分班教学计划，他也不会被迫得出结论，认为学校里没有给他保留适当的位置。一个体力不宜于坐在桌子旁学习的学生到学校来，把所有时间用于户外活动，并在一个教师的帮助下使身体强健起来。

同样，两个学校的制度能使算术差的儿童赶上来而不失去他在其他学科上的位置。他只要在两个年级里上算术课就行了。在工场里，接受力差的学生只要用较长时间做一件事，但是由于他的进度不必与全班一致，因此没有什么关系。如果学生认为他厌恶学校，或是过于笨拙不能继续学习，他也不会受到威胁和惩罚。他的教师当然地认为，对他的课程安排有些错误，帮助他修改计划。

告诉那个急于尽可能快地离校而无任何理由的学生，他可以回来，并且可以把他的所有时间用于他所喜欢的事情上。这样经常能促成学生回来，因为在他所喜欢的工场或艺术室工作了几个月之后，他发现他需要更多的书本知识才能留在那里，所以他要求回到他的年级中去。对于一大批外国来的学生，也更为有效地进行安排。新来者集中学习英语、阅读和写作，直到他能够进入与他年龄相当的年级为止。那种希望工作前只用很少一段时间上学的学生，则可以放入那些能给予他最需要的东西的班级，而不考虑他的年龄和年级。对于那种与学校校舍有关，不是在工场或部门的负责人指导下就能完成的工作，也不是请外面的雇工来帮忙，而是交给对那一类工作有兴趣并准备离开学校的学生。这样的学生担任这种工作只是几个月的时间，等到他在工作中没有更多东西可学了，或是在校外谋得了较好的工作，就离开学校。这些学生助手所得的报酬要比如果他们进办公室工作少一些，但是这种计划常常有助于使一个学生处在学校的影响之下并进行学习，否则这时他就会为了赚钱，也许恰恰在他即将结束他的技术训练之前，不得不离开学校。

葛雷很幸运地能够开始这样一项全面的教育制度，并以一种几乎完美的形式将它贯彻到它的所有学校中去，因为这个城镇可以说是一下子建立起来，从荒漠的沙丘上迅速发展为繁荣的城镇的。但是别的许多城市也愈来愈强烈地认识到使学校的课程与学生的生活密切联系起来的必要性，设法给儿童提供一种能使他们像成年人一样在这个世界上有适当位置的普通训练和人生观。最近芝加哥的公立学校在一些学校建筑物里采用了职业训练方面的课程，而技术中学除了专业训练的内容外，还开设了各种职业的课程。当然，像在葛雷所有的这种精心制作的设备，在一个中学和各年级不能共同使用工场的建筑物里是行不通的。市里已有二十多所普通学校不仅设立了科学实验室，而且设立了木工场、烹饪间和缝纫间。每个学校都有一个学生学习如何从事市政园艺工作的校园。儿童的时间有四分之一甚至二分之一用于手工训练，而不像市里其他学校只有八分之一时间练习手工，至于在其他方面，正常的课程照样在上。这些学校的许多在课程改革前就在那里教书的教师深深感到，现在学生由于手工提供了动机，不仅所得书本知识与过去实际上全部时间用于读书的所得一样多，而且事实上比过去学得更好。

各个学校设立的课程并不一致，不过大多数的学校为男生设立了包括机械制图、模型制作、金工、木工以及印刷在内的各种课程，为女生开设了缝纫、织布、烹调、制帽、洗衣、普通家政学等课程。男女生都学的课程有图案设计、陶器制造、书刊装订和园艺。不同的学校为了满足所在地区的需要或是由于校舍的、设备的缘故，课程略有不同；但是在一所学校里所有的学生学习同样的内容，这样当一个学生学完八年级从这些学校中的一所学校毕业后，他就学到了良好的初学者应具备的两至三门职业的原理和过程的知识。这种专业的工作还得到正常的音乐、美术课的补充，再加上缝纫、织布和制作陶器的初步训练，就构成了较低年级的课业。这种训练的目的，是要使儿童通过理解供给人日常需要的各种职业的基本要素，认清他自己社会的生活脉络；而不是通过教他某种精巧的技艺，让他局限于所在地区的某些工业上。

在这种工作中，研究科学原理的实验室起了最重要的作用。在实验室里，儿童逐渐明白了现代工业的基础，因而懂得了把他的环境作为一个整体来看待。儿童如果没有这样一种综合的理解力，任何一种职业训练都不可能真正取得成功，因为只有当他认识到了不同类型的工作所处的地位以及它们之间的相互关系，他才能真正选择出他所要从事的职业。给学生学习初步的物理、化学和生物方面的课程，他们就能明白这些课程与他们在工场里做的工作有些什么关系。植物学是同园艺结合起来教的，女生上的化学，是以食物化学成分的形式进行的。有一所学校开设了电学实验课，学生把他们在学习的那些定律应用到工业上去：他们学习电流时，就学如何发电报；在研究磁体现象时，就学如何制作发电机；等等。所有的学生都要上一门科学概论课，这样他们就可以在事物的工作方式的概念方面打下真实的基础。毫无疑问，即使在这种初步试验方式中，职业学校已经证明自己的一种明显的成功，使学生的书本工作比以前做得更好。把书本学习与日常生活事物结合起来，能对书本学习增添意义和热情，与此同时提供一种智力上和肌肉上的训练，使他们对于今后要像成年人那样谋生时所需的那类事物有控制能力。

芝加哥有五所中等技术学校，其中四所为男生而建，一所为女生而建。在所有这些学校和另外三所学校中，设立了被称为“职业预备”（prevocational）的课程。有些学生已达到法定的离校年龄，但他们的学业是那样落后以致不该让他们离校，而同时这种落后又使他们不愿待在学校里。职业预备课程就是为这些学生设计的。这些课程再次证明，对于城市儿童来说，针对日常生活的实际事物开展培训具有极重要的价值。进入这些班级学习的男女学生，决不是因为能力欠缺；他们只是因为这种或那种原因不能进入本应进入的通常的学校年级的儿童，经常的理由是体质差，或是因为儿童不得不从一所学校转到另一所学校，或者仅仅因为通常的课程那样缺少吸引力，以致他们不能坚持学习。职业预备班包括了六年级、七年级和八年级，并且给予更大部分的时间通过发展手的技巧来训练儿童。然而书本学习并没有被忽视，学生要求达到他们在普通学校应该达到的同样标准，虽然它们不包括那样多的领域。课程比起职业中学更富变化，因为中学的设备可以被利用。不仅如此，学生的志气被如此激发起来以至于他们中的大多数人加学另外的东西，或转学通常的中等技术学校的课程，虽然他们原来比较落后，他们做得却跟通常的学生一样好。通常他们中间本来是没有一个人能进入一所中学的。

女子中等技术学校与职业中学学习的东西一样，不过学得更为透彻，这样毕业生对于将要从事的某种工业的工作有更充分的准备。在烹饪方面，包括在学校厨房中从事的工作，在市场购买、种植菜园以及一般料理家务的训练。在正式的职业班里，要学习大量的烹饪、家政学和饭店管理。在缝纫方面，女生学做自己的衣服，但是她们学得十分正规，就像在一个设备很好的服装店里工作一样；还有一门为想学的女生开设的机器操作的课。更高级的课程讲授一个工场管理员需要的图案制作和设计的原理。但是最重要的区别在于把重点放在传统的女子职业的艺术方面。学习服装设计时，学生要学绘画，颜色选配也用同样方法学习；如何使家庭布置得赏心悦目成为家政科的一个重要课题。美术科装潢了模型室。任何一个工作的设计和配色，无论是一件要被绣上花的装饰品，一件衣服，一个陶器，或是织布，在女生拿进工场间前，都由她本人先在美术科里仔细制作。这些女孩子并非仅仅学习如何更为有效地做这些单调的家务活，她们在学如何把单调的工作提高为一种职业。

男子中等技术学校的职业课程继续学生在通常的学术科目的学习，并且让他们在装备极为完善的工场里工作。工作有印刷、木工、锻造、金工、机械制图。机械工场得到了美术科的大力帮助。学生并不是专门钻研一种工作，而是要获得普通的训练。初级中学中所有职业科目的目的是要使学生对周围从事的所有各项工作有一个看法，因而对于他们今后或许要从事的任何一项工作有所准备。工作在很大程度上与在葛雷的一样，是陶冶性的。这些课程在把学生带回学校，在使其他人能赶上他们的年级，在使另外的人继续留在学校方面取得的成功，强烈地说明了一个事实：对于绝大多数学生来说，至少从事某种能把他们的学校课程与日常生活的活动结合起来的工作是必要的。

中等技术学校为那些负担不起在学校四年的学生开设了两年制课程。这些课程是为给予男孩一定的职业训练而设计的，同时它们具有足够的广泛性，可以看作中学头两年的课程，如果这个男孩能够继续学习下去的话。在莱恩（Lane）学校开设的两年制课程有模型制造、机械实习、木工、电工、印刷和机械制图，所有这些课程都包括英语、工场算术、图画和生理学。学习四年制课程的学生，根据自己的愿望，选学三门课程中的一门。技术课程是为上大学的学生准备的，建筑课程是为在某一建筑部门工作的学生准备的，普通职业课程是为立即要投入工业部门的学生准备的。在最初两年学习期间，学生把时间用于普通科目的学习上；在最后两年，学生就把他大部分时间用于从事与他要选择的职业直接相关的事情上。两年制课程给那些本来只好待在学校读四年的学生提供了一条捷径，因此学校里总的上学率并没减少。相反，这种课程把另一类学生吸引回学校，这些学生原来希望直接去工作，但是当有机会把那两年时间专门用于所选职业开展培训时，他们就乐意作出牺牲，在学校里再待两年。所有这些中等技术学校确实表明：男孩和女孩，当他们看到这些课程会引向何方时，都喜欢进学校，都喜欢学习。让少年做他们愿意做的工作，是一种比通过负责逃学的官员或法规来使他们留在学校更为有效的方法。

在莱恩学校，各个部门的工作密切地联系着，因此学生知道他所做的事情与其他任何一样工作之间的关系。对一群学生会提出一个问题，例如制造一个汽油机或真空吸尘器，在不同的教室里制定出解决问题的不同方法。例如，对于真空吸尘器来说，由于每个学生在某种意义上成为发明家，要制定出除了这个机器的观念外的每一样东西，因此学生在有能力试图制造这种机器以前，必须具有一定程度的物理学和电学的知识。当他们熟悉了调节吸尘器的原理后，他们画出草图，草图经机械车间讨论和修改，直到这草图有指望得到实际效果为止。在机械制图课上，整个部分和各个部分都精确地画出来，然后再在模型车间制造出模型。学生们自己制作模子和铸件，等到各个部分都做好后他们就在电机车间把吸尘器制造出来。汽油机的制造也采用同样的方法。由于选择让学生做的所有工作既有教育的价值，又有实用的价值，因此所有与生产有关的工作，从在实验室或课堂上进行的理论设计，到拧紧最后一颗螺栓，都由学生自己来做。理论与实际结合不仅使理论具体化和易于理解，而且避免了手工劳动的单调和狭隘性。当一个学生圆满地解决了那样一个问题时，他就增添了知识和力量。他试验了他所学到的知识，根据用这些知识在制造世界上有用的东西来了解它们意味着什么；他以一种发展他自己的独立思考能力的方法做了一件有益的事情。

辛辛那提市的学校董事会从多少有点不同的观点出发，尝试给这个城市的学校的儿童提供一种较好的教育，使他们对于未来有一种较完善的准备。辛辛那提四分之三的学校的儿童，和其他许多城市一样，当他们到14岁时就离开了学校；他们中大多数人没有超过五年级的程度。他们所以这样做，是因为他们感到必须参加工作以帮助家庭。自然，一个14岁的五年级学生，只适合从事最容易最呆板的工作，所以他得到的报酬也极低。一旦进入工厂或商店从事这类惯常的事务，对一个工人来说就很少有机会得到发展，或是成为企业主或独立门户。他的学校教育仅仅给他初步的读、写、算三方面知识，对于自己所从事的工作的理论或实际知识，通常是一无所知。他很快就发现自己处在一个再也学不到什么东西的境地。在这种情形之下，只有极少数特别的人能够坚持学习，坚持前进到一种能够独立或能够担负责任的地步。一个经济上陷于从事最廉价工作的人是不会在他作为公民的生活中表现出多大的精力和智慧的。辛辛那提的学校在引进手工和工业训练方面进行的实验，就是要通过使学校的工作做到这样的程度，即学生期望留在学校，只要这有任何一点可能；如果不可能，就给他机会一边工作一边继续受教育，从而纠正上述弊病。

俄亥俄州的法律要求儿童留在学校直到他们年满16岁，除非他们必须去工作，在这种时候他们会得到一张允许他们为所找到的第一个职业的雇主工作的证明。每换一次工作，必须另换证明。因此学生一定要等到找到工作才可离开学校，如果由于某种原因他停止了工作，学校与他保持接触，并设法使他重返学校。市里还开办了继续学校（Continuation School）①，大多数14—16岁离开学校的学生，每星期必须到学校上几小时的课，接受一些他们所从事的工作的理论训练。从事出纳工作的女孩子学些她用得着的商业英语、算术一类的课，也可学些推销术，围绕自己的专门职业接受一些一般知识的训练。为16岁以上的工人开办了

① 即青年工人接受继续教育的非全日制学校。这个名词于1910—1930年在美国被普遍使用，以后逐渐废弃了。——译者注

自愿的业余补习班，通过这种补习班任何工厂或商店都能够利用公立学校的设备给其工人更多的专业理论知识，从而提高这些工人的工作效率。

这些继续班级对于那种无力重返学校的工人无疑具有极大的价值，但是它们不能使他把握现代的问题和状况，因而他不能明智地选择他最适合去做的工作。它们在某个特别的职业方面给人一些改进，但是这种职业也许是偶然选择的。它们的作用，是要弥补儿童因为小小年纪不得不去赚钱谋生而受到的一些学业损失。辛辛那提现正在进行一项全面的合作计划的试验，这项试验较少是一种临时的措施，而更多是对教育的显著贡献，迄今为止，它已被证明是那样的成功，具有极大的启发价值。比起任何一项别的职业教育计划来说，这项试验更多地利用了当地最重要的工业的教育价值。市里的工厂车间成了学生的实习车间。试验第一年，许多大工厂就表示愿意跟市里合作。这种合作计划是如此有成效，使得更多的工厂都渴望能用这种方式来造就他们的新工人。在某种意义上，这可以说是又回到了以前手工作业时代盛行的古老的学徒制方法；因为学生通过进市里的工厂做工赚钱，在这过程中和利用车间的条件得到了手工技能和必要的实际练习。

如果将这一计划进一步发展，则不仅仅只有工厂和商店这两种社会机构能为城市学童提供实验基地。市立学院将开始实施一个方案，使学习家政学的学生在市医院中实习护理、烹调、家务管理或簿记等工作，而学习工程和建筑的学生则到机器工场和设计部门进行实习。市政府各个部门，也尽量被用作学生的实习场所；如果市政府不能为学生的某些工作提供实习机会，就将学生送到符合教育董事会制定的条件标准的事务所、商店或工厂去实习。这项计划至今只对市里各中学选学技术课程的男女学生试验过。这些学生结束了中学前两年的功课，其程度与任何条件较好的中等技术学校的程度相当，然后就开始隔周一次地去工场工作。学生选定一种自己愿意专修的工作，然后就去一家与学校有合作关系的工厂或车间谋得一个职位。他和任何一个初学者一样，支领工资，做规定的工作，接受工厂监工的指挥，并对监工负责。他一星期根据职业条件进行工作，满足实习单位的各项要求，然后接着一星期就回到学校学习，他在工厂里的位置，就由另一位选学同样课程的学生担任，在学校里的一个星期，就全部学习理论。学生继续学习英语、历史、数学、绘画和自然科学，为了丰富他的职业经验，还要对自己从事的职业作细致的研究，研究它的整个过程和所包含的科学原理，产品的用途、历史和分配，这项职业的历史等。这种工厂和车间轮换的方法，在课程的后两年一直实行下去，如果学生进入市里的大学后继续学习技术课程，也可照样安排学生的大学功课。

从职业指导的角度看，这种方法比起让学生永久地走进一个工厂之前一直待在教室，具有某些明显的优点。他在工厂的实际工作具有了一种试验的性质。如果他的第一次选择证明是失败的，学生不必像自食其力的人遭到失败时那样，遭受道德上的挫折。学校对于没有作出正确选择的学生采取了协作的态度，努力使他获得更接近于他的能力和兴趣的第二个工厂的体验。学生在工厂里的工作被仔细记录下来，就像他的课堂成绩一样，并且这两种记录要进行研究，不是各自孤立地研究，而是互相联系地和统一地进行研究。如果他的课堂成绩很好，而他的工厂记录不佳，那么很明显他选择的工厂不合适；课堂功课的性质经常可以作为一种线索，表明学生应该改变为哪种类型的工作。如果所有的工作都成绩平平，那就选择改变为另一种类型的实际工作，只要这种改变一直是正确的，通常就会导致在理论学习方面产生显著的进步。学生有了一个试验他自己的兴趣和能力的机会，并且考察他对它们的判断是否正确；如果判断不正确，他就有了一点科学依据，并在这基础上建立一种更为正确的判断。

这项工作并不是从职业的观点出发的；也就是说，学校的目的不是要培养那种结束了某一职业的两年的学徒生活并要具有作为那种特别工作的熟练工匠程度的资格的工人；学校的目的是要给学生一些职业和工业方面的实际情况的知识，从而使他形成一些标准并据此作出最终的明智选择。学校的工作构成了训练这种选择的一个必要的部分，因为它对于学生的兴趣和嗜好，提供了一种指导，就像他在任何一个工场获得成功所需要的指导一样，而且它提高了他的判断力，使他从纯粹个人好恶的水平提高到以理论和实际为基础的知识的水平。对于那种确实知道自己的需要，并渴望即刻实施的特殊学生，这种计划提供了显著的有利条件。男孩参加工作的欲望通过他在车间里度过的几周而得到满足，而在教室里，他在学习这项职业的足够多的方面和种种可能条件，以使他意识到这种附加的理论训练对于满足他自己的实际目的所具有的价值。

作为这项计划实施第一年后的结果，许多工厂最初对这计划并不热心，现在也要求接受用这种方法培养的新手；一部分学生已决定上大学，他们本来没有这种打算，因为他们过去所有时间都在学校里度过。为女生开设的技术课仅仅包括那些传统上因为与家政有关所以属于女性干的职业。她们在学校里可以连续学习四年，通过让学生编制帽子，制作自己的衣服，从事某些商业、烹调以及与此有关的买、卖和账目管理，使学习实际化；或者她们也可和男生一样，在最后两年专业化，一星期在工厂工作，一星期在学校学习。迄今为止，女生还仅仅到制帽和服装店里做工，在这些店里她们和男生一样，在实际的职业条件下工作。对女生来说，工作的目的也如男生一样，是要帮助她找到终身的事业，在精神上和道德上都适合的事业，并且给予她一种对于她的职业和她的社会的明智的态度，不是把利用工场的经验作为目的本身，而是作为实现这些更广泛的目的的一种手段。

（吴志宏译）

第十一章　民主与教育

选择这些已被描述的学校，并不因为深信它们代表了目前这个国家正在从事的所有最出色的工作，而不过是因为它们说明了当前教育的一般趋势，并且因为它们似乎完全是几种不同类型的学校的代表。无疑地，可以用来证明与所列出的学校具有同样启发意义的大量材料出于不得已被省略了。我们不试图涉及使乡村教育增添活力的一个重要运动：这个运动与现在正在进行的范围广泛、目标健康的任何事情一样，因为它的目的在于克服那种妨碍乡村学校教师的不利的隔绝条件，并且利用儿童的自然环境对他进行一种职业教育，就像城市学校利用它们的人为环境一样。前面论述的这些学校，除了它们的工作说明了一种更重要的教育原理外，对于各个教师或学校在他们试图用最有效的方式教授传统的课程方面所做的工作，我们也很少给予注意。尽管在学生中收到效果的种种手段和独创性的方法，经常似乎对教师最有启发意义甚至最能鼓舞人心，但是，当它们不过是在较好地利用一般的传统教育材料的时候，它们就不适合本书的计划了。

我们关心的是教育中更为根本的改革，唤醒学校认识它们的工作应该是为儿童将要在世界上过的生活作准备这样一个事实。那些将要在智力的追求中度过一生，并且将从他们的家庭环境中获得必要的实际生活方面的锻炼的学生，其数量是如此之少，以致学校中的全部工作为他们而设计是十分不明智的。我们正讨论的这些学校，都在致力于抛弃那种只适合小部分人和专门阶级的课程，而朝向一种将真正地代表一个民主社会的需要和条件的课程。

虽然这些学校在它们反映教育中新的精神方面全是相似的，但是它们为了追求预期的结果所想出的方法却大不相同；它们的环境和所要对待的学生班级的不同，足以暗示人们，甚至在目标一致的时候，地方条件也必定对方法施加影响。在那些真正重视民主问题的教育家看来，极其需要的似乎是使儿童与他的周围环境尽可能完善和明智地联系起来，这既是为了儿童的利益，也是为了社会的缘故。做到这一点，采用的方法自然要依据地区的条件，在某种程度上还要依据教育家的气质和信念而变化。不过，不同的学校之间尽管有很大差异，例如密苏里哥伦比亚的梅里亚姆先生制订的计划与芝加哥公立学校的课程不同，可是对各种显然极端分歧的观念进行分析显示，某些相似的东西比相异的东西更为重要。相似的东西之所以更为重要，是因为它们阐明了正在进行的教育改革的方向，并因为它们中有许多是近代科学和心理学导致我们观察世界的方式改变的直接结果。

最不可思议的是，这些相似之点大部分在卢梭提倡的观点里就可以看到，尽管只是到最近它们才开始比仅仅是理论方面更受到赞赏。第一个相似之点是注意学生身体健康的重要性。有必要确保所有青少年的健康，并以这为基础来培养其他品质和能力，不能指望试图在身体是虚弱的、营养不良的或不受控制的状态下去培养品质和能力，这一点现在已被充分认识，以至于它已变成一种常识并且只需在这里略为提一下就行了。健康无论从社会的角度还是从个人的角度来说都是重要的，因此一个有成就的社会有必要加倍地关注这个问题。

虽然所有学校都认识到学生健康的重要性，但是在培养儿童有一个健壮的身体的时候能够利用儿童的种种活动，以实现普通教育的目的，这一点人们就理解得不那么清楚了。到目前为止，只有教育界的先行者，才认识到幼年儿童在多大程度上学习运用他们的身体，以及在没有运用身体培养心灵和没有运用心灵训练身体的制度下不可能保证有全面的智力。这不过是在重复叙述卢梭的主张，即幼年儿童的教育主要依赖于是否允许他“自然地发展”。前面已经指出过，约翰逊夫人在什么样的程度上依靠学生的身体发展作为培养他们的智力的工具，以及在蒙台梭利夫人的教育系统中肌肉训练起着重要的作用。这似乎不仅是合理的，而且是必要的，只要我们想一想一个婴儿为了了解周围环境中最为熟悉的物体，必须经过多少次的运动、触摸和对物体的感知，要记住儿童和成年人就像非常幼小的孩子一样，是用同样的心理机制学习的。在小孩能够说话和走路之后，这一生物体的活动方式是没有什么不同的；所不同的地方，只是由于有了最初的许多练习，有可能使得各种动作更为复杂罢了。现代心理学已经指明这样一个事实，即人的固有的本能是他学习的工具。一切本能都是通过身体表现出来的；所以抑制躯体活动的教育就是抑制本能，因而也就是妨碍了自然的学习方法。前面描述的所有学校，都在一定程度上把这一事实应用到教育中去，运用了学生的自然活动，也就是运用了自然发展的种种方法，作为培养判断力和正确思维能力的手段。这就是说，学生是从做中学的。用这种方法教学，除了心理学的理由外，它还是认识到儿童身体健康的重要性后的合乎逻辑的结果，而且必然带来课堂中所用教材上的变化。

为了学习，学生要做些什么呢？仅仅活动，而不导向什么目的，那也许导致肌肉力量的发展，但是对学生的心理发展很少有什么影响。这些学校已经以同样的一般方式回答了所有问题，虽然它们所处理的一定的问题是不同的。儿童必须从事某些有教育意义的活动，也就是说，这些活动能够再现真实的生活情景。这一点应该做到，无论他们正研究的是几百年前发生的事，或是在做算术题，或在学习刨平一块木板。呈现给儿童的历史事实必须是真实的，无论学生在根据这些事实编排剧本也好，或是在建造一艘海盗船也好，其细节及主要思路都要和已知的事实相符合。当一个学生从做中学的时候，他精神上肉体上都在体验某种被证明对人类有重要意义的经验；他所经历的心理过程，与最早做那些事情的人所经历的心理过程完全相同。由于他做了这些事情，他明白了结果的价值，也就是说事实的价值。一种陈述，哪怕是关于事实的陈述，都不能揭示出事实的价值，或是事实本身的真实意义。仅仅把书本知识喂给儿童，这个“事实”与别的事实几乎一样，儿童就没有判断或信仰的标准了。以儿童学习度量为例，他在教科书中读到1配克等于8夸脱，但是当他做习题时，正如每个教师都知道，他容易用4代替8。显然，这个陈述如同他在书中读到的，并不代表书本以外发生的任何事物，所以什么数字留在他脑海里，或是记忆其他任何东西，都是意外的事情。但用夸脱来量出配克的杂货店里的儿童却是知道的。他常用配克量；假如有人说4夸脱等于1配克，他就要笑了。这两种情况究竟有什么不同呢？在学校里念书的儿童掌握了事情的结果，但没有经历与结果本身有关的活动；而对于杂货店里的儿童，书本上的陈述是有价值和可信的，因为它是一种经验——它是一个事实。

由此我们可以看到，认为实践活动在课堂中仅仅或主要具有实用的价值，这是多么错误的观点。假如学生必须懂得教师希望他掌握的各种事实，假如他的知识是真实的而不是口头的，假如他的教育是提供判断和比较的标准，那么实践活动就是必要的。以成年人来说，大多数实际生活的种种活动，不过是满足多少有点迫切需要的种种欲望的一种手段，这是确定无疑的。他从事这些活动已经习以为常，以至它们作为人类各种知识形式的意义已经消失了。但是对于学校儿童来说，情况就不是这样。以一个在学校厨房的儿童为例，他并不仅仅是因为一定要吃才准备那天的午餐，他是在学习许多新的事物。当遵循食谱的指示时，他就是在学习精确性；菜肴准备得好坏，就成了检验他成功与否的一种极好的标志。当考虑食物数量时，他就是在学习算术和量表；在混合各种物料时，他是在发现当这些东西调制在一起时物质起着什么样的变化；当进行烘烤或烧煮作业时，他是在观察一些基本的物理和化学事实。让成年人来反复从事这些动作，由于这些活动所要求的肌肉和智力调整能力对成人来说已经达到，因此就容易给不善思考的人一种印象，以为学生们做这些事情，也不过是在把时间浪费在无足轻重的事情上罢了。杂货店的儿童知道配克是怎么一回事，因为他常用它来度量东西，但是由于他不断地一配克一配克地量东西，而知识量并没有增加，因此他很快就达到了智力发现的终点，要进行的只是完成一件任务罢了。学校能看到这一点，即学生的智力在继续生长，而为了直接实际的用途的纯粹工人的活动是机械性的。学校认为这个学生已经有足够的这方面特别的经验；当他需要做这件事时，他知道怎样做，他懂得说明这件事的原理或事实；现在是他移向其他教他别的价值和事实的经验的时候了。当学生学过如何看食谱、如何处理粮食和使用炉灶时，他不必再重复这些相同的基本步骤；他开始扩大他的工作范围，包括烹饪的更多方面。烹饪课的教育价值继续得到体现，因为他现在开始研究食物的价值、菜单、食物价格、食物的化学成分及烹饪等等问题。那个厨房变成了一个研究人类生活基本要素的实验室。

主动的教育形式在道德上的有利条件，加强了它在智力上的好处。我们都看到这种教学方法是如何需要给学生更大的自由，以及这种自由是学生智力和道德发展的一种积极因素。同样，用实际活动来取代通常孤立的书本学习，也取得了积极的道德效果，这种效果是任何一个采用两种方法的教师都具有的。凡是书本所提供的事实积累是标准的地方，就一定会依靠记忆作为获得知识的主要工具。学生一定会鼓励去记忆事实；他必须用确切的书面语言，或是用他自己的语言来记住它们，这比较起来并没有多大区别，因为无论哪种形式，问题是要保证使他确实记住知识。那必然的结果是，当儿童记忆成功时他受到奖赏，记忆不成功时受到不及格或低分的惩罚。这样重心就从所从事的工作的重要性转移到学生从事工作时的外表的成功程度。既然任何人的工作都不是十全十美的，因此不及格就变成明显和突出的事情。学生不得不经常与由于从未达到对他所要求和期望的标准而产生的泄气作斗争。他的错误不断地被改正和指出。如此他所获得的成功，并不是特别的鼓舞人心，因为他所做的不过是把书本中早已存在的内容复制一遍而已。好的学者将要培养的美德是服从、驯良和谦逊这些苍白无力、消极的美德。让学生处在一种完全被动的状态之中，他就更可能差不多把他从教师那里听来或在书本中读来的东西归还回去。

奖赏和高分充其量是人为追求的目标，它们使儿童习惯于期望得到他们从事的工作的成果价值以外的某些东西。学校被迫依靠这些动机的程度表明它们对真正的道德行为以外的动机是多么的依赖。但是在儿童从做事情中获得他们的知识的学校里，知识是通过他们的所有感官并且落实于行动中来呈现给他们的；它并不需要特殊的记忆能力才能保留住他们发现的东西；肌肉、视觉、听觉、触觉以及他们自己的推理过程，所有这些的联合成为儿童的工作配备的结局部分。成功赋予积极的成就一种光彩；人为的工作动机不再是必要的，儿童出于对工作本身的热爱来学习工作，而不是为了一种奖励或因为他害怕一种惩罚。活动需要积极的品行——有活力、主动性、创造性——这些品质比在执行命令中哪怕是最完美的忠诚来说对世界更有价值。学生看到了他的工作价值，因此看到了自己的进步，这激励他去追求进一步的结果。这样他的错误就不会被看得过于重要或使他泄气。他能够积极地利用它们作为帮助，在下次做得更好。既然儿童不再为奖励而工作，欺骗的诱惑也就减少到最低程度。不再存在做不诚实的活动的动机，因为结果就显示出儿童是否做了工作，是否认识到唯一的结局。为了工作而工作的道德价值比为了奖赏而工作的道德价值必定更高；尽管一种确实不良的品格，除了通过独立的和精神饱满的工作习惯以外，在处于一无所获的情境下将不会得到革除，这是可能的，但是软弱的性格将会坚强起来，并且坚强的性格将不会构成任何细小的最初似乎微不足道但在它们日益积累的影响下会变得那么严重的不良习惯。

当前大多数的改革家共有的另一个观点，与对学校工作的传统看法不同，是试图发现使学生感兴趣的工作。这在过去被看作一个极不重要的问题，事实上是把许多让人不感兴趣的工作看作对于学生的道德品格一种极有益的东西。这类工作被看作比其余的工作甚至有更大的训练特性。强迫儿童坚持一项对他缺乏吸引力的任务，被认为可以发展富有毅力和坚强的品格。毫无疑问，履行一项令人厌烦的职责的能力，是一种非常有益的成就，但是有益不在于这项任务的厌烦性。事物不是因为它们是讨厌的或令人厌烦的才变得有用或必要，除非不顾这些特点。仅仅为了它的“训练”价值而给学生工作，这种习惯似乎表明了一种对道德价值的无识别能力，而不是一种过分的道德热情，因为这种习惯毕竟与抓住事物的缺陷作为优点很少有什么不同。

但是假如不承认缺乏兴趣作为一种选择学业的动机的话，那么反对这种兴趣不能作为一种标准同样也是完全合理的。如果我们在最狭隘的意义上看待兴趣，把它理解为由于它的娱乐力量而对儿童有消遣和吸引力的某些东西，那么这种反对意见含有真理。批评教育新精神的人，在他听到学生应该对他们正在做的事发生兴趣的意见时，往往认为这种狭隘的意义就是它所具有的含义。然后他完全合乎逻辑地进一步指出，这样一套制度缺乏道德力量，它迎合了儿童的一时兴致，实际是一种普遍软化社会结构、人人向往舒适方式的例子。但是我们不是要使工作对学生容易些，也不存在任何给传统课程裹上一层糖衣的尝试。改革是一种更具有基本性质的变革，是建立在正确的心理学理论之上的。给学生做的工作已经发生变化，并不是要尝试使儿童对所有的工作产生兴趣，而是要在工作对儿童产生自然的吸引力的基础上选择工作。兴趣应该是选择的基础，因为儿童对他们需要学习的东西是感兴趣的。

每个人都熟悉，一个婴儿会花很长时间一再重复做同样的动作，或试探某一个物体，两三岁的儿童会以浓厚的兴趣建造一座木塔，或往一只桶里填沙子。他们许多次而不是一次地做，而且总是同样被深深地吸引，因为对于他们来说这是真正的工作。他们在生长中，不成熟的肌肉还没有学会自动地动作；每一个针对某一物体的动作，必须在儿童心中有意识地指引下重复进行，直到他能做这个动作而不感到要费力地去适应为止。由于幼儿必须使周围的事物适应自己，他的兴趣和他的需要是一致的；如果不是这样，他就不能生活。随着儿童渐渐长大，他对各种直接需要的控制能力那样迅速地变成自动的，我们就很容易地忘记他仍然像婴儿一样地学习。那必要的东西，仍然是适应的能力，正如他一生都需要的那样。良好的适应能力意味着一个人的成功，所以我们本能地对学会适应比对其他任何东西都更感兴趣。儿童对通过身体的活动来使自己适应他所遇到的事情感兴趣，因为他必须控制他生活的自然环境。凡是他感兴趣的事情就是他需要去做的。那么，为任何一群儿童选择作业，从儿童的环境中，从当时能够唤起他们的好奇心和兴趣的一些事物里选择作业，也是智慧的一部分。显然，随着儿童的长大和他对控制身体和自然环境的能力的增加，他将接触到他周围的生活中更为复杂的和理论的方面。

但是，恰恰以这同样的方式，课堂里的作业所涉及的事实和事件已不再明显地属于儿童的直接环境。因此，材料的选择范围不再受到兴趣标准的限制。那些吸引学生的、值得做的作业，那些承诺最终结果符合学生自身兴趣的作业，与纪律训练的最严苛的倡导者所给出的作业一样，需要同样多的坚忍和专心。后者要求学生追求他看不到的目的，因此要让学生专注于学习任务上，就不得不依靠外部提供的人为的目的、分数和升级制度，依靠把他隔离在这样一种氛围里：他的心灵和感官不会不断地被强烈吸引他的生命召唤所包围。但是给学生提出一个问题，问题的解决将给他一种直接的成就和满足了的好奇心的感觉，他将会全力以赴投入工作；目的本身将提供他坚持单调乏味的工作所必需的刺激。

训练儿童温顺和服从，小心地完成由于被强迫而去做的工作，而不顾它们引向何方的传统的教育形式，是适合于一个专制社会的。这些是在一个由一位首领来计划和照料人民的生活和制度的国家里所需要的特性。但是在一个民主社会，它们妨碍了社会和政府的成功的管理。我们对一个民主政体的著名的高度概括的定义，即“民治、民有、民享”，也许给理解一个民主社会所包含的东西提供了一条最好的线索。社会和政府的管理责任要依赖于社会的每个成员。因此，每个人必须接受一种能使他满足这种责任，共同地给他正当的有关人民的情况和需要的观念，并且发展那些将能确保他适当地参与政府工作的品质的训练。如果我们训练我们的儿童执行命令，去做仅仅因为要他们去做的事情，而未能给他们独立行动和思考的信心，我们就是在克服我们制度的现有缺陷和建立真正的民主理想的道路上设置了一个几乎无法逾越的障碍。我们的国家是建立在自由基础之上的，但是当我们在训练“明天的国家”（the state of tomorrow）的时候，我们却允许它尽可能地少些自由。儿童在学校里必须允许有自由，这样当他们能够控制身体的时候，他们将会知道自由的运用意味着什么，他们也必须允许去发展积极的品质，如主动性、独立性和善于应变的能力，这样民主制度的滥用和失败的现象才会消失。

对民主与教育之间关系的认识的传播，或许是目前教育趋势中最有趣、最重要的一个方面。它说明了发展着的对普及教育的兴趣，并且对前面所列举的改革表示赞同的科学和心理学的论点构成了一种强有力的支持。毫无疑问，仅用教科书的教育方法，对于那些由于环境关系而无须从事实际生活，同时对抽象的观念感兴趣的少部分的儿童来说，是完全适合的。但是，即使对这种类型的人，这种制度也给他掌握知识留下了极大的缺陷；它对活动在智力发展中所起的作用没有给予任何地位；它沿着学生的自然倾向的路线进行训练，而不发展通常喜欢抽象的人比较薄弱的实践的品质。对于绝大多数其兴趣不在于抽象思考，而且必须以某种实际职业，通常实际上以手劳动生活的人来说，一种把生活的纯智力和理论方面同他们自己的职业之间的隔离沟通起来的教育方法是必要的。随着民主观念的传播，和伴随而来的对社会问题的觉醒，人们开始认识到，每个人，无论他恰好属于哪个阶层，都有一种权利，要求一种能满足他自己所需要的教育，并且国家为了自身的缘故必须满足这种要求。

直到最近，学校教育满足的只是一个阶层的人的需要，即那些为知识自身而对知识感兴趣的人，如教师、学者和研究人员。对于从事手工劳动的人来说训练是必需的这个思想，仍然是如此新颖，以至于学校仅仅刚刚开始承认控制物质生活资料的能力确实也是知识。直到前不久，学校仍忽略了数量最多，并且整个世界都要依靠他们提供必需品的那一层人。这种现象的一个原因在于这样一个事实，即民主本身是一个比较新的东西；直到它出现以前，给大多数人即那些手工工作的人提供任何更多的精神需要的权利，从未得到承认。他们的作用，几乎也是他们存在的理由，就是照顾统治阶级的物质需求。

在最近的150年间，发生了改变人类生活和思维习惯的两大变化。我们刚刚看到了这两大变化中的一个，即民主思想的发展，是如何要求教育上来一个变革的。另一个，即通过科学发现所带来的变化，也必须在课堂中得到反映。拼凑所有人类的历史知识，组成一幅蒸汽机和电力发明前的社会的草图，几乎不可能充分描绘出这些或类似发现所造成的社会的最根本方面的变化。可能一个最重要的从教育的角度来看的变化，就是必须成为任何想成功地应付甚至是普通的生活环境的人的精神内容一部分的那些事实，其数量令人难以置信地增加了。它们是如此之多，以至于任何在学校时间内从教科书中教授所有这些东西的尝试都简直是荒谬的。但是学校不是坦然面对这一情况，然后改变它们的课程，以便能教给学生如何从世界本身中学习，而是继续顽固地教给尽可能多的知识。很多变化是关于消费资料的发明计划造成的。但是科学所要求的变化是一个更为根本的变化，并且就目前它已产生的影响来看，它遵循着这本书中所提出的一般路线。这包括，正如这些不同学校的课程表明的那样，不仅仅要教自从科学发现以来导致社会种种变化的各种科学定律，而且要用本身能教给生活知识的实际工作，来代替已在书本中分了类的各种知识的学习和记忆。

如果学校打算承认所有阶层学生的需要，并且给学生一种将能确保他们成为有成就的和有价值的公民的训练，那它们就必须给予工作，这种工作不仅使学生在身体上和心理上都十分强壮，使他们对国家和他们的近邻有正确的态度，而且将给他们足够的控制他们的物质环境的能力，从而能使他们在经济上独立。职业的准备一向是受到关注的；只是产业工人的前途，正如我们看到的，却被人们忽略了。近代工业由于科学发现带来的复杂化，使得以下东西成为必要，即一个渴望获得真正成功的工人，具备一种能培养他的技术能力的普通教育的基础，而人性的复杂化同样也使得初学者有必要去发现适合于他的趣味和能力的工作途径。一场普通教育原理的讨论，只需关心能满足这两种需要的工业或职业教育。专门职业和职业训练问题完全在这本书的范围之外。不过，某些跟促进较狭隘意义上的工业训练运动有关联的事实，与更为广泛的问题有着一种直接的联系。因为正是目前，存在一种大的危险，即随着工作的展开，那种在葛雷和芝加哥正在做的真正教育形式的工作也许被忽略了，而都热衷于进行职业训练。

有影响的市民的注意力更容易集中在熟练工人的需要上，而不是普通教育的重新调整上。他们对于前者的深切感受，是由于他们自己的经历，或许他们自身的利益造成的。他们对于德国如此程度地使得职业技术训练成为一种全国性的推动帝国商业竞争的财产，很容易留下印象。没有什么东西似乎比以下东西如此直接和实际的了，即建立一种继续学校，以改善在较早年纪就离开学校的14—18岁的工人的状况，并且建立各种独立学校（Separate Schools），直接为各种不同形式的车间工作作准备，而留下现有的学校实际上照常培养为进高等学校和较少从事手工工作的那部分学生。

继续学校是有价值和重要的，但是只能作为治标和权宜之计；它们处理的是本不应该存在的情况。儿童不应当在14岁就离开学校，而应该留在学校直到他们16或18岁，并且应当受到帮助，能明智地运用他们的能力和适当地选择工作。在与任何一群14岁就离校做工的学生有过接触的教师和工人中间，认识到这一点是很平凡的事，即学生离校的理由与其说是巨大的财政压力，不如说是缺少对学校正在给予他们任何好处的信心。当然，儿童喜欢上学，但是为了赚钱而被迫有第一次机会就离开的情况是存在的。但是即使在这些不多的情形之下，继续由家庭安排——这在过去是很流行的——直到儿童14岁生日，一般来说是更为明智的，即使这种安排包括了慈善性质。14—15岁儿童的工资是如此低廉，以致只有对那种已经生活在贫困程度的家庭来说，这些工资才造成了物质上的差别。

这种情况的毫无指望会由于这样的事实而加剧，即这些儿童与继续留校的儿童相比，增加收入的能力要低得多，所能达到的最高工资的水平也低得多，结果从长远利益来看，对儿童和他家庭的损失，更甚于抵消不稳定的暂时的收入。不过学生提出的最通常的离开学校的理由，是他们不喜欢学校，急于得到真正的工作。他们并没有准备好去工作，或者已经结束了任何训练课程，而只是学校似乎太无用太少满足他们的兴趣了，以至他们抓住了第一次机会就作出改变，使事情看上去更为真实，具有一种显而易见的效果。

那么，现在所需要的是一种对普通学校工作的重新组织，以满足这个阶层学生的需要，这样他们就将为了他们在学习的东西的价值而希望留在学校。当前的制度是笨拙的和目光短浅的，继续学校弥补了它的一些缺陷；但它们没有克服这些缺陷，它们也未能使学生达到一种已被延误的智力的发展，在那里由于初等学校的失调已经阻碍了这种发展。我们的理想不是要利用学校作为现存的工业制度的工具，而是为了学校的重新组织来利用工业。

现在存在一种危险，即商业人士的集中利益和他们在公共事务中的有影响的活动将使得工业训练分离出来，从而导致民主制和教育两方面的损害。教育工作者必须坚持把教育的价值放在首位，这不是它们本身的原因，而是因为这些价值代表了社会尤其是在一种民主基础上组织起来的社会的更为根本的利益。工业在教育中的地位不是要急急忙忙地去为每个学生各自的职业作准备。它应该被用作（就像在葛雷、印第安纳波利斯和其他学校那样）给每个学生应该具备的理论知识赋予实践的价值，并且给予他一种对他周围环境的条件和制度的理解能力。当这一点做到了，学生就具备了正确选择工作和引导自己努力去获得必要的技能所必不可少的知识和智慧。他的选择将不会被这一事实即他已经知道如何做一件事和只知道一件事所限制，它将只受他自己的能力和自然倾向的支配。

商业和继续学校招收年龄不太大，或者知识储备还不足以使其作出明智选择的学生，然后在学生的理论工作方面和手工技能方面进行严格的训练，结果学生发现他自己只对一种职业是清楚的。假如这职业证明对他来说不是合适的职业，它仍然是他唯一受过训练的职业。这样一种制度并没有给个人能力的最佳发展提供一种机会，它往往把人固定在各阶层内。

正是那些似乎由于为本职业初始阶段接受技术工人而获益最大的工业，将会为此而在更为困难的工序中受到损失，因为这些工人将不具备技术中学和职业学校的毕业生应该掌握的一般知识和较广泛的经验的背景。但是把有关职业的材料引进学校，为的是通过它们的运用而带来对环境的控制，这将给我们提供大量的一个民主制度所需要的独立而又精明的公民。

一个民主制度允许形成固定的阶级是很不幸的。财富的差异，大批非技术劳工的存在，对手工工作的轻视，在保证得到使人在生活中突然加速前进的训练方面的无能，所有这一切起着产生阶级的作用，并加大了阶级之间的鸿沟。政治家们和立法机构能够为击败这些有害的势力做些事情。明智的慈善事业也能有所作为。但是唯一根本有效的机构是公立学校制度。每个美国人都对过去所达到的成就，即能在人口成分极为多样的情况下促进一种团结友爱的精神，从而使得共同利益和目标的意识胜过了强大的把我国人民划分为各个阶级的势力，而感到自豪。我们生活日益增加的复杂性，加上在社会的一个极端财富的极大积聚，而在另一个极端几乎很少有必需品的状况，使得民主制的任务不断地更加困难。简单地提供一种制度，在这种制度下所有的人合在一起就足以满足需要，这种日子在迅速地过去。教学的材料和方法必须积极地、敢作敢为地去适应目的。

一定不能存在一种制度是为有更多闲暇时间的家长的子女，而另一种制度是为那些靠工资为生的人的子女的情况。这样一种制度强加下的有形的分离，尽管不利于发展一种正当的相互之间的同情心，但这还是它的最小的害处。最大的害处是这样一个事实，即对一部分人进行过分的书本教育，而对另一部分人进行过分的“实际”的教育，由此造成一种心理和道德习惯的分离，理想和观点的分离。

学术式教育培养的是对手工工作没有一点同情心，在理解目前社会和政治的最重大的困难方面绝对没有受到训练的未来公民。职业训练将能培养的未来的工人，比起他们如果没有受过训练，或许具有更多的直接的技能，但是他们没有开阔的头脑，没有对他们所做工作的科学和社会意义的见识，也没有受过能协助他们找到方法或作出调整的那种教育。把公立学校制度分开，一部分追求传统的方法，附带进行一些改进，另一部分则应付那些打算进入手工劳动领域的人，这意味着实施一项与民主精神完全不相干的社会宿命论的计划。

声称机会均等为其理想的民主制度需要一种教育，这种教育把学习和社会应用、观念和实践、工作和对于所做工作的意义的认识，从一开始并且始终如一地结合起来。学校正如我们这本书中已经讨论的——它们正迅速地在全国各地大量地成为现实——正在显示这个全民平等机会的理想如何变为现实。

（吴志宏译）

附　录

《杜威全集（中期著作）》第8卷导言（节选）①

杜威在1915年最后一本著作《明日之学校》里的教育观点，无论在重要性、影响和深刻性上都有较多的特点。可以毫不夸大地说，明智的读者将会从中获得当代强有力的观念。这本著作也可叫作《今日之学校》，是关于正在实验中的一些学校的描述，特别是关于这些学校用实例说明的观念以及杜威对于初等、中等教育改革的建议。在给予这些实践一个名称以前，我们已经有关于开放课堂、无墙学校、儿童多一点前进教学少一点前进以及其他现代进步教育特点的描述。

本书的出发点（在写作中与杜威的女儿伊夫琳合作）是描述美国各地受卢梭、福禄培尔、裴斯泰洛齐、蒙台梭利和其他教育改革家影响的一些新型学校。根据这些学校取得的成果与他自己的哲学和心理学的分析，杜威指出，如果在一个民主的社会里教育机会均等的诺言必须实现，那么教育改革就是必需的。这些只是以大纲的形式描述出来，以更系统的形式展现出来的杜威教育理论的哲学基础，见于他后来出版的《民主主义与教育》。

《明日之学校》一书在提供本书出版时占统治地位的传统教育与后来叫"进步"教育类型之间的对照方面，仍有重要的意义。进步教育

① 该导言由美国著名实用主义哲学家、杜威的得意门生和得力助手悉尼·胡克（Sidney Hook，1902—1989）撰写。见J. A. 博伊兹顿编：《杜威全集（中期著作）》第8卷，南伊利诺伊大学出版社1980年版。——译者注

的理想和实践对于今天叫作传统教育的东西予以种种不同的评价有极大的影响。这本书是值得注意的，因为除了别的以外，它还表明杜威充分地意识到他所提倡的教育改造的广泛性和艰巨性。

在杜威论著的精华之中，有几个部分由于一些评论家，甚至他的门徒后来错误地解释的性质，尤其值得注意。首先是以为杜威在方法或教材方面反对训练以及课堂中的自由，意味着儿童在任何时候可以自由学或不学任何东西。杜威说得很清楚，没有权威或训练就不可能有学习，但这是方法上的权威，是事务的训练，这一点儿童必须认识到，如果他们要达到最好的成长的话。杜威也不主张无组织的课程，他仅仅反对一种强加给儿童的与儿童的心理特征和发展阶段没有任何联系的课程。他认为，过去绝大多数的教育制度是按照易于成人学习的过程传授知识而设计的。结果，儿童的美德被解释为注重服从、温顺和无批判地屈从成人的观点。为了儿童自身更好的成长和在民主社会中必须履行的道德责任，杜威极力主张课程组织和采用的方法要清楚地认识儿童的正常活动，并寻求把儿童的正常活动，包括体力和精神活动，引导到建设性的作业上，以鼓舞他们的主动性和创造性。

根据心理学上的理由，杜威强调激发儿童兴趣的重要性，如果他必须正确地领会在学习中的教材或掌握一种作业的话。不过杜威的意思往往被解释为，教育必须是使人感兴趣的，教师应当让儿童自己重新发现世界，可以这么说：没有教科书、家庭作业或任何训练的压制。但是，杜威认为，仅仅使人感兴趣的教育绝不能激发对事物的自我持久的兴趣。他并不反对适当地使用教科书和教师积极的干预，而只是反对呆板地使用教科书作为供记忆的机械的指定作业的来源，反对那种不是根据引起学生的自我活动的效果来调节的教师活动。在教室里提供的东西没有从学生那里引起积极的反应，人们不能说他们是否真正学会或懂得任何东西。

同样地，当杜威强调从做中学的重要性时，它总是与观念的检验或实施一个计划或设计，或寻求一种方式去做某些必需的事情来完成一种作业联系起来。不过他往往被理解为，似乎他认为一切的做，无论多么无意识，都是一种学习形式。

认为杜威不关心读、写、算或有时叫作基础教育的东西，这是对他的一种简单化和灾难性的误解。要求回归这样的教育不是对于杜威所提倡的方法的失败的反作用，而是对于教师不能控制的一定的社会因素的反作用。杜威写道："读、写、算和地理是经常需要的，但是它们的性质是多变的并不断引进新的意义。"学生应当学习实际的东西，但不是"和它们的相互联系和应用"孤立起来的那样实际的东西。

两个基本观念使杜威的教育哲学富于生命力，即科学心理学的研究结果应当最后检验任何学科学习过程中使用的方法，以及民主社会中一切儿童有受一种教育的权利，这种教育将使他们发展到最充分地获得他们所期望的能力。

这里就来自杜威对于教育中的民主所承担的义务作点考察是合适的。杜威坚决认为，大体上西方世界的教育课程在某种程度上是为了反映一种特殊的家庭环境的智力精英的兴趣和需要而设计的，这种特殊的家庭环境对于在某种程度上已经存在的形式教育活动提供了强烈的支持。当公共教育提出来的时候，总的说来，只提供传统课程中的基本的东西，它们是用传统方法传递的。课程并没有予以改变，以适应普及强迫的大众教育已成为例行的东西以及最后普遍地进入高等教育将成为现实的情况。通常过去的教育家如同今天撰写关于青少年的理想教育的许多大学教授一样，几乎无意识地预先假定学生注定从事于智力和专门职业的生活，而且他们的家庭环境适宜于达成这种职业的目标。杜威研究了那些新的实验学校，因为它们是"不断地从事于从一种适应少数人的特殊阶级的课程到一种将真正地代表民主社会的需要和条件的课程”。

杜威不是乌托邦主义者。他认识到，在可预见的将来，绝大多数人将有义务自己谋生，职业的选择是一个意义深远的问题，因为它要求一个人作出广泛的选择。“每个人应当能自尊、自谋生活和机智地工作。”教育尤其应当以技巧、习惯和机智地选择一生的职业所需要的知识武装个人。从某一点上说，准备一种特殊的职业而不仅仅准备过去已经形成的专门职业的那种职业的教育是正常的。为这些专门职业作准备是人们所深信的自由教育的主要目标而稍微超越培养有闲绅士教育的范围。

在极力主张关心职业教育时，杜威对于增加自然科目和社会科目，丰富课程的内容，以便尽可能扩大职业选择的范围，很感兴趣。他预见到科学对工业的愈来愈大的冲击以及有时给社会和政府带来新的机会。他十分关切像他所理解的职业教育和学徒训练以及其他手工训练的形式之间的区别，这种手工训练是使工人只为特定的工作作准备。后者使工人为了工业的利益成为工业的附属品，而不是作为他们生长的方法。“主张在现存的经济条件下对那些被认为砍柴挑水的人增加狭隘的职业教育，对那些足够幸运而不必在家庭、商店和农庄中从事手工劳动的人受原封不动的现有的书本教育，这是比较容易的事情。”

杜威主张教育的改造不仅为个人提供生长的机会，而且也使个人作为公民更理智地参与民主的过程。这就是为什么对他来说，一种自由或普通教育，在它和别的教育能够区别的范围内，必须保持并和一切职业以及专门职业的教育一起进行。

这是或应当是十分清楚的，杜威提倡的那种教育改革要成功地予以采用比保持杜威希望将予以代替的实际是困难得多。因为这些改革要求两样十分短缺的东西：一是大量热心的、高技能的教师，他们在对于实验极有利的条件下和环境里能创造性地适应新的方法；二是有耐心的社会团体，特别是大都市的中心，准备担负小班的特殊设备和课外活动的费用，负责通过真诚的努力，以适应一切儿童的需要——社会团体准备暂不作出决定，直到经过适当的时间和不因为那些自称为关于生长和成绩测验方法的专门问题的权威家长们歇斯底里的叫喊而惊慌失措为止。

杜威和过去所有美国教育家都认为还有另一个要求，即经常围绕学校的种种社会冲突不应当进入课堂。不管引起这种现象的原因是什么，今天在我们很多公立城市学校里的冲突和暴行，是十足的地方性流行病，以致警察几乎和教师一样来维持最低限度的和平和秩序，没有警察，真正的教育是不可能的。一个无须加以解释的可憎的统计是，在过去一年里，七万多名美国教师在他们的课堂或学校附近建筑物里遭到了身体伤害。

杜威可说是第一个承认没有某种明显程度的社会改良和社会和平，任何教育变革只能是一种装饰性质的。当前对学校教学管理失败的大声抗议，功能文盲的明显增多，以及当一个争论的主题出现时漫无边际地扩展，这不是由于进步教育的哲学和实践。进步教育的哲学、原理和实践已经受到了广泛的口头上的赞成，可是它们还没有以必要程度的社会支持而在任何大范围的公立教育体系中被大规模地予以采用。

（赵祥麟译）

杜威生平和著作年表 *

1859年10月20日 约翰·杜威(John Dewey)生于佛蒙特州伯灵顿市的一个村庄。他的父亲是个零售商。他的哥哥D. R. 杜威（Davis Rich Dewey）后来成为著名的经济学家。

1875年 中学毕业。

1875—1879年 佛蒙特大学肄业。杜威和他的哥哥D. R. 杜威是杜威家族第一代大学生。由于家庭邻近大学，学费低廉和奖学金的帮助，他们得以进入大学。

1879年 获得文学士学位，成为美国大学生联谊会成员。

1879—1881年 任宾夕法尼亚州石油城中学拉丁文、代数和自然学科教师。

1881—1882年(冬) 任佛蒙特州一个乡村学校的教师。跟佛蒙特大学托里（H. A. P. Torrey）教授学习哲学史。

1882年 在哈里斯（William Torrey Harris）教授主编的《思辨哲学杂志》上发表他最早的论著《唯物主义的形而上学假说》(*The Metaphysical Assumptions of Materialism*)（4月）和《斯宾诺莎的泛神论》(*The Pantheism of Spinoza*)(7月）。这个杂志还发表了杜威的两篇文章:《知识和情感的相对性》(*Knowledge and Relativity of Feeling*)(1883年1

---

* 译自W. W. 布里吉曼的《杜威生平和著作概略》，见W. W. 布里吉曼与斯坦利·莱里的《杜威：教师、教育家》，纽约，1961年版，第149—152页；并参阅其他有关材料。——译者注

月）和《康德和哲学方法》（*Kant and Philosophic Method*）（1884年4月）。法国《哲学杂志》（*Revue Philosophique*）摘录了杜威的第一篇文章（1883年1月）。这是外国最早提到杜威。

1882—1884年 在约翰斯·霍普金斯大学攻读博士学位。1883年春季在大学教本科哲学史课。

1884年 获博士学位。

1884—1888年 任密歇根大学哲学讲师和助理教授。1886年7月与艾丽斯·奇普曼（Alice Chipman）结婚。发表第一篇教育论文《教育与妇女健康》（*Education and the Health of Women*）（载《科学》，1885年10月16日）。第一次出版专著《心理学》（*Psychology*）（纽约，哈珀，1886年）、《莱布尼兹关于人类理解的新论》（*Leibniz' s New Essays Concerning the Human Understanding*）（1888年）、《民主伦理学》（*The Ethics of Democracy*）（1888年）。

1888—1889年 任明尼苏达大学哲学教授。

1889—1894年 任密歇根大学哲学系主任。

1893年 发表第一篇关于中等教育的论文《中学的伦理学教学》（*Teaching Ethics in the High School*）（载《教育评论》11月号）。

1894—1904年 任芝加哥大学哲学、心理学和教育学系主任。教研究生的课程。

1895年 《数的心理学及其在算术教学法上的应用》（*The Psychology of Number and Its Applications to Methods of Teaching Arithmetic*），与麦克莱伦合著（纽约，

阿普尔顿），在英国出版（1895年）。

1896—1903年 任职芝加哥大学实验学校。记述于《一个教育学的实验》（*A Pedagogical Experiment*）（载《幼儿园杂志》1896年6月号）和《大学初等学校》（*The University School*）（载芝加哥《大学学报》1896年11月号）。

1896年 发表《兴趣和意志训练的关系》（*Interest in Relation to Training of Will*）。

1897年 发表《我的教育信条》（*My Pedagogic Creed*）、《教育中的伦理学原理》（*Ethical Principles Underlying Education*）。

1899年 发表《学校与社会》（*The School and Society*），在英国出版（1900年）。

1899—1900年 任美国心理学联合会会长。

1900年 任《初等学校纪事》（*The Elementary School Record*）（九种专题论文丛书）编辑。

1902年 发表《儿童与课程》（*The Child and the Curriculum*）、《教育的情境》（*The Educational Situation*）。

1902—1904年 任芝加哥大学教育学院院长。

1903年 发表《逻辑理论研究》（*Studies in Logical Theory*）。

1904年 获威斯康星大学法学博士学位。

1904—1930年 任哥伦比亚大学哲学教授。

1905—1906年 任美国哲学学会会长。

1908年 《伦理学》（*Ethics*）出版，与塔夫茨（*James H. Tufts*）合著。

1909年 《教育中的道德原理》（*Moral Principles in Educa-*

tion）出版。

1910年 获佛蒙特大学法学博士学位。发表《我们怎样思维》（*How We Think*）、《达尔文对哲学的影响》（*The Influence of Darwin on Philosophy*）。

1913年 发表《教育中的兴趣与努力》（*Interest and Effort in Education*）。获密歇根大学法学博士学位。

1915年 创立美国大学教授联合会并任第一任会长。发表《德国哲学与政治》（*German Philosophy and Politics*）、《学校与社会》（*The School and Society*）（修订本）。《明日之学校》（*Schools of Tomorrow*），与女儿伊夫琳·杜威（Evelyn Dewey）合著。获约翰斯·霍普金斯大学法学博士学位。

1916年 任纽约市第一个教师联合会的创始成员。《民主主义与教育》（*Democracy and Education*）、《实验逻辑论文集》（*Essays in Experimental Logic*）出版。

1917年 获伊利诺伊大学法学博士学位。

1919年 在东京帝国大学讲演（2月、3月）。4月30日从日本到上海。

1919—1921年 在北京大学和南京高等师范学校等校讲演。

1920年 发表《哲学的改造》（*Reconstruction in Philosophy*）（在东京的讲演）、《中国和日本通信》（*Letters from China and Japan*），与他的妻子A. C.杜威合写。获北京大学法学博士学位。

1922年 发表《人性与行为》（*Human Nature and Conduct*）。

1924年 在土耳其研究教育状况。

1925年 发表《经验与自然》（*Experience and Nature*）。

1926年　在墨西哥研究教育状况。

1927年　杜威夫人去世。《公众及其问题》（*Public and Its Problems*）出版。

1928年　在苏联研究教育状况。任美国进步教育协会名誉会长。发表《进步教育与教育科学》（*Progressive Education and the Science of Education*）。

1929年　拉特纳（Joseph Ratner）编的杜威论文两卷集《人物与事件》（*Charactors and Events*）出版。发表《对苏维埃俄罗斯和革命的世界墨西哥、中国、土耳其的印象》（*Impressions of Soviet Russia and the Revolutionary World, Mexico-China-Turkey*）、《确定性的寻求》（*The Quest for Certainty*）、《教育科学的资源》（*The Sources of a Science of Education*）。任人民座谈会主席、独立政治行动联盟的全国主席。在爱丁堡大学开设讲座。获哥伦比亚大学法学博士学位。

1930年　获巴黎大学法学博士学位。发表《旧个人主义与新个人主义》（*Individualism Old and New*）。

1930—1939年　任哥伦比亚大学荣誉（退休）教授。

1931年　发表《哲学与文明》（*Philosophy and Civilization*）和《教育混乱中的出路》（*The Way out of Educational Confusion*）。

1932年　与塔夫茨修订《伦理学》。获哈佛大学法学博士学位。

1933年　修订《我们怎样思维》。

1934年　发表《艺术即经验》（*Art as Experience*）、《共同信

仰》(*A Common Faith*)。

1935年 发表《自由主义与社会行动》(*Freedom and Social Action*)。

1937年 任控诉莫斯科对托洛茨基的审判调查委员会主席。审查《“托洛茨基案件”(The Case of Leon Trotsky)报告》(杜威等著)。

1938年 发表《逻辑：探究的理论》(*Logic: The Theory of Inquiry*)和托洛斯基调查委员会报告《无罪》(*Not Guilty*)(杜威等著)，出版《经验与教育》。

1939年 发表《自由与文化》(*Freedom and Culture*)、《价值的学说》(*Theory of Valuation*)。

1941年 出版《罗素案件》(*The Bertrand Russell Case*)，与*H. M.*卡伦(*Horace M. Kallen*)合编。

1946年 发表《人的问题》(*Problems of Men*)。与R. L.格兰特(Roberta L. Grant)结婚(12月11日)。获奥斯陆(挪威)大学荣誉哲学博士学位和宾夕法尼亚大学理学博士学位。

1949年 出版《认知与所知》(*Knowing and the Known*)，与A. F.本特利(Arthur F. Bentley)合著。

1952年 发表最后一篇教育论文《〈教育资源的使用〉引言》(*Introduction to the Use of Resources in Education*)。

1952年6月1日 在纽约去世。

(赵祥麟编译)